中國帝王事略

中華歷史五千年，產生各式各樣、大大小小的帝王，約有千人左右，數量之多，堪稱世界之最。在奴隸制和封建制時代，王權、皇權至高無上，它以暴力為基礎，以天命為矯飾，以「家天下」為特徵，以世襲制為傳承，對全國或某個地區實行殘酷的統治。行使王權、皇權的人便是帝王。

縱觀中國的帝王，大致可分為三類。一類是開國帝王，二類是守成帝王，三類是亡國帝王……

張雲風 編著

前言

張雲風

中華歷史五千年，產生各式各樣、大大小小的帝王，約有千人左右，數量之多，堪稱世界之最。在奴隸制和封建制時代，王權、皇權至高無上，它以暴力爲基礎，以天命爲矯飾，以「家天下」爲特徵，以世襲制爲傳承，對全國或某個地區實行殘酷的統治。行使王權、皇權的人便是帝王。帝王是最高最尊的統治者，擁有最大的權力和最重的威勢。其言被奉爲金科玉律，其行被視爲規範準則，其思想、意志則與眞理、法律無異。帝王的素質和性格不全一樣，至少有年長與年幼、聰明與愚蠢、好動與愛靜、儉樸與奢侈、寬厚與暴虐的區別。但是，只要他們坐上「龍位」，就是「九五之尊」，就是「金口玉言」，就是絕對的統治者。他們施政，其治國方略、用人之道、典章制度，以及個人生活等，無不對當時的政治、經濟、軍事、外交，乃至社會風氣和習俗，產生巨大的影響，其中許多內容已沉澱爲中華民族的傳統。然而，帝王又是專制制度的產物，特定的角色，決定了他們除具有不同的個性外，還具有普遍的共性，唯我獨尊，剛愎乖戾，猜忌多疑，自私貪婪，好大喜功，追求享樂，等等。這些共性，在歷朝歷代的興亡盛衰中起著非常大的作用，歷史發展進程中一些貌似的偶然，大多體現了歷史的必然。

中國帝王名號，經歷了漫長的演變過程。從傳說中的「五帝」開始，就有「帝」的稱謂。當時還是氏族公社時代，尚未產生階級和國家，所以這個「帝」還不是後世意義上的帝王。大約西元前二十一世紀，夏啓首建奴隸制國家，國家的最高統治者稱「后帝」。《說文》云：「后者，繼君體也。象人之形，施令以告四方。故『后』字從『一』、『口』，發號者君后也。」就是說，「后」象徵著一個人，憑一張嘴發號施令，所以擁有無限的權力。隨著宗教的產生和發展，「帝」被認爲是最高天神。「后」、「帝」組合成「后帝」，表明夏啓是天人合一，既是人，又是神。夏朝還出現了「天子」的稱謂。《禮記．曲禮》云：「君天下曰天子。」意思是說，「后帝」是上天的兒子，而且是「元子」（長子），最有資格君臨天下。

商朝和周朝，最高統治者稱「王」。《說文》引用董仲舒的解釋云：「古今之造文者，三畫而連其中謂之王。三者，天、地、人也，而參通之者，王也。」顯然，「王」比「后」又高了一級，「參通」天、地、人，非他莫屬。後來的天子還稱「天王」。《春秋．昭公二十六年》載：「天王入於成周。」這裏的「天王」指東周敬王姬匄（匄，讀作蓋）。此外，一國之王又稱「君」。「君」字是「尹」與「口」的組合。「尹」指官吏，「君」從「尹」從「口」，表示他是凌駕於眾尹之上的發號施令者。

春秋戰國時期，東周王室衰微，出現了諸侯爭霸和七國爭雄的局面。起初，各國諸侯比較謹慎，通常稱「公」或「侯」。隨著勢力的增強，他們就不那麼安分了，也陸續稱起「王」來，力圖和周王平起平坐。更甚者，西元前二八八年，秦昭王和齊湣王野心勃勃，還自稱「帝」，一爲「西帝」，一爲「東帝」。此舉遭到其他各國的反對，兩個月後，草草收場，他們被迫取消「帝」號，仍舊稱「王」。

西元前二二一年，秦王嬴政統一天下，建立起中央集權制的封建國家。他以「名號不更，無以稱成功，傳後世」爲由，命令群臣議提尊號。群臣奏稱：「今陛下興義兵，誅殘賊，平定天下，海內爲郡縣，法令由一統，自上古以來未嘗有，五帝所不及。」建議取天皇、地皇、泰皇中最貴者，尊王爲「泰皇」。嬴政認爲，自己「德高三皇，功過五帝」，乃取「皇」、「帝」二字曰「皇帝」，作爲名號。他自稱「始皇帝」，希望後世以數計，「二世三世至於萬世，傳之無窮」（《史記．秦始皇本紀》）。這樣，中國歷史上便有了「皇帝」，並爲其後的帝王所沿用，直到清朝滅亡。

「皇帝」的意義，遠遠超出其名號本身。「三皇五帝」只是上古傳說中的人物，帶有濃厚的神化色彩，是接近於半人半神的形象。取「皇帝」二字，就是利用這一形象，將君王與臣民分開，造成偶像化的崇拜與服從對象。皇帝的權威，不僅來源皇帝本人的神化，而且需要一整套制度加以保證，於是就又有了嚴格而縝密的禮樂、輿服、避諱、謚號制度等。從此，不管什麼人當了皇帝，他的權力都是「神授」的，吃穿住行既同於凡人又別於凡人，高高在上，尊貴無比，違背其意志，就是「不敬」或「造反」，就要受到嚴厲的懲治。皇權的威嚴，皇帝的權力，均被推崇到極至，生殺予奪，無可逆違。

縱觀中國的帝王，大致可分為三類。一類是開國帝王，很多人都具有雄才大略，艱苦創業，知人善任，孜孜求治。如商湯王、周文王和周武王、秦始皇、漢高祖、東漢光武帝、隋文帝、唐高祖和唐太宗、宋太祖、元世祖、明太祖、清世祖等，分別是商、西周、秦、西漢、東漢、隋、唐、北宋、元、明、清王朝的創建者，對於促進中國統一國家的形成和社會的進步，都發揮了巨大的作用。一類是守成帝王，其中不少人文韜武略，在守成中開拓進取，很有作為。如西漢文帝和景帝，執行「與民休息」政策，注重發展社會經濟，天下大治，史稱「文景之治」。西漢武帝，北擊匈奴，西通西域，開疆拓土，平定四方，從而使漢朝成為當時世界上最強大的國家，威揚四海，譽滿天下。唐太宗既是開國皇帝，又是守成皇帝，虛懷納諫，開放言路，體察民情，輕傜薄賦，故而使貞觀年間，社會安定，風尚純樸，史稱「貞觀之治」。武則天敢於挑戰傳統勢力，通過「武周革命」，破天荒地成為赫赫女皇。唐玄宗前期，英明睿智，勵精圖治，努力發展社會經濟和文化事業，不僅使唐朝，也使中國封建社會，進入鼎盛時期，被史家譽為「開元盛世」。清朝從康熙到乾隆中葉，清聖祖、清世宗、清高宗三任皇帝相繼平定「三藩」，收復臺灣，粉碎邊疆少數民族上層反叛分子的叛亂，實行「改土歸流」等政策，維護了國家統一，治績可觀。這百餘年間，則被稱作「康乾盛世」。不過，從實而論，守成帝王中的多數人，屬於平庸無能之輩，前人「栽樹」，他們

「乘涼」，驕奢淫逸，弊端叢生，導致了一次又一次的危機。再一類是亡國帝王，大多荒淫殘暴，沉湎酒色，重用奸佞，迫害忠良，沒有氣節，苟且偷生，最後落得個國亡身死的下場。夏桀王、商紂王、周幽王、秦二世、魏元帝、蜀漢後主、吳末帝、南朝陳後主、隋煬帝、南唐後主、宋徽宗和宋欽宗、元順帝等，莫不如此。個別亡國帝王如明思宗，曾經試圖振作，但河決山崩，時勢已然，根本不可能挽攬狂瀾，扭轉敗亡。

中國帝王的活動，是中國歷史的重要組成部分。從他們的活動中可以看出，中國歷史的發展具有「多民族」與「大一統」相結合的鮮明特點。在遙遠的古代，中國大地上生活著不同的人群，後來發展成爲不同的部族和民族。從傳說中的炎帝、黃帝開始，黃河中下游形成了文明程度較高的華夏族（西漢時統稱漢族），其周圍則有許多不同族類的人群，即所謂「東夷、南蠻、西戎、北狄」，他們和華夏族長期交往、鬥爭、融合，甚至爆發戰爭。華夏族在吸收周圍的不同族群中得以發展壯大，逐漸形成以漢族爲主體，同時包括其他眾多民族在內的中華民族。中華民族是更高層次上的民族構成，但不排斥各民族之間的差異性。秦始皇統一天下，建立秦朝，中國多民族的統一的中央集權的國家基本形成。整個封建社會，就是中國古代疆域開拓、奠定和多民族統一國家形成、發展與鞏固的過程。自秦朝至西晉，約五百餘年（西元前二二一～西元三一七年），主要是秦統一中國和漢、魏、西晉經營西域（今新疆地區）、西南夷（今雲南、四川西部、西藏東部）及海南島地區。這期間，漢族作出了極爲重大的貢獻。自東晉十六國至清朝中期，約一千五百餘年（西元三一七～一八四○

年），少數民族，特別是鮮卑、契丹、女眞、蒙古、滿族，作出的貢獻尤爲顯著。鮮卑、契丹、女眞族建立的北魏、遼、金三個王朝，都曾統治過北部半個中國，在政治上，把黃河流域和今東北地區、蒙古高原，比較牢固地聯接在一起，時長均超過百年。蒙古族和滿族建立的元、清兩朝，都是中國統一的強大王朝，不僅把今東北地區、蒙古高原和新疆地區的統治權繼承並鞏固下來，元初還把吐蕃（今西藏、青海）、澎湖、臺灣地區納入中央的版圖。清朝前期和中期，朝廷進一步改善並加強了對這些地區的管理和統治，最終奠定了多民族統一的中國的疆域。

多民族的統一的中央集權國家的形成，有力地推動了中國古代社會的發展。就秦朝至清朝兩千多年的歷史來說，秦、西漢、東漢、西晉、隋、唐、北宋、元、明、清等王朝，國家疆域基本上是統一的，共約一千六百餘年。三國、東晉與十六國及南北朝、五代十國、南宋與金等四個時期，國家疆域是分裂的，共約五百餘年。這五百餘年中，又有四百餘年爲民族對立和戰爭時期，與通常所說的國家分裂並不一樣，眞正分裂的時間只有一百餘年。因此可以得出這樣的結論：統一是中國歷史的主流，是中國歷史發展中的基本面；分裂是中國歷史的支流，是中國歷史發展中的非基本面。

歷朝有作爲的帝王，不論來自那個民族，都持有「大一統」的國家觀，都把「寰宇一統」作爲治國安邦的最高理想和目標。漢族（華夏族）出身的漢高祖說：「定有天下，以爲一家。」（《漢書·高帝紀》）唐太宗說：「混六合以爲家。」（《唐大詔令集·和蕃》）鮮卑族出身的北魏太武帝說：「廓定四平，混一戎華，其爲功也大矣！」（《魏書．太武帝紀》）蒙古族出身的元世祖在改國號爲「元」時說：「見天下一家之義。」（《元史．世祖紀》）「天下」、「一家」、「六合」、「家」、「戎華」、「天下一家」等詞，含義基本相同，都是指多民族的統一的國家而言。滿族出身的清高宗在《密雲道中望長城》詩中吟道：「此日長城爲苑囿，三秋巡狩數經還。」長城，原是隔離漢族和北方游牧民族的屏障，而在清高宗看來，它只是大一統國家內的一個「苑囿」，足見其寬廣的胸懷和宏大的氣魄。

在中國歷史上，多民族的統一的中央集權國家，是全國各族人民共同締造的。「大一統」國家觀的形成，是各族人民共同擁有的精神財富。數千年來，漢民族和各少數民族人民，爲創造輝煌燦爛的中華文化，爲維護國家統一和民族團結，都作出了各自的貢獻，其功彪炳史冊，世世代代，熠熠生輝。

帝王通常是國家的代表和民族的象徵。早在辛亥革命期間，中國就已打倒了帝王，推翻了封建帝制。從那以後，帝王研究成了一門學問。改革開放以來，帝王研究呈熱門趨勢，關於帝王的理論專著、文藝作品和影視作品，紛紛揚揚，層出不窮。這是一件很有意義的事情，通過研究，可以窺見很多歷史奧妙，有助於了解和認識過去的那個時代和社會，從而溫故知新，借古鑒今。用唐太宗的話說，就是：「以古爲鏡，可知興替；以人爲鏡，可明得失。」（《新唐書．魏徵傳》）

本書無意研究所有的帝王，只是選擇他們中有代表性和典型性的一百零九人，著重於開國帝王、亡國帝王和有作爲有影響的守成帝王，以及出類拔萃的少數民族帝王，運用歷史唯物主義觀點，採用「事略」的形式，客觀地介紹他們的生平事蹟，敘述他們的重大活動，評說他們的功過得失。材料來源主要依據正史，並參考了一些野史和相關論著。文字方面注意準確、通俗和流暢，增強可讀性，努力使全書內容做到「比正史易懂，比野史可信」，同時不晦澀，不深奧，讀來饒有興味。作者希望，本書能成爲一隻梳子和一把鑰匙，用它來梳理中國歷史發展的脈絡，開啓中華文化智慧的大門，以利了解我們的國家和民族，所走過的威武雄壯而又曲折艱辛的道路。以史爲榮，以史爲鑒，面向和開創更加美好的未來！

張雲風

目錄

黃帝——人文初祖，中華之根

司馬遷的《史記》記述中國歷史，是從傳說中的「五帝」開始的。五帝生活的時代，距今約五千年左右，當時正處於原始社會的末期，階級和國家尚未形成。因此，五帝實際上只是部族、部落或部落聯盟的首領，還不是眞正意義上的帝王。但在典籍中，史學家是把他們當作帝王看待的。

五帝之首稱黃帝。黃帝，姓公孫，生於軒轅之丘（今河南新鄭西北），住於有熊（今河南新鄭西北），故又稱軒轅氏或有熊氏。史載，黃帝「生而神靈，弱而能言，幼而徇齊（智慧迅疾），長而敦敏，成而聰明」。因此，他自然而然地成了部落的首領。與黃帝同時的還有一位部落首領，稱炎帝。黃帝部落和炎帝部落，原先住於渭河流域（今陝西岐山一帶），同出少典氏。黃帝和炎帝考慮渭河流域地域有限，爲了求得更大的發展，率部分路東進，在土地肥沃、物產富饒的黃河中游定居下來，逐漸形成部落群。這個部落群，稱「華夏」（一稱「諸夏」）。「華」意爲「榮」，「夏」意爲「中國之人」。這裏的「中國」意爲「中原」，還不是國家的名稱。

以黃帝部落和炎帝部落爲主體的部落群，定居在中原地區，使周圍的其他部落群，主要是東方的夷人，南方的苗人，北方的狄人等，感到不安。他們認爲這是一種「威脅」和「侵犯」，所以有必要採取行動。其中，夷人部落首領叫蚩尤，異常驍勇和剽悍。他曾打敗毗鄰的部落首領共工，共工一怒之下，一頭撞向不周之山，致使「天柱折，地維絕」，從而造成了「天傾西北，地陷東南」的情況。蚩尤恃勇好戰，首先進攻炎帝部落。炎帝難以招架，火速向黃帝求援。黃帝支援炎帝，抗擊蚩尤，雙方在涿鹿（今河北涿鹿東南）進行了一場大戰。大戰期間，蚩尤施放大霧，企圖使黃帝的部下迷失方向。黃帝命風後製作一輛「指南車」，根據指南車指示的方向指揮作戰，並未受到大霧的影響。結果，黃帝大獲全勝，捉住蚩尤，並將他殺死了。

黃帝和炎帝聯盟打敗蚩尤，不久這個聯盟出現破裂，原因在於炎帝「侵凌諸侯」，意欲爭奪盟主的地位。諸侯心向黃帝，「咸歸軒轅」。黃帝和炎帝的矛盾不可調和，訴諸武力，就在阪泉（今河北涿鹿東南）擺開了戰場。雙方經過三次大戰，黃帝「得其志」，聲威大振。於是，各方首領公推黃帝爲「天子」，中原及其周邊地區歸於安寧。

黃帝時代，有很多發明創造，如衣裳、舟車、宮室、蠶絲等，於伶倫製作樂器，大撓作干支，倉頡造文字。因此，天下大治，人民安樂。黃帝所領導的部落群，像滾雪球似的，越滾越大，打破了氏族的狹窄界限，推動了各族的融合，逐漸形成了古老的華夏族，即漢族的前身。因而，後人遂尊黃帝爲華夏族的始祖，把一切文物制度的創立，皆歸到黃帝名下，稱他爲「人文初祖」。中華民族五千年的文明史由此發端，黃帝也被稱爲「中華之根」。

黃帝立有四妃，共生了二十五個兒子，其中得姓者十四人，合十二個姓：姬、酉、祁、己、滕、葴（葴，讀作針）、任、荀、僖、姞（姞，讀作吉）、儇（儇，讀作宣）、衣。五帝中的其他四帝顓頊（顓頊，讀作專須）、帝嚳（嚳，讀作庫）、帝堯、帝舜，以及後世夏、商、周乃至春秋戰國時的帝王，均是黃帝的後裔。因此，直至現在，所有的中國人都自稱爲「黃帝子孫」或「炎黃子孫」。

傳說黃帝活了一百歲，乘龍升天，其衣冠、佩劍等葬於橋陵。橋陵一稱黃陵，位於今陝西黃陵境內。那裏有陵墓、殿宇、碑石，還有數萬株蒼松古柏，雄姿勃勃，鬱鬱蔥蔥。每年清明節和重陽節，海內外中華兒女都會到黃陵祭奠掃墓，尋根問祖，拳拳愛國心，悠悠懷祖情，天日可表，感人至深。

唐堯、虞舜——仁德明君的典範

黃帝以後若干年，他的後裔堯和舜分別成為「天子」。堯和舜是岳父和女婿的關係，二人皆以仁德治天下，所以被史學家奉為仁德明君的典範。

堯，一稱帝堯，姓伊耆（耆，讀作其），名放勳，號陶唐氏。他的父親即帝嚳，母親為陳鋒氏之女，名慶都。唐堯十三歲時受封于陶（今山東荷澤南陶丘），十五歲時又受封於唐（今河北唐縣西北），故又稱唐堯。十六歲時被推舉為部落聯盟首領，遷居平陽（今山西臨汾）。

史載，唐堯「其仁如天，其知如神，就之如日，望之如雲。富而不驕，貴而不舒。黃收（黃色冕）純衣，彤車乘白馬。能明馴德，以親九族。九族既睦，便章百姓。百姓昭明，合和萬國。」顯然，他具有作為天子的所有美好特質。

唐堯召集了許多賢德人士來幫助他治理政事，如以后稷作農師，以倕（倕，讀作垂）作工師，以皋陶（陶，讀作瑤）作法官，以夔（夔，讀作魁）作樂官，以契作司馬掌管軍隊等。同時，命羲、和掌管天文時令，制訂了曆法；以鯀（鯀，讀作滾）掌管水利，負責治理洪水。因此，天下太平，風調雨順，人民安居樂業。

唐堯在位期間，一直在考慮接班人的問題。放齊推薦過他的兒子丹朱，讙（讙，讀作歡）兜推薦過水師共工，都因品德惡劣，均被他否定了。他在位七十年的時候，再次讓四岳（四方部落首領）推薦接班人的人選。四岳推薦了虞舜。唐堯詢問了舜的一些情況，說：「吾其試哉。」於是，把兩個女兒娥皇和女英嫁給舜為妻，以檢驗他治家的本領；命九個兒子與舜交往，以檢驗他治政的本領。

舜，姓姚，一說姓嬀（嬀，讀作歸），名重華，居於虞（今河南虞城北），故又稱虞舜。他是普通農人的兒子，父親叫瞽（瞽，讀作鼓）叟，是個瞎子。母親早死。瞽叟又娶了後妻，後妻名嚚（嚚，讀作銀），兇悍潑辣。嚚生兒子叫象，象粗野兇橫。瞽叟和嚚偏愛象，經常虐待虞舜。虞舜卻一點也不在乎，始終如一地尊敬父母，愛護弟弟，注重孝悌，表現了高尚的特質。因此，虞舜在二十歲的時候，孝名遠播，人們都願接近他和效法他。後來，虞舜在歷山（今山西芮城西北）下搭起茅屋，開荒種地。因為他性格溫和，樂於助人，深受人民擁戴，所以歷山一帶很快發展成為一個人口密集的居住中心。

虞舜三十歲的時候，忽然成了唐堯的女婿。唐堯嫁女，順便給虞舜建了一座糧倉，另外送給他一群羊，賜給他一件絺（絺，讀作尺，葛布）衣和一張琴。虞舜一下子變得富貴起來。但是，他並不因為富貴而驕忌，仍像以前一樣勤勞和樸實，孝順父母，關愛弟弟，幫助百姓。他的妻子娥皇和女英也很賢慧，家庭和睦而幸福。

虞舜富貴，引起了嚚和象的妒恨。嚚和象慫恿瞽叟，幾次設謀，企圖殺害虞舜。一次，他們讓虞舜修補穀倉，然後在穀倉下面放火，想把虞舜燒死。一次，他們讓虞舜掏井，然後往井裏塡土，想把虞舜悶死。還有一次，他們故意請虞舜吃飯，預先在酒菜中下毒，想把虞舜毒死。虞舜非常聰明，而且很有人緣，運用自己的智慧和別人的幫助，每次都能逢凶化吉，遇難呈祥。

通過長期的觀察和考察，唐堯確信虞舜是最理想的接班人。因此，唐堯在位九十年的時候，決定讓位於虞舜，舉行盛大的告天儀式，「令舜攝行天子之政」。這種選擇部落首領的方式，歷史上稱爲「禪讓」。

虞舜攝行天子之政期間，顯示出了卓越的才幹。他巡行四方，剷除了鯀、共工、讙兜和三苗等「四凶」；選用各部落的優秀人才治理天下，如命令禹治洪水，棄管農業，益掌山澤，伯夷主禮，龍主賓客，皋陶主刑罰等。實踐證明，虞舜也是一位仁君，成功地繼承和發展了唐堯的事業。

傳說唐堯活了一百一十八歲而死，葬於濟陰（今山東荷澤境）。人們由衷地熱愛唐堯，「百姓悲哀，如喪父母。三年，四方莫舉樂，以思堯。」唐堯死後，虞舜成爲眞正的天子，活了一百歲，死前將天子之位禪讓給禹。虞舜死于征討三苗的戰爭中，死後葬於九嶷山（今湖南寧遠境）。傳說虞舜死後，娥皇和女英悲痛萬分，投入湘水而死，化作湘水神，一稱湘君，一稱湘夫人。虞舜的弟弟象，也從家鄉趕來，哀哭懺悔，變作一頭大象，長年在那裏耕地。

唐堯和虞舜開創「禪讓」制，反映了古老的氏族民主制的傳統，歷來受到史學家的稱頌。當然，歷史上是否眞的存在這種禪讓制？典籍中還有另外的記載。如《古本竹帛紀年》載：「舜囚堯，復偃塞丹朱。」就是說，虞舜囚禁了唐堯，阻止他的兒子丹朱和他見面，表明虞舜是用強力奪取了天子之位的。同樣，虞舜也是被禹用武力趕下臺的，放逐至蒼梧（今廣西梧州），並死在那裏。《韓非子．說疑》載：「舜逼堯，禹逼舜，（商）湯放（夏）桀，（周）武王伐紂。此四王者，人臣之弑其君者也。」這等於說，強力、武力在權位更替中起決定的作用，根本不存在所謂「禪讓」的問題。

夏禹——造福世人的治水英雄

唐堯和虞舜在位期間，黃河經常氾濫，洪水滔天，沖毀農田、莊稼、房屋，捲走人畜，造成一次又一次可怕的災難。唐堯和虞舜命令一位叫鯀的人，負責治理洪水。鯀採用傳統的治水方法，屯土築堤，以堤防水，怎奈洪水太大，氣猛勢烈，新築的土堤一次次被沖垮，洪水照樣肆虐，危害百姓。鯀歷時多年，「治水無狀」。虞舜毫不猶豫地將他殺了，改命鯀的兒子禹，繼承父業，繼續負責治水。

禹，姓姒，名文命，一稱大禹、戎禹、帝禹，其後定國號爲「夏」，故又稱夏禹。夏禹爲人，「敏給克勤，其德不違，其仁可親，其言可信」，擔負起重任後，全身心地投入到治水事業中，不敢有絲毫懈怠。他和益、后稷等人一起，勘察山川地形，足跡遍及九州。他在親自調查研究的基礎上，改變各氏族部落分散治水的做法，而是動員九州的力量，統一劃分區域，共同治水。他在治水方法上，變「堵塞」爲「疏導」，即先導大河之水入於湖海，再導溝壑之水入于大河。經過整整十三年的奮鬥，終於把桀驁不馴的洪水制伏了。

夏禹治水，「勞身焦思，居外十三年，過家門不敢入」。據說，他第一次過家門時，聽到妻子因分娩而呻吟，而且聽到了兒子出生時的哭聲。第二次過家門時，他的兒子在母親懷裏，熱切地向他招手。第三次過家門時，他的兒子跑過來拉他，請他回家坐一坐。可是，他的心思全在治水上，三過家門，卻沒有踏進家門一步。

夏禹一心爲公的品質和造福世人的功績，得到虞舜的認可和賞識。因此，虞舜死前，「預薦禹於天」，決定將天子之位禪讓給禹。虞舜死後，禹「即天子位，南面朝天下，國號曰夏后」。「后」是古代帝王的稱謂。夏禹稱「夏后」，表明他已初步確立了君權統治。

夏禹居於陽翟（今河南禹縣），其勢力範圍已從黃河流域擴展到長江流域。當時，長江流域的三苗人不服管轄。夏禹決定率兵鎮壓。出兵之前，舉行了祭祀天地祖先和誓師儀式。夏禹登壇宣告說：「我代表上天的意志，去給愚蠢的三苗以懲罰！」戰事進行得很順利，夏禹射殺了三苗部落的首領，「苗師大亂」，有人逃亡，有人被俘。夏禹把被俘的三苗人稱作「奴隸」。三苗人屬於黎人，因而，後世又把奴隸稱作「黎民」。久之，廣大的百姓也被稱作「黎民」。夏禹在位期間，曾命用九州出產的銅礦石，冶煉成銅，鑄成九隻大鼎，鼎上雕鑄奇禽異獸等，分別代表九州。後來，這九鼎成爲國家權力的象徵，「九州」則成爲中國的一個代稱。

夏禹時代，開始有了官吏、軍隊、刑罰和監獄等國家機器，表明原始社會的氏族組織形式正在瓦解，不久將會出現新的組織形式——國家。

夏禹晚年，選定皋陶作爲接班人。皋陶不幸夭折。夏禹又選定皋陶的兒子伯益作爲接班人。夏禹任天子的第九年，剛好一百歲。他召集各部落首領到塗山（今安徽懷遠境）集會，史稱「塗山之會」：「禹合諸侯於塗山，執玉帛者萬國。」就是說，眾多的部落首領，開始用臣服之禮，來向夏禹朝貢了。南方部落首領之一防風氏強悍狂傲，故意遲到。夏禹大怒，命令將其斬殺。夏禹儼然成爲威嚴赫赫的國君了。

這次集會後，夏禹「東巡狩」，病死於途中，葬於會稽山（今浙江紹興境）。

夏后帝姒啓——

首建「家天下」的奴隸制國家

夏禹治水成功，有力地推動了社會生產力的發展。也就是這個時候，以原始社會氏族公社公有制爲特點的「大同之世」宣告結束，而以家庭私有制爲特點的「小康之世」開始了。政治是經濟的集中表現。隨著社會經濟基礎的變化，社會政治必然發生相應的重大變革。於是，夏禹死後，他的兒子姒啓，利用武力，誅滅了夏禹選定的接班人伯益，奪取了權位，建立了夏朝——中國歷史上第一個「家天下」的奴隸制國家。

姒啓，一稱夏啓、夏后帝。傳說，夏禹在治理洪水期間，一次偶然與塗山氏女相遇，交歡後即分別。塗山氏女由此懷孕，生了姒啓，旋即死去。姒啓長大，憑藉著夏禹權力和財產的優勢，迅速培植了個人的強大勢力，因而在夏禹死後，一舉奪得了尊位，放棄陽翟，西遷至安邑（今山西夏縣西），並以那裏爲國都。

姒啓無視傳統習慣，破壞禪讓制，強行登位，引起了社會的強烈「地震」。有人擁護，有人反對，也有人觀望。首先起兵反對的，是同姓部落有扈氏（今陝西戶縣境），認爲姒啓的行爲「違背天條」，不能容忍。姒啓親率大軍予以討伐，作《甘誓》，聲稱有扈氏犯了「威侮五行，怠棄三正（天、地、人）」的罪行，自己要「恭行天之罰」，「剿絕其命」。雙方大戰於甘（今陝西戶縣甘亭，一說今河南洛陽西），結果，有扈氏被「剿絕」了。《淮南子》分析說：「有扈氏爲義而亡，知義而不知宜也。」就是說，有扈氏敗亡的原因，在於只知墨守成規的「義」，而不能順應大勢所趨的「宜」。這一分析，無疑是正確的。

姒啓建國之初，急需贏得民心。爲此，他嚴於律己，過著粗茶淡飯的儉樸生活。爲使世襲的王朝得到眾多的諸侯所確認，他舉行了盛大的「鈞台之享」，「所以示諸侯禮也，諸侯所由用命也」，因而造成了「天下咸朝」的局面。新生的夏王朝的統治基礎，完全確立了。

姒啓在位九年，晚年貪圖享樂，熱衷於聲色犬馬。他的幾個兒子紛起爭奪君位繼承權，尤以幼子武觀鬧得最爲厲害。姒啓將武觀放逐至河西（今陝西東部黃河以西地方）。武觀聚眾反叛。姒啓派遣將軍彭伯壽，生擒武觀。不久，姒啓因荒淫過度而死，葬於安邑。

從嚴格意義上說，姒啓是中國歷史上第一位帝王，他所開創的「家天下」世襲制，被奴隸社會和封建社會各王朝所沿用，共歷時四千多年。

夏姒少康——發奮圖強，復興故國

夏后帝姒啓建立了姒姓王朝，但這個王朝畢竟年輕，根基不牢，權臣發動政變，迫使它的歷史中斷了四十年。然後由姒少康發奮圖強，這才恢復了夏王朝的正統統治。

姒啓死後，長子太康繼承君位。太康的生活比其父還要腐化，只顧飲酒遊獵，根本不理政事。他即位不久，就帶領美妻嬌妾，去洛水之畔遊獵。這次遊獵，歷時三個多月，弄得百事廢弛，民怨沸騰。東夷族有窮氏部落（今山東德州北）首領后羿，趁機起兵，攻取了安邑。太康回不了國都，只好臨時在陽夏（今河南太康西）落腳，後來病死在那裏。

后羿攻佔了安邑，改立太康的弟弟仲康爲國君，保持著夏的國號，但是大權完全掌握在后羿手裏。仲康不甘心當傀儡國君，試圖削弱后羿的勢力。后羿大怒，囚禁仲康，致使仲康憂死。后羿再立仲康之子姒相爲國君，接著將姒相驅逐，自己取而代之，登上了國君的寶座。姒相逃亡至帝邱（今河南濮陽），再逃亡至斟尋（今山東壽光東），暫且居住在那裏。夏朝的歷史就此中斷。

后羿在神話傳說中是一位神箭手。據說，當時天空中共有十個太陽，酷熱難耐，百姓無法生活。后羿運用神力，射落九個太陽，這才使地球上陰陽順暢，四季平和。他當了國君後，好酒好色，極度荒淫。樂工后夔的妻子是一位黑髮美女，人稱「玄妻」。后羿垂涎玄妻的姿色，殺了后夔，霸佔玄妻，立爲君后，稱「嫦娥」。后羿沉湎於酒色，把國事統統交給佞臣寒浞處理。寒浞是個野心家和陰謀家，買通后羿的侍衛逄蒙。逄蒙用木棍把后羿活活打死。寒浞則把后羿的屍體剁成碎塊，油烹後，逼迫君后嫦娥食用。嫦娥由此看到寒浞與后羿一樣，都是殘暴兇狠的惡魔。神話傳說她呑食了一種仙藥，逃奔月宮。——這便是後世流傳的「嫦娥奔月」的故事。

寒浞取代后羿當了國君。這時，姒相逃亡斟尋已經八年，娶了后緡氏爲妻。寒浞打聽到這一情況，派了兒子澆捉拿姒相。姒相走投無路，自殺身亡。

寒浞以爲姒夏的兒孫被斬盡殺絕，高坐君位，無憂無慮。萬沒想到后緡氏已懷了姒相的遺腹子，逃得性命，回到了娘家有仍氏部落（今山東濟南東南）。后緡氏生下兒子，就是姒少康，隱姓埋名，很少有人知道他們母子的眞實身分。

少康長大，聰明伶俐，漸懂人事。后緡氏遂把祖上失國的慘痛經過，如實相告，並叮囑兒子，一定要報仇雪恨，復興夏朝。少康知道了自己的身世，感慨萬千，立志發奮圖強，奪回天下，重建基業。

寒浞嗅覺靈敏，忽然發現少康原來就是姒相的兒子，且驚且懼。他意識到這是一大禍害，立刻派兒子澆率兵進攻有仍氏，非要將少康殺死不可。少康無力對抗澆的軍隊，匆忙逃至有虞氏部落（今河南虞城東）避難。有虞氏部落首領虞思，得知少康是姒相的兒子，巧妙地將他保護起來，招為女婿，並給他一塊土地和五百名士兵，使之為復興夏朝做準備。

少康苦心經營，一面發展生產，一面訓練軍隊，力量逐漸強盛。他體察人民的疾苦，大力宣揚夏禹的功德，努力取得民眾的支持。同時召集夏朝的遺臣，前來會合，幫助自己復興故國。他還派出親信潛入安邑，探聽機密，收集情報。很快，一支復仇之師形成，接下來就該與寒浞決戰了。

少康見條件已經成熟，公開打出夏朝的旗號。有鬲氏部落（今山東德平）首領靡，第一個響應號召，率兵前來與少康會合。少康勢力大增，發兵討伐寒浞，直抵安邑城下。寒浞篡位多年，所作所為不得人心，軍隊也很渙散，缺少戰鬥力。因此，少康很快攻克安邑，誅殺寒浞父子，重新奪回了君位。

少康恢復了中斷的夏朝，改以陽夏為國都。他在位期間，勤於政事，講究信用，一時使天下安定，經濟發展，文化興盛。少康在位二十一年病死，葬於陽夏。

這段故事，史稱「少康中興」。它說明，父傳子、家天下的新制度，經歷了上百年的動亂和鬥爭，才算最後確立起來。

夏桀姒癸——荒淫殘暴，國亡身死

夏王朝經歷大約五個世紀，最後一個國君叫姒癸，一名履癸，因爲生性非常殘暴，所以歷史上通常稱他爲夏桀。夏桀即位後，依恃武力，四處征伐，以軍事力量壓服各地諸侯，使得本來就很尖銳的國內矛盾更加尖銳。他上臺後的第三十三年，發兵征伐有施氏。有施氏地小勢弱，失敗求饒。作爲求饒的條件，有施氏向夏桀進貢一位名叫妹喜的美女。這位妹喜長得非常漂亮，雪膚花顏，風情萬種。夏桀歡喜不盡，當即封妹喜爲妃。

夏桀荒淫好色，寵愛妹喜，不惜花費巨大的財力。他在國都澠池（今河南澠池西）爲妹喜修建了一座富麗堂皇的宮殿，宮殿裏有瓊室，有象廊，有瑤台，無不華美精巧，窮極奢靡。妹喜睡覺的床是美玉雕刻成的，稱玉床，價值連城。妹喜吃的食物，都是天下奇珍，一飯一菜，很難說清到底值多少錢。妹喜愛聽撕扯繒帛的聲音。夏桀命人搬來無數整匹的繒帛，供妹喜隨意撕扯。

夏桀自得了妹喜以後，沉湎於酒色，樂不可支。有個名叫趙梁的佞臣，專門投夏桀所好，教唆他如何享受，如何斂財，如何對付那些說三道四的大臣。夏桀言聽計從，給予趙梁特別優厚的賞賜。有個名叫伊尹的賢士，勸說夏桀應當實行堯、舜的仁政，關愛百姓，用心治理天下。夏桀根本聽不進去，說：「天之有日，就像吾之有民，日亡則吾亦亡矣！」伊尹被迫離去。到了晚年，夏桀荒淫，變本加厲。他命人在宮廷內開鑿一個大池，號稱「夜宮」，然後帶領三千名男男女女，裸體在池內追逐，嬉遊取樂，一個多月，不見朝臣。

大臣關龍逢實在看不過去，憤然進諫，說：「天子謙恭而講究信義，節儉而愛護賢才，天下才能安定，國家才能穩固。而今，陛下奢侈無度，嗜殺成性，弄得百姓都盼陛下早些滅亡。陛下已失去人心，只有趕快改過自新，才能挽回人心哪！」夏桀大怒，痛罵關龍逢，隨後命人把這位德高望重的大臣給殺了。

這時候，東方的商部落在首領商湯的領導下，迅速興盛起來。夏桀囚禁了商湯。商湯的部下向夏桀的近臣和寵姬行賄。於是，夏桀就將商湯釋放。

夏桀在位的第五十三年，人心喪盡，眾叛親離，就連太史令終古，也懷抱著法典圖冊，投奔了商湯。商湯任用夏桀棄而不用的伊尹爲相，發兵討伐夏桀。鳴條（今山西安邑西）一戰，夏桀被打得大敗，丟鞋失帽，帶著妺喜和珍寶，倉皇逃至南巢（今安徽巢縣）。商湯緊緊追襲，終於將夏桀和妺喜俘獲。商湯並沒有殺害夏桀和妺喜，而是將二人放逐於南巢的臥牛山。這時的夏桀，仍不知悔悟，反而恨恨地說：「吾眞後悔呀！當初怎麼沒有殺了商湯呢？」

一個暴君，一個嬌妃，養尊處優慣了，不會勞動，無人侍候，活活餓死。夏朝至此滅亡。夏朝自帝孔甲以後，已經出現嚴重危機，各種矛盾匯聚在一起，國家機器運轉艱難。夏桀的倒行逆施，起了一種催化劑的作用，從而加速了國家滅亡的進程。

商湯子履——審時度勢，滅夏建商

夏朝滅亡，商湯建立了商朝。商朝是中國奴隸社會的發展時期，創造了光輝燦爛的青銅文化。

商湯，姓子，原名履。又稱武王、武湯、成湯、成唐、唐大乙、高祖乙。子履的先祖曾封於商（今陝西商州），故「商」成爲其部落和所建王朝的名稱。

夏桀在位期間，荒淫殘暴。商湯領導的商部落興盛起來，實際上已經成爲臣服於夏朝的一個方國，定都於亳邑（今河南商丘北）。夏桀擔心商湯會危及自己的統治地位，曾將商湯囚禁於夏台（今河南嶼縣境）。商湯的部下用重金賄賂夏桀的近臣和寵姬，商湯得以安全釋放。

商湯妻子有個陪嫁奴隸叫伊尹，卓有見識。商湯曾派他去輔佐夏桀，不被信用。伊尹復歸於商湯。商湯解除了他的奴隸身分，任用爲相，委以國政。自此，伊尹積極輔佐商湯，謀劃滅夏的戰爭。

商湯很會收買人心，以取得最大多數人的支持。一天，他在外出途中，看到一人布下四張大網，禱告說：「凡四面八方的鳥兒，你們都快飛進我的網吧！」商湯說：「嘻！你這樣做太過分了，怎能把鳥兒捕盡殺絕呢？」他讓那個人把三張網去掉，只留下一張網，隨後禱告說：「鳥兒啊！你們願往左的就往左飛，願往右的就往右飛，只有不聽我話的，才會飛進網裏。」這件事傳播開來，各地諸侯都很感動，說：「商湯仁德，恩及鳥獸，眞是一位明主啊！」

商湯積蓄了足夠的力量，開始征伐附屬於夏朝的一些方國，陸續攻滅了葛（今河南睢縣北）、韋（今河南滑縣東南）、顧（今山東鄄城東北）等。此舉等於翦除了夏朝的羽翼，夏桀的勢力大大削弱了。

商湯控制了東方的廣大地區，審時度勢，然後興兵伐夏。《詩經・商頌・長髮》描寫商湯用兵的情景說：威武的商湯，舞動巨大的旌旗，揮動銳利的兵器，勇猛斬殺；雄壯的軍威就像烈火燃遍四方，不可阻擋；戰爭的進展，猶如春天林木生長的茂盛之勢，無往而不勝。商軍和夏軍大戰於鳴條，夏軍潰敗，夏桀逃跑，死於南巢，夏朝滅亡。商湯滅夏後，回師亳邑。「諸侯畢服，湯乃踐天子位，平定海內。」商朝就此建立。

商湯開國，減輕賦斂，鼓勵生產，安撫民心，同時發動征伐戰爭，使國土疆域進一步擴大，加速了國內及周邊地區經濟和文化的發展。

商紂王子受——
殘義損善，焚身鹿台

子商王朝建於西元前十六世紀，亡於西元前十一世紀。最後一個國君叫子受，一稱帝辛。死後的諡號爲「紂」。《諡法解》說：「殘義損善曰紂。」故歷史上多稱他爲商紂王。

史載，商紂王「資辨捷疾，聞見甚敏；材力過人，手格猛獸」，如果把精力用在正事上，那麼肯定會成爲好國君。然而，他又「知（智）足以拒諫，言足以飾非；矜人臣以能，高天下以聲，以爲皆出己之下。好酒淫樂，嬖於婦人。」這決定了他只能和夏桀一樣，充當了亡國國君的角色。

商紂王即位後，好大喜功，連年征戰，俘獲的奴隸成千上萬。同時橫徵暴斂，濫施刑罰，激化了國內的各種矛盾。他興兵討伐有蘇氏，掠得一位美女叫妲己（妲，讀作達），寵愛萬分，言聽計從。因爲妲己非常美貌，所以傳說她是狐狸精轉世。

商紂王迷戀妲己的美色，命樂師師涓作新淫之聲，北里之舞，靡靡之樂，終日懷擁麗寵，沉湎於酒色歌舞之中。爲了遊樂之便，他徵召民夫，花了七年時間，在國都朝歌（今河南淇縣）建造了一座宮殿，周長三里，高百丈，叫做鹿台。他和她整天在鹿台飲酒，尋歡作樂。這還不夠，又在宮中鑿了一個大池，池底和池壁用玉石鋪砌，池裏裝滿美酒，稱「酒池」；酒池周圍裝飾著色彩絢麗的錦帛，樹枝上懸掛著一串串烤肉，稱「肉林」。商紂王和妲己興之所致，經常帶領隨從們，伴隨著美妙的音樂，在酒池中泛舟。渴了，隨手舀酒池中的酒喝；餓了，隨手取肉林上的肉吃。隨心所欲，揮霍享受。一年冬天，商紂王和妲己在鹿臺上憑高眺望，見有人涉水過河，打賭說骨髓滿者不怕寒冷，殘忍地命令武士砍斷涉水者的脛骨，以驗證骨髓的盈虛。爲了打賭，甚至剖孕婦之腹，以驗證胎嬰是男是女。

商紂王同父異母哥哥子啓，深爲國事焦慮，多次勸說弟弟應改邪歸正。商紂王剛愎自用，置若罔聞。子啓眼見民心離散，國家將亡，只得遠離朝歌，隱居他鄉。

商紂王爲了鉗制輿論，鎭壓人民的反抗，聽信佞臣費仲、尤渾、惡來的話，創制了種種酷刑。有一種刑罰是以銅作柱，上塗膏油，置於火上，讓罪犯在銅柱上爬行，叫做「炮烙」。有把人剁成肉醬的，叫做「醢刑」（醢，讀作海）。有把人割成一條條的，叫做「脯刑」。

商紂王爲了控制四方諸侯，徵調西伯姬昌、九侯、鄂侯入朝，封爲三公。九侯的女兒如花似玉，被納入後宮。怎奈此女端莊沉靜，不喜淫蕩。商紂王聽從妲己的慫恿，把她殺了，並把九侯剁成肉醬。鄂侯指責國君荒淫無道。商紂王大怒，將其殺死，暴屍示眾。姬昌暗自歎息，被崇侯虎告發。商紂王立刻將姬昌囚禁，並殺了其子伯邑考。不久又將姬昌釋放，使之成了西方諸侯的領袖。

商紂王的大臣祖伊出於忠心，直言警告說：「陛下荒淫殘暴，不遵天命，不振朝綱，不恤百姓，天下人都盼商朝早日滅亡啊！人民企望上天降威懲罰惡人，同時企望眞命天子出世治理亂政。陛下應趕快更弦易張才是！」商紂王不以爲然，說：「吾命在天，誰奈何得吾？」商紂王的叔父比干不忍心坐看國家滅亡，冒死強諫，懇請侄兒關心國計民生。商紂王大怒，說：「聽說聖人的心有七竅，我倒要看看你的心有幾個窟窿。」說罷，命人把比干殺了，取出心來看個究竟。大臣箕子因進諫而被罰做奴隸，商容因進諫而被趕出朝廷，大夫辛甲、內史向摯，及太師疪、少師強等人，不願看到國家滅亡、文化禮樂湮沒的那一天，分別攜帶圖冊、祭器、樂器等，投奔了姬昌。

商紂王如此兇殘暴虐，激起天怒人怨。他在位的第三十三年，即西元前一〇四六年，周武王姬發統領大軍，討伐商紂王。商紂王調動七十萬奴隸，迎戰於牧野（今河南汲縣）。甲子日，兩軍列陣交鋒，商軍倒戈起義，引導周軍進入朝歌。商紂王見大勢已去，慌忙回到鹿台，穿戴上珠玉寶衣，命人點火，焚身而死。商紂王之死，標誌著商朝滅亡。有文獻記載說，商軍和周軍會戰於牧野，商軍不聽號令，陣前起義，倒轉槍頭，殺向商紂王。商紂王逃回朝歌，躲藏於祖廟中。宮廷侍衛不僅不救他，反而將他殺害，拋屍於禦門之外。百姓圍觀，戟指痛罵，進而腳踢足蹴，蹶其腎，踐其肺，履其肝，萬人踐踏，狼藉遍地。從人們仇恨商紂王的態度，可知商朝滅亡，完全是情理中的事。

周文王姬昌、周武王姬發——
兵伐商紂王，建立新王朝

商紂王荒淫無道，地處周原（今陝西岐山一帶）的方國周國，迅速強大起來。周國的首領姓姬名昌，商紂王封他為西伯，故又稱伯昌；死後廟號為文王，故史稱周文王。典籍記載說，他「龍顏虎肩，身長十尺，胸有四乳」；或說「日角鳥鼻，高長八尺二寸，聖智慈理也」。他即位後，發揚先祖后稷、公劉的傳統，重視農業，寬厚待人，因而享有很高的聲譽。商紂王畏忌周文王的勢力，將他召入朝歌，封為三公之一，繼又將他囚禁於羑里（今河南湯陰北；羑，讀作有）。周文王長子伯邑考為救父親，前去充當人質。商紂王殘酷地把伯邑考殺了，烹為肉羹，逼迫周文王食用。周文王為了保住性命，只得吃了肉羹。商紂王哈哈大笑說：「誰說西伯是聖人？他連兒子的肉都吃了！」從此放鬆了對周文王的戒心。周文王被囚七年，閒著沒事，精心研究八卦，演化出六十四爻，窮探自然和天道之理，成為中國第一部經書《周易》。他的大臣閎夭等人，為救國君，賄賂商紂王的嬖臣，進獻美女、珍寶和名馬。商紂王大喜，說：「此一物足以釋西伯，何其多乎！」商紂王不僅釋放了周文王，而且賜予弓矢斧鉞，授命他有權征伐違命的諸侯。

周文王回歸周國，決心滅商報仇。這時，周國國力強盛，人才濟濟，但還缺少一位能夠統籌全局的相帥人物。一次，他外出遊獵，在磻溪（今陝西寶雞附近）之濱，見到一位釣魚老人，七八十歲，手持釣竿，釣竿上的魚鉤卻是直的，而且沒有餌食，遠離水面，嘴裏念念有聲地說：「願者上鉤！願者上鉤！」周文王覺得奇怪，向前與老人交談，發現老人上通天文，下知地理，天下大事，了然在胸。這位老人，就是文武全才的姜尚，一稱姜子牙、姜太公。周文王異常興奮，熱切地聘請姜尚輔佐自己，共圖滅商之大計。姜尚滿口答應，隨同周文王到了岐山，被拜爲國師，進而升任國相，總理政治和軍事方面的大事。

周文王依靠姜尚的籌畫，整頓綱紀，發展生產，提倡禮義，從而使國泰民安，兵強馬壯。接著對外用兵，擊敗犬戎、密須等部族，鞏固了後方；然後全力向東方擴展，攻滅黎（今山西長治西南）、邘（今河南沁陽西北）等方國。灃水流域的崇國（今陝西西安西），地處周國東擴路上的要衝，國君崇侯虎，實際上是商紂王用於監視周文王的奸細。周文王和姜尚覺得必須拔掉這個「釘子」，興兵攻滅了崇國，殺死崇侯虎，從而取得了當時天下三分之二的土地。周文王滅了崇國，迅即在其地新建一座城市，稱豐邑（一稱豐京），隨後把國都遷至這裏。這樣，就對商都朝歌形成進逼之勢，爲周國攻滅商朝奠定了基礎。

周國遷都的次年，周文王九十七歲，在位剛好五十年。他生了重病，自知不行了，喚來兒子姬發，叮囑三句話。第一句是「看見好事，不要懶散，必須趕快去做」；第二句是「時機來了，不要猶豫，必須抓緊去做」；第三句是「看見壞事，要迅速離開，千萬莫做」。

周文王病死，葬於畢原（今陝西咸陽西北，一說今陝西岐山）。姬發謹遵父訓，不久完成了滅商的偉業。

周文王死時，留給兒子姬發一個政通人和的大好局面。姬發即位，尊姜尚爲尚父，繼續委以國相的重任，並重用弟弟周公姬旦、召公姬奭等人，把國內治理得井井有條，國力更加增強。他死後的廟號爲武王，故史稱周武王。

周武王致力於國都的建設，在豐邑基礎上又建造了鎬京。豐邑和鎬京隔灃水相望，合稱豐鎬，成爲中國最早的「雙子城」。周武王即位後第九年，自稱「太子發」，舉行了一次伐商演習，至於孟津（今河南孟津東北），以觀軍容。參加演習的共有八百多個方國的諸侯，表明商朝已經分崩離析，人心皆向周國。諸侯們說：「紂可伐矣！」而周武王考慮到時機尚未成熟，說：「汝等未知天命，未可也！」

兩年後的冬天，商紂王暴虐更甚。周武王派人遍告各國諸侯說：「商有重罪，不可以不畢伐。」於是，親率戰車三百乘，虎賁三千人，甲士四萬五千人，聯合各方國兵力，大舉伐商。伐商大軍從孟津出發，抵達牧野（今河南淇縣）。越年二月甲子日，周武王在牧野舉行大戰前的誓師儀式，宣布要「共行天之罰」，消滅商紂王。其時，各方國諸侯前來參戰的戰車達到四千乘。

商紂王死到臨頭，命令七十萬奴隸迎戰周軍，以作垂死掙扎。這些奴隸早對商紂王深惡痛絕，尚未交戰，便倒戈起義，充當周軍的嚮導，反攻商紂王。商紂王焦頭爛額，焚身於鹿台。

周武王率軍進入朝歌，受到商朝百姓的熱烈歡迎。在鹿台廢墟，周武王向著商紂王燒焦的屍體射了三箭，再命砍下商紂王殘破的頭顱，懸掛白旗，以洩民憤。妲己、費仲等人亦伏誅。

四月，周武王回師豐鎬，正式建立了中國歷史上第三個奴隸制王朝——西周。周武王封賞功臣和親屬，讓他們建立諸侯國，以鞏固發展新生的王朝。其中，姜尚封於營丘（今山東淄博），爲齊國；姬旦封於曲阜（今山東曲阜），爲魯國；姬奭封於薊邑（今北京），爲燕國。爲了安撫商朝的殘餘勢力，周武王還將商紂王的兒子武庚封爲殷侯，留住朝歌，另派弟弟管叔鮮、蔡叔度、霍叔處三人，監視武庚，史稱「三監」。

周武王建立西周後的第三年病死，葬於畢原。他之所以能滅商建周，主要得力於周文王打下的國力和人才基礎，再就是能夠抓住時機，給予商紂王以致命的一擊。他實行分封制，目的在於「封建親戚，以屏藩國」。此舉爲日後的春秋戰國時期諸侯爭霸、列強爭雄安排了角色，屆時它們將演出一幕幕威武雄壯的史劇來。

周穆王姬滿——中國最早的旅行家

周穆王姬滿是西周第五任國王，五十歲時即位。他在位期間，正是中國奴隸社會的鼎盛時期，國力比較強大。他西征犬戎，東伐徐夷，南攻楚國，勢力範圍擴展至九江（今江西九江）一帶。他命甫侯制訂了《甫刑》，這是中國最早的法典。

西晉出土一部文獻叫《穆天子傳》，記述了周穆王西遊的故事。據說，周穆王擁有八匹名馬，稱「八駿」，名字分別爲：赤驥、盜驪、白義、窬輪、山子、渠黃、華騮、綠耳。晉朝郭璞注解說：「八駿，皆因其毛色爲名號耳。」王嘉《拾遺記》記載八駿的名稱則說：「（周穆）王御八龍之駿：一名絕地，足不踐土；二名翻羽，行越飛禽；三名奔宵，夜行萬里；四名超影，逐日而行；五名逾輝，毛色炳耀；六名超光，一形十影；七名騰霧，乘雲而奔；八名扶翼，身有肉翅。」總之，這是八匹各具特色、健壯俏麗、跑得神速的千里馬。周穆王即位後的第五十三年，他以造父爲馭夫，乘坐八駿拉著的大車，帶領七隊精銳勇士，從豐鎬出發，周遊天下。他們東渡黃河，沿太行山西麓，向北挺進，直抵陰山腳下；轉而長途西行，繞河套，溯河源，登上巍峨的崑崙山；再西行數千里，到達西王母之國。西王母在美麗的瑤池，設宴招待周穆王，舉觴奏樂，熱情洋溢。周穆王贈給西王母大批中原特產和絲綢，西王母回贈許多奇珍異寶。酒酣興濃之後，周穆王揮筆寫下「西王母之山」五個大字，命石工刻於崦嵫山上，並種植槐樹留作紀念。西王母則盡東道主之誼，贈詩相送：「白雲在天，山陵自出。道里悠遠，山川間之。將子無死，尚能復來。」周穆王亦作歌酬答，答應三年後再前往致意。

《穆天子傳》並非信史，所載內容不能當史事看。但歷史上的周穆王的確是愛好遊歷的。《左傳》載：「穆王欲肆其心，周行於天下。」《史記．秦本紀》載：「(周穆王）西巡狩，樂而忘歸。徐偃王作亂，造父爲穆王御，長驅歸周，一日千里以救亂。」因此有理由說，周穆王是中國最早的旅行家。

「西王母之國」到底在什麼地方？據說在今新疆以西的中亞地區。若此，周穆王西遊，堪稱一次壯舉。它表明，早在西周時期，中國的疆域已很遼闊，中原的華夏族和西部少數民族乃至中亞地區，就開始了經濟和文化交流。

周穆王活了一百零五歲病死，葬於畢原。

周厲王姬胡——倒行逆施激起國人暴動

周厲王姬胡（西元前？～前八二八年），是一位以貪婪和暴戾而著稱的國王。他即位的第三十年，任用「好專利而不知大難」的榮夷公為卿士，壟斷國都豐鎬附近山林川澤的一切收益，不許前往採樵漁獵，從根本上斷絕了平民的生計。同時又興師動眾，東征淮夷，南伐荊楚，均以失敗而告終。這樣，國內的各種矛盾暴露出來，統治地位岌岌可危。

朝臣中的有識之士深感憂慮。大夫芮良夫進諫說：「夫利，百物之所生也，天地之所載也，而有專之，其害多矣。天地百物皆將取焉，何可專也？所怒甚多，而不備大難。是以教王，王其能久乎？」他嚴厲地警告說：「榮夷公若用，周必敗也！」

周厲王利令智昏，聽不進任何忠言，暴虐侈傲如舊。豐鎬的百姓痛恨國王，怨言四起。召公姬虎提醒說：「民不堪命矣！」周厲王仍一意孤行，派出巫師「監謗，以告則殺之」。因此，國都充滿恐怖氣氛，人們敢怒而不敢言，道路以目，以此來表達心中的憤恨。周厲王洋洋得意，說：「吾能弭謗矣！」姬虎則說：「防民之口，甚於防水，水壅而潰，傷人必多，民亦如之。」

三年後，豐鎬人民忍無可忍，毅然暴動。憤怒的國人高擎火把，揮動武器，浩浩蕩蕩地衝進王宮，攻襲國王。周厲王惶恐至極，狼狽地逃跑至彘邑（今山西霍縣東北），得免一死。國人包圍了王宮，還要殺害周厲王的太子姬靜。姬靜逃到姬虎府中藏身。姬虎忠於王室，將自己的兒子冒充太子，交給國人殺死，這才保住了姬靜的性命。

豐鎬國人暴動，顯示了勞動人民的強大力量，動搖了西周王朝的奴隸制統治。當時，豐鎬內外一片混亂。眾人共推周公和召公出面，主持政事，重要事務由六位卿士合議。這種政體，史稱「共和」。共和元年爲西元前八四一年，這是中國歷史有確切紀年的開始。

十四年後，周厲王死於彘邑，葬在那裏。其謚爲「厲」。《謚法解》云：「殺戮無辜曰厲。」周厲王的謚號，概括了他的爲人。

周幽王姬宮涅——為博美人笑，烽火戲諸侯

周幽王姬宮涅（西元前?前～七七一年）是西周最後一位國王，由於喜新厭舊，嬖愛美女褒姒，導致了亡國喪身的可恥下場。

周幽王原來的王后姓申，是居住於申地（今河南安陽）的申侯之女。申王后生子姬宜臼，姬宜臼已經被立爲太子。可是，周幽王好色，在一次戰爭中，擄得一位美女叫褒姒，將她立爲妃子，寵愛得不得了。

美女褒姒，經歷很不平凡。他本是周宣王時期一個宮女的私生女，出生以後便被母親拋棄。恰有一對以賣桑木弓和箕（箕，讀作計）木箭筒的夫婦，意外拾得這個女嬰，收留撫養，當作自己的女兒。當時，國都豐鎬流傳著兩句民謠說：「檿弧（檿，讀作掩）箕服，實亡周國。」「檿弧」和「箕服」，分別是桑木弓和箕木箭筒的意思。周宣王心虛，下令逮捕所有賣這兩樣東西的人，不問情由，一律處死。那對夫婦爲了活命，只好帶著拾得的女兒，翻山越嶺，逃往褒國（今陝西勉縣東南）。褒國山青水秀，以它特有的靈氣，哺育了窮人家的女兒。這個女兒長大，出落得像一朵脫俗的鮮花，含苞待放，光彩照人。她的父母不知她

的姓氏，遂以褒爲姓，稱她爲褒姒。

西元前七七九年，周幽王發動對褒國的戰爭，褒國失敗。褒國國王爲了保住自己的國家，針對周幽王好色的特點，將搶掠的褒姒進獻出去，以換取周軍的撤退。周幽王得到了褒姒，什麼條件都可以答應。這樣，褒姒就又回到了她的出生地豐鎬，而且住進了富麗堂皇的王宮。周幽王不管褒姒願不願意，強行封她爲妃。一年以後，褒姒生了兒子姬伯服。周幽王滿心歡喜，更加寵愛褒姒。

褒姒從南方來到北方，從民間來到王宮，一切都不適應，一切都不順心。可是她長得太美了，周幽王愛她愛得發瘋。周幽王將褒姒和申王后作了個比較，那簡直一是白天鵝，一是老母雞，眞有天壤之別。因此，他作出決定：廢黜申王后和姬宜臼，改立褒姒爲王后，姬伯服爲太子。

褒姒和兒子不知王后、太子爲何物，母子二人相依爲命，百無聊賴地打發著漫長的時光。特別是褒姒，思念褒國的山水和親人，心情抑鬱。她從進宮的那天起，就從來沒有笑過，眉眼間時時流露出無窮無盡的憂傷。周幽王心想，這樣一個美人，怎麼老是板著臉呢？應該讓她發笑，她笑起來，說不定多漂亮呢！因次，他想方設法地逗她，哄她，希望她能笑起來。可是，褒姒就是不笑，使得周幽王束手無策。

周幽王手下有個佞臣叫做虢石父，獻媚地說：「大王可以點燃驪山（今陝西臨潼驪山）烽火臺的烽火，徵召諸侯前來，煙呀火呀人呀馬呀的，褒后見了，肯定會笑。」

周幽王大喜，連聲說好，吩咐虢石父立刻去辦。

這天晚上，周幽王帶著褒姒登上驪山，一聲令下，烽火點燃，鼓聲大作。各地諸侯看到烽火，以爲有外敵入寇國都，趕緊率領兵馬前來，勤王救駕。頓時，驪山腳下，車水馬龍，旌旗招展，人來人往，群聲鼎沸。周幽王指著山下的兵馬，討好地說：「我的大美人！這是專門爲你安排的，好玩嗎？你覺得好玩，不妨笑一笑嘛！」

褒姒看到周幽王拿國事當兒戲，又氣又惱，冷笑著說：「哼！虧你想得出來！」

周幽王大爲高興。因爲褒姒畢竟開口笑了，這比她愁眉苦臉的時候要好看得多。

周幽王爲博得褒姒一笑，不惜動用警報的烽火，也夠別出心裁的了。各地諸侯詢問敵人何在。周幽王派虢石父回答他們說：「哪有什麼敵人？大王是爲了引王后發笑，逗你們玩呢！好啦，沒事了，回去吧！」

原來如此。諸侯們氣得牙根癢癢的，憤恨而退。其後，周幽王故伎重演，又點燃了兩次烽火。各地諸侯知道國王是在惡作劇，根本不予置理。

再說那個被廢的申王后和太子姬宜臼，恨死了周幽王。母子二人滿懷不平和憤恨，跑到申地去，向申侯哭訴了他們的不幸，並添油加醋，說了周幽王和褒姒的許多壞話。申侯一聽，勃然大怒，說：「我的女兒，我的外孫，無端被廢，遭受恥辱，這還了得？」他當即聯合繒地（今河南方城）的繒侯和西方的犬戎族，發兵攻打豐鎬。

周幽王長期沉醉在聲色犬馬之中，朝政腐敗，武備鬆弛，軍隊沒有任何戰鬥力。聯軍基本上沒有遇到什麼抵抗，勢如破竹，很快就攻到了豐鎬城外。情況危急，周幽王又想起了烽火臺，急命點燃烽火，徵召諸侯。可是，各地諸侯上過當受過騙，說：「國王又玩花樣尋開心了，別理他！」結果，沒有一兵一卒前來勤王救駕。

周幽王傻眼了。關鍵時刻，他也就顧不上褒姒了，孤身單騎，出城逃命。他一直逃至驪山下，未及喘息，申侯已經追到。申侯痛斥女婿荒淫無恥，憤怒地將他殺死。可憐的褒姒，則被犬戎人擄去，結局不明。至此，西周滅亡。這一年為西元前七七一年。

周幽王在位只有十一年，死後諡號為幽王。《諡法解》云：「動祭亂常曰幽。」一個「幽」字，揭示了他的荒淫和腐朽，西周王朝滅亡在這樣一個人的手裏，一點也不奇怪。

東周平王姬宜臼——王室衰微，名義天子

姬宜臼（西元前？～前七二〇年）曾是周幽王所立的太子。他被廢黜以後，心情抑鬱，一天在花園玩耍，突遇一隻猛虎向他撲來。出於求生的本能，他沒有退縮，而是迎上前去，大喝一聲，擺出要與猛虎格鬥的架勢。猛虎反倒害怕了，懊惱退後。姬宜臼事後知道，猛虎是父王故意從虎籠裏放出的，目的在於將他置於死地。他很憤怒，遂和母親逃離豐鎬，去了外祖父申侯所在的申地。周幽王死後，西元前七七〇年，申侯擁立外孫繼承王位，東遷洛陽，並以那裏爲國都。東遷後的周朝稱東周，姬宜臼就是東周平王。

就在周平王即位的同時，虢公姬翰擁立周幽王的另一個兒子姬余臣爲國王，稱攜王，一時出現了兩周並列的局面。後來，支持周平王的晉文侯，發兵攻殺了姬余臣，周平王才成爲唯一的天子。史載：「平王之時，周室衰微，諸侯強並弱，齊、楚、秦、晉始大，政由方伯。」周平王號令所能達到的區域，僅限於今河南西北部的一隅之地，方圓不過六百餘里。東周王朝，充其量只相當於一個中等的諸侯國而已。這時出現了許多大大小小的方國，彼此爲爭奪土地、人口和財富而互相攻殺和兼併，形成了諸侯爭霸的混亂局面。中國歷史由此進

入春秋戰國時期。

周平王僅是個名義天子，大國諸侯根本不買他的賬。他在位期間，曾任命鄭莊公姬寤生爲朝廷卿士，可又擔心鄭國力量雄厚，旋即想取消任命。姬寤生攬權心切，迅速趕到洛陽，施加壓力。周平王哭笑不得，只得向姬寤生賠情道歉，並答應讓太子姬狐去鄭國當人質。這無疑有損天子的體面，大臣們遂提出交換人質的做法，即讓姬寤生的兒子到洛陽當人質，而姬狐去鄭國是爲了「學習」。堂堂國王和一方諸侯之間，這樣討價還價，足見東周王朝是何等衰微了。

周平王在位二十三年病死，葬於桓羊山（今河南澠池境）。

齊桓公姜小白——
一代霸主，結局悲慘

東周分為春秋和戰國兩個時期。前者因魯史《春秋》而得名，後者因漢朝劉向編輯《戰國策》一書而得名。春秋時期（西元前七七〇～前四七六年），周王室衰微，禮崩樂壞，中原地區分裂成數百個諸侯國，它們互相兼併，混戰不休。尤其是幾個大國，國君都想號令天下，稱霸一方。一般認為，春秋有「五霸」，齊桓公最早稱霸，因而被視為春秋第一位霸主。

齊桓公姓姜名小白（西元前？～前六四三年）。他所在的齊國，乃西周開國功臣姜尚的封國，都營丘（今山東臨淄）。齊桓公的哥哥叫姜諸兒，即齊襄公。齊襄公荒淫亂政，恣意誅殺，迫使弟弟姜糾逃亡魯國（今山東曲阜），姜小白逃亡莒國（今山東莒縣）。時有兩位傑出的政治家，一叫管仲，自願輔佐姜糾；一叫鮑叔牙，自願輔佐姜小白。西元前六八六年，齊國發生內亂，齊襄公被殺害。姜糾和姜小白都急於回國奪取政權。魯國為使姜糾能成為國君，派管仲率兵阻止姜小白回國。管仲於途中伏兵，射中姜小白的衣帶鉤。姜小白詐死，等管仲退去，迅疾回到營丘，即位稱尊，就是齊桓公。管仲擁護姜糾回國時，齊桓公已是事實上的國君了。

齊桓公以爲管仲是不共戴天的仇人，決意殺死管仲。鮑叔牙誠懇地說：「臣幸得追隨陛下，陛下竟以得立。陛下地位，已很尊貴。陛下若只想治理好齊國，那麼有臣等就足夠了；陛下若想稱霸諸侯，那麼非要有管仲輔佐不可。管仲居國國重，不可失也。」

齊桓公虛懷若谷，接受了鮑叔牙的意見，不僅沒有殺害管仲，反而拜管仲爲相，委以國政，尊爲仲父。管仲具有卓越的軍政才能，與鮑叔牙、隰朋（隰，讀作西）、高傒（傒，讀作奚）等人一起，積極改革內政，「連五家之兵，設輕重魚鹽之利，以贍貧窮，祿賢能，齊人皆悅」。

齊桓公任用管仲等所進行的改革，很快收到了「通貨積財，富國強兵」的效果。齊國國力強盛，攻滅附近的譚（今山東歷城）、遂（今山東寧陽）等小國，大大擴展了國土。接著，管仲提出「尊王攘夷」的口號，即尊重東周天子，抗擊周邊少數民族進攻中原。此舉使齊桓公在諸侯國中提高了威信，從而有步驟地開始了稱霸活動。西元前六五六年，齊桓公率領齊、魯、宋、陳、衛、曹、鄭、許八國軍隊，先攻蔡國，再伐楚國。楚國被迫與齊國講和，雙方在召陵（今河南偃城東）簽訂盟約，齊桓公因此取得了霸主的地位。其後，齊桓公幾次大會諸侯，最顯要的一次是西元前六五一年的葵丘（今河南蘭考）大會，就連周天子也派人參加。這標誌著齊桓公的霸業達到了頂峰。

齊桓公在政治上和軍事上屬於強者，稱得上是鐵腕人物。然而，他荒淫好色，內寵極多，導致私人生活相當不幸，結局非常悲慘。

齊桓公的妻子很多，兒子也很多。主要是：大衛姬，生姜無詭；小衛姬，生姜元；鄭姬，生姜昭；葛姬，生姜潘；密姬，生姜商人；宋姬，生姜雍。眾多的夫人各有背景，自己爭寵奪愛不說，又都希望自己的兒子能夠成爲太子。爲此，她們使出渾身解數，爲兒子也是爲自己，爭鬥和拼搏，千方百計地想達到目的。

齊桓公和管仲原先看中鄭姬生的兒子姜昭，認爲姜昭忠厚仁孝，堪當大任，所以傾向於立他爲太子。對此，鄭姬沾沾自喜，而其他諸姬卻恨得咬牙切齒。她們說：「同樣是國君的骨血，爲什麼偏要立他姜昭爲太子？不行，我們要爭，要鬥！」共同的利益使諸姬們聯合起來，竭力攻擊和詆毀姜昭，姜昭一時成了眾矢之的。

諸姬當中，大衛姬最有心計。她知道，齊桓公於管仲之外，最寵信三個人，即宦官豎刁、佞臣開方和易牙。她恩威並用，有意結交這三個人，要他們對齊桓公施加壓力和影響，最好能立自己的兒子姜無詭爲太子。豎刁等滿口答應，說：「這事不能著急，只要管仲一死，我們自有辦法。」

西元前六四五年，管仲病死。管仲死前，特別叮囑齊桓公，千萬莫寵信和重用豎刁、開方和易牙，否則後果不堪設想。可是，管仲死後，齊桓公很快就將管仲的話忘得一乾二淨，不僅照樣寵信這三個人，而且還讓他們掌握了朝政大權。大衛姬等緊張地行動起來，賣乖取巧，撒嬌弄俏，人人大吹枕邊風，都請求立自己的兒子爲太子。面對諸姬的強大攻勢，齊桓公焦頭爛額，六神無主，不知道該怎麼辦。

齊桓公氣得生了病。他的妻子和兒子們忙於拉幫結派，遊說朝臣，誰也不關心他的病情。這時，豎刁、開方和易牙露出了奸佞的本性，兇惡地將他們曾經奉若神明的齊桓公囚禁起來，「塞宮門，築高牆，不通人」。而且，還拒絕供給齊桓公食物和飲水，旨在斷送他的性命。

至尊至貴的國君遭囚禁，這是何等大事？然而，齊桓公的妻子和兒子們，沒有人著急，沒有人過問。他們想的是國君的寶座，做的是巴結和討好豎刁等人。有一個宮女獨具正義感，趁著夜色，翻越高牆，進入囚宮，去見她的主子。

齊桓公已經氣息奄奄，要喝水要吃東西。宮女說：「沒有水，也沒有食物。」

齊桓公大惑不解，說：「這到底是怎麼回事呀？」

宮女如實相告，說：「這都是豎刁、開方、易牙搞的鬼。他們和陛下的夫人、兒子相勾結，狼狽爲奸，犯上作亂，要置陛下於死地。」

齊桓公恍然大悟，想到當初管仲的忠告，且愧且恨，以衣蒙面，痛苦地說：「管仲不亦聖乎？聖人所見，豈不遠哉！寡人不明，宜有今日，死後若有知，將以何面目去見管仲啊？」說完便死了。宮女見主子已死，一頭撞在房柱上，腦顱開裂而亡。

齊桓公死了，按說是國喪，應當隆重辦理喪事才是。可是，齊桓公的妻子和兒子們爲爭奪君位的鬥爭進入最後衝刺階段，更加白熱化，誰也不理會齊桓公的喪葬事宜。一天兩天，一月兩月，齊桓公的屍體停在囚宮裏，沒有人過問。轉眼過去六十七天，屍體腐爛了生蛆了，蠕動的蛆蟲從宮內爬到宮外，污水四流，蒼蠅嗡嗡，一片狼藉。堂堂一代霸主，死後落得如此結局，豈不悲哉！

爭鬥終於有了結果。豎刁、開方和易牙支持大衛姬，使她的兒子姜無詭成爲新的國君。然而，爭鬥又沒有結束。其後，姜昭、姜潘、姜商人都曾當過國君，他們的母親作爲太后，自然風光一時。只可惜從姜無詭到姜商人，雖是國君，卻缺少父親那樣的氣魄和能力，齊桓公建立的霸業蕩然無存。

宋襄公子茲甫——

迂腐可笑的「仁義」

春秋時期的宋國，子姓，開國者爲商紂王的庶兄微子啓，建都商丘（今河南商丘），擁有今河南東部和山東、江蘇、安徽間地。西元前六五一年，宋桓公死，太子子茲甫（西元前？～前六三七年）繼位，就是宋襄公。有些文獻也把他列爲「春秋五霸」之一，但從實而論，他是名不副實，並不具有霸主的資格。

宋襄公即位後的第一件事是參加葵丘大會，親身感受到了齊桓公稱霸的風光。齊桓公死後，齊國發生內亂。宋襄公出兵干涉，進而生出狂想，企圖取代齊桓公而成爲霸主。他的兒子目夷說：「小國爭霸，禍也。」宋襄公根本不聽，堅持邀請各國諸侯到宋國會盟。目夷說：「禍其在此乎？君欲已甚，何以堪之！」結果，就在這次盟會上，宋襄公被楚國活捉了。後來，楚國將他釋放。他仍然想當霸主，興兵攻伐鄭國，沒有佔到一點便宜。

宋襄公非常迂腐，提出一個所謂「君子作戰」的概念，主張戰爭中「不重傷」、「不以險阻」、「不鼓不成列」、「不擒敗兵」等。因此，他率兵打仗時，必打一面大旗，旗上寫著「仁義」二字。西元前六三八年，宋國與楚國在泓水（今河南柘城西北）打了一仗。兩軍對壘，宋襄公又命打出「仁義」的旗幟。宋軍叫苦不迭，說：「戰爭免不了一個『殺』字，而我們光講『仁義』，這仗怎麼打？」

十一月的一天，兩軍約定交戰。天明時，楚軍開始渡泓水。目夷說：「敵眾我寡，我們應在楚軍渡河時出擊。」宋襄公說：「不！這時出擊，顯得我們很不仁義。」楚軍渡過泓水，忙於布陣。目夷又說：「楚軍布陣，尚未成形，這時出擊，敵人必亂。」宋襄公唾了兒子一口，說：「咄！你光顧一擊之利，就不顧萬世之仁義嗎？我堂堂宋軍，哪有趁人家沒布好陣就出擊的道理？」直到楚軍布好陣勢，宋襄公才命擂鼓出擊。他和另一個兒子子蕩，躍馬縱戈，衝進敵陣。楚軍可不講什麼仁義，暗傳號令，打開陣門，單放宋軍進入陣內，然後重重包圍，將其困在核心，大砍大殺。結果可想而知，宋軍慘敗，子蕩戰死，宋襄公受了重傷，被部將公孫固拼死救回；士兵十死八九，輜重器械全部丟失。那面「仁義」大旗，也被楚軍奪了去，撕得粉碎，踩在腳下。

宋襄公狼狽回國，國人無不埋怨和譏笑他的迂腐。而他卻振振有詞地說：「君子不困人於厄，我就是要行仁義之師。」大臣子魚沒好氣地說：「兵以勝為功，何常言歟！必如陛下所言，乾脆給人家當奴隸算了，還打仗做什麼？」

宋襄公受傷後，不久病死。他的所謂「仁義」，後世一直傳為笑柄。

晉文公姬重耳——
流亡回國，取威定霸

春秋時期的晉國，姬姓，開國者爲西周武王的兒子姬叔虞。西元前六七七年，晉獻公姬詭諸爲國君，遷都至絳（今山西翼城東）。晉獻公變好女色，多內寵，導致宮廷內亂。他寵幸狡猾的驪姬，逼使太子申生自殺，並派兵捉拿另兩個兒子姬重耳（西元前六九七～前六二八年）和姬夷吾。姬重耳和姬夷吾爲了保命，倉皇逃亡國外避難。

姬重耳流亡國外整整十九年，到過許多國家。長期的流亡生活，使他意志消沉，後來落腳在齊國，娶了妻子，說：「人生安樂，誰知其他？吾將老此，誓不他往。」

姬重耳的隨從趙衰、狐偃等，都是志向高遠、不甘沉淪的有識之士。西元前六三七年，晉國內亂更加激烈。趙衰、狐偃設計，將姬重耳灌醉酒，強行乘車，趕回晉國奪取權力。途中，姬重耳酒醒，得知事情原委，非常生氣，持戈要殺狐偃。狐偃說：「殺了我，成全你，恰也值得。」姬重耳氣猶未消，說：「此行成功則已，不成，我非吃了你的肉不可！」狐偃笑著說：「事若不成，我不知死於何地，你想吃我的肉，也吃不著了；事成，你就是國君，定會列鼎而食，美味佳肴，享用不盡。而我的肉有腥臊味，你還會吃嗎？」

姬重耳回國，一舉奪得政權，即位，就是晉文公。晉文公初立，國內局勢還不穩定，原大臣呂省、郤芮，拉攏宦官勃鞮（鞮，讀作敵）入夥，企圖發動叛亂，縱火焚燒宮室，燒死新國君。勃鞮在晉獻公時，曾奉命捉拿姬重耳，這時有所覺悟，深夜進宮，告發呂省和郤芮的圖謀。而晉文公卻視勃鞮爲敵人，拒絕接見。勃鞮仰天長歎，說：「臣乃刑餘之人，不敢以二心事君背主，故得罪於陛下。如今，陛下回國即位，還記昔日之仇，拒絕見臣，大禍將至矣！」晉文公頓有所悟，當即接見勃鞮。勃鞮把呂省和郤芮的行動計畫全盤相告。晉文公嚇出一身冷汗，微服出宮，尋求秦穆公的庇護。秦穆公採取行動，將呂省、郤芮及其黨羽一網打盡，使晉文公避免了燃眉的殺身之禍。

晉文公坐穩大位後，重用趙衰、狐偃等人，修明內政，整飭法紀，發展生產，結束了晉國多年的內亂，出現了「政平民阜，財用不匱」的良好局面，創造了從事霸業的條件。他一面尊奉東周天子周襄王，博得了「尊王」的美名；一面聯合宋、齊、秦國，進攻楚國。西元前六三二年，發生著名的城濮（今山東鄄城）之戰。決戰前夕，晉文公以報答楚成王的資助爲名，「退避三舍」（九十里），巧妙地避開了楚軍的鋒芒，後撤至城濮。楚軍統帥子玉以爲得勢，全力追擊，狂傲地說：「今日必無晉矣！」晉軍開始反擊，全殲子玉的楚軍。

城濮之戰，是關係中原全局的一場戰爭。晉勝楚敗，中原各小國紛紛歸附晉國。戰後，晉文公大會諸侯於踐土（今河南原陽西南），正式成爲霸主，成就了「取威定霸」的業績。接著，晉文公召集齊、秦、宋、魯、鄭、陳、蔡等國諸侯，會盟於溫城（今河南溫縣），周襄王被召與會。晉文公的霸主地位愈加鞏固了。

晉文公在位九年病死，終年七十歲。

秦穆公嬴好任——開地千里，遂霸西戎

春秋時期的秦國，姓嬴，是當時諸侯國中的後起之秀，定都於雍（今陝西鳳翔），佔有今陝西和甘肅東部土地。西元前六六〇年，嬴好任（西元前？～前六二一年）成爲秦國的國君，就是秦穆公。

秦穆公知人善任，提拔奴隸出身的百里奚爲相，委以國政。百里奚是用五張羊皮交換來的，故號「五羖大夫」（羖，讀作古）。百里奚又引薦了蹇叔，使之成爲上大夫。一次，秦穆公在岐山打獵，夜間丟失幾匹名馬。他派人尋找，發現被當地的三百名「野人」，偷去殺肉吃了。他沒有懲治那些「野人」，反而說：「吃馬肉不喝酒是會傷害身體的。快！再給他們一些酒喝。」那些「野人」很受感動，後來在秦、晉一次戰爭中，秦軍危急的情況下，他們自願投入戰鬥，快如閃電，勢若狂飆，不僅救出了秦穆公，而且打敗了晉軍。

秦國和晉國長期保持著姻戚關係，由此產生一個成語，叫做「秦晉之好」。晉文公回國和上臺，得到過秦穆公的大力支持，而且秦穆公還將自己的女兒懷嬴，嫁給晉文公爲夫人。晉文公在中原稱霸，自然要顯擺威風。西元前六三一年，晉文公約會秦穆公，聯合進攻鄭國。鄭國形勢吃緊，鄭文公低三下四，以禮懇請長期遭冷落的大夫燭之武，求他拯救國難。燭之武顧全大局，夜間從城牆上墜下，赴秦營見到秦穆公，說以利害關係。中心意思是說，鄭國滅亡，有利於晉國，不利於秦國；如果秦不滅鄭，那麼日後秦國往來於東西方，鄭國可以當東道主，使秦國路過時有個歇腳的地方。秦穆公不想使晉國過於強大，立刻撤兵回國。

晉文公死後，秦國和晉國的關係緊張起來。秦穆公覬覦東方的土地和中原霸主的地位，決定先攻鄭國，再攻晉國。西元前六二七年，他不顧老臣蹇叔的反對，派孟明視、西乞術、白乙丙三將，率兵攻襲鄭國。行軍途中，恰遇鄭國商人弦高。弦高假借國君的名義，用十二頭牛犒勞秦軍，同時秘密派人回國報信。秦軍攻襲未能得手，順道滅了滑國（今河南偃師）。不想此舉惹惱了晉國，晉襄公舉國動員，率兵埋伏於崤山（今河南澠池西），截斷了秦軍的歸路。秦軍和晉軍展開大戰，秦軍全軍覆沒，孟明視等三將也成了俘虜。

秦穆公從崤山之敗中吸取了教訓，「增修國政，重施於民」。西元前六二四年，秦穆公親率大軍伐晉，過了黃河後燒毀渡船，表明了破釜沉舟的決心。這次伐晉，攻佔了王官（今山西聞喜西）等地，回軍至崤山，爲三年前陣亡的將士建碑悼念，然後班師回國。

秦穆公可以耀武中原，但晉國的存在，使他增加了稱霸的難度，轉而謀求在西方稱霸。秦國的西面有戎人和狄人，合稱「西戎」（今甘肅天水一帶）。西戎王依靠賢士由余的輔佐，力量一度相當強盛，時刻威脅著秦國的後方。秦穆公巧妙地實施離間計，使由余失掉西戎王的信任，投奔了秦國。秦穆公還給西戎王贈送許多能歌善舞的「女樂」，腐蝕和瓦解西戎王的意志。西元前六二三年，秦軍突然出動，一舉消滅了西戎。這樣，黃河以西的廣大土地盡歸秦國，秦穆公「開地千里，遂霸西戎」。秦穆公因此也成爲「春秋五霸」之一，有力地推動了中國西部的民族融合和社會發展。

楚莊王羋旅——
一飛沖天，一鳴驚人

春秋時期的楚國，姓羋（羋，讀作米），始祖鬻熊，西周時建國於荊山一帶，都丹陽（今湖北秭歸東南）。後來，疆土擴大到長江中游，定都於郢（今湖北江陵西）。西元前六一五年，羋旅（西元前？～前五九一年）成爲楚國的國君，平定貴族若敖氏的叛亂，雄心勃勃地開始了爭霸活動。

楚莊王一名呂、侶，楚穆王羋商臣之子。他「即位三年，不出號令，日夜爲樂」，而且在王宮門前掛個大牌子，上面寫著一行大字：「有敢諫者死無赦！」大臣們見此情況，都很焦急。一天，大夫伍舉硬著頭皮，進見楚莊王。楚莊王左抱鄭姬，右抱越女，喝得醉醺醺的，正在欣賞音樂歌舞，說：「你來得正好，可陪寡人一起飲酒。」伍舉心事重重，話裏有話地說：「臣來不是爲了飲酒，只是有一事弄不明白，特來向大王請教。」楚莊王說：「你講。」伍舉說：「有這樣一隻大鳥，高居超堂之上，可是整整三年，既不飛翔，也不鳴叫。請問大王，這是隻什麼鳥呢？」楚莊王明白伍舉的意思，說：「這肯定不是一隻普通的鳥。它呀，三年不飛，一飛沖天；三年不鳴，一鳴驚人。不信，你就等著瞧吧！」伍舉聽楚莊王這樣說，知道他不是等閒之輩，高興地退下。

數月後，楚莊王這隻大鳥依然故我，既不「飛」，也不「鳴」，沉湎酒色，昏天黑地。大夫蘇從關心國事，昂然進見，直言相諫。楚莊王大怒，說：「你沒看見王宮門前的大牌子嗎？」蘇從陳述了很多富國強兵的道理，最後堅定地說：「殺身以明君，臣之願也！」

楚莊王本來就是個有志向的國君，聽了伍舉和蘇從的諫言，立刻「罷淫樂，聽政，所誅者數百人，所進者數百人，任伍舉、蘇從以政」，整頓朝綱，發展生產，訓練軍隊，大大增強了國力，「國人大悅」。他率領楚軍，攻滅了庸國（今湖北竹山），打敗宋國和陸渾戎族（今河南嵩縣北部），並到洛陽附近檢閱軍隊，威脅東周朝廷。周定王嚇得膽戰心驚，忙派大臣王孫滿前去慰勞楚莊王。楚莊王見王孫滿，關心地詢問九鼎的大小和重量。九鼎乃夏禹所鑄，象徵著國家和天子的權力。楚莊王這樣詢問，表明他已有了覬覦天下的野心。王孫滿避口不談九鼎，只是說：「諸侯之勢，在德不在鼎。」楚莊王狂傲地說：「哼，九鼎有什麼了不起？我們楚國把部分兵器熔化，足以鑄出新的九鼎來！」

楚莊王在爭霸的過程中，很會從大局考慮，厚待將士。一次，他帶著寵姬許氏宴請將帥，夜間一陣大風，吹滅了所有的蠟燭，四周一片漆黑。一位將軍醉酒，去許姬身上亂摸。許姬好生氣惱，伸手抓斷了將軍的帽帶，悄聲告訴楚莊王說：「大王快點個亮，看誰的帽帶斷了，他就是對臣妾非禮的人。」楚莊王沒有聽從許姬的意見，反而大聲說：「今日宴會，各位務要盡興。你們可將帽帶扯斷，盡情地喝個痛快！」將帥遵命，全都扯斷帽帶，大吃大喝，盡醉方休。這次宴會被稱作「絕纓大會」。事後，楚莊王對人說：「酒後狂態，人情之常。寡人若追查那個非禮的將軍，必然要將他治罪。這固然能顯示許姬之節，卻傷了將士之心，失大於得，故不爲之。」

不久，吳國進攻楚國。楚國一位將軍，帶頭衝鋒陷陣，異常勇猛。楚莊王接見將軍，說：「寡人平時待你並不怎麼好，而你卻很英勇，捨生忘死，這是爲什麼？」將軍回答說：「臣就是那年在絕纓大會上，非禮許姬的那個人。大王全不怪罪，使臣無地自容，所以只有拼死殺敵，報效大王！」楚莊王暗暗點頭，不禁想起《詩經》裏的話：「有漼者淵，萑葦淠淠。」意思是說，心胸寬大的人能夠包容一切。

西元前五九七年，楚莊王進攻鄭國，攻破鄭都。晉國救援鄭國，晉、楚之間爆發了著名的泌（今河南滎陽東北）之戰，晉軍慘敗，敗退黃河時自相殘殺，船艙裏滿是被砍斷的手指。這以後，楚莊王飲馬黃河，雄視中原，成了春秋時的又一位霸主。

吳王姬光、越王姒勾踐——長江下游的霸業

春秋時期，中原各國諸侯的爭霸活動，進行得如火如荼，長江下游的吳國和越國迅速崛起，吳王姬光和越王姒勾踐，也參加了爭霸活動。因此，有的文獻把他們二人也劃入「春秋五霸」之列。

吳國姓姬，始祖是周太王之子太伯、仲雍，都於吳（今江蘇蘇州），佔有今江蘇、上海大部和安徽、浙江部分土地。西元前五一五年，姬光派人刺殺了堂兄姬僚，奪取了王位。姬光（西元前？～前四九六年），一名闔閭，又作闔廬、闔驢。即位後，在楚國亡臣伍子胥的輔佐下，進行了政治、軍事方面的改革：建造城郭，設立守備，充實倉廩，整治庫兵。同時任用著名的政治家和軍事家孫武，發展了國家的實力。姬光爲當霸主，視楚國爲最大的障礙，連年發兵攻楚，使楚國焦頭爛額，極度疲憊。西元前五〇六年，吳國聯合唐國、蔡國，大舉攻楚，由水路進軍，到達豫章（今江西南昌）。吳軍越過大別山，與楚軍相遇於柏舉（今湖北麻城）。雙方大戰，楚軍潰敗。吳軍乘勝追擊，五戰五勝，攻克了楚都郢。這時是姬光事業的頂峰，他儼然成了一位「霸主」。

可是好景不長。楚國人面對強敵，奮起反抗。吳國的後院又起了火，姬光的弟弟夫概擅自回國，自立爲王。楚國大夫申包胥跑至秦國，請求秦國發兵救楚。秦國不願看到吳國得勢，同時想從戰火中撈取便宜，果然出兵抗擊吳軍。吳軍大敗，姬光的霸主夢也就破滅了。

吳國南鄰越國，姓姒，始祖是夏朝少康庶子無餘，都於會稽（今浙江紹興東南），佔有今浙江大部土地。越國和吳國，利害相關，歷來爲世仇。姬光在進攻楚國的時候，越王姒允常偷襲吳國，雙方的仇恨更深。姒允常死後，其子姒勾踐（西元前？～前四六五年）當了越王。西元前四九六年，吳、越在檇李（今浙江嘉興；檇，讀作最）打了一仗，吳敗越勝，吳王姬光受傷後死亡。

姬光的兒子姬夫差繼任吳王，立志爲父報仇。他專門命幾名內侍站立在王宮各處，見他出入經過時，必問一句說：「夫差！你忘記越王殺死你父親沒有？」夫差總要回答說：「沒有，不敢忘記！」西元前四九四年，夫差和勾踐在夫椒（今江蘇吳縣西南太湖中）又打了一仗，結果吳軍大破越軍。勾踐率殘部五千人，被吳軍包圍，困守於會稽山（今浙江紹興東南）上，越國滅亡在即。勾踐與大臣范蠡、文種商量對策，決定賄賂吳國大夫伯嚭（嚭，讀作痞），通過伯嚭向夫差求和，表示只要保存越國，勾踐願向夫差俯首稱臣，並攜帶王后到吳國充當奴僕。夫差犯了個絕大的錯誤，居然同意這樣做，從而給了越國喘息的機會。

勾踐夫婦到了吳國，充當奴僕。勾踐忍辱負重，盡力表示順從和忠誠，甚至在夫差生病時，親嘗夫差的糞便。相國伍子胥告誡夫差說：「越王爲人深不可測，今日不滅，後必悔之。」伯嚭接受了越國的賄賂，反對殺害勾踐。西元前四九〇年，夫差莫名其妙地將勾踐釋放回國。

勾踐回歸越國，表面上對吳國畢恭畢敬，實際上不忘國恥，暗暗積蓄力量，準備復仇。他任用范蠡和文種，對內充實府庫，墾殖土地，發展經濟；對外實行親楚、結齊、附晉、孤立吳國的政策；自己則臥薪嘗膽，磨礪意志。文種提出「滅吳九術」，其中第三術是「遺美女，以惑其心智」，也就是實施「美人計」，從心理上迷惑和打垮夫差。勾踐同意文種的「九術」，命范蠡訪求美女，以作為攻擊敵人的有力武器。范蠡遍訪國中，意外發現了美女西施。

西施一名先施，姓施，名夷光，苧蘿（今浙江諸暨南）人。她出生於貧苦家庭，父親打柴，母親浣紗，全家人過著很普通的生活。江南山青水秀，孕育出無數美麗的女子。當西施長到十三四歲的時候，成為貌美如花的絕代佳麗。苗條的身材像飄逸的楊柳，紅潤的臉龐像帶雨的芙蓉，長長的睫毛和黑亮的眼睛，像秀木掩映下的兩湖秋水。端的是沉魚落雁，閉月羞花，美得不能再美了。西施通曉大義，表示為了國家，願意犧牲自我。范蠡深受感動，隨即帶著西施去見勾踐。勾踐非常滿意，命人教習西施禮儀和歌舞，反覆交代前往吳國的秘密使命。西施一一允諾。沒多久，勾踐便將西施當作一件禮物，進獻給吳王夫差。

夫差生性好色，得到西施，樂得神魂顛倒，忘乎所以，當即封西施為愛妃。為了回報勾踐的忠心，他命劃給越國二百里土地，另賜一萬石稻穀。隨後，他專門為西施建造了一座豪華壯麗的館娃宮，雕樑畫棟，金碧輝煌。從此，他和西施待在館娃宮裏，痛飲美酒，欣賞歌舞，什麼國事，什麼朝政，統統置諸腦後，不聞不問了。西施含羞忍辱，做出種種嬌姿媚態，巧與周旋，暗裏悄悄幫助越國，輸送情報，傳遞消息，按部就班地實踐著勾踐設計的謀略。

十年生聚，十年教訓。勾踐發奮圖強，重新使越國恢復了元氣。而夫差沉醉在溫柔鄉裏，對於勾踐毫不警惕和防範。他仿效其父，也想當中原的霸主。爲此，他的注意力集中在北方，開鑿運河，揮師北上，打敗齊國。西元前四八二年，夫差在黃池（今河南封丘西南）大會諸侯，儼然也成了一位「霸主」。而這時，勾踐積攢了足夠的力量，東山再起，趁夫差遠離國都的機會，統兵伐吳。夫差倉皇回軍，國都已被越軍攻陷了，太子也被越國俘擄殺害。這回該夫差請求講和了。勾踐尚無吞滅吳國的實力，答應議和退兵。

十年後，越國再伐吳國，圍困吳都兩年有餘。夫差派人求和，希望勾踐仿照當年會稽的先例，保全吳國。勾踐想起前事，有點動心，答應把夫差遷至越國境內，賜給他百戶臣民，作爲食邑。范蠡奉勸勾踐，切莫留下後患。因此，夫差被迫自殺，吳國滅亡。而後，勾踐沿著夫差走過的路線，大會諸侯於徐（今山東滕縣南；徐，讀作舒），一時號爲霸主。勾踐稱霸，已是春秋爭霸的尾聲，春秋時代即將宣告結束。

魏文侯魏斯、秦孝公嬴渠梁——

求賢任才，變法圖強

西元前四七五～前二二一年，稱戰國時期。這一時期，新興地主階級登上政治舞臺，實行變法，推動改革，東周王室的勢力更加衰弱，形成齊、魏、趙、韓、秦、楚、燕七國爭雄的局面，七國合稱「戰國七雄」。如果說，春秋的歷史是中國奴隸制崩潰的歷史，那麼戰國的歷史則是中國封建社會確立的歷史。戰國時期，出了幾位立志變法，推行改革的國君，他們的舉措，有力地促進了封建化的進程。

魏國最早進行變法。魏國原是晉國的一部分。春秋晚期，晉國由趙、韓、魏、知、范、中行氏六卿專政。西元前四九〇～前四五三年，趙、韓、魏氏先後消滅范、中行、知氏，三家瓜分晉國的土地，從而成爲三個獨立的諸侯國。魏國的國君姓魏名斯，史稱魏文侯（西元前？～前三九六年），建都安邑（今山西夏縣西北）。他在位期間，廣泛收羅人才，知人善任，以著名政治家李悝爲相，吳起爲將，西門豹爲鄴令，推行政治、經濟、軍事等方面的改革。其中，李悝爲了確立封建法制，制定《法經》六篇。這是中國古代第一部封建法典，李悝因此被稱爲戰國時期法家的始祖。魏國強盛起來。西元前四〇八年，魏文侯命吳起爲統帥，發兵西攻秦國，奪取了河西的土地，北滅中山國（今河北定縣一帶），南敗楚國，奪得了大梁（今河南開封）等地。大梁，後來成爲魏國的國都。

秦國變法最有成效。戰國時的秦國已遷都櫟陽（今西安閻良境）。西元前三六二年，嬴渠梁成爲秦國的國君，就是秦孝公（西元前三八一～前三三八年）。他即位後，痛感「諸侯卑秦，醜莫大焉」，特下令求賢，說：「賓客群臣能有出奇計強秦者，吾且尊官，與之分土。」於是，衛國人商鞅到了秦國。商鞅前兩次大講「帝道」和「王道」，試探秦孝公的態度。秦孝公對此不感興趣，聽著聽著打起瞌睡來。第三次，商鞅講述法家的強國之術，提出變法，主張實現「霸道」。秦孝公越聽越高興，「不自知膝之前於席」，「數日不厭」。他決定重用商鞅，實行變法。而以大臣甘龍、杜摯爲代表的守舊勢力，激烈反對變法。爲了求得共識，秦孝公舉行朝會，鼓勵商鞅和守舊派進行辯論。

甘龍說：「聖賢的君主總是因民而治，不去改變人民的習慣；明智的官吏也總是依法辦事，不去改變固有的法制。這樣，上下相安，都有好處。」

商鞅反駁說：「不對！歷來是聰明的人制定法制，而愚夫才只知道去遵循成法；賢明的人對不便的舊制總要加以改革，只有不肖者才墨守成規。」

杜摯竭力爲甘龍幫腔，說：「我看還是按老規矩辦事沒錯，遵循先王舊制，免得走到邪路上去。」

商鞅反駁說：「君不見，夏禹、商湯和周武王，都沒有按成規舊俗辦事，卻開創了輝煌的基業；夏桀和商紂王都墨守舊制，卻成了亡國之君。便國不法古。凡是對百姓有利的，就不必拘泥於先王的陳章舊制；凡是對國家有利的，就應該堅決去做！」

「便國不法古」，這是一句名言，概括了變法的重要性和迫切性。因此，秦孝公任用商鞅為客卿和左庶長，於西元前三六五～前三五〇年，兩次變法，變法的內容包括廢除井田制、獎勵軍功、重農抑商、推行縣制、建立什伍連坐制、統一度量衡、遷都咸陽（今陝西咸陽）等。通過變法，「移風易俗，民以殷盛，國以富強，百姓樂用」。秦國確立了封建的政治經濟制度，成為「戰國七雄」中最強大的國家。這為日後攻滅六國，一統天下，奠定了基礎。

趙武靈王趙雍、燕昭王姬職——

胡服騎射黃金台

戰國時期的趙國原屬於晉國，「三家分晉」以後成為獨立的諸侯國，先建都晉陽（今山西太原東南），後遷都邯鄲（今河北邯鄲）。西元前三二六年，趙雍當了國王，就是趙武靈王（西元前？～前二九五年）。

趙國東臨齊國，東北接燕國，北面緊挨少數民族政權林胡、樓煩等國。趙武靈王從富國強兵的需要出發，進行軍事改革，最重要的措施是胡服騎射，即全國人都穿少數民族的衣服，緊身束腰，腳穿皮靴，學習騎馬和射箭。趙國軍隊改變以戰車作為主力的作戰形式，而以騎兵為主力；廢棄笨重鎧甲，代之以鐵器製成或皮製小扣串成的伊蘭鎧甲。他提出這一措施，幾乎遭到所有人的反對。然而，他毫不動搖，首先自己穿起胡服，並動員宗室成員和大臣們都穿胡服。他的叔父公子成視穿胡服為恥辱，不合禮儀。趙武靈王登門拜訪叔父，說：「夫服者，所以使用也；禮者，所以便事也。聖人觀鄉而順宜，因事而制禮，所以利其民而厚其國也。」他從趙國所處的特殊地理位置，闡述了胡服騎射的必要性，從而使公子成改變了態度，也穿著胡服上朝。這樣，胡服騎射被作為一項國策，迅速推廣開來。

胡服騎射，不僅促進了古華夏族和周邊少數民族的融合，而且使趙國建立起一支強大的騎兵。趙武靈王依靠這支騎兵，攻滅中山國，打敗林胡、樓煩，佔有土地擴大至今河北西部、山西北部及河套地區。國勢一時大盛。其他國家仿效趙國的做法，在作戰形式方面掀起了一場變革。

西元前二九九年，趙武靈王廢黜太子趙章，傳位於愛姬孟姚所生的兒子趙何，自稱「主父」。期間，他爲了考察秦國的地理形勢，曾假裝趙國使者，到咸陽拜見秦昭王。秦昭王「怪其狀甚偉，非人臣之度」，命令將其驅逐出境。事後方知，那個使者竟是趙武靈王，「秦人大驚」。不久，趙武靈王想將趙國一分爲二，讓趙章也當國王，導致內訌。他被關於沙丘宮（今河北巨鹿境），餓死。

趙國強大，毗鄰的燕國感到不安。西元前三一二年，流亡在趙國的燕國公子姬職回國，當了國王，就是燕昭王（西元前？～前二七〇年）。他即位之時，正值燕國被齊國打敗，大部分國土處於齊國控制之下，時勢非常艱難。

燕昭王受當時各國變法潮流的影響，認識到只有改革，才有出路。爲此，他以政治家郭隗爲相，誠懇地說：「齊國趁我燕國內亂來攻，佔我國土，毀我宗廟，不可忘記這一奇恥大辱。怎奈我國地小人少，力量不足以抗齊，怎麼辦？若得賢士，幫我打敗齊國，那麼我願以身事之。」郭隗體諒國王的用心，講了一個故事——

古時候有個國君，十分愛馬，聽說某地出產千里馬，遂派使者攜帶黃金，前去購買。使者行至中途，發現一匹死馬，圍觀的人都說：「這匹馬活著的時候，日行千里，如風似電，突然死了，實在可惜。」使者聽說，立刻用五百兩黃金，買了死馬的骨頭，背回拜見國君。國君大怒，說：「我要的是活著的千里馬，你花了那麼多黃金，買回死馬骨頭，又有何用？」使者回答說：「臣花五百兩黃金，買回死馬骨頭，天下必傳爲美談。一傳十，十傳百，天下人都會知道陛下愛馬。死馬尚且如此高價，更何況活馬呢？這樣，肯定會有人送來千里馬。」事情果如使者所說，一年後，這位國君便得到了三匹絕好的千里馬。

郭隗講完故事，意味深長地說：「大王欲召天下賢士，且把臣當作死馬骨頭吧！這樣，比臣有本事的賢士，必會不遠千里，投奔大王。那時，振興燕國，不在話下。」

燕昭王心有所悟，立即照辦。他爲郭隗修建了一座宮殿式的府邸，執弟子之禮，北面聽教，親供飲食，畢恭畢敬。同時又在易水之畔築一高臺，置黃金於其上，稱作招賢台，亦稱黃金台。這樣一來，燕昭王重才招賢的名聲遠近傳播，天下賢士如魏國的樂毅、齊國的鄒衍、趙國的劇辛、衛國的屈景等，紛紛到了燕國。燕昭王重用他們，封爲高官，與謀國事。因而，燕國的國力大增。西元前二八四年，燕昭王以樂毅爲上將軍，聯合秦、楚、趙、韓、魏國，進攻齊國，攻佔包括齊都臨淄在內的七十餘城。齊湣王逃亡，齊國的財寶祭器等，盡入燕國。燕國的發展達到鼎盛時期。

秦昭王嬴則——強權政治，遠交近攻

秦國經過商鞅變法，確立了封建的政治經濟制度。西元前三〇七年，嬴則繼承王位，就是秦昭王（西元前三二四～前二五一年）。他在位五十六年，推行強權政治，把秦國的各項事業又向前推進一步，從而爲秦國最後統一中國創造了條件。

秦昭王一名嬴稷，因其異母兄秦武王死後無子，才得以繼承王位。他即位後的相當長時間內，朝政大權掌握在母親宣太后芈八子和舅父魏冉手裏，魏冉恣意專權，企圖廢除新法，恢復舊制度。西元前二六六年，秦昭王驅逐了魏冉，任用范睢爲相，採用「遠交近攻」的策略，進攻東方各國，取得了一系列的重大勝利。

秦昭王在位期間，發生過許多大事。西元前二九九年，秦國打敗楚國，秦昭王致書楚懷王，約其到武關（今陝西丹鳳東南）修好結盟。楚懷王冒失而來，即被秦軍劫持，予以扣留，三年後憂憤死於咸陽。西元前二八八年，秦昭王派人去齊國尊齊湣王爲「東帝」，自己則稱「西帝」。此舉遭到了各國的反對，兩個月後，稱「帝」的鬧劇草草收場。西元前二八三年，秦昭王得知價值連城的和氏璧，出現在趙國，歸於趙惠文王。他立刻寫信給趙惠文王，聲稱願意用十五座城池換取和氏璧。趙國派出使臣藺相如，攜帶和氏璧使秦。藺相如憑藉大智大勇，巧妙地與秦昭王進行鬥爭，成功地演出了一幕「完璧歸趙」的故事。後來，秦昭王又約趙惠文王至澠池盟會，企圖將其劫持。會上，秦昭王請趙惠文王鼓瑟，並命秦國史官記事：「某年月日，秦王與趙王會於澠池，令趙王鼓瑟。」還是藺相如，以眼還眼，以牙還牙，捨死維護趙惠文王的尊嚴，強迫秦昭王擊缶（缶，讀作否，瓦器），說：「大王是恃秦之強嗎？今五步之內，敢以頸血濺爾一身！」秦昭王懾於藺相如的氣概，無奈地擊了一下缶。藺相如命趙國史官記事：「某年月日，趙王與秦王會於澠池，令秦王擊缶。」秦國大臣起鬨，說：「秦、趙結好，請趙王割十五城為秦王祝酒！」藺相如針鋒相對，說：「禮尚往來，請秦王割國都咸陽為趙王祝酒！」澠池之會，秦昭王沒有佔到便宜。西元前二六二年，秦、趙之間爆發了著名的長平（今山西高平）大戰。這場大戰，歷時三年，秦勝趙敗。秦將白起將投降的四十餘萬趙軍，除放歸二百四十人回國報信外，其餘全部活埋。這充分暴露了封建兼併戰爭的野蠻性和殘酷性。

長平大戰後，秦軍本可以以勝利之餘威，一舉攻克邯鄲。而秦昭王卻受范睢的蠱惑，命令白起撤軍，回國休整。兩年後，他要再攻趙國。白起預料趙國得以休養生息，再攻必然失敗，藉口有病，拒絕掛帥出征。秦昭王聽信讒言，逼迫白起自殺身亡，相繼任命王陵、王齕（齕，讀作核）、鄭安平等為統帥，圍攻邯鄲。魏國的信陵君魏無忌竊取了魏王的虎符，發兵救趙。西元前二五七年，秦軍在邯鄲城外遭到趙、魏、楚軍的夾擊，一敗塗地，統帥鄭安平率部投降。這是秦昭王期間少有的一次慘敗。西元前二五五年，秦昭王歸罪於范雎，將其處死，改任蔡澤為相。四年後，秦昭王病死，葬於茝（今陝西西安東；茝，讀作柴）。

秦始皇嬴政——叱咤風雲，千古一帝

秦昭王死後，秦國的國王爲秦孝文王嬴柱、秦莊襄王嬴異人，二王在位共計僅四年時間。西元前二四七年，秦莊襄王死，太子嬴政繼位爲秦王，時年十三歲。他，就是不久後的秦始皇（西元前二五九～前二一〇年）。

秦始皇的身世有些曲折離奇。秦昭王時，孫子嬴異人在趙國邯鄲當人質，窮愁潦倒，是個典型的落拓王孫。韓國商人呂不韋在邯鄲經商，意外發現了嬴異人，覺得「奇貨可居」，決定棄商從政，做一樁「定國立君」、獲利無數的大買賣。呂不韋主動結交嬴異人，幫他分析秦國的形勢，表示自己能讓他成爲秦昭王太子嬴柱（封安國君）的「嫡嗣」，進而成爲秦國的太子。嬴異人歡喜不盡，說：「必如君策，請得分秦國與君共之。」

呂不韋給了嬴異人五百兩黃金，供他改善處境，廣交賓客。同時用五百兩黃金，購買奇珍異玩，西遊秦國，充當說客。嬴柱寵妃華陽夫人，楚國人，沒有親生兒子。呂不韋打通關節，拜見華陽夫人，進獻禮物，並以「色衰而愛弛」爲說詞，建議華陽夫人趁「繁華時樹本」，儘早把嬴異人認作「嫡嗣」，這樣「則竟世有寵於秦矣」。華陽夫人一心爲自己著想，被呂不韋說動，轉而向嬴柱吹枕邊風。嬴柱滿口答應，刻玉符爲信，同意認嬴異人爲「嫡嗣」，並委託呂不韋，竭力輔助嬴異人。

呂不韋回到趙國，建議嬴異人改名子楚，以表示對華陽夫人的孝敬。從此，嬴子楚名聲日盛，譽滿諸侯。呂不韋有一愛妾，人稱趙姬，能歌善舞，已經懷孕。一天飲宴，嬴子楚見趙姬色藝超群，懇請呂不韋將她送給自己做妻子。呂不韋開始不大願意，但想到「定國立君」的大買賣，也就慷慨割愛。因此，趙姬轉手成了嬴子楚的夫人，懷孕十三個月，於西元前二五九年正月初一生了個兒子，取名趙政。趙政後來改姓嬴，叫嬴政。嚴格地說，嬴政應是呂不韋的骨血。

嬴政出生之時，秦國正在進攻邯鄲，企圖消滅趙國。趙國曾多次想殺害嬴子楚。呂不韋憑藉金錢的神通，買通趙國官員及城門吏卒，帶著嬴子楚，逃離邯鄲，回到秦國。趙姬和嬴政母子暫且留住邯鄲。其後事情的發展，果如呂不韋所預料的那樣：秦昭王死，嬴柱繼位（秦孝文王），華陽夫人爲王后，嬴子楚被立爲太子。趙國爲表示友好，主動把趙姬和嬴政送歸秦國。嬴柱死，嬴子楚繼位（秦莊襄王），趙姬成爲王后，嬴政成爲太子。嬴子楚遵守當初的諾言，重用呂不韋，任爲相國，封文信侯，賜洛陽食邑十萬戶。嬴子楚在位三年死，太子嬴政自然而然地當了新的秦王。這年，他十三歲，尊呂不韋爲「仲父」。呂不韋以相國和仲父的雙重身分，專斷秦國朝政，門客和家僮超過萬人。

趙姬搖身一變，成爲秦國的太后。秦太后年輕守寡，難耐宮闈寂寞，又與呂不韋暗中偷情。嬴政漸漸長大，性格兇狠暴戾。呂不韋畏忌嬴政，尋找替身，將一個叫做嫪毐的「大陰人」，詐作腐刑，冒充宦官，送進宮中，侍奉太后。秦太后得到嫪毐，視爲至寶，穢亂宮闈，晝夜宣淫。

嫪毐因受到秦太后的寵幸，飛黃騰達，形成一股新崛起的政治勢力。他被封爲長信侯，主管後宮事項，家僮多達數千人，登門求官者還有千餘人。秦太后又懷了身孕，遂和嫪毐一起，遷居雍城（今陝西鳳翔），且在那裏生了兩個兒子。秦太后和嫪毐密商，等到嬴政死後，即立他們的兒子爲秦王。

呂不韋是一位傑出的政治家，積極爲嬴政規劃秦國的未來藍圖。他和三千名門客一起，編撰了《呂氏春秋》一書，以作爲秦國的治國綱領。西元前二三九年，他將《呂氏春秋》公布於咸陽城闕，揚言「能增損一字者予千金」。嬴政崇尚法家學說，對《呂氏春秋》鼓吹的「雜家」思想不感興趣。同時他不甘心大權旁落，因而和呂不韋的矛盾尖銳起來。

西元前二三八年，二十二歲的嬴政，前往雍城舉行加冠親政典禮，住蘄年宮。嫪毐醉酒後吐露眞言，聲稱自己是秦王的「假父」。嬴政派人調查，方知嫪毐是假宦官，長期與太后淫亂，並生有兩個兒子。嫪毐狗急跳牆，公然發動叛亂，發兵攻打蘄年宮，並命黨羽在咸陽起事。嬴政堅決予以鎭壓，生擒嫪毐，車裂於咸陽，夷滅三族，其黨羽被一網打盡。秦太后所生的兩個兒子，也被裝在布袋裏摔死。

嬴政繼續調查，發現呂不韋是嫪毐進宮的始作俑者，於是毫不留情地免了呂不韋的相國職務，命其徙居洛陽。其他諸侯國看重呂不韋的才幹，派遣使者「相望於道」，表示敬意和問候。西元前二三五年，嬴政為了消除隱患，致信呂不韋，說：「君何功於秦？秦封君河南，食十萬戶。君何親於秦？號稱仲父。其與家屬徙處蜀。」呂不韋受此凌辱，飲鴆自殺而死。

嬴政完全掌握了大權，雄心勃勃，開始了翦滅六國的戰爭。當時，天下分裂日久，人心渴望統一。這是時代的大趨勢大潮流，誰也無法阻止。秦國地處關中，天然形勝，自商鞅變法後，國力大增，經濟軍事實力遠在其他六國之上。加之，嬴政雄才大略，麾下聚集了一大批優秀文武人才，如李斯、尉繚子、王翦、王賁、李信、楊端和等。這就決定了嬴政能以一國之力，勝過六國之兵，兼併天下，創建了不朽的功業。

嬴政採納李斯、尉繚子等人提出的策略，用重金收買六國權臣，離間六國君臣的關係。然後遠交近攻，各個擊破。西元前二三〇年，秦滅韓國，俘擄韓王韓安。西元前二二八年，秦滅趙國，俘虜趙王趙遷。西元前二二七年，秦軍在易水打敗燕軍。燕國太子姬丹物色到著名俠客荊軻，派他以獻督亢地區（今河北涿縣東）地圖為名，赴秦國刺殺嬴政。荊軻刺秦王，沒有成功，荊軻反而丟了性命。這說明天下統一乃大勢所趨，刺殺之類的恐怖活動，不能逆轉歷史潮流。西元前二二五年，秦滅魏國，魏王魏假投降。西元前二二三年，秦滅楚國，俘擄楚王芈負芻。西元前二二二年，秦滅燕國，俘擄燕王姬喜。西元前二二一年，秦滅齊國，俘擄齊王田建。共計十年時間，嬴政便以摧枯拉朽之勢，消滅六國，完成了統一天下的大業。眞是：

秦王掃六合，虎視何雄哉！
揮劍決浮雲，諸侯盡西來。
明斷自天啟，大略駕群才。

秦王嬴政統一後的中國稱秦朝，定都咸陽。疆域東至大海，西到隴西（今甘肅東部），南至象郡（今廣西崇左），北抵長城。這是中國歷史上第一個統一的多民族的封建國家，從而開啓了中國兩千多年封建社會的先河。嬴政面臨的首要問題，是自己的尊號該怎樣稱呼？他已不滿足於稱「王」了，遂以「名號不變，無以稱成功，傳後世」爲由，命令群臣討論。群臣奏議說：「今陛下興義兵，誅殘賊，平定天下，海內爲郡縣，法令爲一統，自上古以來未嘗有，五帝所不及。」經過討論，決定取天皇、地皇、泰皇中最貴者，尊他爲「泰皇」，並決定以命爲「制」，以令爲「詔」，天子自稱「朕」。嬴政認爲自己德高三皇，功過五帝，決定取「皇」、「帝」二字，組合成「皇帝」，作爲尊號。他志高氣滿地說：「朕爲始皇帝。後世以計數，二世三世至於萬世，傳之無窮。」從此，中國歷史上出現了皇帝，嬴政稱秦始皇帝，簡稱秦始皇。

「皇帝」的意義，遠遠超出其稱號本身。它利用上古先民的神人觀念，使君主成爲神和人的結合體，既別於凡人又同於凡人，由此成就了中國長期延續的凡人偶像的崇拜。秦始皇爲了神話個人權威，還利用五行學說作爲制定各項制度的根據，崇尚「水德」，製作「受命於天，既壽永昌」的傳國玉璽，規定嚴密的服飾禮儀和避諱等。這樣，皇帝就成了受命於天、天下獨尊的第一人。

秦始皇接著採取一系列措施，加強新王朝的中央集權統治。一是自上而下建立政府機構。在皇帝之下，設三公（丞相、太尉、御史大夫）、九卿（奉常、郎中令、太僕、衛尉典客、廷尉、治粟內史、宗正、少府、將作少府），組成中央政府；地方上實行郡縣制，把全國分爲三十六個郡（京畿爲內史），郡轄縣，縣轄鄉，鄉轄亭、里。縣令以上官員由皇帝直接任免。二是強化國家機器，建立一支龐大的軍隊，軍隊總數至少在百萬人以上；制定完整的封建法典《秦律》，刑罰非常殘酷。三是確認土地私有，統一文字、度量衡和貨幣，銷毀兵器，遷徙十二萬戶豪富至咸陽居住。四是修築馳道，北征匈奴，收復河套南北地區；征服「百越」，統一嶺南廣大地區。期間，特別修築了供「拒胡」用的長城，使先前各國的長城連成一體，西起臨洮（今甘肅岷縣），東至遼東，號稱「萬里長城」，等等。所有這些，都是牽涉到千百萬人習慣勢力的歷史性改革，秦始皇大刀闊斧地進行，很快取得成效，表現了新興地主階級昂揚奮發的進取精神。

西元前二一三年，圍繞統一問題，秦朝廷爆發一場尖銳的政治鬥爭，導致了焚書坑儒事件。秦始皇在咸陽宮舉行宴會，歡宴群臣。僕射（射，讀作葉）周青臣祝酒，稱頌秦始皇統一的功業。博士淳于越起而反對，引經據典，以古諷今，特別主張恢復分封制，「封國土，建諸侯」。丞相李斯批駁淳于越的觀點，指出「諸生不師今而學古，以非當世，惑亂黔首（百姓）」，必須嚴厲制裁。他進而提出一項極端措施，焚燒除了秦國歷史以外的書籍；誰要是再敢談《詩》論《書》，就殺頭；誰要是再敢以古為是、以今為非，就滅族。秦始皇接受了李斯的建議，致使無數文化典籍化為灰燼。一年後，秦始皇因派人求長生不死之藥，一再受到方士的捉弄和欺騙，經調查，發現吳生、侯生和咸陽的儒生私下密謀，誹謗皇帝「剛愎自用」，「專任獄吏」，貪於權勢，殘暴成性等。秦始皇大怒，以「為妖言而亂黔首」的罪名，下令把四百六十名儒生，一起活埋了。

焚書坑儒，是秦始皇採用暴力手段，在思想意識形態領域，為鞏固中央集權統治的一項措施。這造成了深刻的歷史教訓。思想意識形態方面的分歧，是不能用暴力壓服的。焚書，燒掉的只是珍貴的文化典籍，並不能起到統一思想的作用。坑儒，消滅的只是一些儒生的肉體，並不能封住更多儒生的嘴巴。這樣做的結果正好相反，恰恰削弱了秦王朝的統治基礎。

秦始皇稱帝後，好大喜功，揮霍無度。連年徵發七八十萬民工，修建驪山陵和阿房宮；先後五次巡行天下，到處刻石頌德，顯示蓋世功勳。西元前二一〇年，他最後一次巡行，在平原津（今山東平原東南）病倒，七月死於沙丘平臺（今河北廣宗西北），終年四十九歲。

秦始皇死後葬於驪山陵（今西安臨潼境）。驪山陵一稱秦陵，從秦始皇即秦王位時就開始修建，歷時達三十六年之久。二十世紀七〇年代，當地農民打井，無意間挖掘出了驪山陵的兵馬俑坑，規模宏大，氣象萬千，再現了秦王朝軍旅的強大陣容。隨即，那裏建起了秦始皇兵馬俑博物館。

秦二世嬴胡亥——
花花公子和敗家子

秦始皇最後一次巡行，身邊有三個重要人物：丞相李斯、中車府令趙高、皇子嬴胡亥。趙高是宦官，陰險狠毒。胡亥是秦始皇最小的兒子，曾向趙高學習書法和律令。秦始皇斷氣之前，安排後事，留下遺詔，命正在上郡（今陝西榆林東南）蒙恬軍中任監軍的長子扶蘇，速回咸陽主辦自己的喪事，並繼承皇位。然而，趙高心懷鬼胎，袖藏詔書，匿而不發，竭力鼓動嬴胡亥和李斯，篡改遺詔，立嬴胡亥爲太子，將扶蘇和蒙恬賜死，然後回到咸陽。嬴胡亥登上皇位，就是秦二世皇帝，簡稱秦二世。

秦二世（西元前二三〇～前二〇七年），既是個花花公子，又是個敗家子，沒有任何值得稱道的地方，唯以荒淫和殘暴而出名。他最信任的人是趙高，提拔其爲郎中令，統領皇家禁軍。秦二世殺兄篡位，名不正言不順，擔心地說：「大臣不服，官吏尚強，及諸公子必與我爭，爲之奈何？」趙高兇狠地建議說：「殺！」他同時鼓動秦二世仿效秦始皇，巡行郡縣，顯示威嚴，實行酷刑竣法，震服天下。秦二世完全同意，於是大肆誅殺先朝舊臣，上千名功臣武將、大小官員，慘遭殺害。在咸陽街市，一次斬殺了十二位公子。在南郊杜地（今西安南杜城），一次凌遲了十位公主。一時間，宗室震恐，百姓震恐，咸陽內外充滿血腥氣氛。

秦二世、趙高屠戮宗室、大臣，沒有遇到什麼阻力，很是得意。接著又大興土木，橫徵暴斂，修建阿房宮，並調五萬士卒守衛咸陽。繁重的賦稅、徭役和兵役負擔，壓得人民喘不過氣來，十室九空，家徒四壁，普天仇怨，遍地哀鴻。因此，陳勝、吳廣斬木爲兵，揭竿爲旗，中國歷史上第一次農民大起義爆發了。秦始皇滅掉的六國諸侯後裔也趁亂而起，謀反叛亂，割據稱王。頓時，秦王朝處於各方衝擊、風雨飄搖之中。郡縣官吏派人彙報眞實情況。秦二世大怒，把那些人下獄治罪。儒生叔孫通謊奏說：「上有明主，下有峻法，四方安定，何來造反？一些鼠竊狗偷的盜賊，只需郡守逐捕就足夠了，不必大驚小怪。」秦二世愛聽這種話，轉怒爲喜。突然，陳勝、吳廣部將周章，率軍到達戲水（今西安臨潼東），迫近咸陽。秦二世驚恐萬狀，接受少府章邯的建議，武裝修建驪山陵的役徒，擊退周章，這才暫時穩定了危急的局面。

趙高爲了架空皇帝，獨攬大權，慫恿秦二世說：「陛下貴爲天子，可知稱貴的原因麼？」胡亥茫然不知。趙高趁勢說：「天子所以稱貴，無非是高居尊位，但令群臣聞其聲，不令見其面。從前先帝在位日久，臣下無不敬畏，除少數幾個近侍外，從來不見任何人。所以臣下不敢爲非作歹，妄進邪說。今陛下嗣位，春秋方富，未必盡通人事，如果成天與群臣議政，倘若言語有誤，處置失當，那不是被人小看，有損威儀？臣聞天子稱『朕』，『朕』就是『朕兆』，意思是有聲無形，使人可望而不可及。因此，臣願陛下從今日起，不必再親自臨朝，但居宮禁，盡情享樂。臣及內侍等日侍左右，待有奏報，便可從容裁決，不致誤事。這樣，大臣們見陛下處事有方，自不敢妄生議論，天下都會稱頌陛下聖明。即便堯舜轉世，也不過如此吧！」

秦二世糊里糊塗，竟視這些話爲金玉良言，樂得一頭鑽進後宮，擁妻抱妾，尋歡作樂。從此，他深居簡出，朝廷大事，統由趙高斷決，就連左丞相李斯和右丞相馮去疾等，非經趙高允許，也根本見不上皇帝了。

趙高雖然官居郎中令，且極受寵信，權勢顯赫，但仍渴望擁有更大的權力。因此，他玩弄陰謀詭計，以「誅盜不力，爲國不忠」的罪名，逼迫右丞相馮去疾、將軍馮劫自殺；再以「謀反」的罪名，處李斯以極刑，夷滅三族。李斯死前有所醒悟，仰天長歎說：「嗟乎，悲夫！不道之君，何可爲計哉！」他自比歷史上的關龍逄、比干、伍子胥，而將秦二世比作夏桀、商紂王和吳王夫差，說：「今行逆於昆弟，不顧其咎；侵殺忠臣，不思其殃；大爲宮室，厚賦百姓，不愛其費：三者已行，天下紛擾。而以趙高爲佐，我必見寇至咸陽，麋鹿遊於朝也。」

趙高殺了李斯，升任丞相，取得了代皇帝行事施政的權力。其時，秦將章邯、王離等正統兵抗擊劉邦、項羽領導的起義軍，連吃敗仗。趙高打著皇帝的旗號，斥責章邯、王離等用兵無方，作戰不力。章邯派長史司馬欣到咸陽，彙報前線的形勢。趙高心中有鬼，害怕秦二世知道眞實情況，於己不利，所以命司馬欣住於驛館，遲遲不予召見，甚至想殺司馬欣滅口。司馬欣倉皇逃歸，報告章邯說：「現在趙高把持朝政，一手遮天。我等在前線打仗，打勝了，趙高嫉妒你的功勞；打敗了，趙高詆毀你無能。反正都是一死，還請將軍自圖良策。」

章邯正在疑難，忽接友人陳餘書信，書信中說：「趙高素諛日久，今形勢吃緊，恐皇上誅之，故欲以法殺將軍，以搪塞罪責，並欲以別人更代將軍，以脫其禍。將軍與其束手待斃，不如反戈擊秦，或許能分王其地，南面稱孤。」

章邯迫不得已，果眞率部數十萬人投降了項羽。章邯統率著秦軍的主力，他的投降給了秦王朝致命的打擊。

秦二世對前方戰事一無所知，照樣深居宮禁，燈紅酒綠，醉生夢死。趙高陰險奸詐，眼見秦二世昏庸荒淫，漸漸產生了野心，萌發出取而代之的念頭。他想，篡秦自立，秦二世容易對付，難對付的是一幫剛直的大臣。他們是什麼態度呢？趙高眼珠子轉了轉，想出一條妙計，用此妙計，可以檢驗出大臣們的思想傾向。

一天，趙高請秦二世臨朝，自己要向皇上敬獻寶馬。他命人牽來一隻梅花鹿，說：「臣近得一匹寶馬，不敢佔爲己有，特來敬獻給皇上。」

秦二世左看右看，說：「這不是鹿嗎？丞相怎說是馬呢？」

趙高滿臉正經，說：「這是馬呀！」

秦二世笑著說：「丞相錯了，你把鹿當作馬了。」

趙高堅持說：「這就是馬！」

秦二世莫名其妙，命大臣向前辨認，說：「你們看看，到底是鹿還是馬？」

大臣不知道趙高葫蘆裏裝的什麼藥，面面相覷，不敢輕易表態。秦二世一再詰問，這才回答，有人說是鹿，有人說是馬，有人搖頭不置可否。

這就是歷史上著名的「指鹿爲馬」的鬧劇。通過這場鬧劇，趙高劃分出了朝臣中的敵人和朋友。事後，他把那些膽敢違背自己意志，實話實說，認鹿爲鹿的大臣，全部逮捕下獄，胡亂定個罪名，有的處以斬首，有的處以流放。這樣一來，朝廷上下，人人畏憚趙高。太歲頭上動土，那可是自己找死啊！

西元前二〇七年農曆八月，劉邦領導的起義軍攻陷武關，浩浩蕩蕩地向咸陽進發。警報傳來，趙高惶急，苦思冥想，沒有擺脫困境的辦法。長期以來，他一直封鎖著消息，欺騙皇帝說：「天下安寧，形勢大好。」如今，突然大軍壓境，兵臨城下，倘若秦二世得知眞實情況，豈能饒過他這個欺上瞞下的丞相？趙高越想越怕，直冒冷汗。作爲權宜之計，他決定謊稱有病，數日不朝。秦二世平時全仰仗趙高出謀劃策，斷決政務，沒有趙高，等於失去左膀右臂，不知所措。他的心神大亂，以致無休無止地做著各種惡夢，命卜師占卜。卜師已受趙高指使，胡謅說：「陛下惡夢乃涇水所致，必須御駕親祭水神，方可禳災免禍。」秦二世信以爲眞，隨即前往涇水之畔的望夷宮（今陝西涇陽境），齋戒祭神。這時，有人告訴他說：

「天下早已大亂，劉邦大軍不日可達咸陽。」秦二世聽後嚇得魂飛魄散，氣極敗壞地說：「怎麼會是這樣？怎麼會是這樣？」此時此刻，他仍然拿出皇帝的派頭，命人轉告趙高，火速調集兵馬，剿滅造反的盜賊。

趙高黔驢技窮，走了一著狠棋：殺胡亥，立新主，藉以與劉邦講和。他命女婿閻樂率領士兵一千人，直撲望夷宮。守衛宮門的禁軍出面阻攔，雙方發生戰鬥。不一時，禁軍盡被斬殺。

閻樂手持利劍，昂然進入內殿。秦二世身邊的內侍爭相逃命，誰也沒想去護衛皇帝。秦二世瞪著一雙驚恐的眼睛，結結巴巴地說：「你……你要幹什麼？」

閻樂跨前一步，手指秦二世斥責說：「足下驕恣，誅殺無道，天下已共叛足下，請足下速自爲之！」

「速自爲之」就是「趕快自裁」的意思。秦二世一聽，猶如五雷轟頂，三魂丟了兩魂。哆嗦著說：「請問將軍受何人遣使？」

閻樂說：「丞相。」

秦二世不敢相信，自己絕對寵信並視爲股肱忠臣的趙高，竟會派人殺害自己。他抱著僥倖的心理，說：「丞相可得一見嗎？」

閻樂說：「不可。」

秦二世不甘就此喪命，說：「我不當皇帝，欲得一郡爲王，可以嗎？」

閻樂說：「不可。」

秦二世又說：「願為萬戶侯，可以嗎？」

閻樂回答還是兩個字：「不可。」

秦二世再說：「那麼，我願和妻子當個平民百姓，去過普通人的生活，大概總可以吧？」

閻樂嗔目厲聲，怒聲喝道：「少廢話！我奉命丞相，為天下誅足下，足下多言無益！」他揮了揮手，示意士兵斬殺秦二世。

秦二世上天無路，入地無門，臉色煞白，連連後退，哆哆嗦嗦地說：「別！還……還是我……我自己來吧！」說罷，自取短劍，刺進胸膛，算是落了個全屍。

趙高殺了秦二世，不敢貿然稱帝，臨時在秦宗室成員中選了一個叫做子嬰的公子，立為秦王。子嬰殺了趙高，在位僅四十六天，就投降了劉邦。秦朝滅亡。

秦始皇當初曾經奢望，秦王朝「二世三世至於萬世，傳之無窮」。不曾想，它只存在十五年，就壽終正寢了。秦王朝的滅亡為何如此之快？漢朝賈誼的《過秦論》進行過深刻的分析，原因在於「仁義不施，攻守勢易」。攻守的客觀形勢變了，仍一味注重暴力，豈能治理和守住天下？

秦二世死後，被以黔首之禮，葬於宜春苑（今西安東南曲江）。

西楚霸王項羽——
勇猛武士，失敗英雄

當陳勝、吳廣領導的農民大起義風起雲湧的時候，亭長出身的劉邦和楚國貴族出身的項梁、項羽叔侄也高舉起反秦的大旗。項梁死後，項羽成爲起義軍領袖，推翻秦朝，自封西楚霸王。後來，他與劉邦爭奪天下，以失敗而告終。司馬遷在《史記》中專門寫了一篇《項羽本紀》，把他當作帝王看待，並評價他是一位失敗的「英雄」。

項羽（西元前二三二～前二〇二年），名籍，字羽，下相（今江蘇宿遷西南）人。自幼學書不成，改學劍又不成。叔父項梁十分惱怒。項羽說：「學書能認字寫字就足夠了。劍，一人敵，不足學。我要學萬人敵！」項梁見他很有志向，遂教他兵法和軍事方略。一次，叔侄二人在會稽（今江蘇蘇州），恰遇秦始皇巡行天下的車駕儀仗。項羽脫口說：「彼可取而代也！」項梁趕忙捂住他的嘴，低聲呵斥說：「休得胡說，這是要滅族的！」

西元前二〇九年，項梁、項羽殺了會稽郡守，回應陳勝、吳廣起義。他們接受謀士范增的建議，訪得楚懷王流落在民間的孫子，立爲王作爲號召，仍稱楚懷王。他們屢敗秦軍，項梁變得驕傲起來，因輕敵而戰死。項羽繼爲起義軍領袖。秦將章邯率秦軍主力圍攻趙王於鉅鹿。楚懷王命宋義為上將，項羽為次將，范增為末將，領兵救趙。宋義觀望不前。項羽憤怒殺死宋義，奪得兵權，然後破釜沉舟，九戰九勝，大敗秦軍。項羽因此威震諸侯，「召見諸侯將，入轅門，無不膝行而前，莫敢仰視」。秦將章邯率部投降，項羽威勢更盛。

當初，楚懷王曾與劉邦、項羽約定，誰先進入關中，即為關中王。項羽決戰秦軍主力，號稱沛公的劉邦已經進入關中，接受了秦王子嬰的投降。項羽隨即提兵西向，要與劉邦爭奪勝利果實。大軍行至新安（今河南新安），項羽顧慮投降的秦軍發動叛亂，一夜之間，將二十餘萬人全部坑殺。

項羽攻破函谷關，駐軍鴻門（今西安臨潼東），有將士四十萬人。劉邦駐軍灞上（今西安東南），有將士十萬人。項羽決定攻滅劉邦。關鍵時刻，項羽的叔父項伯前去灞上，通知好友張良逃亡。張良趕緊把情況報告劉邦。劉邦考慮敵強己弱，只能採取委曲求全的策略，暫時避免火拼，親自前往鴻門，卑詞言好。項羽撤銷了進攻灞上的軍事命令，設宴招待劉邦——這便是歷史上著名的「鴻門宴」。宴會上劍拔弩張，范增多次示意項羽，必須將劉邦殺掉。項羽猶豫不決。劉邦幸賴項伯、張良、樊噲等人的保護，提前退席，返回灞上。范增氣惱項羽目光短淺，說：「唉！豎子不足與謀。奪項王天下者，必沛公也，吾屬今為之虜矣！」

鴻門宴後，項羽屠戮咸陽，殺秦降王子嬰，火燒秦朝宮室，大火三月不滅，掠得大量金銀珠寶和美女。有人勸他定都關中，以霸天下。而他卻說：「富貴不歸故鄉，如衣繡夜行，誰知之者！」一位韓生嘲笑說：「人言楚人沐猴而冠耳，果然。」項羽聽後大怒，烹殺了韓生。

項羽名義上尊楚懷王爲義帝，自稱西楚霸王，佔有東方富饒的九個郡，都彭城（今江蘇徐州）。他這個霸王可不是一般的霸王，擁有封其他諸侯將相爲王的權力。於是，他一下子封了十八個王。其中，劉邦爲漢王，都南鄭（今陝西漢中）；秦降將章邯、司馬欣、董翳分別爲雍王、塞王、翟王，三分關中土地，切斷劉邦的歸路。他大功告成，衣錦還鄉，攜帶掠得的金銀珠寶和美女，回歸彭城。

項羽裂土分封諸侯，屬於歷史倒退行爲。有人沒有封王，封了王的人不滿意得到的封地，遂互相攻殺和爭鬥起來。項羽派人刺殺了義帝，以「王中王」的姿態，鎭壓那些不安分的王。漢王劉邦任用蕭何、張良、韓信等人，「明修棧道，暗渡陳倉（今陝西寶雞東）」，消滅章邯、司馬欣、董翳三王，迅速平定關中。接著是劉邦和項羽爭奪天下，楚漢戰爭爆發了。

楚漢戰爭初期，劉邦屢戰屢敗。而項羽卻不能乘勝追擊，多次給了劉邦以喘息的機會。劉邦重新振作起來，派出韓信，攻滅趙王和齊王等，佔有了今河北、山東的廣大土地；並使梁王彭越等歸漢，騷擾項羽的後方，斷其糧道；再用離間計，挑起項羽的疑心，使他疏遠了亞父范增，范增憂憤而死。項羽在廣闊的範圍內，四面征戰，窮於應付，疲憊不堪，力量漸漸處於下風。

西元前二〇三年九月，項羽因「少助食盡」，被迫與劉邦講和，約定以鴻溝（今河南滎陽廣武山間）爲界，分土而治，溝東歸楚，溝西歸漢。鴻溝協議後，項羽引軍東撤。劉邦卻不顧和議，乘勢進擊，約會韓信、彭越、英布等各路大軍，將項羽圍困於垓下（今安徽靈璧南）。年底的一天夜間，項羽和心愛的寵姬虞姬，在軍帳中飲酒澆愁，忽聽得四面楚歌，此起彼伏，如訴如泣。這是劉邦採用的攻心戰術，目的在於用楚歌瓦解楚軍的鬥志。項羽驚詫不已，說：「漢軍已盡得楚地了嗎？何來的楚歌聲音？」他憂心如焚，夜不成寐。這時，他的坐騎烏騅馬引頸嘶鳴起來，那聲音撕裂人心。英雄蓋世的項羽，面對愛姬和寶馬，大有一種天不佑我、英雄末路之感，不禁悲涼地唱道：

力拔山兮氣蓋世，時不利兮騅不逝。
騅不逝兮可奈何，虞兮虞兮奈若何！

虞姬跟著和歌起舞，唱道：

漢兵已略地，四面楚歌聲。
大王意氣盡，賤妾何聊生？

虞姬不想成爲項羽的累贅，隨後以劍自盡。項羽又悲又痛，黯然淚下。左右抽泣，莫敢仰視。

虞姬一死，項羽了無牽掛。夜半，他率領八百名強悍的騎兵突圍，逃往東南方向。天明，劉邦發現項羽逃跑，發兵追擊。在烏江（今安徽和縣東北），漢軍追上了項羽。其時，項羽身邊，只剩二十八人，而漢軍卻有五千多人。項羽自料難以脫身，對手下的騎兵說：

「吾起兵至今八歲矣。身七十餘戰，所當者破，所擊者服，未嘗敗北，遂霸有天下。然今卒困於此，此天之亡我，非戰之罪也。今日固決死，願爲諸君決戰，必三勝之，爲諸君潰圍，斬將，刈旗，令諸君知天亡我，非戰之罪也！」項羽臨危苦鬥，表現出了豪邁的勇猛氣概，親手斬殺漢軍將士百餘人。烏江亭長撐來一隻小船，對項羽說：「江東雖小，地方千里，眾數十萬人，亦足王矣。願大王急渡，還可恢復基業。」項羽沉思片刻，仰天大笑說：「天之亡我，我何渡爲？想我項羽與江東八千子弟渡江西征，今無一人生還，縱然江東父老憐我，尊我爲王，我還有何面目見人？縱然他們不說什麼，我也愧心啊！」他停了停，又對亭長說：「我看你是一位長者。我的坐騎烏騅馬，跟我五載，日行千里，無敵天下。我不忍心殺它，就賜給你吧！」

項羽和隨從下馬，徒步與追襲的漢軍展開白刃血戰。他們又斬殺漢軍數百人，項羽身上負傷十餘處，力不能支。他看到漢將呂馬童，大聲說：「你不是我的故人嗎？」呂馬童指示說：「此項王也！」項羽鎮靜地說：「我聽說漢王懸賞千金，封邑萬戶，購我人頭。好！我成全你！」說著，舉劍自刎而死。呂馬童等五人分解項羽屍身，高高興興地邀功請賞去了。

項羽是一位有功有過的複雜人物。韓信曾評論項羽說，他既有「匹夫之勇」，又有「婦人之仁」，在政治策略上出現很多失誤：「雖霸天下而臣諸侯，不居關中而都彭城。有背義帝之約，而以親愛王，諸侯不平。……所過無不殘滅者，天下多怨，百姓不親附，特劫於威強耳。名雖爲霸，實失天下心。」司馬遷在《項羽本紀》中，則全面評價了項羽的功績和過羽錯，指出：「秦失其政，陳涉（陳勝）首難，豪傑蜂起，相與並爭，不可勝數。然（項）羽非有寸才，乘勢起隴畝之中，三年，遂將王諸侯滅秦。分裂天下，而封王侯，政由羽出，號為霸王。位雖不終，近古以來未嘗有也。」無疑，他是一位失敗的英雄。同時，「背關懷楚，放逐義帝而自立，怨王侯叛己，難矣。自矜功伐，奮其私智而不師古，謂霸王之業，欲以力征經營天下，五年卒亡其國。身死東城，尚不覺悟而不自責，過矣。乃引『天亡我，非用兵之罪也』，豈不謬哉！」嚴厲批評了他窮兵黷武，以力服人的思想行為。

從實而論，項羽本質上相當於一名春秋戰國以來的武士，崇尚武力，勇猛自矜，嗜好殺戮，缺少謀略，沒有穩定的後方，不懂得體恤士卒和爭取民心，一味地大攻大殺，弄得眾叛親離，成了孤家寡人。所以，最後敗亡，勢在必然。項羽至死不明白自己敗亡的原因，歸罪於「天之亡我」，可歎可悲。

漢高祖劉邦——
布衣天子，戎馬一生

項羽和劉邦爭奪天下，最後取得勝利的不是項羽，而是劉邦。劉邦建立漢朝，史稱西漢。他，就是漢高帝，一稱漢高祖。

劉邦（西元前二三六～前一九五年），字季，沛縣豐邑（今江蘇豐縣）人，平民出身。青年時代性格豁達，待人寬厚，好酒好色，未婚時便與一個寡婦私通，生了兒子劉肥。秦始皇時，他出任沛縣泗水亭長，結交了很多朋友。一次，他押送民夫到咸陽服徭役，偶然看到秦始皇出行時氣派的車馬儀仗，不由地發出感歎，生出雄心，說：「嗟乎！大丈夫當如此矣！」

劉邦三十歲那年，參加一位叫做呂公的富豪舉行的宴會。赴宴的人均送賀禮，賀禮超過千錢的上座，不滿千錢的下座。劉邦無一文錢，卻說：「我送賀錢一萬！」呂公大喜，請他坐上座。負責主辦宴會的沛縣主吏蕭何，告訴呂公說；「劉邦愛說大話，賀錢一萬，不可當眞。」呂公笑著說：「無妨無妨。」宴會後，呂公見劉邦相貌堂堂，氣度不凡，主動提出把女兒呂雉嫁他爲妻。這個呂雉，字娥姁，便是後來臨朝稱制、威風顯赫的呂后，一稱高后。

西元前二一〇年，秦始皇死於巡行途中，胡亥利用陰謀繼承皇位，就是秦二世皇帝。劉邦再次押送民夫赴咸陽服傜役，途中，許多民夫逃亡。劉邦考慮無法向官府交差，索性將所有民夫遣散，說：「你等皆去，吾亦從此逝矣！」其中有十餘人欽佩劉邦豪俠仗義，不肯離去，願意追隨他闖蕩天下。劉邦答應，帶領他們上了芒碭山（今安徽碭山南），落草爲「寇」，招兵買馬，發展勢力。

西元前二〇九年七月，陳勝、吳廣領導農民大起義，高舉起反秦的大旗。九月，劉邦回到沛縣，號召沛縣軍民殺死縣令，響應如火如荼的農民起義軍。隨後，沛縣主吏蕭何和獄掾曹參等公推劉邦爲沛公，劉邦的政治生涯由此發端。

劉邦的兵馬很快發展到兩三千人，繼擴軍至九千人。與此同時，項梁、項羽叔侄，以及一些六國後裔，亦起兵反秦。年底，陳勝被叛徒莊賈殺害，使秦末農民大起義受到嚴重損失。越年六月，項梁主持，在薛縣（今山東騰縣南）召開各支起義軍將領會議，會議同意立已故楚懷王孫子熊心爲王，仍號楚懷王，以繼承陳勝的地位，作爲各支起義軍的領袖。事實上，當時項梁的實力最大，他才是眞正的領袖。

薛縣會議以後，劉邦和項梁、項羽叔侄聯合作戰，取得了一系列的勝利。項梁因此變得驕傲起來。九月，秦將章邯在定陶（今山東定陶西北）偷襲項梁部隊，項梁敗死。項羽隨即成了那支起義軍的領袖。

劉邦、項羽退至彭城（今江蘇徐州）一帶休整。劉邦駐軍碭縣（今安徽碭山南），被熊心任命爲碭郡長，封武安侯。不久，熊心與眾將商討作戰計畫，決定以主力北上救援趙王趙歇，同時趁秦軍主力在外、關中空虛之際，派偏師進軍關中。並約定：先入關中者即爲關中王。項羽很想進軍關中，但多數將領認爲，他「剽悍禍賊」，「所過無不殘滅」，表示反對，而主張由「寬大長者」劉邦，進軍關中。

於是，項羽率主力北上救趙，劉邦率偏師西進關中。項羽在鉅鹿（今河北平鄉西南）一戰，大破秦軍，章邯投降。此舉爲劉邦西進，減少了阻力，解除了後顧之憂。期間，著名人物張良投奔到劉邦麾下效力，出謀劃策，使劉邦避實擊虛，戰戰順利。西元前二〇七年八月，劉邦攻入武關（今陝西丹鳳東南），關中大震。秦朝宦官丞相趙高殺了胡亥，派人向劉邦求和，提出「分王關中」的要求。劉邦斷然拒絕，繼續進軍，直指咸陽。趙高臨時立了子嬰爲秦王。子嬰不甘當傀儡，設計殺了趙高，並派兵扼守藍田關（今西安藍田東南）。十月，劉邦打敗秦軍，進抵灞上，約降子嬰。子嬰在位僅僅四十六天，走投無路，乖乖地投降了劉邦。秦朝至此滅亡。

劉邦大軍進入咸陽，無不陶醉在勝利的喜悅中。劉邦更不例外，他看到咸陽宮裏金碧輝煌，到處都是奇珍異寶，還有數千名妙齡美女，不禁心蕩神搖，遂在宮中住了下來，盡情享受。他的連襟樊噲責問說：「你是想得天下還是只想當富家翁？」劉邦不予理睬。張良又來勸說，指出秦皇因爲無道，主公所以才能到達這裏，若是剛剛進入咸陽，就安於享樂，那麼等於是助紂爲虐。張良希望劉邦以長遠利益爲重，速速回軍灞上。劉邦頓時有所醒悟，下令封閉秦宮和府庫，率軍撤出咸陽，仍到灞上駐紮。

十一月，劉邦在灞上召集附近各縣的父老和豪傑，宣布廢除秦朝的苛刻法律，並約法三章：「殺人者死，傷人及盜死罪。」這一舉措深得關中人民的擁護，百姓歡欣鼓舞，紛紛送來牛羊酒肉慰勞劉邦的將士。劉邦又下令不要收受禮物，以免加重百姓的負擔。這樣一來，關中人民更加擁戴劉邦了，唯恐他不做關中王。劉邦以實際行動，既安定了民心，更贏得了民心。

項羽爲了搶奪推翻秦王朝的勝利果實，氣勢洶洶地趕向關中。年底攻破函谷關，駐軍鴻門，距離灞上僅四十里。劉邦的部將曹無傷向項羽告密，說劉邦準備當關中王，佔有秦宮的珍寶和美女。項羽的亞父范增則向項羽進言：劉邦是惟一可與項羽爭奪天下的人，必須將他消滅。項羽當即決定，次日進攻灞上。當時，項羽在兵力上佔了壓倒的優勢，雙方交戰，劉邦必敗無疑。

關鍵時刻，劉邦得到項羽叔父項伯和張良的指點，採取委曲退讓的策略，使項羽撤銷了進攻灞上的計畫。第二天，他帶了張良、樊噲等人，親赴鴻門，謁見項羽。接著便是鴻門宴的故事，劉邦憑藉謀略和眾人的幫助，避免了一場滅頂之災。他安全地回到灞上，第一件事便是殺死曹無傷，除去內奸。

項羽進入咸陽，殺死已降秦王子嬰，焚燒秦宮和秦始皇陵地面建築，大火三月不滅。然後自封爲西楚霸王，恢復諸侯割據的分封制，同時封了十八個王。其中，封劉邦爲漢王，都南鄭（今陝西漢中），佔有巴、蜀之地（今陝西南部、湖北西北部和四川中部）。另外，分別封秦降將章邯、司馬欣、董翳為雍王、塞王、翟王，三分原秦國的土地，以阻斷劉邦的出路。後來，陝西省被稱為「三秦」，典出於此。

漢王劉邦受封於偏僻之地，非常氣憤，曾想同項羽拼個死活。蕭何予以勸阻。劉邦只得忍氣吞聲，前往南鄭，安撫百姓，積蓄力量，準備和項羽爭奪天下。項羽攜帶掠得的大量財物，東歸彭城。他既然自封為霸王，自然容不得楚懷王熊心的存在，遂將熊心遷徙並殺害。

劉邦在南鄭苦心經營。這時，著名軍事家韓信投奔劉邦，使劉邦有了一位通曉兵法，能夠指揮全局的軍事統帥。西元前二〇六年五至八月，劉邦接受韓信的策劃，採用「明修棧道，暗渡陳倉」的方略，突然進兵關中，攻滅章邯、司馬欣、董翳三王，平定關中大部分地區，並打通了東進的道路。劉邦將王都遷至櫟陽（今西安閻良武家屯附近），將關中建成鞏固的後方，然後聯絡其他諸侯王，大舉東進，號召共同討伐項羽。楚漢戰爭由此拉開帷幕。

西元前二〇五年四月，劉邦聚集起反楚聯軍達六十萬人，趁項羽在齊國作戰的機會，一舉攻克彭城。項羽火速回師，大破聯軍，追擊劉邦至濉水（今安徽濉縣），斬殺漢軍二十餘萬人，屍首堵塞濉水，河水為之不流。劉邦只帶著數十騎，狼狽敗逃滎陽。他的父親劉執嘉和妻子呂雉，被項羽抓獲，扣作人質。劉邦有個優點，打了敗仗絕不氣餒，總會總結經驗教訓，重新振作起來。他和張良等謀士商討新的戰略部署，決定：一，依靠關中穩固的後方，在滎陽、成皋一帶堅持正面防禦，對付楚軍的主力；二，拉攏已經反楚的猛將彭越，讓其開闢敵後戰場，騷擾項羽的腹心；三，遊說九江王英布（黥布）反楚歸漢，開闢南方戰場；四，派遣韓信北渡黃河，開闢北方戰場，消滅項羽的附屬勢力。

劉邦在滎陽布置正面防禦，項羽則在滎陽發起強大攻勢。西元前二〇四年夏天，項羽圍攻滎陽，屢斷漢軍的糧道。韓信在北方戰場取得重大勝利，已滅趙國和齊國。劉邦希望韓信前來助戰，等到的卻是韓信使者送來的一封信，信中提出，爲了鎮守齊地，請求漢王給他封個假（代）齊王的稱號。劉邦閱信後大罵韓信，說：「我被困在這裏，日夜盼你救援，你倒好，不僅不予救援，反要自立爲王……」張良忙從座下踢劉邦的腳，說：「漢王受困於此，無法禁止韓信爲王，不妨落個順水人情，封他爲王，不然，韓信就有可能反叛。」劉邦猛有所悟，立刻變大怒爲大笑，說：「封王就要封眞的，何必多個『假』字？那好，我就封韓信爲齊王就是！」爲了表示鄭重，他命張良前往臨淄，正式封韓信爲齊王，穩住韓信，並催促他繼續進攻楚軍。

劉邦被困在滎陽，向項羽提出講和。項羽沒有主意。范增認爲必須抓住時機，消滅劉邦，否則後悔莫及。因此，項羽拒絕講和，繼續加強攻勢。新歸劉邦的項羽部下陳平建議，利用項羽「意忌信讒」的弱點，施行離間計。劉邦依計而行，果然奏效，促使項羽疏遠大將鐘離昧等人，而且懷疑起了范增。范增氣得棄項羽而去，不久病死。

劉邦的形勢依然危急。將軍紀信出以忠心，提出自扮劉邦、假裝投降的建議。屆時，紀信扮著劉邦，乘車出滎陽東門「投降」。楚軍信以爲眞，報告項羽。項羽前來觀看，發現是欺騙，命人將紀信一行燒死。而這個時候，劉邦帶著陳平等一批文臣武將，早從滎陽西門逃走了。

項羽佔領滎陽和成皋。彭越在項羽腹心小打小鬧，迫使項羽既要顧頭又要顧尾，四處征討，疲於奔命。西元前二〇三年十月，劉邦又奪回成皋。項羽立刻回軍，雙方在廣武山鴻溝形成對峙局面。對峙數月，形勢漸對項羽不利。項羽無奈，命將劉邦的父親劉執嘉押解至軍前，綁在切肉的俎上，威脅劉邦說：「你若繼續頑抗，我就把你父親烹殺了！」劉邦毫不介意，說：「我和你曾在楚懷王手下共事，約爲兄弟，我父即你父，你若烹殺我父，請分我一杯羹吃。」這是一種無賴式的回答。項羽氣得要死，提出要與劉邦單打獨鬥。劉邦笑著說：「吾寧鬥智，不能鬥力。」接著，劉邦歷數項羽的十大罪狀，斥之爲「大逆不道，天下所不容」。項羽惱怒至極，彎弓搭箭，冷不防射向劉邦。劉邦胸口中箭，謊稱只是腳指頭中箭，帶傷慰勞將士，起到了穩定軍心的作用。

劉邦和項羽同意講和，約定以鴻溝爲界，分土而治，鴻溝以西歸漢，鴻溝以東歸楚。項羽爲了表示誠意，送回劉邦的父親和妻子。和約簽定後，項羽軍隊東撤。張良、陳平進言劉邦說：「今漢有天下大半，而諸侯皆附，楚軍糧盡，此天亡之時，不趁機取之，所謂養虎自遺患也！」劉邦覺得的確如此，遂撕毀和約，乘勢追擊，並約會韓信、彭越、英布等各路軍馬，將項羽包圍於垓下。年底，項羽兵敗，自刎於烏江邊。歷時四年的楚漢戰爭，以劉邦的勝利而告結束。

西元前二〇二年二月，劉邦在定陶即皇帝位，正式建立了西漢王朝。夏天，劉邦在洛陽舉行宴會，詢問群臣說：「吾所以有天下者何也？」有人稱頌皇上寬厚仁道。劉邦說：「公知其一，未知其二。夫運籌帷幄之中，決勝千里之外，吾不如子房（張良）；鎮國家，撫百姓，給餉饋，不絕糧道，吾不如蕭何；連百萬之眾，戰必勝，攻必取，吾不如韓信。此三者人傑，吾能用之，此吾所以取天下者也。項羽有一范增而不能用，此所以為我擒也。」劉邦胸襟比較開闊，善於發現人才，知人善任，這正是他能打敗項羽，最終取得天下的重要原因。

劉邦原想定都洛陽。戍卒婁敬和張良建議，應當定都關中。劉邦採納了他們的建議，並命蕭何在長安鄉修建宮室，初步建起長安城（今西安西北漢城），作為漢朝的國都。

劉邦回到長安，很快建立起中央集權的封建國家機器，採取一系列措施，恢復農業生產，減輕賦稅，解放部分奴隸為平民，壓抑商賈，制訂法律。所有政策體現一個中心思想：與民休息。這樣，使久經戰亂而遭到嚴重破壞的社會經濟，得到了恢復和發展。劉邦和許多將臣都出身民間，不大懂得繁瑣的朝廷禮節，每次舉行朝會時，常常出現拔劍擊柱，吵吵嚷嚷、醉酒狂呼的局面。博士叔孫通為此專門制定一套禮儀，以維護皇帝的威嚴。西元前二〇一年十月，長安長樂宮建成，群臣按官爵等級跪拜，山呼萬歲。劉邦深有感觸地說：「吾乃今日知為皇帝之貴也！」

劉邦開國之初，實行郡縣制和分封制並存的做法，除封劉姓子弟為王外，還封了七個異姓王。各王直接治理封地，徵收賦稅，擁有軍隊，稍不順心，便會產生叛亂的念想。劉邦稱帝后，爲鎭壓異姓王的叛亂，花費了很大的精力。

西元前二〇一年十月，韓王勾結匈奴，反叛漢朝。劉邦率領三十萬大軍前往鎭壓。兵至晉陽平城（今山西大同東），劉邦親率先鋒部隊，盲目輕進，竟被匈奴冒頓（冒頓，讀作莫獨）單于的四十萬騎兵，重重圍困於平城東北的白登山上，士兵饑寒，幾乎陷入絕境。幸虧陳平設計，通過賄賂單于閼氏（閼氏，讀作焉支）大量珍寶，這才使單于放鬆警戒，劉邦得以突圍，平安歸來。劉邦據此知道了匈奴的厲害，採用劉敬（婁敬）提出的「和親」計策，以漢女冒充公主，嫁匈奴單于，雙方結親聯和。這一政策爲漢初幾位皇帝所沿用，被當作國策之一，直到漢武帝時才加以改變。

智勇雙全的齊王韓信已被改封爲楚王。劉邦最害怕此人謀反，先將其逮捕，再予以釋放，貶爲淮陰侯。西元前一九七年，韓信好友陳豨（豨，讀作希）自稱代王，公開叛漢。劉邦親赴前線坐鎭，命大將周勃、樊噲等率軍鎭壓。次年正月，長安的韓信策劃進攻皇宮，殺害皇后呂雉和太子劉盈。呂雉得到密報，沉著地命令丞相蕭何把韓信騙進宮中，處死並滅族。彭越受封梁王，劉邦命他率兵參加鎭壓陳豨。彭越裝病，推三阻四，被部下誣告謀反。劉邦立即將彭越逮捕，廢爲平民，流放蜀郡。彭越在流放途中，遇到從長安前往洛陽的呂雉，聲稱冤枉，請求呂雉代爲說情。呂雉滿口答應，又將彭越帶回洛陽。她對劉邦說：「彭越壯士也，今徙之蜀，此自遺患，不如誅之！」隨後，呂雉設計，殺了彭越，並將其屍體剁成肉醬，分送各異姓王，以示警告：誰敢反漢，彭越就是下場！

西元前一九五年七月，改封爲淮南王的英布發動更大規模的叛亂。年過六旬的劉邦不得不再次率兵東征，親臨戰場。戰鬥中，劉邦中箭受傷，但還是平定了叛亂，英布敗逃，被人所殺。劉邦在帝位七年，叛亂者九起，全部被粉碎，基本上解決了異姓諸侯王的問題。

是年冬天，劉邦凱旋，回了一趟家鄉沛縣，召集父老鄉親一起飲宴。宴間，他回顧自沛縣起兵以來的創業艱辛，不禁感慨萬分，一邊擊筑（一種擊打絃樂器），一邊唱起即興自編的楚歌：

大風起兮雲飛揚，
威加海內兮歸故鄉，
安得猛士兮守四方！

這就是享譽史乘的《大風歌》。劉邦在歌中表達了這樣的思想：在風雲激盪的歲月裏，一個「威加海內」的大漢王朝已經建立，但是「守四方」即鞏固這個王朝的任務還很艱巨。

西元前一九五年三月，劉邦回到長安，箭傷復發，病情嚴重。病重期間，他召集王公和大臣，命宰殺白馬，歃血盟誓說：「從今以後，非劉姓者不得封王，無功者不得封侯，若有違背，天下共誅之！」他拒絕吃藥，說：「吾以布衣提三尺劍取天下，此非天命乎？命乃在天，雖扁鵲（古代名醫）何益？」呂雉伺候劉邦，詢問說：「陛下百歲後，蕭丞相既死，誰令代之？」劉邦回答說：「曹參可。」呂雉說：「曹參以後呢？」劉邦說：「王陵可，然其愚鈍，陳平可以助之。陳平智謀有餘，然難獨當一面。周勃厚重少文，然安劉氏者必（周）勃也，可令為太尉。」呂雉再問其後的丞相人選。劉邦說：「此後亦非你所知也。」四月甲辰日，劉邦駕崩於長樂宮。終年六十一歲。葬於長陵（今陝西咸陽東北），廟號高祖。

漢高祖劉邦是中國歷史上為數不多的布衣天子之一，也是由平民蛻變為封建地主階級代表人物的典型。他從亭長到沛公，從漢王到皇帝，不停征戰，戎馬一生，滅秦建漢，與民休息，堅決地平定旨在分裂割據的叛亂活動，使中央集權的多民族的統一國家，走上了穩步發展的正確軌道。他是有歷史功績的，稱得上封建社會上升時期，一位傑出的地主階級政治家。

漢文帝劉恆、漢景帝劉啓——

父子守成，文景之治

西元前一八〇年，臨朝稱制的太皇太后呂雉病死。漢高祖劉邦的開國功臣陳平、周勃奪得軍權，一舉殲滅呂雉精心培植的呂氏外戚集團，擁立劉邦的第三個兒子劉恆繼位，是爲漢文帝。西元前一五七年，劉恆駕崩，太子劉啓繼位，是爲漢景帝。劉恆、劉啓父子皇帝在位共三十九年，繼續實行「與民休息」的政策，社會經濟空前繁榮，一片升平氣象，史稱「文景之治」。

劉恆（西元前二〇二～前一五七年）在劉邦在位時被封爲代王，生性仁孝謹慎。他的生母薄夫人不受劉邦寵愛。因此，呂雉專權時殘酷殺害劉邦的嬪妃及兒子，薄夫人母子得以倖免，平安無恙。當時，劉邦的兒子只有劉恆、劉長兩人活著，劉恆居長。所以，陳平、周勃「安劉」，除了立劉恆爲帝外，別無什麼選擇。

漢文帝即位後，重視發展農業生產和關心農民疾苦，多次頒詔說：「農，天下之本，務莫大焉。」「農，天下之大本，民所恃以生也。」他曾親自耕種籍田，以勸農桑；下令各地官府，春耕前要勸導農民及時耕作，貸給農民五穀種子和口糧。他先詔令免除農田租稅的一半，改劉邦規定的「十五稅一」爲「三十稅一」；接著，又全部免除農田租稅十二年；人頭稅從每人每年一百二十錢改爲四十錢，男丁的徭役從每人每年一次改爲三年一次，每次一月。農民的負擔減輕了，在土地上精耕細作，糧食增產，糧價大跌，每石穀子僅值數十錢，上下饒羨。

漢文帝注重節儉。一年，他想建個「露臺」，一計算需要一百斤黃金，便說：「這相當於十戶中等人家的家產，太貴了，不建了。」他的衣服是用粗帛做的，黑色，不加紋飾。他最寵愛愼夫人，叮囑她要做節儉的表率，帷帳素面，衣裙的下擺不必拖到地上。古時，各地官吏給皇帝上書，多用布帛包裹，稱做「書囊」。漢文帝捨不得丟棄這些書囊，一件件地積攢起來。天長日久，積攢了許多。內侍準備搬出去銷毀。他很心疼，說：「好好的書囊，銷毀多可惜呀！你們想想，能不能用它做件什麼東西？」內侍嘟囔說：「這布頭布腦的，能做什麼？」他想了想，說：「就做一件帷帳，拿來懸掛在朝殿上。」帷帳做成，掛於朝殿，五顏六色，很不雅觀。一位大臣不解地說：「國庫裏有的是綾羅綢緞，何必用這破爛做帷帳？這樣做，不是有損於皇家體面嗎？」漢文帝說：「一絲一縷，都凝結著百姓的血汗，浪費不得。這書囊做的帷帳，看起來確實不怎麼樣，但挺結實，能擋風禦寒，廢物利用，示人以儉樸，不是很好嗎？」漢文帝的節儉還表現在陵墓的修建上。他規定，陵墓無需奢華，隨葬品只能用點陶器，不准用金銀銅錫等貴重物品。

漢文帝很會利用恩惠，籠絡人心。他重封重賞劉氏宗室成員和先朝的元老重臣，但是只給爵位，不給官職，命他們到自己的封國去，坐享榮華富貴。其中，包括周勃那樣的功臣。周勃早封絳侯，在平定呂氏集團、擁立文帝即位上，發揮了關鍵的作用，兩次出任丞相。西元前一七七年，漢文帝頒詔說：「前時詔遣列侯就國，辭未行。丞相朕之所重，請他爲朕率領列侯到封國去。」這樣，周勃就被罷免丞相職務，去了封國。後來，有人告發周勃企圖謀反，周勃被逮捕下獄。漢文帝調閱案卷，發現告發不實，釋放周勃，並恢復了他的爵位。周勃之子周亞夫嶄露頭角，受到漢文帝的重用。漢文帝對於孤寡窮人，也很關心，多次賜帛賜米，使他們的生活有所保障。

漢文帝在和邦國關係方面，和平地解決了南粵問題。秦始皇統一中國後，征服「百越」，置南海、象、桂林三郡，使南方、西南方廣大地區進入秦朝版圖。秦末動亂，南海郡尉、眞定（今河北正定）人趙佗兼併象郡、桂林郡，獨立自治，建起「南粵國」，自稱南粵王。漢高祖承認這個南粵王，趙佗臣服於漢朝。呂雉專權時採取錯誤政策，導致矛盾激化，趙佗自號「南武帝」，發兵進攻長沙郡。呂雉惱怒，派人毀了趙佗先人的墳墓。漢文帝即位後，修復了趙佗先人的墳墓，給予趙佗宗族兄弟以尊崇的地位，並派出使臣攜帶詔書和厚禮，去見趙佗，勸其削去帝號，不再騷擾漢境，那麼漢朝仍然承認他爲南粵王。趙佗權衡利弊，同意漢文帝的意見，去了帝號，繼續臣服於漢朝。對於北方匈奴，漢文帝依然實行「和親」政策，並「徙民實邊」，儘量保持邊境的安寧。

漢文帝輕徭薄賦，自奉節儉，直到生命的最後一刻。西元前一五七年六月，他患了重病，留下遺囑說：自己死後，送葬時不許動用車馬，不准陳列兵仗，送葬人員戴的白布孝帶寬不得超過三寸，治喪時間要短，期間不許禁止百姓結婚、祭祀、飲酒和吃肉。他對防禦匈奴入侵問題專門作了安排，特別叮嚀太子劉啓說：「周亞夫忠誠可靠，危急時刻可由他統領軍隊。」漢文帝死後葬霸陵（今西安東），廟號太宗，謚號孝文皇帝。

漢景帝劉啓（西元前一八九～前一四一年），繼位時三十二歲。他所面臨的形勢，既有父親留下的「海內殷富」氣象，又有父親沒能解決的藩王隱患。當初，漢高祖封了許多同姓諸侯王，自那以後，同姓諸侯王越封越多，政治、經濟、軍事勢力非常強大，「跨州兼郡，連城數十，宮室百官，同制京師」，嚴重削弱了和威脅著中央政府的統治地位。其中，吳王劉濞（濞，讀作鼻）的勢力排名首位。劉濞乃漢高祖的侄兒，漢景帝的伯父，封王已經三十多年。漢景帝爲太子時，劉濞之子入京，二人爲下棋發生爭執，劉啓竟將劉濞之子殺死。因此，劉濞對新即位的皇帝恨得要死，加快了發動叛亂、奪取皇權的步伐。御史大夫晁錯看到了這種嚴峻的形勢，上書《削藩策》，提出削藩的建議。晁錯指出：吳王劉濞等，「益驕溢，即山鑄錢，煮海水爲鹽，誘天下亡人，謀作亂。今削之亦反，不削之亦反。削之，其反亟，禍小；不削，反遲，禍大。」漢景帝採納了晁錯的建議，開始削奪藩王的一些土地。這一舉措觸動了藩王的根本利益，於是吳王劉濞、楚王劉戊、趙王劉遂、膠西王劉卬、膠東王劉雄渠、淄川王劉賢、濟南王劉辟光，狗急跳牆，聯合起來，打著「誅晁錯，清君側」的旗號，於西元前一五四年，公開叛亂。七王代表七國，叛軍總數達數十萬人，京師震動，人心惶惶。

「七國之亂」爆發，漢景帝有點手忙腳亂。大臣袁盎因爲忌恨晁錯，趁機進讒，主張接受七王的意見，誅殺晁錯。漢景帝過於天眞，果然殺了晁錯，詔令劉濞等罷兵。可是，七王叛軍得寸進尺，反而向長安進軍，劉濞自稱「東帝」，面對漢景帝罷兵的詔書，不屑一顧，狂妄地說：「我已爲東帝，尙可誰拜？」漢景帝後悔殺了晁錯，忍無可忍，派出三路軍隊鎭壓叛亂，其中一路以太尉周亞夫爲統帥，率兵抗擊吳、楚叛軍。經過三個月的艱苦戰鬥，周亞夫平定叛亂，七王相繼被殺或自殺。

平定「七國之亂」，是漢景帝政治上濃墨重彩的一筆，鞏固了中央集權統治。隨後，他繼承漢文帝的治國方略，繼續執行「與民休息」的政策，減輕農民負擔；開放長安附近的山澤禁苑給貧民耕種，停止郡國歲貢，告誡各級官吏，不得傷農擾民。他在漢文帝廢除種種酷刑的基礎上，進一步減輕刑罰，強調法制要講究公正，體現寬厚仁慈的精神。

漢景帝奉行黃老之學，同時注重儒學的教化作用。爲了維持與匈奴的睦鄰關係，他在實行「和親」的同時，允許在邊境開設關市，開展貿易，互通有無。西元前一四一年，漢景帝駕崩，死後葬陽陵（今陝西咸陽張家灣），謚號孝景皇帝。

漢文帝和漢景帝不是創業的皇帝，而是守成的皇帝。他們父子創建的「文景之治」，是中國歷史上的盛世之一。當時，國家相對安定，人民安居樂業，社會經濟發展達到前所未有的水準。各郡縣的府庫中，堆滿糧食和銅錢。長安的國庫裏，錢物堆積如山，錢幣有幾百億緡，串錢的繩子因爲時間太久而朽斷了，以致散錢的數目無法計算；糧食年年積累，下層的腐爛變質，人不能吃，更有大量的露天堆放，聽任風吹雨淋。皇家的馬廄裏圈著三十萬匹高頭大馬，百姓的騾馬拴滿街巷，有的乾脆散放在田野裏，夜不歸牧。這是史家的記述，難免有粉飾之詞。但有一點是肯定的，漢文帝和漢景帝經住了「守業難」的考驗，使得社會富饒了，國力增強了，從而爲他們的繼承者漢武帝施展才略，開疆拓土，奠定了雄厚的物質基礎。

漢武帝劉徹——

雄才大略，文治武功

漢武帝劉徹（西元前一五六～前八七年），原名彘，於漢景帝駕崩後繼位，年僅十六歲。它之所以成爲太子和皇帝，得力於姑母、館陶長公主劉嫖的支持。

漢景帝共有十四個兒子，長子劉榮，栗姬所生；劉徹排行居中，王夫人所生。劉榮最早被立爲太子，劉徹四歲時被封爲膠東王。劉嫖爲人勢利，原先想把自己的女兒陳阿嬌嫁給劉榮，派人提親，願與栗姬結爲兒女親家。不想，栗姬心高氣傲，一口回絕。這下子惹怒了劉嫖，她轉而交結王夫人，聯手詆毀栗姬。一次家宴，劉嫖把劉徹抱於懷中，說：「我把阿嬌嫁給你，可好？」劉徹童口無心，拍著小手說：「好！我得阿嬌，就蓋一座金房子給他住。」這句話後來衍生出一個成語，叫做「金屋藏嬌」。劉嫖是漢景帝的姐姐，說話很有分量。經過一系列的宮廷鬥爭，西元前一五〇年，漢景帝廢黜劉榮，改立劉徹爲太子。母以子貴，王夫人晉升爲皇后。劉徹即位後，尊母親爲太后，同時爲報答劉嫖，立了陳阿嬌爲皇后。

漢武帝少年登基，年輕氣盛，雄心勃勃。他不滿足於祖父和父親那種安分守成的思想和做法，決心開拓進取，轟轟烈烈地幹一番大事業。他即位的第二年，首創年號「建元」。從此，中國歷史正式用年號紀年。他罷免了原來的一些高官，任命舅舅竇嬰爲丞相，田蚡爲太尉，另外任命儒生趙綰爲御史大夫，王臧爲郎中令。這幾個人都很時髦，迎合小皇帝的心理，力主改革，提出了許多新的治國方略。然而，當時還有一位太皇太后竇氏，她就是漢文帝的皇后，漢景帝的母親，漢武帝的祖母。這位太皇太后崇奉「黃老學說」，政治上主張清心寡欲，無爲而治。隨著社會的發展和進步，這種學說早已不合時宜。但是，她仍奉爲經典，堅信不移，聲稱祖制不可更改，萬事順其自然。她不能容忍孫子皇帝無法無天的舉動，因而以老賣老，加緊了對朝廷政事的控制，規定事無大小，必須向她報告，徵得同意，方可施行。正是她出面干涉，竇嬰和田蚡被很快罷職，趙綰和王臧自殺於獄中。她重新任命幾個渾渾噩噩、俯首貼耳的人，擔任丞相、御史大夫和郎中令，通過他們掌控了朝政大權。

漢武帝的雄心嚴重受挫。他不想待在宮裏受人擺布，經常外出遊玩射獵，馳騁山林。期間，他發現了美貌歌伎衛子夫，大加寵幸。又在長安近郊修建了規模宏大的上林苑，召來辭賦大家司馬相如，飲宴吟詠。建元三年（西元前一三八年），他還採取一個果敢的舉動，招募張騫出使西域，聯絡月氏（氏，讀作支）國，爲日後攻伐匈奴做準備。

建元六年（西元前一三五年），年邁昏聵的太皇太后一命嗚呼。漢武帝親政，眞正掌握了實際權力，完全按照自己的意志治理國家。首先，他要確立一種思想，作爲國家的統治思想。恰好，儒學大師董仲舒上了《天人三策》，提出「大一統」的理論，說：「春秋大一統者，天地之常理，古今之通誼也。」這種理論，適合政治上大一統的需要，很合漢武帝的胃口。董仲舒還吸收道、法、陰陽五行等學派中有利於地主階級統治的思想，強調「君權神授」，把道家的道統變爲封建的法統；強調法制，把儒、法兩家揉爲一體，主張「以教化爲大務」，同時「正法度之宜」，其實質就是外儒內法。此外，董仲舒又提出以「忠君」爲核心的「三綱」說，即「君爲臣綱，父爲子綱，夫爲妻綱」。漢武帝全盤接受了董仲舒的理論，下令「罷黜百家，獨尊儒術」。爲了獨尊儒術，他在全國範圍內推行儒學教育體制，用儒學思想培養封建地主階級的接班人。十年後，經董仲舒提倡，公孫弘主持，長安建起了官辦的最高學府太學。這是中國歷史上最早的大學。

漢武帝確立了國家的統治思想，大力推進各方面的改革，加強中央集權。西漢初期，丞相權力很大。漢武帝不願大權旁落，凡事親自過問，規定九卿不必通過丞相，可以直接向皇帝奏事；同時不拘一格地選拔人才，特別注意從中下層官員中，提拔一些智慧之士，擔任皇帝的高級侍從和助手，幫助皇帝出謀劃策，發號施令。這樣，朝官中就有了「中朝」（「內朝」）和「外朝」之分。皇帝及其侍從、助手等組成的「中朝」，成爲實際的決策機構；而以丞相爲首的「外朝」，逐漸成爲實施決策的執行機構。丞相的權力大大削弱了。

爲了加強中央集權，漢武帝採取「強幹弱枝」的政策，削弱地方割據勢力。元朔二年（西元前一二七年），他採納中大夫主父偃的建議，頒布《推恩令》，規定諸侯王除由長子繼承王位外，可以「推恩」給所有王子，把土地分給他們，封爵爲侯。分得土地的諸侯王子弟，稱「王子侯」。王子侯的侯國不受原諸侯王管轄，改由所在地的郡縣管理。這樣一來，一個大的王國被分成許多小的侯國，諸侯王就很難形成氣候，抗衡或威脅朝廷。《推恩令》頒布後，有些諸侯王帶頭「推恩」，受到朝廷表彰。而淮南王劉安和衡山王劉賜竭力反對，並私下招兵買馬，建造兵器，製刻印璽，企圖謀反。元朔六年（西元前一二三年），劉安、劉賜的陰謀暴露。漢武帝沉著應對，發兵逮捕了劉安和劉賜，二王自殺。酷吏張湯主持審理二王的謀反案，數月之間，獲罪被殺的共有五六萬人。隨後，漢武帝制定幾部法律，如「左官律」、「附益法」、「阿黨法」等，中心意思是嚴懲那些和諸侯王來往密切的官吏。從此，諸侯王的勢力一蹶不振，漢武帝「強幹弱枝」的目的實現了。

漢武帝雄才大略，突出地表現在對匈奴的態度上。漢初實行「和親」政策，實是不得已而爲之，其實質是一種妥協和屈辱。漢朝不僅要把漢家公主嫁給匈奴單于，而且還要給匈奴送去大量的糧食、美酒、絲帛等物。儘管如此，匈奴奴隸主貴族欲壑難塡，照樣時時入侵，燒殺搶掠，使漢朝邊境人民蒙受了深重的苦難。漢武帝不能容忍這種情況繼續下去，決心用武力回擊北方強敵。元光二年（西元前133年），漢武帝第一次對匈奴用兵，命王恢、韓安國等爲將軍，率領三十萬兵馬，埋伏於馬邑（今山西朔縣）周圍，引誘匈奴軍臣單于入塞，予以伏擊。結果計策失敗，漢軍無功而返。兩三年後，漢武帝發現奴隸出身的衛青具有將帥才能，破格提拔爲車騎將軍，命他率兵北擊匈奴，局面頓時改觀。

衛青是衛子夫的同母異父弟弟，原先在漢武帝姐姐家當騎奴。衛子夫得寵後，陳阿嬌爭風吃醋，甚至施行「巫蠱」，因而被廢去皇后名號，打進長門宮。館陶長公主劉嫖偏愛女兒，派人綁架衛青，用以威脅衛子夫。宮廷侍衛救了衛青，衛青這才有機會接近漢武帝，致被重用。衛青升任車騎將軍，初次出戰，不負所望，進軍至匈奴腹地龍城（今蒙古鄂爾渾河西），消滅敵軍七百人。元朔元年（西元前一二八年），衛子夫被立爲皇后。衛青成爲國舅，率領三萬精銳騎兵，再擊匈奴，消滅敵軍四千多人。這，更加堅定了漢武帝攻伐匈奴的信心和決心。隨後，漢武帝組織實施一系列的戰役，均取得了重大的勝利。

元朔二年（西元前一二七年）「河南（即河套地區）戰役」。衛青進擊盤踞在河南的匈奴樓煩王和白羊王，採取遠途奇襲的策略，大獲全勝，斬殺敵軍二千三百餘人，俘擄三千多人，繳獲牲畜一百餘萬頭，收復了整個河套地區。漢武帝隨即在那裏設置朔方郡和五原郡，使之成爲京師長安的北部屏障和出擊匈奴的重要基地。

元朔五年（西元前一二四年）「漠南（即蒙古高原大漠以南）戰役」。五路兵馬共十萬人，進擊匈奴右賢王。其中，衛青一路，三萬精騎，三四天內行軍六七百里，出其不意地包圍了右賢王的王庭，發起攻擊。這一仗，共俘擄敵軍一萬五千餘人，其中匈奴小王十餘人，還繳獲牲畜一百餘萬頭。戰事剛剛結束，漢武帝專門刻了大將軍印，派人赴軍中授予衛青。

元朔六年（西元前一二三年）「河西（即河西走廊）戰役」。衛青的外甥霍去病十八歲，參加了這次戰役，初生牛犢不怕虎，表現出了驚人的勇敢，功冠三軍，因而被封爲冠軍侯。元狩二年（西元前一二一年）第二次「河西戰役」，目標鎖定匈奴休屠王和昆邪王。霍去病率領萬名精騎，向西挺進千餘里，大破匈奴二王，斬殺敵軍八千餘人，俘擄昆邪王的兒子、相國、都尉等，還繳獲了休屠王的祭天金人。霍去病回到隴西（今甘肅西部）休整，不久再次進擊，在失去援軍的情況下，毅然孤軍深入，長途跋涉和迂迴，穿越浩瀚的騰格里沙漠和巴丹吉林沙漠，到達祁連山麓，發起攻擊。這一仗，斬殺敵軍三萬餘人，俘擄七千餘人。戰後，匈奴伊稚斜單于追究休屠王和昆邪王的罪責。二王畏懼，決定向漢朝投降。漢武帝命霍去病率兵受降。休屠王中途變卦。昆邪王將其殺死，兩部共十餘萬人，接受投降。漢武帝給予昆邪王優厚的賞賜，封為侯爵，並妥善安置了投降的匈奴將士。隨之在河西設置武威、酒泉、張掖、敦煌四郡，委派官吏，進行行政管理。漢朝的政治疆域大大延伸，通向西域的道路完全通暢了。

元狩四年（西元前一一九年）「漠北（今蒙古高原大漠以北）戰役」。這是漢朝和匈奴之間的決戰。衛青和霍去病各率領一支由五萬騎兵組成的集團軍，跨越大漠作戰。漢朝方面，動員起五十餘萬步兵、民夫隊伍，動用十四萬匹騾馬，運輸糧食和作戰物資，保證前方供應。決戰打得壯懷激烈。衛青殲滅了伊稚斜單于的主力，殺死和俘擄敵軍一萬九千餘人，追擊敵人，直至窴顏山（窴，讀作田）趙信城（今蒙古杭愛山南）；霍去病殲滅匈奴左賢王的主力，殺死和俘擄敵軍七萬餘人，追擊敵人，直至翰海（今俄羅斯貝加爾湖）之畔。從此，匈奴單于逃向更遠的地方，史稱「漠南無王庭」。

衛青和霍去病為大漢王朝建立了卓越的功勳，分別升任大司馬大將軍和大司馬驃騎將軍。他們能夠建功立業，表明漢武帝知人善任的品格和膽識。這一點，往往是衡量一位皇帝是否英明的重要標誌。

張騫出使西域，是漢武帝所做的又一件大事。張騫共兩次出使，第一次是從建元三年（西元前一三八年）至元朔三年（西元前一二六年），使命是聯絡月氏國，共擊匈奴。他帶領一百多人出發，途中被匈奴騎兵抓獲，扣留了整整十年。他和嚮導甘父設法逃走，繼續西行，歷經千辛萬苦，終於到了月氏國。月氏王給予張騫以使臣的禮遇和款待，表示不願再回東方作戰。張騫回國途中，再次被匈奴騎兵抓獲，後趁匈奴內亂時脫身，返回長安。張騫彙報了出使西域的情況，使漢武帝大大開闊了視野，看到了西方還有一個雄奇的世界。元狩四年（西元前一一九年），河西走廊已屬漢朝控制，張騫奉命，第二次出使西域，使命是交好烏孫國，進而通使其他國家，讓它們臣服於漢朝。漢武帝特封張騫爲中郎將，率領三百人，每人配備兩匹馬，攜帶數萬頭牛羊和價値萬億的絲綢、茶葉、瓷器、鐵器等物。這不僅是個通好使團，而且是個通商商團。張騫在烏孫，受到了烏孫王的友好接待。他又派出副使，分別前往大宛、康居、安息、大夏等國，通好通商。這次出使非常成功，其後，西域各國紛紛派出使者團和通商團，朝拜漢武帝，並從事商貿活動。從此，漢朝和西域各國建立了政治上和經濟上的緊密聯繫，通好不斷，通商不絕，東西方之間形成一條通好通商大道，史稱「絲綢之路」。張騫的壯舉，被司馬遷譽爲「鑿空」，即空前的偉大事業。

漢武帝維護國家主權和尊嚴，態度堅定，不遺餘力。他在位期間，堅決平定了「外臣國」閩越、南粵、朝鮮的叛亂。同時恩威並用，解決了「西南夷」歸附和臣服的問題。

漢武帝好大喜功，戰爭、通使、賞賜、救災、移民、治水、修建宮殿和苑囿等，花錢無數，造成財政上的極大困難，國庫近乎空竭。爲了保證各項開支的需要，他重用張湯、桑弘羊等人，改革貨幣，朝廷鑄錢，實行鹽、鐵、酒國家專賣，通過「算緡」、「告緡」、「均輸」等手段，打擊大地主、大商人、大高利貸者的勢力，從而增加了朝廷的財政收入，從經濟方面鞏固了地主階級專政。

青年和中年時期的漢武帝，無疑是一位英明的成功的皇帝。爾後，他恣意追求享樂，迷信神仙，多次巡遊和封禪，奢望長生不死。他崇信故弄玄虛的方士，一次又一次地上當受騙，卻一直執迷不悟。私欲，昏庸，最終導致了「巫蠱之禍」。

晚年的漢武帝熱衷於窮兵黷武。爲了獲得大宛國的汗血馬，他封無能的李廣利爲貳師將軍，兩次遠攻大宛，死傷將近十萬人。匈奴逐漸恢復元氣，屢屢入侵漢境。漢武帝還像先前那樣，發兵進擊，連打敗仗。天漢三年（西元前九十九年），李陵北擊匈奴，兵敗投降。太史令司馬遷實事求是地分析李陵的功過，惹惱漢武帝，竟被處以腐刑。這時，漢武帝外事內事都不順心，加之經常生病，變得疑神疑鬼起來，老是擔心有人謀害自己。他莫名其妙地寵信起一個叫做江充的小人，封爲「繡衣使者」，負責糾察權貴的不法行爲。江充爲人奸猾，爲了扳倒太子劉據，憑空捏造出所謂的「巫蠱」，陸續將將軍公孫敖夫婦、丞相公孫賀父子等，下獄處死。「巫蠱」案越鬧越大，全國各地坐死者達數萬人，其中包括已故大司馬大將軍衛青的兒女和漢武帝的兩個女兒。征和二年（西元前八十一年），江充把黑手直接伸向劉據。劉據忍無可忍，捕殺江充。漢武帝誤聽佞人報告，認爲劉據謀反，命令丞相劉屈氂（氂，讀作毛）發兵鎮壓。雙方大戰長安五日，死者數萬。最後，劉據及其兒子、孫子等皆死，劉據的生母、皇后衛子夫也自殺了。次年，李廣利率兵十餘萬北擊匈奴，私與劉屈氂密謀，妄圖立自己的外甥爲太子。事情敗露，劉屈氂被腰斬，李廣利無恥地投降了匈奴。

漢武帝事後了解到「巫蠱」的眞相，純屬空穴來風，子虛烏有。他採取了一些補救措施，然而心理上卻很鬱悶，大有一種家破夢碎之感。他終於有所醒悟，開始反省自己的過錯。征和四年（西元前八十九年），他最後一次巡遊，返回途中，召見群臣，說：「朕自即位以來，做了不少狂妄悖亂之事，害得百姓流離失所，怨聲載道，悔愧莫及。從今以後，凡是傷害百姓利益、浪費錢財的事，全部停止。」他下令驅散所有的方士，任命田千秋爲丞相，封富民侯。搜粟都尉桑弘羊提出建議，說輪台（今新疆輪台）附近有良田五千餘頃，可以派遣駐軍，招募壯丁開墾，種植糧食，以用作向西域進兵的儲備。這一建議已勾不起漢武帝的雄心。他專門頒詔說：「屯戍輪台，經略絕域，等於是擾勞天下百姓，這種事萬萬不能再幹了。當務之急是要禁絕苛刑暴政，停止胡亂徵收賦稅，發展農業生產。至於軍隊，只要維持足夠的防禦力量就行了。」這道詔書緣於輪台屯戍之事，史稱「輪台悔過」。

後元元年（西元前八十八年），漢武帝準備立最小的兒子劉弗陵爲太子。劉弗陵的生母鉤弋夫人相當年輕，深受漢武帝寵愛。漢武帝爲防止日後出現母后干政的局面，忍痛割愛，將鉤弋夫人賜死。後元二年（西元前八十七年）二月，漢武帝出巡，行至周至（今西安周至），病倒在五柞宮。他安排了後事，命立劉弗陵爲太子，任命霍光爲大司馬大將軍，金日磾（磾，讀作滴）爲車騎將軍，上官桀爲左將軍，桑弘羊爲御史大夫，四人以霍光爲首，共同輔佐幼主。丁卯日，漢武帝駕崩於五柞宮，終年七十歲。漢武帝死後葬於茂陵（今陝西興平東北），廟號世宗，諡號孝武皇帝。

漢武帝共當了五十四年皇帝。這段時間，佔了整個西漢王朝（西元前二〇六～西元八年）的四分之一。在這半個多世紀裏，他既重文治，又重武功，畢生致力於加強中央集權統治，在中國歷史上創造了許多個「第一」。是他，第一次確立儒家思想爲統治思想，由此開啓了中國封建社會二千多年以儒家思想爲統治思想的先河；是他，第一次北擊匈奴取得輝煌的勝利，堅定地維護了國家主權和邊境安寧；是他，第一次派遣使臣通使西域，開闢了舉世聞名的「絲綢之路」；是他，第一次平定四方，開發江南、西南和西北地方，拓展了中國的政治版圖……漢武帝時期的中國，是一個眞正統一，幅員遼闊，民族眾多的強大國家，不僅稱雄於世界的東方，而且威揚四海，譽滿天下。從此以後，中國人始稱「漢人」，古華夏族始稱「漢族」。從中國統一的歷史過程看，秦始皇統一了中國，但很快失敗了，加強中央集權的諸多措施半途而廢，統一實際上是虎頭蛇尾。眞正鞏固和發展中國統一的歷史任務，實是由漢武帝完成的。人們習慣上把秦始皇和漢武帝相提並論，稱作「秦皇漢武」。這是因爲他們都是新生地主階級的代表人物，具有朝氣蓬勃、昂揚向上、奮發有爲的進取精神。前者最早統一了中國，後者則把這個統一變成了實實在在的現實。他們對於中國歷史的發展和社會的進步，都發揮了特殊的作用，做出了不朽的貢獻。

漢武帝一生，功業顯赫，過失也很突出。值得稱道的是，他在最後幾年，意識到了尖銳的階級矛盾和深刻的社會危機，通過「輪台悔過」，承認自己「狂妄悖亂」的錯誤，說出一個「愧」字，並及時採取一些切實可行的措施，又使治國方略走上了正確的軌道。人非聖賢，孰能無過？漢武帝作爲至高無上的皇帝，能夠自責自律，更弦易張，也屬難能可貴的了。

漢宣帝劉詢、漢元帝劉奭——

盛衰轉折，江河日下

漢武帝死後，八歲的太子劉弗陵繼位，是爲漢昭帝，大司馬大將軍霍光等輔政。漢昭帝在位十三年駕崩，沒有留下什麼閃耀的業績。漢昭帝無子，霍光臨時立了昌邑王劉賀爲皇帝。劉賀非常荒淫，在位二十七天就被廢黜。霍光在劉氏宗室裏找到劉詢，就又將他立爲皇帝。他，就是漢宣帝。

漢宣帝（西元前九十一～前四十八年）的身世相當複雜。漢武帝的長子劉據，曾被立爲太子。劉據娶妻史良娣，生子劉進，號稱史皇孫。史皇孫娶妻王氏，生了劉詢。劉詢最早的名字叫做病己，出生數月，「巫蠱之禍」起，劉據夫婦、史皇孫夫婦俱死，劉病己成了孤兒，進了監獄。監獄頭目邴吉見其可憐，派了兩名女犯人餵養他。其間，漢武帝聽說長安獄中有一道「天子氣」，派人前往察看。邴吉閉門相拒，不讓外人進入，總算保住了劉病己的小命。漢昭帝時，劉病己長大成人，廣交朋友，整天在大街上以鬥雞走馬爲樂，有時還打架鬥毆。這段近似小混混的經歷，使他比較熟悉民間疾苦，同情社會下層人物。他與宦者丞許廣漢住在一起，並娶許廣漢的女兒許平君爲妻，生了兒子劉奭（奭，讀作示）。忽然有一天，朝廷發現他是皇室後裔，供給衣食。忽然又有一天，他被皇家儀仗迎進皇宮，由一個落拓皇孫變成了至高無上的皇帝。

漢宣帝登基初始，朝政大權全部掌握在霍光手裏。而且，霍光的兒子、侄孫、女婿等均任要職，控制著政界和軍界的各個重要部門。漢宣帝非常清楚這個事實，採取忍中求變的策略，對於霍光特別尊重。他拒絕了霍光歸政於皇帝的請求，專門規定，朝中所有大事，必須先報告霍光，然後再奏報自己。他頒詔褒獎霍光的功德，稱其「宿衛忠正，宣德明恩，守節秉誼，以安宗廟」。同時給予霍光無數優厚的賞賜，僅霍光的封邑，就達到二萬戶。漢宣帝的做法屬於聰明之舉，因爲歷史上皇帝因怠慢權臣而被廢被殺的事例，實在太多太多。

地節二年（西元前六十八年），霍光病死。漢宣帝和皇太后親臨治喪，並以最隆重的禮儀，將霍光安葬於茂陵。隨後，漢宣帝開始親理朝政，任用近臣魏相爲丞相，邴吉爲御史大夫，逐漸收回旁落的權力。

霍光死後，兒子霍禹襲封博陸侯，任大司馬大將軍。霍氏外戚其他成員霍山、霍雲等，均封侯拜將，手握重權。他們屬於紈袴子弟，沒有什麼本事，卻熱衷於修建府第，騎馬射獵，遊樂無度。霍光妻子難耐寡居寂寞，私通家奴馮子都。她的女兒霍成君，原是漢宣帝嬪妃之一。霍妻窮兇極惡，設計害死漢宣帝患難嫡妻許皇后，而使霍成君當了皇后。隨之，霍妻又唆使女兒，企圖毒殺太子劉奭。霍氏外戚的罪行一件件暴露，漢宣帝著手調查，準備予以嚴懲。霍禹、霍山、霍雲等狗急跳牆，公然謀反，妄圖誘殺王公大臣，廢黜漢宣帝，擁立霍禹爲皇帝。漢宣帝提前獲得情報，立即調兵遣將，予以鎮壓。結果，霍山、霍雲等畏罪自殺，霍禹被腰斬，霍光妻及女兒、女婿等均被棄市，霍皇后被打入冷宮，與霍氏有牽連而被誅滅的達數千家。

消滅霍氏外戚，是漢宣帝政治上的一大成就。從此，他勵精圖治，努力加強中央集權，實行一系列政策，穩定國家形勢，發展社會經濟。一是輕傜薄賦，減輕農民負擔，致使糧食增產，穀價降到每石五錢，河西邊遠地區每石不過八錢，創下西漢以來最低的穀價紀錄。爲了防止「穀賤傷農」，他下令建立常平倉，用國家行政力量，調節和制約穀價上漲。二是改革弊政，澄清吏治，重視地方官吏的選擇。朝廷任命刺史、郡守等，他都要親自召見，詢問治安之術，而且要他們寫出責任狀，以便日後考核政績。三是平理刑獄，緩和階級矛盾。他廢除了漢武帝時期的許多酷法，設置廷尉平一官，專門協助廷尉斷決疑案和平反冤案。他在位期間，先後頒布了十次大赦令。

漢宣帝在處理漢朝和邊疆少數民族關係方面，也有獨到之處。本始二年（西元前七十二年），匈奴侵略西域的烏孫國，烏孫求救於漢。漢宣帝任命田廣明等五位將軍，率領十五萬騎兵，和烏孫合擊匈奴，取得了巨大的勝利。神爵元年（西元前六十一年），匈奴內亂，日逐王歸附漢朝。次年，漢軍佔領了車師（今新疆吐魯番交河），設置西域都護府（治所烏壘城，今新疆輪台東），管轄西域三十六國，使西域廣大地區，納入漢朝的政治版圖。隨後，漢朝有效地充當了西域各國及其內部矛盾調解人的角色。如烏孫國上層集團發生內訌的時候，漢宣帝派了女外交家馮嫽出使烏孫，成功地排解了該國的動亂問題。甘露三年（西元前五十一年），匈奴呼韓邪單于到長安朝拜漢宣帝，表示歸服於西漢中央政府。漢宣帝給予他隆重的接待，數萬少數民族酋長出面歡迎，顯示了民族團結的興盛景象。呼韓邪單于回國時，漢宣帝派出兵馬一萬六千人護送，直至長城邊塞，賜予穀米數萬石。從此，漢、匈之間結束了一百五十多年的戰爭狀態，民族融合達到一個前所未有的水準。「絲綢之路」也暢通無阻，有力地促進了東西方的經濟、文化交流。

黃龍元年（西元前四十九年），漢宣帝駕崩，葬於杜陵（今西安東南），廟號中宗，謚號孝宣皇帝。劉向在《風俗通．正失篇》裏評價漢宣帝說：「政教明，法令行，邊境安，四夷清，單于款塞，天下殷富，百姓康樂，其治過於太宗（漢文帝）之時。」這顯然有溢美之辭，但在一定程度上反映了當時的客觀現實。

漢宣帝死後，太子劉奭（西元前七十六～前三十三年）繼位，是爲漢元帝。漢元帝開始尊師重儒，先後任用儒士貢禹、匡衡等爲丞相，禮請老師蕭望之、周勘等參與朝政，很想有所作爲。但是，他性格懦弱，爲政乏力，更多的時候是寵信宦官石顯、弘恭等奸佞小人，一任尚書僕射，一任尚書令，掌握了實際上的權力。這二人盤踞宮掖，興風作浪，招降納叛，迫害忠良，使蕭望之、周勘等陸續自殺或氣死。石顯、弘恭把持朝政，中央集權大大削弱，社會危機日益尖銳，土地兼併加劇，酷吏橫行，民不聊生，先朝留下的大好基業蕩然無存。

漢元帝在位期間，有一件事值得稱道。竟寧元年（西元前三十三年），統一了大漠南北的匈奴呼韓邪單于，再次到長安朝拜，自稱願做漢家女婿，請求和親，以加強漢、匈友好。漢元帝決定在宮女中挑選一人，嫁給呼韓邪單于。一位宮女主動「請行」，她就是王昭君。王昭君，名嬙，南郡秭歸（今湖北秭歸）人。年輕時被選進皇宮，充當宮女。漢元帝後宮美女數以萬計，只能憑著畫師所畫的宮女畫像，決定是否召幸。畫師毛延壽等趁機敲詐宮女，凡行賄者，就將她們畫得異常美貌，使之能被皇帝選中。王昭君生性剛強，拒不賄賂畫師。因此，毛延壽等故意將她畫得很醜陋，以致她在宮中多年，根本就沒見過皇帝的面。王昭君不想老死宮中，所以自請嫁給匈奴單于。王昭君盛妝豔飾，出現在宮廷上，天姿國色，綽約媚麗，光芒四射。滿朝文武驚服她的風采，漢元帝也怦然心動，萬沒想到自己的後宮，竟有這樣的絕色美人。他很想把王昭君留下，歸己所有，但礙於臉面，唯恐失信於人，只得忍痛作罷。王昭君去了匈奴，漢元帝遷怒於毛延壽等，把宮廷畫師全部殺了。

王昭君肩負民族團結的使命到了漠北，被呼韓邪單于封為「寧胡」閼氏。她一切皆「從胡俗」，與匈奴同胞和睦相處，關係十分親密，深受當地人民的尊敬和愛戴。此後五六十年，漢、匈之間「三世無犬吠之警，黎庶無干戈之役」，「邊城晏閉，牛馬布野」，長城內外呈現出和平、安寧和友好的景象。就在王昭君遠嫁匈奴單于的當年，漢元帝病死，葬渭陵（今今陝西咸陽東北），廟號高宗，謚號孝元皇帝。

漢宣帝和漢元帝是漢朝盛衰轉折期間的皇帝。自他們以後，漢成帝、漢哀帝、漢平帝、漢孺子，就像黃鼠狼下耗子，一代不如一代。漢朝的形勢江河日下，無可挽回地走向滅亡。

匈奴冒頓單于——
揭開了匈奴古族的文明史

中國是個多民族的國家。中原華夏族（漢族）和邊疆各少數民族長期交往融合，這才形成了偉大的中華民族。秦、漢時期，匈奴民族迅速崛起，對於開發中國北方廣大地區，作出了巨大的貢獻。

匈奴是中國北方的一個古老民族，繁衍在河套地帶，游牧於大漠南北，即今內蒙古及其以北地區。族人逐水草遷徙，居無定所，咸吃畜肉，衣其皮革，精於騎射和歌舞。相傳匈奴人是夏人的後代。商朝甲骨文中稱其爲「鬼方」，西周稱其爲「薰粥」（粥，讀作育）或「獫允」，春秋戰國時則稱其爲「狄」、「戎」或「胡人」。從秦朝起，始稱匈奴。秦朝末年，匈奴漸趨強大，出了一位雄才大略的首領叫冒頓（西元前？～前一七四年；冒頓，讀作莫獨）。秦二世胡亥元年（西元前二〇九年），冒頓射殺父親頭曼，奪得單于權位，自爲單于。「單于」是廣大的意思，用作匈奴最高首領的稱號，其嫡妻則稱作閼氏（閼氏，讀作胭脂）。正是這位冒頓單于，使匈奴最終完成了由分散的氏族、部落聯盟向統一的奴隸制政權的過渡，從而揭開了匈奴古族歷時三百年的文明史。

冒頓單于初立，國基尚未穩固，強鄰東胡發出挑戰，指要冒頓的千里馬。冒頓的部下非常氣憤，紛紛反對，說：「千里馬是單于的寶馬，怎能輕易給人？」冒頓卻說：「雙方既是鄰國，我們何必愛一匹馬呢？不如送給他們算了。」東胡單于得了千里馬，猶不滿足，又派人索要冒頓寵愛的閼氏。冒頓的部下更加氣憤，說：「東胡欺人太甚，要了千里馬又要閼氏，不能答應，應該進攻他們！」冒頓卻平靜地說：「雙方既是鄰國，怎能為了一個女人而大動干戈呢？」他硬是把自己的閼氏送給了東胡單于。東胡單于以為冒頓軟弱可欺，更加狂妄驕橫，又派人讓冒頓讓出一千里土地。這一回，冒頓火了，勃然大怒，說：「土地是國家的根本，別說一千里，就是一分一寸，也不能讓給他人！」他立即率領全國的士兵，猛烈地進攻東胡，一下子就把東胡消滅了。隨後，發兵西擊月氏（今甘肅西部；氏，讀作支），南攻樓煩、白羊（約今內蒙古南部），北服丁零、堅昆（約今蒙古至西伯利亞一帶），國土日廣，控制了南抵長城，北抵貝加爾湖，東至遼河，西逾蔥嶺的廣闊地域，擁有精壯騎兵三十餘萬，建立起強大的軍事政權，國威顯赫。

冒頓單于轉而把目光移向南方，屢屢突破長城，侵犯中原。西元前二〇〇年，他率領鐵騎南下，直逼晉陽（今山西太原）。漢高祖劉邦自統三十萬步兵迎敵，先鋒部隊貿然進軍，在平城白登山（今山西大同東北），被冒頓騎兵重重包圍。匈奴的軍陣十分壯觀，東面一色的青馬，西面一色的白馬，北面一色的黑馬，南面一色的紅馬，萬馬攢動，嗚嗚嘶鳴，氣勢逼人。漢軍被圍七日，饑渴寒冷，幾乎陷入絕境。危急時刻，劉邦採納陳平的建議，用黃金厚禮賄賂冒頓的閼氏，閼氏出面干涉，冒頓撤軍，劉邦這才逃脫了性命。

這一戰役，史稱「白登之圍」。劉邦領教了匈奴的厲害，改而實行「和親」政策，努力維持與匈奴的友好關係。

西元前一九五年，劉邦病死，太子劉盈繼位，是爲漢惠帝。漢惠帝生母呂雉以皇太后身分代理朝政。這時發生了一個有趣的插曲：冒頓單于派遣使者，攜帶國書，向呂雉求婚來了。他在國書中說：「孤僨之君，生於沼澤之中，長於平野牛馬之域，數至邊境，願遊中國。陛下獨立，孤僨獨居，兩主不樂，無以自虞，願以所有，易其所無。」意思是說，寡人生於沼澤曠野、牛馬成群之邦，幾次遊獵到達貴國的邊境，很想牧馬中原。聽說陛下獨居寡歡，我也是孤身一人，抑鬱不樂，我們倆都沒有什麼可使自己快活的。陛下如果不嫌棄，我願意把我所有的來換取陛下所沒有的，我們都將心滿意足……

冒頓單于的求婚動機姑且不論，就其國書中的文字來看，帶有某種侮辱性和挑釁性。呂雉勃然大怒，立刻召集群臣，商討對策。呂雉的妹夫樊噲豪勇魯莽，說：「臣願得十萬眾，橫行匈奴中！」老成持重的季布考慮到實際國力，反對和匈奴發生戰爭，勸解呂雉說：「夷狄之人好比禽獸，得其善言不足喜，惡言不足怒也。」呂雉權衡利弊，覺得季布的話很有道理。於是，她從睦鄰友好的願望出發，忍辱回書冒頓單于。書中說：「單于不忘弊邑，賜之以書，弊邑恐懼。退日自圖，年老氣衰，發齒墮落，行步失度。單于過聽，不足以自汙（汙，讀作汙）。弊邑無罪，宜在見赦。」意思是說，自己已經年老珠黃，無意再婚，懇望見諒。同時，她命贈給冒頓御車二乘，駿馬八匹，表示願結兩國之好。

冒頓單于讀了書信，收了禮物，深感慚愧，復派使者自責謝罪，說：「未嘗聞中國禮義，陛下幸而受之。」一場干戈化爲玉帛，表現了呂雉忍小憤而不亂大謀的氣度。冒頓知錯悔過，也不失爲大漠雄主的風範。

漢文帝時期，冒頓單于和漢文帝互致書信，「敬問」對方「無恙」，表達了「息兵休士，以安邊民，世世平樂」的願望。西元前一七四年，冒頓單于病死，其子繼位，是爲老上單于。其後，有軍臣單于，有伊稚斜單于、有呼韓邪單于等，他們和漢朝時和時戰，彼此間書寫了很多充滿悲歡和恩怨的故事。

新王莽——亂臣賊子，無道之人

西漢滅亡以後，出現一個歷時十五年的短命王朝，即新朝。新朝只有一個皇帝，就是王莽。此人倒行逆施，大搞托古改制，致使天下大亂，最後被農民起義軍殺死。

王莽（西元前四十五～西元二十三年），魏郡元城（今河北大名東）人。他是漢元帝皇后王政君的侄兒，生性虛僞、狡詐、陰險。漢元帝死後，王政君以皇太后、太皇太后身分，精心培植王氏外戚集團。王莽由此發跡，並成爲這個集團的重要成員，歷任黃門郎、射聲校尉、大司馬等職，封新都侯。漢哀帝時，王莽一度閒居家中。漢平帝時，王莽復出，任大司馬，總攬朝政，權傾內外。他設法使自己的女兒當了漢平帝的皇后，權勢更加顯赫。不過，老謀深算的王莽，並不像一般新貴那樣驕橫外溢，極善僞裝，僞裝忠誠，僞裝勤儉，僞裝公正，藉以籠絡人心。王政君要加封給他二萬八千戶封邑，二百五十六萬頃土地。他堅辭不受，懇切退還。一年大災，王莽自願捐錢百萬緡，獻地三千畝，用以救濟災民。他的兒子王獲殺死一個奴婢，這在當時算不了什麼，而王莽卻很計較，迫令兒子自殺，以命低命。王莽不僅注意在民眾中擴大影響，更留心於爭取統治階級的支持。他給皇族、朝臣、官吏以大量封賞，爲太學蓋起萬間校舍，學生名額由三千人增加至一萬零八百人。這樣一來，王莽的「美德」到處傳播，要求給他加封的竟達四十八萬多人。因此，王莽先自號「宰衡」，再獲「安漢公」的尊號，意思是他像西周的周公一樣，只有他，才能使漢朝得到安寧。元始五年（西元五年），王莽覺得時機成熟，兇狠地毒殺了女婿漢平帝，立了年幼的孺子劉嬰爲皇帝，自爲攝政，公開稱「假（代理）皇帝」。三年後，王莽廢黜孺子，攝政的假皇帝成了親政的眞皇帝，廢國號「漢」，立國號「新」。他，終於摘去了「安漢公」的假面具，露出了「亡漢公」的眞面目。

王莽當了皇帝，派從兄王舜向姑母王政君索要傳國玉璽。王政君氣得渾身哆嗦，指著王舜的鼻子罵道：「王家父子宗族，依靠劉漢家的力量，富貴累世，不思圖報，趁便利時，奪取其國，眞是豬狗不如！天下還有你們這樣的兄弟嗎？王莽既然廢漢立新，就應當自製玉璽，爲什麼向我要這不祥之物？我是劉漢家的一個老寡婦，早晚就死，想將這玉璽帶進棺材，竟然不能！眞是……」她罵著罵著，早已泣不成聲，將那玉璽使勁摔到地上，說：「我老了，很快就要死了，你們兄弟，怕是要滅族的。」由於用力過猛，致使璽鈕上的蟠龍被摔去了一角。

王莽建立新朝，所做的主要事情是根據古代經典的原則，進行改制，史稱「託古改制」。其內容主要是：一，實行「王田」、「私屬」制。規定全國土地改稱「王田」，奴婢改稱「私屬」，都不得買賣；一家不滿八個男子而佔田超過一井（九百畝）的，餘田分給無田人，無田人按一夫一妻受田百畝的限額分配，企圖實現古代的井田制。二，實行五均、賒貸和六筦（筦，讀作管）制。五均是在長安、洛陽等幾個大城市，設立「五均官」，以控制和壟斷工商業，增加稅收。賒貸是由官府辦理貸款，收取利息。五均賒貸，加上政府經營的鹽、鐵、酒、鑄錢和收山澤稅，合稱「六筦」。三，改變幣制。鑄造「錯刀」、「契刀」、「大泉五十」等貨幣，大量掠奪財富。四，改變官制。恢復古代的五等爵制度，官爵可以買賣，即使賣餅小兒，也能當上將軍。王莽是個理想主義者，他的改制從指導思想、理論基礎到許多做法，都是荒謬和錯誤的，所以越改越亂，進一步激化了社會矛盾和階級矛盾，加深了人民的苦難。

王莽在改制的同時，還對周邊少數民族發動了戰爭。他爲了顯示自己的「威德」，派人向邊疆少數民族頒發新朝印綬，收回漢朝印綬，把漢朝所封的王盡改爲侯。其中，漢朝頒發給匈奴單于的「璽」被收回，改發一枚「新匈奴單于章」。而且，還分解匈奴，立了十五個單于。這激起了匈奴的強烈反抗。始建國二年（西元十一年），王莽大發北方郡國及烏桓、鮮卑十二部兵，由十二位將軍率領，分十路進攻匈奴。結果損失慘重，「北邊虛空，野有暴骨矣」。

改制造成混亂，戰爭帶來災難。廣大人民走投無路，一場以綠林軍、赤眉軍爲主的全國性的農民大起義爆發了。

王莽面對遍地的「盜賊」，無計可施，只能徵引符命，愚弄人民。他相信望氣者的謊言，在長安修建九廟，耗費無數，累死的役徒、工匠超過萬人。方士說黃帝是乘坐華蓋登仙的。王莽立刻命人建造了九重華蓋，高八丈一尺，飾以金銀羽毛，暗設四輪，駕馭六馬，黃衣力士三百人挽車，高呼著：「登仙！登仙！」他每外出，必乘華蓋。人們議論說：「這像喪車，哪是仙物？」他派出軍隊鎮壓農民起義軍，連連失敗，召太史占問吉凶。太史說：「天象大吉，群賊不久自滅。」王莽聽後，居然相信。

地皇四年（西元二十三年）三月，農民起義軍擁立皇族成員劉玄為更始皇帝。王莽驚恐憂愁，鬚髮皆白。為遮人耳目，他染黑鬚髮，強作安詳之態，並派人到各地選美，把一百二十餘名妙齡美女納為嬪妃，放縱淫樂。六月昆陽之戰，劉秀、王鳳領導的起義軍，擊潰王莽四十多萬兵馬，敲響了新莽政權的喪鐘。京畿附近也有人起義造反，官兵投降響應。王莽見勢不妙，只能率領群臣到城外南郊，向上天陳訴，說：「皇天既然授命於（王）莽，為何不掃滅眾賊？倘然我有什麼過錯，那就降下雷霆，將我殺死吧！」接著，捶胸頓足，趴在地上，叩頭大哭。繼又作一篇《告天策》，表白自己的功勞。許多無業遊民，每天早晚去哭天，可以得到飲食。哭技超群、沉痛悲哀且能背誦策文者，封作郎官。數日之間，這種郎官竟封了五千多人。

九月，王匡、王鳳領導的綠林軍進攻長安。王莽臨時封了九位將軍，號稱「九虎」，把他們的妻子扣押為人質，命他們率兵抵抗。當時，王莽貯藏了萬斤為一櫃的黃金近百櫃，錢帛珠玉不計其數。而他愛惜如命，只賞賜九虎士兵四千錢。士兵無不憤恨，臨戰時一哄而

散，各自逃命。起義軍攻破長安東門宣平門。城中百姓紛起回應，放火焚燒宮門，高呼說：「反賊王莽，何不出降！」火勢蔓延，宮女驚呼逃散。可笑王莽，死到臨頭，還愚蠢地身披青紅色衮服，佩帶璽綬，手持匕首，祈求上天護佑，說什麼「天生德於予，漢兵其如予何？」起義軍火燒未央宮，王莽倉皇逃至建章宮太液池的漸台，負隅頑抗。起義軍重重包圍了漸台，雙方先以弓弩互射，繼而短兵相接，展開了肉搏戰。這時，王莽手下一個叫杜吳的人出於對王莽的憎恨，憤而殺死王莽，取其印綬。起義軍趁勢擁入，割下王莽的腦袋，肢解其屍身。新莽政權就此覆滅。

王莽始起外戚，靠姑母王政君的庇護及自已的僞裝，爬上了高位，直至篡奪了漢朝天下。篡位之後，「乃始恣睢，奮進威詐，滔天虐民，窮兇極惡，毒流諸夏，亂延蠻貉，猶未足逞其欲也。」「是以四海之內，囂然喪其樂生之心，中外憤怨，遠近俱發，城池不守，肢體分裂，遂令天下城邑爲墟，丘壟發掘，害遍生民，辜及白骨，自書傳所載亂臣賊子，無道之人，考其禍敗，未有如莽之甚者也。」班固在《漢書》裏的這段評論，是比較實在的，用「亂臣賊子，無道之人」來概括王莽的一生，再恰當不過了。

東漢光武帝劉秀——

「柔道」政治，光武中興

王莽末年爆發的綠林、赤眉軍大起義，推翻了新莽政權，勝利果實最後落到豪強地主劉秀手中，由他建立了東漢王朝。

劉秀（西元前六～西元五十七年），字文叔，南陽蔡陽（今湖北棗陽西南）人。細算起來，他是漢高祖劉邦的九世孫，祖上曾封舂陵侯，父親劉欽只當了個縣令。劉秀九歲喪父，由叔父劉良將其養大。成人後「身長七尺三寸，美鬚眉，大口，隆準，日角，性勤於稼穡」。然後赴長安太學讀書，志向不大，只有兩個願望：「仕宦當作執金吾，娶妻當得陰麗華。」執金吾是京城管理治安的士兵，衣飾鮮麗；陰麗華是一位美女，國色天香。劉秀早期的理想，能當執金吾，能娶陰麗華，那就滿足了。

王莽改制破產，農民起義如火如荼。劉秀和哥哥劉縯（縯，讀作演），看到有機可趁，迅速組織起一支地主武裝，會合綠林軍，很快發展到十萬多人。劉縯、劉秀兄弟相當聰明，熟知贏得民心的方法，遂以復興漢室作號召，散發檄文聲討王莽罪行，臨時擁立皇族成員劉玄為更始皇帝，建都宛城（今河南南陽），並攻佔了昆陽（今河南葉縣）及其附近地區。劉氏兄弟勢力崛起，王莽視爲心腹大疾，命大司徒王尋、大司空王邑率領精兵四十二萬，號稱百萬，前往征討。地皇四年（西元二十三年）六月，王尋、王邑進軍昆陽。昆陽城內，僅有劉秀和王鳳領導的起義軍八九千人。許多將領準備棄城逃跑。劉秀力排眾議，動員大家同心協力，「共舉功名」。他還布置了守衛昆陽的方略，讓王鳳堅守城池，自己率領十三名騎兵，外出徵集援軍。在徵集援軍的過程中，他又說服眾多將領，指出：「今若破敵，珍寶萬倍，大功可成；如爲所敗，首領無餘，何財物之有？」經過努力，徵集到數千名援軍，馳援昆陽。

王尋、王邑早將昆陽重重包圍，「列營百數，雲車十餘丈，瞰臨城中，旗幟蔽野，塵埃連天，鉦鼓之聲，聞數百里」。接著發動猛烈的進攻，戰車猛衝城牆，挖掘地道直達城內，積弩亂髮，矢如雨下。王鳳竭盡全力予以抵抗，形勢危在旦夕。這時，劉秀率領徵集到的援軍趕到，駐紮在週邊。王尋、王邑派兵迎戰身後的義軍。劉秀非常英勇，親手殺敵數十人。援軍將領受到鼓舞，說：「劉將軍平生見小敵怯，今見大敵勇，甚可怪也。」於是，奮勇向前，合力殺敵數千人。劉秀爲了迷惑敵軍，寫了一信，報告王鳳說：「援軍數萬，已到城外。」他故意把信丟失，讓敵軍撿去，送給王尋、王邑。王尋、王邑信以爲眞，亂了方寸。就在敵人猶豫之時，劉秀率領敢死隊三千人，以一當百，飛馳衝入敵軍帥帳，出其不意地殺死王尋。城中王鳳得知消息，鼓噪殺出，裏外合擊，喊聲震天動地。王莽的軍隊失去主帥，四散潰逃，自相踐踏，死傷大半，只剩幾千人，由王邑帶領，逃回洛陽。

這是歷史上著名的昆陽之戰。劉秀、王鳳以少勝多，以弱克強，消滅了王莽軍隊的主力，創造了一個神話般的奇蹟。

昆陽之戰以後，劉縯、劉秀兄弟威名大振。這引起了更始皇帝劉玄及部分起義軍將領的不快和不安。劉玄擔心劉氏兄弟會取代自己的領導地位，設計先將劉縯殺死。劉秀意識到處境的危險，慌忙前去宛城，向劉玄叩頭請罪。他沒有流露出一點責怪劉玄的意思，絕口不提昆陽的戰功，而且不爲哥哥辦理喪事，也不與哥哥的舊屬往來，飲食言談，不改常態，表現出異常的理智和克制。這樣一來，劉玄很不自在，甚至有點愧疚，不僅沒有殺害劉秀，反而任命他爲破虜大將軍，封武信侯。九月，綠林軍攻破長安，殺了王莽，新莽政權滅亡。劉玄準備建都洛陽，命劉秀爲司隸校尉，整修洛陽宮室。劉秀辦事認眞，安排官屬，下達文書，直至官員的衣飾，一如漢朝舊制。不久，長安派人迎接劉玄，看到劉玄和諸將穿著怪異，花花綠綠，無不笑之；看到劉秀及其官屬，頓時肅然起敬，垂淚說：「不想今日復見漢官威儀！」

劉玄臨去長安，任命劉秀以破虜大將軍行大司馬職權，去河北鎭撫各個州郡。劉秀從此得以獨當一面，按照自己的意志行事。他釋放無罪囚徒，廢除王莽苛政，恢復漢朝官名，招集人才，收攬人心，取得了河北豪強地主的支持。進而，他打敗銅馬、青犢等各部起義軍，收復降兵降將數十萬人，發展成爲一支強大的獨立勢力。劉玄不願看到劉秀形成氣候，派人封劉秀爲蕭王，並要他到長安任職。劉秀可不想受制於人，以「河北未平」爲由，拒絕前往長安。「是時，長安政亂，四方背叛」。劉玄暴露出地主階級的反動本性，恣意排斥和迫害綠林軍將領。西元二十五年，王匡、王鳳等毅然率領部分綠林軍，會合樊崇等領導的赤眉軍，反攻長安。六月，劉玄投降。劉秀在部下的反覆勸說下，權衡利害關係，遂在鄗城（今河北柏鄉北；鄗，讀作號）稱帝，隨後定都洛陽，建立起東漢王朝。他，就是東漢光武帝。此後，劉秀經過十餘年的經營，鎮壓了綠林、赤眉軍，平息了大大小小的割據勢力，中國重新恢復了統一。

劉秀稱帝後，一次宴請皇家成員。酒酣，幾位長輩夫人興奮地談起往事，說：「文叔小時候穩重謹慎，沒有花言巧語，既老實又柔順。誰能想到，他那樣柔順竟做了皇帝！」劉秀笑著說：「我治理天下，也要用柔道呢！」由此，劉秀「柔道」的政治思想，向爲史家所稱頌。

劉秀的「柔道」，實是一種韜略，一門學問，其實質是屈伸得宜，以柔克剛。他平時看起來像個書生，而在戰爭中卻表現出驚人的膽量和決斷，勇猛衝殺，無所畏懼。當劉縯被殺、自己處於逆境時，他沒有怒髮衝冠，也沒有爲哥哥治喪，而是去向仇人劉玄請罪，至柔至順。而一旦得勢、良機到來時，他就毫不猶豫地一口鯨吞了農民起義的勝利果實。他是一位「柔道」專家，當了皇帝以後，繼續運用這種韜略來安撫百姓，治理國家。

劉秀面臨的形勢是相當嚴峻的，經濟崩潰，遍地饑荒，動亂倖存下來的農民，形容枯槁，嗷嗷待哺。他認識到，不能再在他們身上榨取油水了，必須實行「將欲取之，必先予之」

的政策，保證農民生存，才能有所作為。為此，他重視儒學，吸收許多名儒參謀政事，建立文官政治。釋放罪犯和奴婢為庶民，並禁止殘殺奴婢。減輕賦稅和徭役，興修水利，鼓勵發展農業。精兵簡政，讓大批士兵復員，回鄉生產；全國大約一千個縣，裁併了四百多個縣級及其以下官吏，精簡百分之九十。救濟無助的孤老貧弱。整頓混亂不堪的幣制。他的一系列撥亂反正的措施，使社會秩序很快安定下來，人民得以休養生息，社會經濟也逐漸復甦了。

劉秀能得天下，依靠的是一大批功臣宿將出生入死，奮勇征戰。他知道開國勳臣坐大，將會對皇權構成威脅。但是，他對他們，沒有採用「狡兔死，走狗烹」的強硬手段，而是施行「柔道」策略，保全功臣，厚待功臣。他大封功臣三百六十五人，外戚四十五人，賜給他們可觀的封地，眾多的民戶，大量的錢帛，並彰揚他們的功勳，然後，禮勸他們各回封地，去過榮華富貴的生活，不再參與朝政。逢年過節，他還派遣使臣前往慰問，送給他們許多來自異域的奇珍異寶。正因為如此，東漢初期統治階級內部沒有發生內訌，保持了政局的相對穩定。劉秀鞏固了皇權，還落了個不殺功臣的美名。

劉秀在位期間，比較注重法制。一次，他外出射獵，深夜返回。城門已經關閉，守門官吏郅惲遵守規定，拒不開門。劉秀無奈，只得從另外的門進入城內。第二天，郅惲上書，批評皇帝夜不歸宿。劉秀非但不惱，反而賞了郅惲一百匹布。而放他進城的那個官吏，卻被貶為縣尉。劉秀大姐封湖陽公主，生性驕縱。她的家奴白天殺人，躲在府中，不敢出來。洛陽令董宣帶人守在府前，等候抓捕。這天，家奴隨公主外出。董宣於途中攔截，駐車叩頭，以刀劃地，指責公主不該袒護家奴，並命人將家奴從車上拉下，當場擊斃。湖陽公主非常生氣，報告劉秀，說董宣欺侮自己，罪該萬死。劉秀召進董宣，意欲治罪。董宣說：「請允許臣說幾句話再死。」劉秀說：「你有何言？」董宣說：「陛下聖德中興，而湖陽公主放縱家奴，無故殺害良民，若不懲治，怎能治理天下？」說著，一頭撞向房柱，頭破血流。劉秀趕忙命人拉住董宣，不再治罪，只需給湖陽公主磕頭賠個不是即可。董宣脾氣倔強，加之自己沒錯，拒絕磕頭。劉秀命人強按董宣的脖項。董宣兩手撐地，寧死不低頭顱。湖陽公主說：「弟弟貴為天子，尊嚴無比，說話難道不管用嗎？」劉秀笑著說：「天子不比白衣，我不能委曲大臣做違心的事！」他稱讚董宣說：「眞是個強項令！」隨即，命給董宣賜錢三十萬緡。湖陽公主自討沒趣，掃興而歸。

劉秀也很注重節儉，平時不愛飲酒，不愛音樂，手中不持珠玉。陵墓修建不尚奢華，反對厚葬。建武中元二年（西元五十七年）二月，劉秀病死於洛陽南宮，斷氣前留下遺囑說：「朕無益百姓，皆如孝文皇帝（漢文帝）制度，務從約省。刺史、二千石長史皆無離城郭，也不要派遣官吏到京城來。」劉秀死後葬原陵（今河南孟津西），廟號世祖，諡號光武皇帝。

劉秀是中國歷史上有作為的皇帝之一。他的「柔道」政治，適應了東漢初期社會大動亂之後，人心思治的要求，因而促進了社會經濟的發展，人口增加，糧食豐盈，百姓安寧。這種景象，有點像西漢的「文景之治」，史稱「光武中興」。

東漢明帝劉莊——春日一夢，佛教東傳

東漢光武帝劉秀死後，太子劉莊繼位，是爲東漢明帝。他在位期間，繼續執行劉秀的政策，保持和發展了劉秀開創的「中興」氣象。

劉莊是劉秀第四個兒子，初名劉陽，生母是劉秀所寵愛的嫡妻陰麗華。劉秀即位之時，本該立陰麗華爲皇后。但是，陰麗華當時還沒有生育，所以禮讓已生兒子劉強的貴人郭聖通，致使郭聖通當了皇后，劉強當了太子。劉秀欽佩陰麗華的胸懷和氣度，對她更加寵愛。後來，陰麗華生了兒子劉陽，劉陽在兄弟排行中列第四位，按說很難成爲太子。偏偏這個劉陽非常聰明，師事學者桓榮，十歲曉通《春秋》和《尙書》。劉陽十二歲時，劉秀下令普查全國的土地和戶口，並命刺史、太守逐一彙報。一位刺史在彙報文書寫有這樣兩句話：「穎川、弘農可問，河南、南陽不可問。」劉秀看後不解其義，詢問大臣，大臣們也是一頭霧水，說不出個所以然來。劉陽在場，站出來說：「河南是京師洛陽所在地，達官權貴多在這裏居住；南陽是父皇的家鄉，父皇的親戚多在那裏居住。因此，這兩個地方的土地和戶口，負責調查的官員不敢多問。」這是個合理的解釋。群臣折服，劉秀暗暗稱奇。從這時起，劉秀格外看重劉陽，相繼封他爲東海公和東海王。建武十九年（西元四十三年），郭聖通因受到冷落和疏遠而口發怨言。劉秀趁機廢黜了原立的皇后和太子，改立陰麗華爲皇后，劉陽爲太子。劉陽從此改名爲劉莊。劉秀死，劉莊順理成章地當了皇帝。

劉秀共有十一個兒子。漢明帝登基，許多兄弟不服，如濟南王劉康、淮南王劉延、楚王劉英、廣南王劉荊等，都先後企圖謀反，奪取皇位。漢明帝任用鄧禹、趙烹等元老重臣，妥善地解決了這些問題，保證了政權的穩定。漢明帝當政，比較勤謹，「日晏坐朝，幽枉必達」，注意整肅吏制，嚴懲不法官吏，提倡儒術和法制，減輕賦稅，興修水利，鼓勵發展農業生產，因而「內外無幸曲之私，在上無矜大之色」，「天下安平，百姓殷富」。

漢明帝在位期間，做過三件有影響的大事：一是命著名的水利專家王景、王吳治理黃河；二是派遣班超出使西域；三是將佛教引入中國。關於這第三件事，說來有點離奇。

史籍記載，永平七年（西元六十四年）春天，漢明帝做了個夢，夢見一個碩大金人，尊嚴而慈祥，頭上有一道光環，猶如日月，照耀四方，普天下一片光明。金人起初停在天空，悠然盤旋，而後猛然升騰，緩緩飄向西方。漢明帝醒來，感到詫異，遂把夢境告訴群臣，讓他們推測吉凶。朝臣們你看我，我看你，誰也說不清楚是怎麼回事。博士傅毅博學多識，說：「臣聞前朝武帝時，驃騎將軍霍去病遠征匈奴，曾經奪得匈奴休屠王祭天的金人，帶回長安，獻給武帝。武帝命將金人置於甘泉宮，每日燒香禮拜。時過多年，屢遭戰亂，金人早已不知下落。據說金人是西方天竺（今印度）的佛祖，陛下莫不是夢見佛祖了吧？」漢明帝熟讀儒家典籍，還親到太學講經，卻不知天竺的什麼佛祖，聽了傅毅的話，大感興趣。於是，立即派遣中郎將蔡諳、博士弟子秦景爲使者，前往西方天竺求佛。蔡諳和秦景歷經艱險，跋涉萬里，好不容易到了佛國天竺。天竺的兩位高僧爲中國皇帝和使者的精神所感動，答應到東方傳授佛教。這兩位高僧，一名攝摩騰，一名竺法蘭，用白馬馱著佛像和《四十二章經》，跟隨蔡諳和秦景，跨越險峻的高山，穿過浩瀚的沙漠，來到了洛陽。漢明帝對於友鄰佛國的高僧異常敬重，詔命在洛陽城西修建了規模宏大的佛寺，供他們居住。馱載佛像和佛經的白馬也養在寺裏。因此，佛寺因白馬而得名，稱白馬寺。白馬寺建成後，高僧雲集，香火鼎盛。後來，人們普遍稱它爲「釋源」，意爲中國佛教的發源地；又稱它爲「祖庭」，意爲中國第一座寺廟。因爲有了白馬寺，所以洛陽成了中國佛教最早的活動中心。佛教傳入中國，並在中國土地上紮根，對於中國社會生活的各個方面產生了巨大而深遠的影響。它逐漸與中國文化相融合，從而形成了中國化的佛教文化。儒、佛、道因此成爲中國的「三教」。

永平十八年（西元七十五年），漢明帝病死，葬於顯節陵（今河南洛陽東南），廟號顯宗，諡號孝明皇帝。漢明帝以後，出了多位小皇帝，外戚和宦官輪流專權亂政，東漢王朝逐漸衰敗。

東漢獻帝劉協——窩窩囊囊，傀儡一生

東漢明帝以後，除章帝外，幾乎都是幼年繼位。因而每代開始時，總是由皇太后臨朝稱制。皇太后非常年輕，要掌握國家的專制權力，只能依靠兩種人，一是外戚，二是宦官，因此就出現了外戚、宦官輪流專政的局面。皇帝長大，多跟外戚、宦官發生利害衝突，或以外戚制約宦官，或以宦官制約外戚。皇帝、外戚、宦官三位一體，本質上沒有什麼區別，導致政治黑暗，吏制腐敗，民不聊生，各種社會矛盾聚集，於是在漢靈帝中平元年（西元一八四年），爆發了全國性的黃巾農民大起義。中平六年（西元一八九年），漢靈帝一命嗚呼，留下個千瘡百孔的爛攤子。漢獻帝劉協在風雨飄搖中勉強維持了三十一年，東漢王朝滅亡。

劉協（西元一八一～二三四年），字伯和，漢靈帝第三個兒子，原封渤海王，徙封陳留王。他能成為皇帝，靠的是隴西豪強董卓的一時高興。原來，漢靈帝死後，何皇后立了親生的兒子劉辯為皇帝，是為少帝。劉辯時年十四歲，何皇后以皇太后身分臨朝稱制，由其兄何進掌握朝政大權。何進出身屠戶，重用司隸校尉袁紹，並召董卓進京，誅殺勢力強大的宦官集團。宦官頭領張讓、段珪等先發制人，殺死何進。袁紹聞訊，立即派兵包圍皇宮，消滅宦官。張讓、段珪等作殊死抵抗，寡不敵眾，挾持了劉辯、劉協等倉皇逃命。袁紹下令關閉宮門，見了宦官，不論老少，一律誅殺，共殺死二千多人。袁紹部將盧植奉命追擊張讓、段珪。張讓、段珪走投無路，跳進黃河淹死。盧植接了劉辯、劉協回宮。途中恰遇率兵進京的董卓。劉辯見了董卓，嚇得淚流滿面，說不出話來。倒是劉協，回答董卓的問話，不慌不忙，沉著鎮靜。董卓對劉協因此有了好感，進入洛陽控制局面後，立刻廢了劉辯，改立劉協爲皇帝。劉協，就是漢獻帝，從此開始了窩窩囊囊、傀儡皇帝的一生。

漢獻帝即位時九歲，董卓陸續自爲太尉、相國、太師等職，把持了所有的朝政大權。董卓爲人殘暴，重用親信，迫害忠良，穢亂宮闈，殺人無數，激起天怒人怨。初平元年（西元一九〇年），各地軍閥組成聯軍，共同討伐董卓。董卓打了敗仗，挾持漢獻帝遷都長安。臨行，將洛陽宮室焚之一炬，並挖掘東漢諸帝陵墓，掠取寶物。初平三年（西元一九二年），司徒王允聯合董卓義子呂布，成功地刺殺了董卓。董卓部將李傕（傕，讀做決）、郭汜以爲董卓報仇爲名，聚兵十萬餘人，圍攻長安，威逼漢獻帝殺了王允，漢獻帝自己則落入李、郭的控制之中。興平二年（西元一九五年），李傕和郭汜之間產生內訌，互相攻殺。李傕脅迫漢獻帝住進自己的軍營，郭汜則扣押了文武大臣。雙方討價還價，混戰數月，死人數萬。其時，長安宮室化爲灰燼，「人相食啖，白骨委積」，「二三年間，關中無復人跡」。七月，鎮東將軍張濟出面調停，李傕、郭汜同意「車駕東歸」。途中，李、郭各懷鬼胎，張濟又和李、郭沆瀣一氣，明爭暗鬥，都想把漢獻帝控制在自己手裏。漢獻帝狼狽至極，沒吃的沒喝的，有時只能露宿在田野。次年正月，漢獻帝在岳父董承等人的護衛下，好不容易到達安邑（今山西夏縣西北），渴望過上安寧生活，遂改當年爲建安元年（西元196年）。六月重新回到洛陽。洛陽是個什麼情形呢？「宮室燒盡，百官披荊棘，依牆壁間。州郡各擁強兵，而委輸不至，群僚饑乏，尚書郎以下自出採穭（穭，讀作呂，野生穀物），或饑死牆壁間，或爲士兵所殺。」後來，李傕和郭汜被斬首，夷滅三族。

這時，軍閥割據，各自爲政。曹操率兵搶先來到洛陽，自領司隸校尉，錄尚書事。八月，曹操強使漢獻帝遷都許昌（今河南許昌）。接著，曹操自爲司空，行車騎將軍事，專斷朝政，取得了「奉天子以令不臣」的地位。

漢獻帝先後被董卓、李傕、郭汜、曹操所挾持，始終是個傀儡皇帝。他懦弱無能，卻又不甘心當傀儡，於建安五年（西元二〇〇年），密詔岳父董承、偏將軍王服、越騎校尉種輯等，要他們設謀殺害曹操。不想，密謀敗露，曹操大怒，命將董承等全部誅殺，夷滅三族。漢獻帝寵幸的董貴人，即董承的女兒，已懷身孕，也丟了性命。建安十三年（西元二〇八年），曹操自任丞相。建安十八年（西元二一三年），曹操自爲魏公。權勢更加顯赫。建安十九年（西元二一四年），漢獻帝皇后伏壽不知輕重，偷偷寫密信給父親伏完，請求聯絡朝臣，積蓄力量，謀殺曹操。伏完讀了女兒的信，深感心有餘而力不足，不敢貿然行事。很快，這件事被曹操發現，曹操怒不可遏，聲色俱厲地威逼漢獻帝廢掉伏皇后。漢獻帝不敢違抗，聽任曹操決斷。曹操於是帶兵入宮，收捕伏皇后。伏皇后披頭散髮，被士兵用繩子牽著，向漢獻帝訣別。她眼含淚水問漢獻帝說：「皇上不能救我嗎？」漢獻帝無可奈何地說：「我亦不知命在何時？」說罷，又對身邊的郗慮說；「郗公，天下竟有這樣的事嗎？」伏皇后被打入冷宮，很快憂死。伏完受到牽連，被斬首，兒孫及宗族伏誅者達百餘人。

曹操處治了董貴人、伏皇后，自己成了漢獻帝的岳父。曹操有三個女兒：曹憲、曹節、曹華。他爲了更嚴厲地控制漢獻帝，不惜把三個女兒都嫁給漢獻帝，其中，曹節爲皇后。建安二十一年（西元二一六年），曹操進爵爲魏王。建安二十五年（西元二二〇年）正月，曹操病死。曹操死後，其子曹丕襲爵魏王。曹丕對漢獻帝可不像曹操那樣客氣了，十月，曹丕逼迫漢獻帝禪位，自己當了皇帝，改國號爲魏，是爲魏文帝。東漢滅亡。魏文帝大概考慮漢獻帝是自己的妹夫，沒有殺他，而是貶爲山陽公，食邑一萬戶，「位在諸侯王上，奏事不稱臣，受詔不拜，以天子車服郊祭天地、宗廟、祖、臘，皆如漢制」。十四年後，漢獻帝病死，葬禪陵（今河南修武北），諡號孝獻皇帝。作爲傀儡一生的亡國皇帝，最後得以善終，也算是難得的了。

魏文帝曹丕——父親栽樹他乘涼

曹操戎馬一生，以其雄才大略，平定一系列的割據勢力，統一了中國的北方。他完全有能力有條件自己當皇帝，但是，他顧及孫權、劉備兩大政治勢力的存在，並沒有這樣做，而是一直尊奉漢獻帝，直至死的一天。曹操開創了三分天下有其二的宏大基業，他的兒子曹丕承襲魏王、丞相的名號後，毫不猶豫地逼迫漢獻帝禪位，自己當了皇帝，改國號爲魏，定都洛陽，他就是魏文帝。

曹丕（西元一八七～二二六年），字子桓，曹操的長子。少有逸才，博覽古今經傳史書，並善騎射，好擊劍。從青年起，曹丕就隨父親南征北戰，在實踐中經受了鍛鍊，增長了才幹。建安十六年（西元二一一年），曹丕任五官中郎將、副丞相。曹操進爵魏王後，將立太子，可是他有二十五個兒子，優劣各異，到底立誰，遲遲拿不定主意。曹操最早喜歡小兒子曹沖，就是小小年紀便會用船稱象的那個「神童」。誰知曹沖短命，十三歲時就死了。曹操非常傷感，沉痛地對兒子們說：「這是我的不幸，卻是你們的大幸哪！」接著，曹操看重曹丕的嫡胞弟弟曹植。曹植，字子建，聰穎多智，飽讀詩書，才華橫溢，十餘歲便寫得一手好詩文。曹操曾經誇獎說：「子建，兒中最可定大事。」一度想立他爲太子。這引起了曹丕與曹植之間的尖銳矛盾。曹丕爲人乖巧，工於心計，好矯情自飾，善籠絡人心；而曹植任性而行，飲酒無節。曹丕極力詆毀曹植及其交往的文人朋友，以致曹操逐漸對曹植產生惡感，打消立他爲太子的念頭。建安二十二年，曹操正式立曹丕爲太子。延康元年（西元二二〇年），曹操死，曹丕嗣位魏王、丞相。當年十月，曹丕取代漢獻帝，登上皇帝寶座，東漢滅亡。

曹丕是靠曹操的福蔭而坐上皇位的，父親栽樹他乘涼。登基後想得最多的是怎樣鞏固自己的統治地位，消除來自兄弟間的威脅。他很畏忌曹植，首先將其謀士殺死，再將其不斷貶遷，隨後找個藉口，欲將曹植置於死地。一次，他命曹植以「兄弟」爲題，在七步之內作詩一首，但詩中不許出現「兄」、「弟」字樣。曹植滿含悲憤，跨步未滿七步，脫口而出：

煮豆燃豆萁，豆在釜中泣。

本是同根生，相煎何太急！

這就是著名的《七步詩》。曹植以巧妙的比喻，諷刺兄弟之間水火不容，相煎太急！其後，曹植依然受到曹丕的打擊和迫害，長期鬱鬱不得志，最後含恨而死，死年只有四十一歲。曹丕另一個嫡胞弟弟曹彰，以英武勇猛見長。曹丕對他也很畏忌，懷疑他有「異志」一再將其貶遷。曹彰性情豪直，受不了窩囊氣，憤怒暴死。

曹丕建魏，政治上成功之處，在於建立了新的人才選舉制度。他接受尙書陳群的建議，設立九品官人法。所謂九品，就是上上、上中、上下、中上、中中、中下、下上、下中、下下。各州郡挑選具識鑒者擔任中正，品評人物，區別高下，決定官吏的任用和升降。後世所說的九品中正制，就是從這時開始的。它注重考察人物的家世出身，豪門貴族子弟，一般都能得到較高的品級，因而步入仕途和升遷多有保障。這一制度，爲曹丕政治天平上增加了一個很重的砝碼。他的統治得到豪門大族的支持，不僅在政治上有了依靠，而且在經濟上也受益匪淺。

黃初二年（西元二二一年）和三年（西元二二二年），劉備和孫權相繼稱帝，建立蜀漢和吳國。這樣，三國鼎立的局面正式形成。曹丕深知自己沒有父親那樣的雄才，故而以守成爲要務，很少對外用兵。他對於劉備和孫權，更多的使用離間計，挑撥他們的關係，然後各個擊破。蜀漢和吳國因爲利害衝突，反目成仇，互相攻殺，大大消耗了力量。曹丕隔岸觀火，坐收漁利，取得了明顯的效果。

曹丕武功不及父親，而文治卻勝之。史載，曹丕「好文學，以著述爲務，自所勤成垂百篇。又使諸儒擯集經傳，隨類相從，凡千餘篇，號曰《皇覽》。」他是一位詩人，存世完整的詩歌約四十首。其中，《燕歌行》是中國最早的七言詩，藝術成就很高。他還是一位文學評論家，著有《典論》二十篇，「兼論古者經典文事」，很有眞知灼見。他提出「文以氣爲主」的觀點，並說文學乃「經國之大業，不朽之盛事」。這一說法，把文學的地位提升到了前所未有的高度。

黃初七年（西元二二六年），曹丕病死，葬首陽陵（今河南澠池首陽山），謚號文皇帝。

蜀漢昭烈帝劉備——

百折不撓，成就帝業

延康三年（西元二二〇年），曹丕把漢獻帝趕下臺，稱帝建魏。次年，劉備迫不急待，也做起皇帝來，沿用漢朝國號，因爲定都成都，所以通常稱其國爲蜀漢，他就是蜀漢昭烈帝。劉備稱帝，遠不像曹丕那樣容易，而是經歷了漫長曲折的過程。

劉備（西元一六一～二二三年），字玄德，涿郡涿縣（今河北涿縣）人。他出身高貴，算來是西漢景帝之子、中山靖王劉勝的後裔，這是他一生引以爲驕傲的唯一資本。他的祖父劉弘、父親劉雄時，家道已經衰敗。劉弘當過縣令，死得很早，劉備只能與母親一起，靠販履織席謀生。生活窮愁潦倒，志向卻很不凡。他家附近有一株五丈多高的桑樹，枝葉繁茂，形如車蓋。他和夥伴們常在樹下遊玩，一次竟指著桑樹說：「我日後必當乘坐有葆羽、傘蓋裝飾的天子之車！」他的叔父劉子敬趕忙阻止說：「汝勿妄語，滅吾門也！」

劉備十五歲時外出求學，然而他「不甚樂讀書，喜狗馬、音樂、美衣服」。成人後，「身長七尺五寸，垂手下膝，顧自見其耳」，舊時認爲這是帝王之相。性格「少語言，善下人，喜怒不形於色，好交結豪俠」，同齡人爭附之。其中，包括關羽和張飛，三人結拜爲兄弟，演出了一段「桃園三結義」的佳話。漢靈帝時爆發黃巾農民大起義，各地軍閥豪強以鎮壓黃巾起義爲名，趁機招兵買馬，搶佔地盤，擴展勢力。劉備得到當地富商的資助，也拉起一支鄉勇隊伍，參加鎮壓黃巾起義。他小有戰功，開始步入官場，歷任安喜尉、下密丞、別部司馬、平原令、平原相等職，但時間均不長。中原大地，群雄逐鹿。劉備以胡人和饑民爲主，組建起一支屬於自己的武裝力量，總數約數千人。董卓死後，曹操奉迎漢獻帝遷都許昌，取得了「奉天子以令不臣」的地位。劉備投靠徐州牧陶謙。興平元年（西元一九四年），曹操征陶謙。陶謙給劉備增加兵馬四千人，奏請封他爲豫州刺史，使駐小沛（今江蘇沛縣），迎戰曹操。後來，陶謙病死，劉備接管徐州，任徐州牧，逐漸躋身於軍閥的行列。建安元年（西元一九六年），曹操爲了抗擊袁術，承認劉備的存在，任命他爲鎮東將軍，封宜城亭侯。此後，劉備處於曹操、袁紹、袁術、呂布的夾縫之中，四面受敵，多次丟城失地和丟棄妻子，好不狼狽。建安三年（西元一九八年），曹操擒殺呂布，劉備隨之到了許昌。曹操意識到劉備是個人物，任命他爲左將軍，「禮之愈重，出則同輿，坐則同席」，實際上是一種監視。劉備感覺到了曹操的猜忌，乾脆實行韜晦之計，故意在住處刨地種菜，澆水施肥，用以麻痹曹操。

建安五年（西元二〇〇年）發生一件大事。漢獻帝寫了一道密詔，交給岳父董承，命他聯絡朝臣，謀誅曹操。事情敗露，曹操大怒，將董承等涉案人員全部殺死，夷滅三族。密詔上也有劉備的名字，這引起了曹操的警覺。一天，曹操設宴，請劉備飲酒。酒酣，曹操故意問劉備說：「當今之際，豪傑爭奪天下，請問誰稱得上是英雄？」劉備說：「淮南袁術，兵糧足備，可稱英雄。」曹操說：「塚中枯骨，吾早晚必擒之。」劉備說：「河北袁紹，四世三公，門多故吏，虎踞冀州（今河北一帶）之地，部下能人極多，可稱英雄。」曹操說：「袁紹色厲膽薄，好謀無斷，幹大事而惜身，見小利而忘命，非英雄也。」劉備又舉出公孫瓚、劉表、孫堅、劉璋等人，皆被曹操一一否定。曹操說：「英雄者，當胸懷大志，腹有良謀，有包攬宇宙之機，吞吐天地之志者也。」劉備說：「誰能當之？」曹操以手先指劉備，後指自己，說：「今天下英雄，惟你和我也！」劉備聽了這話，大驚失色，手中所拿的筷子，不覺落於地上。恰在同時，天空中劃過一道閃電，響起一聲炸雷。劉備爲掩飾自己的情緒，趁勢說：「一震之威，乃至於此。」曹操哈哈大笑，說：「大丈夫亦畏雷乎？」

這就是著名的「煮酒論英雄」的故事。曹操試探劉備，劉備借雷聲敷衍，雙方進行了一場不見刀槍的較量。劉備既然被曹操視爲英雄，處境顯然危險。恰好，袁術新敗，想經徐州北上，會合袁紹。劉備抓住這一機會，聲稱願去截擊袁術。曹操同意，劉備迅速離去。曹操謀士郭嘉等提醒曹操，說放走劉備實是一大錯誤。曹操恍然省悟，派人追趕劉備，但劉備早已不見蹤影了。

劉備回到徐州，整頓兵馬。官渡之戰拉開序幕。曹操擔心袁紹和劉備聯合，先行進攻劉備。劉備大敗，投奔袁紹。劉備部將關羽，有條件地投降了曹操。

袁紹對於劉備來投相當高興，親自迎接，以禮相待。關羽得知劉備在袁紹處，離開曹操回歸。劉備觀察袁紹，看出了他的諸多弱點，難成氣候。很快，他藉口南連荊州牧劉表，徵得袁紹同意，率領本部兵馬數千人，南下荊州（今湖北、湖南）。這期間，官渡之戰有了結果，袁紹慘敗，曹操的勢力大振。

劉表對於劉備懷有疑忌心理，命他屯駐新野（今河南新野），以防曹操南侵。劉備在新野，認眞總結了前半生的經驗教訓，之所以顚沛流離，主要原因在於實力不濟，尤其是缺少根據地和一位能夠統領全局的軍師式的人物。爲此，他在襄陽一帶尋訪賢才，通過「水鏡先生」司馬徽和化名單福的徐庶，得知當地有號稱「臥龍」和「鳳雛」的兩位高人。「臥龍」便是諸葛亮，具有經天緯地之才。劉備爲了實現抱負，禮賢下士，「三顧茅廬」，這才見到諸葛亮。他向諸葛亮請教天下之事。諸葛亮胸有成竹，侃侃而談，說出一篇著名的《隆中對策》。其中心意思是劉備應當佔領荊州和益州（今四川），東聯孫權，北抗曹操，從而形成三足鼎立的局面，然後相機行事，統一天下，振興漢室。

《隆中對策》爲困頓中的劉備創建基業，勾畫了光明的前景。他很激動，大有一種振聾發聵、茅塞頓開的感覺。他誠懇地邀請諸葛亮出山輔佐自己，成就大業。諸葛亮答應了。關羽、張飛以爲諸葛亮不過是一介書生，不值得如此器重。劉備說：「孤之有孔明（諸葛亮字孔明），猶魚之有水也！」表明他慧眼識人，眞正認識到了諸葛亮的才幹和價值。

曹操北征烏桓取得勝利，基本上統一了中國的北方。建安十三年（西元二〇八年）七月，曹操南征劉表。劉表病死，由其少子劉琮繼任荊州牧，劉備守樊城（今湖北襄樊東）。

諸葛亮建議劉備奪取荊州。劉備流露出婦人之仁，說：「吾不忍也。」劉琮懦弱無能，投降曹操。荊州百姓多附劉備。劉備南逃，「眾十餘萬，輜重數千輛，日行十餘里」。有人說：「宜速行保江陵（今湖北江陵），今雖擁大眾，被甲者少，若曹操兵至，何以拒之？」劉備說：「濟大事必以人爲本，今人歸吾，吾何忍棄去？」曹操擔心劉備先取江陵，親率五千名精銳騎兵，長途追襲。在當陽長阪（今湖北當陽東北），曹軍追上劉軍，大破之。劉備急向夏口（今湖北武漢漢口），會合劉表長子劉琦，移駐樊口（今湖北鄂城西北）。曹操佔有江陵，控制了荊州大部分地區。這時，劉備想到諸葛亮提出的「東聯孫權，北抗曹操」的戰略方針，派遣諸葛亮遊說孫權，聯合抗曹。孫權也感受到了曹操的威脅，加上主戰派周瑜、魯肅等人的力勸，決定和劉備組成聯軍，由周瑜任統帥，抗擊曹軍。於是便有了赤壁之戰，孫、劉聯軍以弱克強，成功地打敗了曹操。此戰奠定了日後魏、蜀（漢）、吳三國鼎立的基礎。

赤壁之戰後，曹操敗退北方，劉備趁機攻取江南武陵（今湖南常德）、長沙（今湖南長沙）、桂陽（今湖南彬縣）、零陵（今湖南零陵）四郡，並向孫權「借」得荊州。劉備自任荊州牧，治所設在公安（今湖北公安）。孫權爲了表示友好，還把妹妹嫁給劉備爲夫人。

劉備在荊州站穩腳跟，按照諸葛亮的部署，準備進兵益州。恰好，益州牧劉璋畏懼曹操，派人請劉備入蜀。劉璋部下張松、法正則歸順劉備，充當內應。中途，劉璋受到曹操的巨大壓力，害怕引狼入室，改變主意，沒有讓劉備到成都，而是資助他一些兵馬和糧草、器械，讓去進攻漢中的張魯。劉備利用這個機會，「厚樹恩德，以收眾心」。張松勾結劉備的事實被人揭露，劉璋殺死張松。劉備大怒，佔領涪城（今四川綿陽）和雒城（今四川廣漢），並調來諸葛亮，圍攻成都。諸葛亮讓關羽留守荊州，領兵沿江西上，攻佔巴東（今湖北巴東），順利和劉備會師。他們進而圍攻成都，十餘日後，劉璋投降。劉備如願以償地佔有了號稱「天府之國」的益州，自任益州牧，優撫和重用劉璋的官屬，施行仁政，實力大增。

接著，劉備和曹操爭奪漢中，歷時三年。建安二十四年（西元二一九年），漢中最終落入劉備之手。秋天，劉備自任漢中王，大封文武功臣。這位漢中王專門給漢獻帝上了一道奏書，說明自己稱王的原因，表示要「盡力輸誠，獎勵六師，率齊群義，應天順時，撲討凶逆，以寧社稷，以報萬分」。

這時，劉備和孫權爲荊州問題出現裂痕。孫權受曹操挑撥，襲殺關羽，收回荊州。建安二十五年（西元二二〇年），曹操病死，曹丕逼迫漢獻帝禪位，自己稱帝，滅漢建魏。劉備立刻打出劉漢正統的旗號，爲登基稱帝大造輿論。黃初二年（西元二二一年）四月，劉備堂而皇之地也當起了皇帝，聲稱「天命不可以不答，祖業不可以久替，四海不可以無主」。他將國號定爲「漢」，是爲蜀漢，定都成都。劉備從「販履織席」的下層人物，成爲雄踞西南的皇帝，表現了他「折而不撓，終不爲下者」的英雄氣概。然而，稱帝以後的劉備卻犯了個致命的錯誤，急於替關羽報仇，輕率地發兵進攻孫權，破壞了孫、劉聯盟。

孫權已於黃初三年（西元222年）受封為吳王。同年，劉備以丞相諸葛亮輔佐太子劉禪，約會張飛，傾全國之兵，深入吳境。張飛被部下殺害。劉備更加暴躁。孫權提出和議，遭到拒絕。劉備大舉進軍，直至秭歸（今湖北秭歸）、彝陵（今湖北宜昌東）。孫權任命大將陸遜為都督，率兵五萬迎戰。劉備在秭歸至彝陵一帶布下四五十座大營，綿延數百里。陸遜開始按兵不動，六月突然發起攻擊，實行火攻，大獲全勝。劉備為一時意氣用事付出了沉重的代價，將士損失數萬人，「僅以身免」，退守白帝城（今四川奉節東）。年底，劉備患了重病，急召諸葛亮到白帝城託付後事。次年二月，諸葛亮到達白帝城。劉備流著淚說：「君才十倍於曹丕，必能安國，終定大事。若我的兒子可輔，輔之；如其不才，君可自取。」諸葛亮聽了這話，誠惶誠恐，也流著淚說：「臣敢竭股肱之力，效忠貞之節，繼之以死。」劉備還給太子劉禪留話，說：「汝與丞相從事，事之如父。」四月，劉備死於白帝城永安宮，終年六十三歲。劉備死後葬惠陵（今四川成都南），謚號昭烈皇帝。

吳大帝孫權——自擅江表，奇英人傑

東漢末年，黃河流域大亂，長江下游一支割據勢力迅速崛起。這支勢力的首領是軍閥孫堅，也曾逐鹿中原。孫堅死後，長子孫策初投袁術，後來獨立，佔有江東六郡，二十六歲時在戰爭中中箭身亡。死前，他把未竟的事業交給弟弟孫權，鄭重地說：「舉江東之眾，決機於兩陣之間，你不如我；舉賢任能，各盡其心，以保江東，我不如你。」孫權繼承父兄的遺志，著意開發東南地區，日後也稱皇帝，正式建立吳國，他就是吳大帝。

孫權（西元一八二～二五二年），字仲謀，吳郡富春（今浙江富陽）人。少年時「才秀明達，形貌奇偉」，具有「大貴」之相。建安五年（西元二〇〇年），他十九歲，承襲兄職，成爲一方軍閥。他所佔有的江東地區，即今江蘇、浙江一帶，自然條件優越，屬於魚米之鄉。然而當時，那裏及其以南的廣闊地帶，農業仍處於「火耕水耨」的原始狀態，大多山區居住著山越族，與世隔絕，封閉落後。當曹操和袁紹彼此爭鋒的時候，孫權穩居江東，致力於收羅人才，用兵征服山越族人民，強迫他們出山定居，接受先進的耕作技術和封建文化，從而大大促進了經濟的發展。曹操聽說其人其事，有意拉攏，利用漢獻帝的名義，任命孫權爲征虜將軍，領會稽太守，屯吳（今江蘇蘇州）。這時，孫權帳下已聚集起張昭、周瑜、魯肅、程普、呂范、諸葛瑾、太史慈、韓當、周泰、呂蒙等一大批文武英才。他繼續用兵，消滅黃祖、李術等「不從命」者，統治區域擴大至今江西、廣東一帶。

孫權一心經營江東及其以南地區，中原形勢發生了急劇的變化。曹操打敗袁紹，北征烏桓，基本上統一了北方。建安十三年（西元二〇八年），曹操南征荊州牧劉表。劉表死，其子劉琮投降。劉備被一路追殺，最終逃至樊口（今湖北鄂城西北）。曹操佔領江陵（今湖北江陵），控制了半個荊州。孫權駐軍柴桑（今江西九江西南），如何動作，舉棋不定，靜觀形勢的發展。此前，魯肅見過劉備，首先提出孫、劉聯兵，共抗曹操的建議。於是，劉備派諸葛亮出使柴桑，拜見孫權，共商大計。

諸葛亮見到孫權，知他尚在猶豫不決，採用激將法，說：「曹操破了荊州，威震四海。現在，他又順江而下，直逼江東，不知孫將軍有何打算。你若想以江東與中原對抗，那就該立即和曹操斷絕關係；假若沒有這個膽量，何不趁早按兵束甲，向曹操投降稱臣呢？形勢逼人，若再猶豫，恐怕就要大禍臨頭了。」孫權反問說：「劉備爲什麼不向曹操投降呢？」諸葛亮從容地回答說：「劉備乃漢王室的後裔，德能蓋世，人心所向，眼下遇到一點困難，哪能就此低頭，屈居於他人之下？」孫權受激，猛地站起，說：「我也不會舉吳越之地和十萬之眾，受制於人！」接著，諸葛亮給他透徹地分析了敵我形勢，指出曹操不可克服的諸多弱點，以及孫、劉聯軍必勝的基本條件，堅定了孫權聯劉抗曹的信心和決心。

恰好，曹操派人送給孫權一封信，說：「我奉詔討伐叛逆，大軍南下，劉琮束手就降。現在，我率水軍八十萬人，準備與將軍一起會獵江東，如何？」這既是誘降，更是威脅和恐嚇。長史張昭等人嚇得驚慌失措，竭力渲染曹軍的強大，主張投降自保。孫權又猶豫起來，步出殿外思索。魯肅緊跟其後，說：「張昭等人的話，萬萬聽不得，那會耽誤大事。試想，要投降，像我這樣的人，是可以的，大小總可以撈個官做。可是將軍呢？投降了，曹操會輕易放過你嗎？張昭他們想的，無非是自己的妻子和兒女，而將軍肩負著父兄的基業啊！」孫權點頭，深以爲是。

孫權接受魯肅的建議，召回正在鄱陽湖練習水軍的大將周瑜，商量軍機大事。周瑜堅決主戰，並分析形勢說：「曹軍詐稱八十萬，其實不過二十多萬，其中還有七八萬是荊州降兵，他們是懾於威勢，不會眞心服從曹操調度。曹軍長於陸戰，我軍習於水戰。現在，曹操捨鞍馬，仗舟楫，以其所短，對我所長，哪有不敗的道理？請撥給我數萬精兵，開赴夏口，這正是活捉曹操的大好時機！」孫權聽周瑜這麼一說，精神爲之一振，心中升起豪情。他召見部屬，抽出佩劍，「唠」的一聲，砍下几案的一角，傳令說：「從今往後，誰敢再提『投降』二字，就和這几案一樣！」

孫權決計後，任命周瑜爲大都督，程普爲副都督，魯肅爲贊軍校尉，率兵三萬，屯於長江南岸的赤壁（今湖北赤壁）。同時聯合劉備、劉琦的軍隊，共抗曹軍。曹軍屯於江北的烏巢，與赤壁隔江相望。十月，爆發著名的赤壁之戰，孫、劉聯軍利用火攻，大敗曹軍。此戰爲日後的三國鼎立奠定了基礎。

建安十六年（西元二一一年），孫權將治所遷至秣陵，改秣陵爲建業（今江蘇南京）。並在濡須（今安徽巢縣西巢湖邊）建塢，防禦曹操南侵。建安十八年（西元二一三年）正月，曹操進攻濡須，孫權以水軍與之對抗，殲滅曹軍數千人。孫權乘坐輕舟，往來於巢湖水面，舟船、軍伍、器仗排列有序，陣容整肅。曹操見後，喟然讚歎說：「生子當如孫仲謀，劉景升（劉表的字）兒子若豕犬耳！」孫權寫信給曹操說：「春水方生，公宜速去。」另附一紙，寫道：「足下不死，孤不得安。」曹操讀信後，說：「孫權不欺孤。」隨之，撤軍北去。其後，孫權和曹操在濡須、合肥（今安徽合肥）一帶，多次發生戰事，互有勝負，誰也沒有佔到便宜。

建安二十四年（西元二一九年），由於曹操的挑撥，孫權和劉備的結盟出現裂痕。孫權大將呂蒙、潘璋等，襲殺鎮守荊州的關羽，奪回荊州。曹操大喜，任命孫權爲驃騎將軍，假節領荊州牧，封南昌侯。建安二十五年（西元二二〇年），曹操病死，其子曹丕逼迫漢獻帝禪位，稱帝建魏，是爲魏文帝。孫權爲避免西、北兩面受敵，權且向曹魏稱臣。次年，劉備亦在成都稱帝，是爲蜀漢昭烈帝。十月，魏文帝冊封孫權爲吳王。孫權派遣都尉趙咨使魏。魏文帝接見趙咨，詢問說：「吳王何等主也？」趙咨回答說：「聰明仁智，雄略之主也。」魏文帝說：「何以見得？」趙咨說：「納魯肅於凡品，是其聰也；拔呂蒙於行陣，是其明也；獲于禁而不害，是其仁也；取荊州而兵不血刃，是其智也；據三州虎視於天下，是其雄也；屈身於陛下，是其略也。」孫權「屈身」於魏文帝，確實是一種「略」，屬於權宜之計。魏文帝要孫權把長子孫登送到魏國當人質。孫權斷然予以拒絕，表現了不願受制於人的態度和意志。

劉備稱帝的次年，急於爲關羽報仇，忘記諸葛亮制定的「聯吳抗魏」的國策，不聽文武大臣的勸阻，執意進攻孫權。孫權提出和議，遭到拒絕，只能派陸遜爲大都督，率兵迎戰。結果有彝陵之戰，陸遜火燒劉備連營，大獲全勝。戰後，劉備病死，丞相諸葛亮繼續與東吳修好，彼此間恢復關係，建立了鬆散的聯盟。黃初七年（西元二二六年），魏文帝死，其子曹叡繼位，是爲魏明帝。諸葛亮多次北伐，蜀漢與曹魏之間，戰事不斷。有人勸孫權及早稱帝，孫權並不著急，而是把主要精力用於經濟事業上，使得農業和手工業有了突飛猛進的發展。尤其是造船業非常發達，這爲開發沿海地帶以及國際交往創造了便利條件。黃龍元年（西元二二九年），孫權認爲條件成熟，遂稱帝建國，定國號爲吳，定都建業。至此，魏、蜀漢、吳三國鼎立的局面正式形成了。

孫權稱帝後，依然實行對內開發、對外防禦的方針。此前，吳人在海上行船，常有遭遇風暴而漂流到夷州（今臺灣）和亶州（據認爲即今日本列島）的情況。而且，沿海人民和海外夷人，存在著貿易關係。這一事實，引起孫權的注意。黃龍二年（西元二三〇年），他派出萬人船隊，由將軍衛溫和諸葛直率領，出海尋訪夷州和亶州。船隊在海上航行多日，沒有找到亶州，卻到達了夷州。船隊返回，數千名夷州人隨船來到大陸。這次航行意義重大，開啓了大陸和夷州人民之間，大規模密切交往的先河。

孫權爲吳王七年，爲皇帝二十四年。三十一年間，前期勵精圖治，重用賢才，各項事業蒸蒸日上；後期則變得剛愎自用，猜忌群臣，聽信讒言，變易太子，動輒殺人，做了一系列的蠢事。神鳳二年（西元二五二年），新立的皇后潘氏被宮女扼殺。他正在病中，且驚且悲，駕崩，時年七十一歲。葬於蔣陵（今江蘇江寧鐘山南），諡號大皇帝。

孫權在同時期的風流人物中，算是一位英雄。誠如《三國志》所評價的那樣：「孫權屈身忍辱，任才尚計，有勾踐之奇英，人之傑矣。故能自擅江表，成鼎峙之業。」然而，他又有許多弱點和失誤，「性多嫌忌，果於殺戮，暨臻末年，彌以滋甚。至於讒說殄行，胤嗣廢斃，……其後葉陵遲，遂致覆國，未必不由此也。」

蜀漢後主劉禪、魏元帝曹奐、吳末帝孫皓——

貪生怕死，全無氣節

曹操、劉備、孫權，分別被稱作奸雄、英雄和梟雄。他們稱雄於一個時代，在歷史上留下了光輝的印記。然而，他們的後人曹奐、劉禪、孫皓卻不爭氣，昏庸荒淫，最終成了亡國皇帝。

章武三年（西元二二三年）劉備病死，太子劉禪繼位，是為蜀漢後主。劉禪（西元二〇七～二七一年），字公嗣，小名阿斗，因為懦弱無能，所以人稱「扶不起的阿斗」。前期，相繼有諸葛亮、蔣琬、費禕（禕，讀作衣）等人的輔佐，蜀漢在三國中還算有些作為，南征北伐，進行得有聲有色。後期，老臣宿將大多亡故，劉禪寵信宦官黃皓，恣意追求享樂，國事日非。大將軍姜維數次北伐，皆因劉禪和黃皓掣肘，一事無成。炎興元年（西元二六三年），魏軍大舉進攻蜀漢，征西將軍鄧艾、鎮西將軍鍾會、雍州刺史諸葛緒，率兵分路並進。鍾會兵進漢中，姜維率主力迎戰。不料，鄧艾卻偷渡陰平（今四川江油東北），攻破綿竹（今四川德陽），長驅直入，猝然抵達成都。劉禪急忙召集群臣商量對策，有人主張投奔吳國，有人主張退往南中（今雲南、貴州一帶），光祿大夫譙周建議投降魏軍。劉禪猶豫不決，經譙周陳說利害，最後決意降魏。他的兒子北地王劉諶聽說父親要不戰而降，怒髮衝冠，說：「君臣父子當背城一戰，同死社稷。若不戰而降，有何臉面見先帝於地下？」劉禪毫無骨氣，根本沒有戰的膽量，很快派人將皇帝的璽綬，送往鄧艾軍中。當日，劉諶來到祖父劉備昭烈廟，痛哭陳辭，先殺妻子，然後自殺。劉禪則自縛雙臂，命人抬著棺材，投降鄧艾，並傳令全國各地一起降魏，放棄抵抗。姜維大軍前有鍾會，後有鄧艾，又接到劉禪降魏的命令，無可奈何，只得放下武器。將士們氣惱憤恨，拔刀砍石，悵歎英雄無用武之地。劉備開創的蜀漢江山，存在了四十二年，就被他的兒子葬送了。

蜀漢滅亡後，劉禪全家被押解洛陽。當時，晉王司馬昭操縱著魏國朝政，利用魏元帝曹奐的名義，封劉禪爲安樂公，食邑萬戶，賞賜絹萬匹、奴婢百人。一次，司馬昭宴請劉禪，命人表演蜀地歌舞。劉禪左右觸景生情，無不感傷悲泣。唯獨劉禪喜笑自若，欣賞得津津有味。司馬昭鄙夷這樣的亡國皇帝，對部下賈充說：「人無情感，何至於此？即使諸葛亮在世，也難以輔佐他長治久安，何況姜維乎？」賈充說：「若非這樣，殿下又何能滅蜀呢？」又一次，司馬昭問劉禪說：「頗思蜀否？」劉禪無恥地回答說：「此間樂，不思蜀。」這一回答，留下個「樂不思蜀」的成語，用以諷刺那些樂而忘返或樂而忘本的人。

曹操戎馬一生，兒孫坐享其富。黃初元年（西元二二〇年），曹丕逼迫漢獻帝禪位，稱帝建魏，是爲魏文帝。魏國後經明帝曹叡、齊王曹芳、高貴鄉公曹髦，朝政大權完全被權臣司馬懿及其兒子司馬師、司馬昭父子所控制。甘露五年（西元二六〇年），曹髦曾想奪回旁落的皇權，結果被司馬昭殺死。「司馬昭之心，路人皆知。」他想當皇帝，卻又顧慮輿論的壓力，權且立了曹操的孫子曹奐爲皇帝，作爲過渡。曹奐（西元二四六～三〇二年），一名曹璜，字景明，就是曹元帝。他即位後的唯一任務，就是聽從司馬昭的命令，隨時準備讓出皇位。司馬昭專權期間，完成一件大事，就是滅亡了蜀漢。可是此人沒有當皇帝的命，就在篡位條件成熟的時候，忽然中風，暴病而亡。司馬昭的兒子司馬炎襲位晉王、相國，掌控軍政大權。咸熙二年（西元二六五年），司馬炎仿效曹丕代漢故事，逼迫魏元帝禪位，代魏建晉，魏國宣告滅亡。

曹奐亡國，其勢是前幾任皇帝造成的，他只是完成例行的手續而已。根本原因在於權臣專權，所謂禪位，實際上是以武力作後盾的宮廷政變。當初，曹丕滅漢用了這個方法；四十五年後，司馬炎滅魏用了同樣的方法。

當司馬炎取代魏國建立晉朝的時候，吳末帝孫皓正偏安江南，過著花天酒地、醉生夢死的生活。孫皓（西元二四一～二八四年），一名孫彭祖，字元宗、皓宗，吳大帝孫權的孫子。元興元年（西元二六四年），吳景帝孫休病死，沒有兒子，大臣們便將他擁立爲皇帝。這個皇帝在位期間，專橫殘暴，荒淫奢侈，尤其是後期寵信佞臣岑昏，整天飲酒作樂玩女人，昏天黑地，民心盡失。孫皓好色，年年都派人到民間選美，規定凡逃避挑選的女子，一律處死；俸祿二千石以上官員的女兒，名字都要報官府備案，待長到十五六歲時，必須送進皇宮由他過目，看中的就收爲宮女或納爲嬪妃。這樣日積月累，他的後宮宮女和嬪妃多達五千餘人。驃騎將軍張布是吳國開公功臣之一。孫皓納其女為美人，非常寵愛。可是，他卻莫名其妙地把岳父殺了，還問張美人說：「汝父何在？」張美人氣憤地說：「賊以殺之！」孫皓大怒，操起大棒，將張美人活活打死。事後，他又後悔，因為張美人的美貌，其他人無法可比。為此，他命工匠雕了一尊張美人木像，置於御座旁邊。一天，他問侍從說：「張布還有女兒嗎？」侍從回答說：「有，模樣跟張美人一樣，但已出嫁。」孫皓一聽大喜，馬上派人把張氏搶進宮中，封為左夫人，大加寵幸。他給她製作了無數金銀珠寶首飾，國庫因此空竭。張夫人進宮不久病死。孫皓悲痛欲絕，哭得死去活來，命在宮中為之修建一墓，自己搬進墓室居住，守著死人的棺材，住了整整半年。孫皓性格暴戾，殺人無數。殺人的手段極為殘忍，剝皮、挖眼、鑿腦、斷肢等，令人髮指。

天紀三年（西元二七九年），晉武帝司馬炎派出六路大軍，進攻吳國。吳軍將士，無心為荒淫的昏君賣命，一觸即潰，土崩瓦解。次年三月，晉軍兵臨建業城下。孫皓日暮途窮，學著蜀漢後主劉禪的樣子，乖乖投降，吳國滅亡。孫皓被押解洛陽，跪拜司馬炎。司馬炎命他坐下，說：「朕設此座，等你來坐已經很久了。」孫皓諂媚地說：「臣在南方也設了一個座位等待陛下。」晉臣賈充問孫皓說：「聽說你在南方經常挖人眼珠，剝人面皮，這叫什麼刑法？」孫皓回答說：「臣子弒君或奸詐不忠者，我就將之處以此刑。」

歷史上，凡亡國之君，大多遭到殺害，難能有個好下場。但是，劉禪、曹奐、孫皓三人例外，亡國後還能封侯封王，榮華富貴，而且善終。劉禪沒心沒肺，死於泰始七年（西元二七一年）。孫皓被封爲歸命侯，死於太康四年（西元二八三年）。曹奐被封爲陳留王，徙居鄴城（今河北臨彰西南），死於太安元年（西元三〇二年）。古時有個說法，叫做「國君死社稷」，帝王與自己的國家共存亡，是一種責任，一種美德。但是，這種責任和美德，在劉禪、曹奐、孫皓身上，是看不到的。關鍵時刻，他們貪生怕死，投降苟活，全無氣節，怎會白白地「死社稷」呢？

晉武帝司馬炎、晉惠帝司馬衷——

短暫統一，腐朽敗亡

從歷史發展進程看，魏、蜀漢、吳三國，苦心經營北方、西南、東南地區，對當時中國社會經濟的發展，各自作出了重大貢獻。三國有作爲的君主，自謀其強，都想吞併他國，做個大一統的皇帝。可是，他們無力做到。半個多世紀後，三國歸一晉，晉武帝司馬炎完成了統一大業。

司馬炎（西元二三六～二九〇年），字世安，河內溫縣（今河南溫縣西南）人。他的祖父司馬懿、伯父司馬師、父親司馬昭，相繼專斷曹魏國政，曹魏事實上已名存實亡。司馬炎是司馬昭的長子，「寬惠仁厚，沉深有度量」，青年時就官至中撫軍，封新昌鄉侯。司馬昭專權，封晉王，官相國，看重另外一個兒子司馬攸，準備立其爲世子。他曾拍著自己的寶座說：「這將是桃符（司馬攸的小名）的座位。」部屬何曾、賈充等人，以嫡長子繼承制爲由，表示反對，竭力稱讚司馬炎「聰明神武，有超世之才」，主張立其爲世子。司馬昭想了想，也就答應，於咸熙二年（西元二六五年）五月，立了司馬炎爲世子。八月，司馬昭沒能實現當皇帝的美夢，一命嗚呼。司馬炎承襲晉王和相國位，重用親信何曾、賈充、裴秀、王沉等，積極為篡魏大造輿論。十二月，他迫不及待地讓魏末帝曹奐禪位，自己當了皇帝，建國號晉，定都洛陽。這個晉朝，史稱西晉，司馬炎就是晉武帝。

西晉王朝是依靠世家豪族的支持，通過宮廷政變建立起來的，所以，它一開始宣布的政令，就是維護世家豪族的特權，給予人民的是災難和重賦。晉武帝在即位的當天，就封了司馬宗室二十七人為王，所有親信均升官晉爵，擔任核心職務。他在位期間，最大的成就是在太康元年（西元二八〇年），發兵攻滅吳國，統一了天下。此舉具有重大意義，體現了中國歷史「分久必合」的客觀規律。其後，他下令罷州郡兵，責令各地勸課農桑，使社會得到短暫的安定和復甦，被人譽為「太康繁榮」。同時，他又實行占田、課田、戶調製度，加強封建剝削；允許世家豪族擁有不交納賦稅的蔭戶、佃客、衣食客等，造就一個龐大的特權階層；批准同姓諸侯王繼續執掌兵權，駐守重鎮，自行其事。這些措施，使門閥勢力高度膨脹，以致釀成日後的「八王之亂」。

晉武帝窮奢極欲，荒淫好色，在歷史上是出名的。他的後宮原有美女五千人，後又將吳末帝孫皓的嬪妃、宮女五千餘人，全部收進後宮。群雌粥粥，一萬多名佳麗使他眼花繚亂，無所適從。於是，他就乘坐羊拉的輦車，聽任那畜牲隨便轉悠，拉到那裏，就在那裏飲宴和寢宿。精明的嬪妃想出一法，在自己寢宮門前擺放新鮮的竹葉，潑灑鹽水，拉車的羊經過，停下來吃竹葉舔鹽汁，自然也就留住了皇帝。即使這樣，晉武帝仍不滿足，多次下令選美，官吏借機敲詐勒索，弄得全國雞犬不寧。

皇帝崇尚淫奢，臣僚爭相效尤，奢靡之風日甚，整個統治階級沉浸在金迷紙醉的生活中。何曾、何劭父子「日食萬錢」，仍抱怨「無下箸處」。王濟家吃的蒸小豬，居然是用人乳餵養的。石崇和王愷鬥富，更是鋪張至極。這些世家豪族，可以隨便殺害奴婢而不受制裁，深刻揭示了封建地主階級的反動性和腐朽性。

晉武帝共有二十六個兒子，長子早死，次子司馬衷被立為太子。司馬衷（西元二六九～三〇六年），字正度，在宮闈長大，不懂世事，智商低下，猶如白癡，鬧出許多笑話。一次，他聽到蛤蟆叫，問左右侍從說：「此鳴者為官乎？為私乎？」侍從信口胡謅說：「在官地為官，在私地為私。」又一次，天下饑荒，百姓餓死，他竟奇怪地問：「那他們為什麼不吃肉粥呢？」權臣賈充為了鞏固權位，硬把自己的女兒賈南風嫁給太子。賈南風醜陋潑辣，陰險奸詐，甘心嫁給白癡，因為司馬衷若登大位，那麼她就會是國母皇后。

圍繞太子廢立問題，朝廷進行過尖銳的鬥爭。但是，因為晉武帝的庇護，司馬衷最終保住了太子的地位。太熙元年（西元二九〇年），晉武帝因縱欲過度，猝然病倒，頒詔由叔父、汝南王司馬亮（司馬懿第四子）和岳父、車騎大將軍楊駿共同輔政。楊駿蓄有野心，故意扣壓詔書不發。晉武帝彌留之際，楊駿又唆使女兒楊皇后口述，偽造了一份遺詔，任命楊駿為太尉、太子太傅、都督中外諸軍事，獨自輔政。晉武帝駕崩，葬於峻陽陵（今河南洛陽附近），廟號世祖，諡號武皇帝。

司馬衷登基，是為晉惠帝。這個白癡皇帝無法處理朝政，楊駿得以獨攬大權。醜陋而兇悍的賈南風成為皇后。這個女人不甘心皇權落到皇帝母黨手裏，決心奪回權力，自專朝政。她控制著呆頭呆腦的晉惠帝，這可是最大的資本。因此，她聯絡晉惠帝之弟、楚王司馬瑋（晉武帝第五子），合謀殺死楊駿，誅其親族、黨羽數千人，就連楊太后也被廢為庶人，予以囚禁，使其絕食而死。

楊駿死後，汝南王司馬亮和老臣衛瓘（瓘，讀灌）擔任輔政大臣。這兩人倚老賣老，凡事都有主見，根本不聽賈南風的。賈南風深以為恨，私自詔命司馬瑋，誅殺司馬亮和衛瓘。司馬瑋多了個心眼，要求面見晉惠帝，詢問詔命的眞僞。賈南風派一宦官告訴司馬瑋說：「皇上給你的是密詔，你一進宮，秘密不就洩露了嗎？」司馬瑋一想也是，忠實地執行詔命，把司馬亮和衛瓘給殺了。可是事後，他又接到詔命，上面歷數他的罪狀，主要是「擅殺大臣，圖謀不軌」。原來，兩道詔命均出自賈南風之手，司馬瑋臨死時方知，自己被心狠手辣的皇后嫂嫂利用了。

賈南風一箭雙鵰，除去了心腹之患，組建了自己的班底，把持了政權。這個班底主要是自己家族中的人，另外也起用了張華等富有政治才幹的大臣。她大權在握，除了為自己和家族謀取最大利益外，沒幹過一件好事。她很醜陋，卻很風流，蓄養了很多面首，甚至到市井上尋找美男子，載進皇宮，享樂一夜後便將美男子殺死。可惜的是，她一直沒有生個兒子，晉惠帝只能立唯一的兒子司馬遹（遹，讀作玉）為太子。對此，她很驚恐，擔心司馬遹登基後，自己會失去權力。於是靈機一動，假裝懷孕，偷偷把妹妹賈午的兒子抱進宮中，詭稱是親生的兒子，然後藉口司馬遹謀反，企圖加以殺害。謀反證據不足，司馬遹被廢為庶人，最終還是被賈南風設計殺了。

賈南風窮凶極惡，激起天怒人怨。司馬諸王各懷私心，於永康元年（西元三〇〇年）起兵，誅殺賈氏家族，將賈南風廢為庶人，接著以一杯金屑酒，結果了她的性命。殺害賈南風的領頭人物是趙王司馬倫（司馬懿第九子）。半年後，他一腳把晉惠帝踢開，自己做起皇帝來。這樣，司馬宗室其他諸王不答應，紛紛起兵爭奪皇位，爆發了一場狗咬狗式的戰亂。先後參加戰亂的有齊王司馬冏（晉武帝之侄）、長沙王司馬乂（晉武帝第六子）、成都王司馬穎（晉武帝第十六子）、河間王司馬顒（司馬懿從孫）、東海王司馬越（司馬懿從孫）。他們像走馬燈似的，一個個登上舞臺，大打出手，接著就敗死身亡。不管誰登臺，都會把白癡晉惠帝搶在手裏，拉虎皮作大旗，嚇唬他人。最後，晉惠帝落到東海王司馬越手中。光熙元年（西元三〇六年），司馬越將晉惠帝毒死，葬於太陽陵（今河南洛陽附近），諡號惠皇帝。

這場內訌起自賈南風殺楊駿，終至晉惠帝斃命，為期十六年（西元二九一～三〇六年），史稱「八王（司馬亮、司馬瑋、司馬倫、司馬冏、司馬乂、司馬穎、司馬顒、司馬越）之亂」。西晉王朝先天不足，再經過這場折騰，徹底傷了元氣，加上災荒，死人無數，階級矛盾和民族矛盾尖銳起來，流民起義，少數民族上層分子聚眾稱王，統一的河山，又被分割得支離破碎。晉惠帝之後的晉懷帝司馬熾（晉武帝第二十五子），被匈奴人建立的漢國擄了去；晉愍帝司馬鄴（晉武帝之孫），在長安可憐兮兮地支撐四年，於建興四年（西元三一六年）投降漢國，西晉滅亡。

西晉只存在了五十二年。它是一個腐朽的王朝，滅亡勢在必然。從某種意義上說，晉武帝從創建這個王朝之日起，就同時爲這個王朝挖掘了墳墓，他的兒孫只是爲這座墳墓加挖了幾鍬土而已。

東晉元帝司馬睿——「王與馬，共天下」

建興四年（西元三一六年），晉湣帝司馬鄴投降匈奴人建立的漢國，西晉滅亡。次年，他在受盡奚落和羞辱後被殺害。第三年，消息傳到建鄴（今江蘇南京），鎮守在那裏的晉王司馬睿悲痛不已，旋即稱帝，襲用晉國號，改建鄴爲建康，作爲國都。這個晉朝被稱作東晉，司馬睿就是東晉元帝。

司馬睿（西元二七六～三二二年），字景文，乃司馬懿的曾孫。十五歲時封琅邪王（邪，讀作牙），史書上稱他「沉敏有度量，不顯灼然之跡」，以致有人說：「琅邪王毛骨非常，殆非人臣之相也。」「八王之亂」中，他追隨東海王司馬越，鎮守下邳（今江蘇睢寧西北）。司馬越爲備逆境時有個退路，命他移鎮建鄴。隨他一起南遷的有一批北方士族官員，其中最有名望的是王導。司馬睿對王導的話言聽計從，彼此間結爲知心朋友。司馬睿初到建鄴，南方的世家豪族並不把他放在眼裏。他們對北方南遷的人，抱有一種反感和抵觸情緒，鄙夷地稱其爲「傖夫」，即粗鄙之人。因此，司馬睿到任數月，當地官民中的頭面人物，沒有一人前往拜見。這種局面使司馬睿非常尷尬，問計於王導。王導有個堂兄叫王敦，時任揚州刺史，很有點勢力。王導把王敦請到建鄴，二人一商量，想出個主意。這年三月初三，是江南人民傳統的「禊節」，男女老少都到水濱河畔，舉行祭祀活動，祈福祛災。活動進行至高潮，司馬睿乘坐的豪華輦車忽然出現，盛儀赫赫，引人注目。尤其令人驚訝的是輦車的後面，以名士王導、王敦爲首，北方南渡的世家名流，全部衣冠楚楚，騎馬恭敬隨行。江南的世家豪族看到這種情況無不震動，因而不得不刮目相看這位琅邪王。他們中的頭面人物顧榮、紀瞻等，當場就在路邊跪拜，向司馬睿表示問候和祝福。

王導導演的這幕強龍威懾地頭蛇的活劇非常成功。隨後，司馬睿請王導出面回訪顧榮、賀循等人，並延聘他們出來做官。顧榮、賀循等樂於從命，飛黃騰達。這樣一來，司馬睿就又取得了南北世家豪族的支持，終於在建鄴站穩了腳跟。再經過十餘年的經營，司馬睿佔有了荊、揚一帶，即長江中下游地區，「江東歸心焉」。王導、王敦兄弟掌握著軍政大權，王氏家族勢力與日俱增，炙手可熱。

西晉滅亡的消息傳到建鄴，司馬睿尚未敢貿然稱帝，只改稱晉王。太興元年（西元三一八年）三月，晉湣帝被殺害的確切消息傳到建鄴，司馬睿以「宗廟廢絕，億兆無繫，群官庶尹，咸勉之以大政」爲由，堂而皇之地即皇帝位，成了東晉的開國皇帝。此前，司馬氏宗室共有五位藩王渡江南遷，即琅邪王、西陽王、汝南王、南頓王、彭城王。他們當中，唯獨琅邪王司馬睿當了皇帝。因此時有民謠說：「五馬齊渡江，一馬化爲龍。」這「化爲龍」的「一馬」，就是指司馬睿。

司馬睿舉行登基大典的那一天，百官拜賀，山呼萬歲。他神采飛揚，躊躇滿志，回想往事，若不是王導出謀劃策和忠心輔佐，那麼自己就不可能坐上皇位。想到此處，情不自禁挪了挪身子，騰出半個御榻，招呼王導說：「王愛卿，請坐上這御榻，朕要與卿共有天下。」王導不敢越禮，堅辭固讓，這才作罷。這種事是史無前例的，但也並非偶然，以致又有民謠說：「王與馬，共天下。」就是說，東晉天下實屬王氏、司馬氏兩大家族所共有，離開王氏，司馬氏將一事無成。

「共天下」的「共」，說明司馬氏政權離不開世家豪族的支持，也說明世家豪族的勢力足以同朝廷相抗衡。司馬睿坐穩皇位後，開始不滿「共」的局面了，任用劉隗（隗，讀作葵）、刁協爲心腹，企圖削弱和排斥王氏家族的勢力。王敦先發制人，於太興五年（西元三二二年）從荊州起兵，打敗劉隗，攻陷建康，殺死刁協。王導出面調解，王敦退回荊州，朝政依然受王氏家族所控制。司馬睿因此憂憤成疾而死，葬建平陵（今江蘇江寧雞籠山），廟號中宗，謚號元皇帝。

東晉和西晉一樣，也是個先天不足的王朝。它存在了一百零四年，江北、江南的世家豪族是維持其統治的兩大支柱，參加輔政的先後有王氏、庾氏、謝氏、桓氏家族，皇帝只是個傀儡罷了。最後，末代皇帝恭帝司馬德文，同漢、魏的末代皇帝一樣，被權臣劉裕廢黜，繼被殺害了。東晉滅亡。

前趙高祖劉淵、後趙高祖石勒——

短命政權，給人啓示

西晉王朝因「八王之亂」而趨於崩潰，中國北方和西部的匈奴、鮮卑、羯、氐、羌等族（合稱「五胡」），先後崛起，爭鼎中原，在長江上游和黃河流域建立了十六個割據政權——成漢、前趙、後趙、前秦、後秦、西秦、前燕、後燕、南燕、北燕、前涼、後涼、南涼、北涼、西涼、西夏，史稱「五胡十六國」。實際上，十六國只是擇其要而言，另外還有一些小國，並未計算在內。這些政權既進攻漢族的晉朝，彼此間也互相攻殺和兼併，演出了一幕幕民族融合和民族仇殺的史劇。

早在晉惠帝永安元年（西元三〇四年），匈奴人劉淵就建立了漢國。這個漢國後來改國號爲趙，遷都長安，史稱前趙。

劉淵（西元？～三一〇年），字元海，新興（今山西忻縣）匈奴族人，乃五百年前匈奴冒頓單于的後裔。他具有勇力，武藝高強，雙手開得三百斤的硬弓。劉淵青年時代住於洛陽，結交漢族官吏和文士，讀了大量典籍，接受了系統的漢族文化教育。他熱愛和嚮往漢族文化，藉口漢高祖劉邦曾與冒頓單于和親，並約爲兄弟，因而改姓劉，世襲匈奴左部帥，繼任西晉建威將軍、匈奴五部大都督。「八王之亂」中，成都王司馬越利用劉淵，命他率領匈奴兵，作爲自己的援手。劉淵看透了西晉朝廷的腐朽和黑暗，趁機在部眾的擁戴下，起兵反晉，自稱大單于。爲了取得漢族人的支持，他沿用漢朝國號，稱「漢」，改稱漢王。而且開國後，不祀匈奴單于，而祭祀漢朝有功業的皇帝，以及蜀漢的劉備。其後，劉淵兵馬發展到五萬多人，王彌和石勒諸部來投，勢力大增。永嘉二年（西元三〇八年），劉淵正式稱帝，建都平陽（今山西臨汾西北），改元永鳳。劉淵取得了和晉朝皇帝平等的地位，兩次發兵進攻洛陽，企圖消滅西晉，均告失利。和瑞二年（西元三一〇年），劉淵病死，葬於永光陵（今址不詳），廟號高祖，諡號光文皇帝。

劉淵能夠建立漢國，有著主觀和客觀兩個方面的原因。主觀方面，他有雄心壯志，通曉漢族文化；客觀方面，西晉「骨肉相殘，四海鼎沸」，大廈將傾。劉淵死後，其子劉聰殺了太子劉和，登基稱帝。正是這位劉聰，先攻克洛陽，俘擄了晉懷帝司馬熾；再攻克長安，俘擄了晉湣帝司馬鄴，滅了西晉。後來，劉淵的侄兒劉曜改漢國號爲「趙」，遷都長安，在位十二年，被後趙的石勒殺死，前趙滅亡。

石勒（西元二七三～三三三年），字世龍，上黨武鄉（今山西榆社北）羯族人。小時家境貧寒，成人後「壯健有膽力，雄武好騎射」，力耕勞作，不得溫飽。家鄉鬧起饑荒，石勒外出逃荒，被官府抓住，罰作奴隸，被賣到冀州，當過長工。後來，他逃跑了，聚集起十八個夥伴，號稱「十八騎」，落草爲寇，打家劫舍，勢力擴展，一度攻克鄴城（今河北臨彰西南）。「八王之亂」中，司馬越進攻鄴城，石勒打了敗仗，率領部分兵馬，投靠了劉淵。劉淵建立漢國，任命石勒爲平東大將軍、持節、校尉，都督（華）山東諸軍事，封平晉王。石勒統兵對晉軍作戰，非常勇敢，升任鎭東大將軍。劉淵死後，石勒效力於劉聰，屢立戰功，不斷升官晉爵，成爲漢國第一權臣。劉曜改國號爲趙後，石勒不甘居於人下，於光初二年（西元三一九年）建國，也定國號爲「趙」，自稱趙王，定都襄國（今河北邢臺西南）。這個趙國，史稱後趙。

石勒建國後，大力提高羯族人地位，同時任用漢族文士，減輕百姓賦稅，發展農業生產，制訂典章制度，很快鞏固了自己的統治。爾後，他發兵進攻前趙，於太和二年（西元三二九年）攻克洛陽和長安，殺死前趙最後一位皇帝劉曜，從而控制了中原大部分地區。次年稱天王，進而稱皇帝，後趙成爲北方一大強國。

在十六國的皇帝中，石勒尊重知識和人才是比較突出的。他不識字，完全通過聽別人念書和講解，接受漢族文化。有時行軍打仗，騎在馬上，也要聽人念書。一次，他聽人念《漢書》，聽到劉邦採納酈食其的主張，準備封已滅六國的後裔爲王時，急得直拍大腿，說：「哎呀！這可不行，劉邦怎能答應這樣幹呢？」念書人說：「別急，下面還有哪！」接著念到張良尋找劉邦，反對分封六國後裔爲王，劉邦接受了。石勒這才鬆了口氣，說：「張良眞行，虧他有這麼一招兒！」漢族文士張賓，飽讀詩書，見多識廣。石勒予以重用，使之官至宰輔，總理朝政。他崇奉儒學，開辦了很多學校，其中包括一所太學。平時，石勒愛穿平民衣服，外出巡視。一天夜間回城，城門已經關閉。他取了一些金銀，賄賂門吏王假，請求行個方便。王假沒有認出他是皇帝，拒不接受賄賂，而且把他抓了起來。侍衛出面解圍，他才回到城裏。第二天，石勒認爲王假公事公辦，忠於職守，將之提升爲都尉。又一次，石勒將老家的鄉親接到京城，設宴招待。他發現年輕時的夥伴李陽沒有到場，忙問原因。鄉親們說：「李陽害怕。」石勒哈哈大笑，說：「他怕什麼？是怕過去跟我打過架不是？嗨！那是什麼時候的事了？我現在統治著天下，還能跟一個百姓記仇嗎？」他立刻派人把李陽請到京城，痛痛快快地喝酒吃肉。酒酣，石勒拉著李陽胳膊，說：「當初，我挺怕你的老拳；你呢？也嘗夠了我的巴掌。過去的事一筆勾銷，別再提了。」

石勒這樣有肚量，頗受羯族人和漢族人的愛戴。所以，後趙的疆域廣大，社會比較安定，勝過江南的東晉。晚年的石勒，變得比較驕傲，喜歡臣屬評價自己的功過。建平三年（三三二年），石勒宴請群臣。他問話說：「朕方自古開基何等主也？」大臣徐光獻媚說：「陛下神武籌略邁於高皇（指漢高祖劉邦），雄藝卓犖超絕魏祖（指魏武帝曹操），自三王以來無可比也，其軒轅（指黃帝）之亞乎！」這一評價太過離譜。石勒笑著說：「人豈不自知，卿言亦已太過。朕若逢高皇，當北面而事之，與韓彭（指韓信、彭越）競鞭而爭先耳。若遇光武（指東漢光武帝劉秀），當並驅於中原，未知鹿死誰手。大丈夫行事當磊磊落落，如日月皎然，終不能如曹操、司馬懿父子，欺他孤兒寡婦，狐媚以取天下也。朕當在二劉（指劉邦、劉秀）之間耳，軒轅豈可比乎！」群臣聽後，頓首高呼萬歲。

建平四年（西元三三三年），石勒病死，死年五十九歲。葬於高平陵（今河北邢臺西），廟號高祖，諡號明皇帝。石勒的兒子石弘、侄兒石虎等相繼爲帝，大開殺戒，後趙形勢急轉直下，一代不如一代。石虎有個漢族養孫，取名石閔。石閔長大，知道自己是漢族人，改用生父的冉姓，叫冉閔，得到漢族人的擁護。於是，冉閔殺死後趙皇帝石遵，自己登基稱帝，改國號爲魏，史稱冉魏。冉閔實行民族仇殺政策，殺死羯族等胡人二十多萬人。永寧元年（西元三五〇年），後趙滅亡。兩年後，冉魏緊跟著滅亡。

劉淵建立的前趙（漢）和石勒建立的後趙，分別存在了二十五年和三十三年。這兩個短命政權，給予世人這樣的啓示：民族問題關係到國家盛衰興亡，必須妥善處理。各民族之間，只有和睦、融合、團結，事業才會興旺，國運才會昌隆。

前秦高祖苻健、前秦世祖苻堅——

風聲鶴唳，草木皆兵

十六國之一的前秦，是氐族人苻健建立的地方政權。到了苻堅在位的時候，它很強大。可是，經過淝水之戰，它就迅速衰敗並滅亡了。

苻健（西元三一七～三五五年），初名羆，字建業、世健，略陽臨渭（今甘肅天水）氐族人。出身氐族世家。父親苻洪先後歸附前趙劉曜、後趙石虎和東晉，官高爵顯。東晉永和六年（西元三五〇年），擁兵自立，稱大將軍、大單于、三秦王，一年後被部將麻秋毒殺。苻健發兵捕殺麻秋，承襲父位，取消三秦王稱號，向東晉稱臣，自任征西大將軍、雍州刺史，攻佔關隴地區。皇始元年（西元三五一年），後趙滅亡，苻健立刻自稱天王、大單于，定國號爲「秦」，定都長安。越年，苻健即皇帝位，他所建立的秦國，史稱前秦。

苻健在位期間，接受漢族文化，崇尚儒學，減免賦稅，緩和了關隴地區胡、漢族人的矛盾，政權漸趨穩定。尤其是用堅壁清野的戰術，擊退了東晉名將桓溫的北伐，聲威大振。皇始五年（西元三五五年），苻健病死，葬於原陵（今址不詳），廟號高祖，諡號明皇帝。

苻健之子苻生繼位。苻生暴虐無道，沉湎酒色，濫殺無辜，激起天怒人怨。壽光三年

（西元三五七年），苻健之侄苻堅發動政變，殺死苻生，自己登基，開創了前秦的新局面。

苻堅（西元三三八～三八五年），小名堅頭，一名文玉，字永固。父親苻雄，苻健時官至丞相。苻堅幼年「聰明好施，舉止不逾規矩」，「資貌瑰偉，質性過人」，人稱有「霸王之相」。成人後任龍驤將軍，「性至孝，博學多才藝，有經濟大志，邀結英豪，以圖緯世之宜」。他聽說有個叫做王猛的漢族寒士，很有謀略，立即派人把王猛請來，「一見便若平生，語及廢興大事，異符同契，若玄德（劉備）之遇孔明（諸葛亮）」。當苻生荒淫昏虐的時候，他採納王猛等謀士的的意見，斷然發動政變，奪取了皇權。

苻堅即位後，任用一大批親信擔任要職。苻堅作爲氐族人，卻沒有狹隘的民族觀念，實行「天下一家」的民族政策，既重用氐、鮮卑、匈奴、羯、羌族的領袖人物，也重用漢族的將帥和政治家。其中，王猛一年內五次升官，出任宰相。王猛輔政，嚴厲打擊氐族豪強的不法行爲，整頓朝綱，改革軍隊，提倡教化，興修水利，勸課農桑，使前秦的經濟、文化事業得到恢復和發展，國力很快強盛起來，社會安定，百姓豐樂。從長安到各州的大路兩旁，遍種樹木，枝葉繁茂。每二十里有一茶店，每四十里有一驛站，旅行者沿路可以取得供給，貿易車輛安然往來。從建元六年（西元三七〇年）開始，前秦對外用兵，先後攻滅前燕、前涼、代國，攻佔東晉的一些州縣，基本上統一了中國的北方。盛時版圖，東極滄海，西並龜茲（今新疆庫車東；龜茲，讀作丘詞），南包襄陽（今湖北襄樊），北盡大漠。當是時，西方的于闐、大宛和康居、天竺等六十二國，都派遣使臣貢獻方物，彼此間建立了友好的關係。

成功和勝利，使苻堅變得驕傲和狂妄了。他還要攻滅東晉，做個天下一統的皇帝。建元十一年（西元三七五年），王猛病死。死前特別告誡苻堅說：「晉雖僻陋吳越，乃正朔相承。親仁善鄰，國之寶也。臣沒之後，願不以晉爲圖。鮮卑、羌虜，我之仇也，終爲人患，宜漸除之，以便社稷。」這是王猛的遺囑，表現了一位政治家的遠見卓識。可是，苻堅很快就將這些話忘記了，決意攻滅東晉。

建元十八年（西元三八二年）十月，苻堅召開朝臣會議，商量出兵伐晉大計。他說：「現今，天下垂平，惟有東南一隅，尚未王化。每思桓溫之寇也，江東不可不滅。今有勁卒百萬，文武如林，鼓行而摧遺晉，必如秋風掃落葉，天下可由一軌也。」朝臣中附和者說：「陛下聖明！以強秦伐弱晉，王師所至，一定馬到成功！」持異議者甚眾，說：「晉雖微弱，然君臣和睦，內外同心，民爲所用，伐之恐怕不妥。」太子苻宏等認爲，晉得天時，且得地利，據有長江天險，未可圖伐。苻宏特別強調說：「今若動而無功，則威名損於外，資財竭於內，後果難以預料。」因此建議：「厲兵積粟，以待暴主，一舉而滅之。」苻堅聽不進這些忠告，說：「天道之類的事情難以說清，且別管它。什麼長江天險，從前吳國也有長江天險，不照樣亡國了嗎？以我秦軍之眾，只要把馬鞭丟進長江，江水也會斷流，晉有何天險可憑？」

會後，苻堅單獨請弟弟苻融密議。苻融善於謀略，武功文才俱長，屬於王猛一流。他說：「晉在千里之外，安分無釁，師出未必有功。而鮮卑、羯、羌，則在肘腋之下，不可不防。臣擔心王師遠出，京畿生變，悔之莫及。再說，陛下難道忘了王猛的遺囑嗎？」苻堅滿臉不快，說：「朕有強兵百萬，資仗山積，南下伐晉，舉手之勞。可是，朝廷內外，都說不可，實在讓人費解。朕以為你當助朕，怎麼也這樣說呢？」

苻堅心煩意亂，京兆尹慕容垂求見。慕容垂是鮮卑族人，前燕的宗室，因受排斥而投奔苻堅。他先將苻堅吹捧一番，然後說：「強呑弱，大並小，理出自然，誰都懂得。現在，恰逢難得的戰機，此時秦不伐晉，難道還要留給兒孫們去做嗎？」苻堅聽了這話，喜形於色。慕容垂接著說：「欲成大事，自當獨斷，廣詢朝眾，必定一事無成。」苻堅大喜，說：「與朕平天下者，其惟卿耳！」

苻堅決定兵伐東晉，朝野為之不安。他最寵愛的張夫人勸阻說：「陛下欲出王師，天道民心，不可不察。」苻堅批評說：「軍旅大事，婦人不要干預！」他的小兒子苻詵（詵，讀作身）說：「君王能否聽取賢相謀主的意見，往往事關國家興亡。」苻堅訓斥說：「小孩家懂得什麼？」

苻堅一意孤行，於建元十九年（西元三八三年）八月頒布軍令，大舉伐晉。他認定此戰必勝無疑，所以布置說：「晉主司馬曜即將到長安來幫朕管理朝政，那就封他為尚書左僕射；晉相謝安，可以職司官吏，那就封他為吏部尚書；至於晉將桓沖，可封為侍中，做朕的侍衛長官。王師即出，勝日不遠，可在長安先給他們造起府第來。」瞧，他是多麼自負和驕狂！

九月，前秦大軍從長安出發，步兵六十餘萬，騎兵二十七萬，前後千里，旗鼓相望。苻堅親率主力，抵達項城（今河南沈丘南）。苻融率前鋒二十五萬，直達潁口（今安徽潁上）。左翼，幽、冀大軍進駐彭城（今江蘇徐州）。右翼，蜀、漢大軍則順江而下。而後面的涼州兵，長途跋涉，剛剛到達咸陽（今陝西咸陽）。這是歷史上少有的進軍態勢，水陸並進，戰線萬里，聲勢逼人。

東晉孝武帝司馬曜軟弱無能，全賴宰相謝安主持朝政。謝安富有謀略，通達權變，任命弟弟謝石爲征討大都督，侄兒謝玄爲前鋒都督，率兵八萬，開赴淝水（今安徽淮南、合肥附近）前線迎戰。其中有一支精幹的北府兵，由名將劉牢之統領，充任晉軍先鋒。東晉朝廷內部，原先充滿爭權奪利的鬥爭。這時，大敵當前，鬥爭得以緩和，軍民一心，共同對外，誓死保衛國家和人民的生存。

十月，雙方開戰。苻融攻佔壽陽（今安徽壽縣西南），並控制了壽陽東面的洛澗（今安徽懷遠西南），首戰告捷。苻堅更加輕敵，率領八千騎兵，從項城趕到壽陽。苻堅和苻融經過密議，決定派部將朱序前往晉軍大營，欲乘威勢以脅降。這個朱序，原是東晉將領，鎮守襄陽時被俘，任前秦尚書。朱序心懷故國，見到晉軍統帥謝石後，不僅沒有勸降，反而獻計說：「秦軍百萬，尚未集結。待其盡至，難與爲敵。如今，晉軍應當先破彼先鋒，奪其銳氣，那麼，秦軍可破。」朱序答應，自己願爲內應。

十一月，劉牢之率領的北府兵，突然攻擊洛澗的秦軍。五萬秦軍猝不及防，爭渡淮河逃

命，溺死者一萬五千餘人。晉軍隨即進駐淝水東岸，遙望壽陽城。

苻堅和苻融登城眺望，但見晉軍布陣嚴整，軍勢旺盛，又看到遠處的八公山上，草木搖動，像是埋伏著千軍萬馬。苻堅面有難色，說：「哎呀！晉軍的力量可眞不小，誰說他們人少啊？」

秦、晉兩軍隔著淝水對峙。一天，秦軍先鋒忽然收到晉軍先鋒的戰表，內容是說，兩軍隔水相對，乃是長久之計；秦軍若要速決，可以往後退一退，讓晉軍渡河，然後進行決戰，以分勝負。秦軍將領多主持重，認爲不能後退。而苻堅卻說：「我軍不妨少退，待晉軍半渡時擊之，必獲全勝。」

驕傲的苻堅，果然下達後退的命令。沒想到這一退，猶如山崩河決，完全亂了套。秦軍的組成非常複雜，各有各的想法：臨時抓來的士兵，不願打仗；漢族的士兵，不願跟晉軍打仗；鮮卑、羌族的士兵，不願替氐族人打仗。所以，命令一下，他們並不知道具體原因，撒腿就往後跑。朱序混在軍中，乘勢高喊：「秦軍敗了！秦軍敗了！」這一喊，等於火上澆油，潰逃的兵眾，誰也阻擋不住。淝水東岸的晉軍，見此陣勢，強行渡河，發起攻擊。這樣一來，秦軍更亂，爭相逃命，自相踐踏。苻融企圖阻止，被亂軍撞倒在地。晉軍向前，一刀結束了他的性命。苻堅也中流矢受傷，跟著潮水似的潰軍逃跑，晝夜不敢停息。途中，他聽到風聲鶴唳，也疑心是晉軍追擊，只顧逃跑，不敢回頭看上一眼，逃到洛陽，猶驚魂未定，夢幻一般。他羞慚地對張夫人說：「朕若用朝臣之言，豈見近日之事邪！當何面目復臨天下乎？」

淝水之戰，前秦共損失了七十多萬軍隊。其中，戰死的並不多，主要是在後退中踩死、溺死、凍死、餓死和逃亡的。這一戰，產生了「風聲鶴唳，草木皆兵」的成語，成爲對苻堅「投鞭斷流」、「起第長安」驕橫態度的嘲諷。仔細分析，苻堅之敗，並非偶然。除了他驕傲輕敵、指揮失誤以外，更重要的原因，在於人心的向背。當時的東晉，儘管偏安江南，但在人們心目中，它還是正統朝廷，具有一定的影響力和號召力。前秦作爲一個少數民族政權，建國時間不長，內部矛盾重重，尚不具備征服和統一中國的實力。苻堅違背客觀實際，出於主觀願望，去做條件不具備不成熟的事情，只能碰得頭破血流。

苻堅敗退長安，收拾殘兵敗將，尚有十餘萬人，然而國勢一落千丈。原先聚首於苻堅帳下的一些民族上層分子，如鮮卑族人慕容垂、羌族人姚萇等，紛紛離去，擁兵自立，建國稱帝。統一的前秦，一下子分裂成十個國家。建元二十一年（西元三八五年），苻堅被姚萇俘擄殺害。姚萇追諡他爲壯烈天王。庶長子苻丕逃到晉陽繼位，追諡他爲宣昭帝，廟號世祖。九年後，前秦滅亡。

後秦太祖姚萇、後秦高祖姚興——

羌族政權，尊儒崇佛

十六國之一的後秦是羌族人姚萇建立的地方政權，存在了三十四年，後被東晉所滅。

姚萇（西元三三〇～三九三年），字景茂，南安赤亭（今甘肅隴西西）羌族人。出身羌族世家。父親姚弋仲，西晉時佔有榆糜（今陝西千陽東），自稱雍州刺史、扶風公。西晉滅亡後，歸附前趙、後趙，再向東晉稱臣，被封為大都督、大將軍、大單于、高陵郡公。姚弋仲為人老實，臨死時叮嚀四十二個兒子說：「吾本以晉室大亂，石氏（指後趙石氏政權）待吾厚，故欲討其賊臣以報其德。今石氏已滅，中原無主，自古以來未有戎狄作天子者。我死，汝便歸晉，當竭盡臣節，無為不義之事。」

姚弋仲死後，其子姚襄秘不發喪，攜帶父親靈柩進攻前秦。苻堅打敗姚襄，奪得姚弋仲靈柩，以戮屍相威脅，逼迫姚襄及其弟姚萇投降。姚氏兄弟投降後，苻堅殺死姚襄，赦免了姚萇。

姚萇是姚弋仲第二十四子，「少聰哲，多權略，廓落任率，不修行業，諸兄皆奇之」。他被迫依附苻堅，歷任左衛將軍、太守、刺史、揚武將軍、步兵校尉，封益都侯，「累有大功」。他隨苻堅參加了淝水之戰，任龍驤將軍，督益、梁州諸軍事。苻堅特別籠絡姚萇，強調說：「朕本以龍驤建業，龍驤之號未曾假（授）人，今特以相授，山南之事，一以委卿。」

淝水之戰後，苻堅敗退長安。鮮卑族人慕容泓起兵反秦。姚萇隨皇子苻叡前去鎮壓，打了敗仗。苻堅大怒，欲殺姚萇。姚萇率部逃奔渭北，那裏的羌族酋帥，擁有部眾五萬餘家，趁機推舉姚萇為盟主。白雀元年（西元三八四年），姚萇遂稱大將軍、大單于、秦王，建立政權。次年，姚萇聯合前燕慕容沖，進攻長安。苻堅逃跑，被姚萇俘擄縊殺。慕容沖攻克長安後，率兵東去。姚萇兵進長安，於建初元年（西元三八六年）稱帝，仍定國號為「秦」，定都長安。這個秦國，史稱後秦。

姚萇建立的後秦，是淝水之戰的產物。當時，前秦尚未滅亡，後秦與之對抗多年，主要是爭奪關隴地區。建初八年（西元三九三年），姚萇率兵進攻前秦苻登，進軍途中生病，急返長安。一天做夢，夢見苻堅鬼魂索命。宮人投擲長矛驅鬼，誤中姚萇要害處。他急召太尉姚旻等四人，受遺詔輔佐太子姚興，特別叮囑姚興說：「有詆毀此諸人者，慎勿受之。汝撫骨肉以仁，接大臣以禮，遇百姓以恩，四者既備，吾無憂矣。」姚萇死後，葬於原陵（今陝西長安境），廟號太祖，諡號武昭皇帝。

姚興（西元三六六～四一六年），字子略，繼承帝位後，首要事情是攻滅前秦殘餘勢力，殺死前秦最後兩個皇帝苻登、苻崇。接著又攻滅後涼，降服西秦，控制了黃河流域的廣大地區。姚興勤於政事，延納善言，尊崇儒學，釋放奴婢，「存問孤貧，舉拔賢俊，簡省法令，清察獄訟，守令之有政績者賞之，貪殘者誅之」，致使「遠近肅然」，政治相對比較清平。他本人「性儉約，車馬無金玉之飾，自下化之，莫不敦尚清素」。姚興還篤信佛教，在位期間發生過兩件大事。一是著名高僧法顯，於弘始元年（西元三九九年）從長安出發，西赴天竺（今印度）取經求法。這比唐朝玄奘赴天竺取經，早了二百多年。二是禮請西域高僧鳩摩羅什，於弘始三年（西元四〇一年）到長安，奉爲國師。鳩摩羅什在長安講解佛教經典，姚興率領百官和僧人聽講，恭敬虔誠。鳩摩羅什在講經的同時，又組織僧人譯經，改以往的直譯爲意譯，先後譯出佛經七十四部三百八十四卷。這是中國大規模翻譯佛經之始，對於佛教在中國的傳播，起到了重大的作用。

姚興在位的後期，國內出現混亂局面。他所立的太子姚泓過於仁厚，其他兒子爲爭奪太子位，進行了激烈的拼爭。弘始十八年（西元四一六年），姚興生了重病，臥床不起。兒子姚弼、姚耕、姚愔等，趁機發動政變，進攻皇宮，焚燒宮門。姚興抱病出面，號召禁軍，粉碎了政變，處死姚弼。數日後，姚興病死，葬於偶陵（今址不詳），廟號高祖，謚號文桓皇帝。姚泓繼位，兄弟繼續紛爭。永和二年（西元四一七年），東晉大將劉裕北伐，攻進長安。姚泓投降，後秦滅亡。

後燕世祖慕容垂、後燕昭文帝慕容熙——

亂勢中建國，出喪中亡國

十六國時期，北方鮮卑族慕容氏先後建立五個國家，均以「燕」爲國號，分別稱前燕、後燕、西燕、南燕、北燕。它們存在的時間很短，而且內部充滿矛盾和鬥爭，這從後燕的興亡中可見一斑。

後燕的開國者叫慕容垂。慕容垂（西元三二六～三九六年），一名霸，字道明、道業，昌黎棘城（今遼寧義縣西北）鮮卑族人。出身鮮卑族世家。祖父慕容廆（廆，讀作鬼）、父親慕容皝（皝，讀作恍），佔有遼東之地，名義上臣屬於東晉，實際上已成爲割據政權。東晉永和八年（西元三五二年），慕容皝的兒子慕容儁（儁，讀作俊）率兵南下，攻滅冉魏，自稱皇帝，定都薊（今北京西南），後又遷都鄴城（今河北臨彰西南）。這個燕國便是前燕。慕容垂作爲慕容儁的弟弟，是前燕的開國功臣之一，封吳王，出任征南將軍、荊州牧和兗州牧，位高權重。東晉名將桓溫北伐時，慕容垂與之戰於枋頭（今河南淇縣東南），大獲全勝，威名大振，從而引起了前燕權臣慕容評等人的嫉恨和排斥。慕容垂爲保性命，賭氣投奔了前秦苻堅。

苻堅對於慕容垂來投非常高興，「郊迎執手，禮之甚重」。宰相王猛發現慕容垂具有雄略，建議苻堅將其誅殺，以免後患。苻堅不從，任命慕容垂爲冠軍將軍，封賓都侯。建元六年（西元三七〇年），王猛統領大軍進攻前燕，攻陷鄴城，擒獲皇帝慕容暐，前燕滅亡，鮮卑貴族四萬多戶被遷至長安居住。慕容垂參加了這次軍事行動，看到故國滅亡、宗室淪落的景象，內心悲涼，由此有了復國的想法。

苻堅依然器重慕容垂，任命他爲京兆尹，改封泉州侯。苻堅準備攻伐東晉，遭到群臣的反對。唯獨慕容垂，表示全力支持。以致苻堅感動地說：「與朕平天下者，其惟卿耳。」

前秦與東晉之間的淝水之戰，以苻堅慘敗而告結束。奇怪的是，慕容垂部三萬兵馬，完好無損。苻堅狼狽地到了慕容垂軍中。慕容垂兒子慕容寶和弟弟慕容德建議，殺苻堅，雪國恥，隆中興之業，建少康之功。慕容垂覺得時機尚不成熟，說：「然彼以赤心投命，若何害之！苟天所棄，圖之多便。且縱令北還，更待其釁，既不負宿心，可以義取天下。」

淝水之戰後，各少數民族領袖人物，紛紛脫離前秦，謀取自立。慕容垂也不例外，請求到北方去「張國威刑，以安戎狄」，順便祭祀祖上陵墓。大臣權翼看出了慕容垂的用心，說：「慕容垂猶鷹也，饑則附人，飽則高飛，遇風塵之會，必有凌霄之志。」可是，苻堅放心慕容垂，給他三千兵馬，准予成行。這一成行，等於虎歸山林。鮮卑族人紛紛歸附慕容垂，他的兵馬迅速發展到十餘萬人。建元二十年（西元三八四年），慕容垂自稱大將軍、大都督、燕王，兵馬又發展到二十餘萬人。兩年後，攻取鄴城，即皇帝位，定都中山（今河北定縣），正式建立了後燕。

慕容垂在位十三年，最大的成就是攻滅了西燕，並多次與北魏發生衝突。北魏是新崛起的鮮卑族拓拔氏政權，慕容垂與之對抗，連續失利，國力大損。建興十一年（西元三九六年），慕容垂率兵進攻北魏，途中看到「積骸如山」，不由「慚憤嘔血」，急忙回師，旋即病死。死年七十一歲，葬于宣平陵（今址不詳），廟號世祖，諡號成武皇帝。

後燕是在淝水之戰後的亂勢中建立的，根基很不穩固。慕容垂傳位給太子慕容寶，慕容寶傳位給庶長子慕容盛，二人都很荒淫。光始元年（西元四〇一年），慕容盛在平定叛亂中受傷而死，事出突然，國內大亂，圍繞皇位問題，形成激烈的爭奪。慕容盛之母丁太后，長期與慕容盛叔父慕容熙私通，最後經她拍板，慕容熙當了皇帝。

慕容熙（西元三八五～四〇七年），一名長生，字道文，慕容垂最小的兒子。官拜都督中外諸軍事、驃騎大將軍、尙書左僕射，領中護軍，勇敢善戰，多有軍功。他登基後，立刻殺了叛亂的大臣段璣、秦興，以及皇位的競爭者慕容元，夷滅三族。慕容熙同樣是個荒淫的皇帝，嬖愛女色，專寵苻堅族人苻氏姐妹，封爲貴人、貴嬪，而把扶立他爲帝的舊情人丁太后冷落在一邊。丁太后又羞又恨，遂與侄兒丁信謀劃，決定廢黜慕容熙。不料機密洩露，丁太后被逼自殺，丁信被殺。接著，慕容熙平息了高和發動的兵變，鞏固了統治地位。

慕容熙志高氣滿，縱情享樂起來。他下令興造龍騰苑，方圓十餘里，苑內起高山，名景雲山，高十七丈；建逍遙宮、甘露殿，樓閣林立。再在苑中開挖天河渠，引河水流過，形成曲光海、清涼池，專供苻氏姐妹遊玩。爲了建造宮苑，徵發役徒數萬人，常年施工，其中累死者達萬餘人。爲了建造承華殿，命在京城北門外取土墊基，因索要急迫，弄得黃土與穀子同價。典軍杜靜見皇帝如此奢靡揮霍，不恤民力，命人抬著棺材進諫。慕容熙大怒，立時把杜靜殺了。

苻氏姐姐被立爲皇后，妹妹被封爲昭儀。二苻並美而豔，愛好微行遊宴。慕容熙有求必應，從不禁止。二苻雖是女流，卻好武事，尤好圍獵。慕容熙陪同她倆，到處射獵。士兵被豺狼傷害及凍死者，多達五千餘人。一次，慕容熙帶著苻皇后，征伐高句麗（今遼寧東；句，讀作勾），造衝車，挖地道，眼看就要破城，慕容熙卻傳令說：「待鏟平賊寇，朕要與皇后乘御輦入城，諸將士不准先進城內搶功。」將士們因此退後，敵方趁機加強防禦，燕軍竟未攻破城池。氣候突變，雨雪交加，士兵凍死無數。

後來，苻昭儀病死，被追贈爲湣皇后。御醫王溫沒有治好苻昭儀的病，被肢解焚屍。建始元年（西元四〇七年），苻皇后又病死。慕容熙悲痛號哭，悲哀程度勝過死了爹娘。他爲皇后守喪，穿孝衣，吃素食，還令百官哭喪，由侍從檢驗，有淚者算忠孝，無淚者治罪。百官惶懼，全都含辛流淚，蒙混過關。大臣慕容隆的妻子，饒有姿色。慕容熙將她賜死，以爲皇后殉葬。他命動用國庫錢財，爲皇后修建豪華的陵墓，墓塚方圓數里，規模宏大。他說：「善爲之，朕將隨後入此陵。」出殯之日，靈車太高太寬，出不了城門。慕容熙下令，拆毀城門，保證靈車通過。而且，他披髮赤腳，跟在靈車後面，號啕大哭。圍觀的百姓見此情狀，私相議論說：「慕容氏自毀其門，將不久矣！」

事實上正是這樣。慕容熙倒行逆施，大辦喪事，激起軍民怨恨。中衛將軍馮跋、左衛將軍張興，不堪忍受虐政，亡命在外，發誓要除掉禍國殃民的暴君。他倆聯絡志士二十二人，回到京城，趁出喪之機，推舉慕容寶養子慕容雲為主，發動役徒五千人，關閉城門，造起反來。一名宦官逃出城去，向慕容熙報信。慕容熙毫不在意，說：「此鼠盜耳，朕還當誅之。」他埋葬了皇后，束髮頂盔，身披鎧甲，率兵趕回京城。可是，士兵們看透了皇帝的荒淫和腐朽，誰也不肯出力。慕容熙大敗，逃至一處樹林中藏匿，被人捉住。慕容雲歷數其罪惡，把他及其幾個兒子，一起殺死，後燕滅亡。慕容熙死時只有二十三歲，葬於徽平陵（今址不詳），諡號昭文皇帝。

慕容熙是在大出喪中而亡國喪命的。歷朝歷代帝王，都有眾多后妃。他們寵愛后妃，大多是為了一己之私欲，而破壞千萬人的幸福。因此，他們所謂的愛，是一種自私的愛，不僅製造了自己的悲劇，而且製造了社會和人民的悲劇，不值得同情。

南朝宋武帝劉裕——寒族勢力興起，窮漢當了皇帝

東晉末年，中國政治形勢的格局發生重大變化。北方，北魏先統一其他小國，再分裂成東魏、西魏，東魏、西魏又分別成爲北齊、北周，統稱「北朝」；南方，宋、齊、梁、陳四個朝代更迭，統稱「南朝」。南朝和北朝相對峙，歷時一百七十年，史稱南北朝。

先說南朝。第一個朝代叫「宋」，是由窮漢出身的劉裕取代東晉而建立的，史家多稱它爲「南朝宋」或「劉宋」。劉裕（西元三六三～四二二年），小名寄奴，字德輿，彭城（今江蘇徐州）人，遷居京口（今江蘇鎮江）。其遠祖可以追溯到漢高祖劉邦之弟劉交，祖父劉靖當過太守，父親劉翹只當過功曹。劉裕出生時，家道衰落，十分貧寒，長大後種過田、打過魚、砍過柴、賣過鞋，窮得一塌糊塗；還愛賭博，一次賭輸了錢，無力償還，被債主綁在柱子上，打得皮開肉綻，險些喪命。他開始從軍，參加劉牢之率領的北府兵，作戰英勇，且多謀略，升任軍中頭目。北府兵鎮壓孫恩、盧循領導的農民起義，劉裕建有軍功，升爲下邳太守。元興元年（西元四〇二年），權臣荊州刺史桓玄，率兵沿長江東下，進入建康，殺掉宰相司馬道子，總攬大權。轉年，桓玄廢黜晉安帝司馬德宗，自己做了皇帝，改國號爲楚。劉

牢之死後，劉裕繼任北府軍首領，成爲桓玄的臂膀。元興三年（西元四〇四年），劉裕反水，起兵討伐並殺死桓玄，迎晉安帝復位。這樣，他就成了天大的功臣，官授侍中、車騎將軍、開府儀同三司、揚州刺史、錄尚書事，兼任徐、兗二州刺史，主持朝廷政務。其後一路飆升，爲太尉，爲太傅，爲相國，封宋公、宋王，享受九錫之禮，掌握了東晉的所有軍政大權。

劉裕出身寒微，懂得建功樹威的道理。爲此，他親率大軍北伐，進攻鮮卑族南燕政權。南燕國都廣固（今山東益都）被圍，危在旦夕，派人向強鄰後秦求救。後秦建都長安，皇帝爲姚興。姚興派出使臣嚇唬劉裕說：「秦、燕相鄰，燕國有難，秦國不能袖手旁觀。長安已出鐵騎十萬，進據洛陽。晉軍若不速退，鐵騎將長驅直入，殺得晉軍片甲不留！」劉裕冷笑，讓使臣傳話，說：「你回去告訴姚興，本帥原想滅燕之後，休兵三年，再收復洛陽和長安。現在，你們急於送死，那就趕快來吧！」晉將劉穆之擔心這樣會激怒後秦，秦、燕聯手，恐難制服。劉裕很有把握地說：「兵貴神速，這是兵家常識。秦想助燕，早就發兵了，哪有千里迢迢先來訛詐的道理？姚興只是虛張聲勢罷了，色厲內荏，不用管他！」劉裕的判斷是正確的，後秦始終未敢出兵。義熙六年（西元四一〇年），東晉攻佔廣固，殺了末帝慕容超，南燕滅亡。

義熙十二年（西元四一六年），後秦姚興死，其子姚泓繼位，國中鬧起內亂。劉裕抓住這一機會，再次北伐，兵分五路，進攻後秦。大將王鎭惡、沈田子進兵關中，破釜沉舟，猛攻長安。姚泓兵敗投降，後秦滅亡。次年，劉裕親到長安，慰勞將士。後來，長安被匈奴夏國奪了去。但潼關以東、黃河以南的大片土地，盡歸東晉。期間，劉裕還進軍荊州和益州，消滅了那裏的割據勢力。這樣，劉裕的勳業，就是東晉以來任何一個權臣名將所無法比擬的，他取代東晉自立，水到渠成，只是個時間問題了。

當時流行一句讖語說：「昌明之後有二帝。」昌明是孝武帝司馬曜的字。司馬曜傳位安帝司馬德宗，尚缺一帝。劉裕爲滿足「二帝」之數，先使人勒死晉安帝，扶立其同母弟司馬德文即位，是爲晉恭帝。晉恭帝在位一年多，元熙二年（西元四二〇年），劉裕在一幫親信的鼓動下，逼其禪位，由劉裕當了皇帝，改國號爲宋。東晉滅亡。是年，正值北魏明元帝拓拔嗣泰常五年，南北朝紀年就此開始。

劉裕建國稱帝，反映了統治階級內部兩種勢力的消長。自西晉以來，世家豪族勢力日漸衰落，寒族勢力蓬勃興起，劉裕正是寒族勢力的代表人物。劉裕或許是出身和經歷的緣故，稱帝後比較了解民眾的疾苦，減輕賦稅，賑濟窮人，自己生活儉樸，清簡寡欲，衣服車馬無珠玉之飾，朝廷後宮無靡靡之音，每次朝會連音樂也不演奏。一次，地方官吏獻給他一個琥珀枕頭，光色甚麗，價盈百金。他聽說琥珀碾成粉末可以治療箭傷，命人把枕頭粉碎了，分賜給將士。劉裕患有熱病，愛睡涼床。有人關心他，獻上一張石床。可他說：「木床且貴，而況石床邪？」硬是命人將石床砸毀了。他平常愛穿一雙木鞋，微行出訪，隨從不過十餘人。諸女出嫁，規定妝奩價格不得超過二十萬錢，禁止陪嫁金玉錦繡等貴重物品。

劉裕僅當了兩年皇帝便病死，死年六十歲。葬於初寧陵（今江蘇江寧蔣山），廟號高祖，謚號武皇帝。他的兒孫們，除宋文帝劉義隆外，均爲荒淫無恥的暴君，爲了爭奪皇位，骨肉相殘，名聞史籍。劉裕九個兒子，只有一人善終；其子劉義隆十九個兒子，其孫劉駿二十八個兒子、劉彧十二個兒子，大多死在爭奪皇權的自相廝殺中。劉宋只存在了六十年，八任皇帝，五人死於非命。有一則民謠記錄了皇族內部殘殺的醜劇，說：「遙望建康城，小江逆流縈。前見子殺父，後見弟殺兄。」

南朝齊高帝蕭道成——
先朝的翻版和覆轍

南朝劉宋滅亡，齊朝起而代之。該朝是蕭道成建立的，故亦稱「蕭齊」或「南齊」。

蕭道成（西元四二七～四八二年），字斗將、紹伯，祖籍東海蘭陵（今山東棗莊東南），遷居南蘭陵（今江蘇常州西北）。出身官宦世家，祖父蕭樂子官至輔國將軍，父親蕭承之官至右軍將軍。蕭道成年輕時並無遠大志向，從小小軍官起步，升任建康令。他為人謹慎，比較能幹，屢屢借助軍功，不斷升遷，宋明帝時歷任右軍將軍、驍騎將軍、代理冠軍將軍、太守、刺史等職。劉宋皇族熱衷於自相殘殺的時候，蕭道成暗暗攫取權力，升任右衛將軍，領衛尉。宋後廢帝劉昱登基後，蕭道成任持節、都督征討諸軍事、平南將軍，平定了桂陽王劉休范的叛亂。因此官拜散騎常侍、中領軍、都督、南兗州刺史、鎮軍將軍，封爵為公，掌握了皇家禁軍的領導權。他與尚書令袁粲、護軍褚彥回、領軍劉勔，並為朝廷「四貴」，共掌機密，斷決大事。

劉昱為帝，終日以殺人為樂，不務正業。一天，他突然帶領數十名侍衛，闖進禁軍軍營。時值盛夏，天氣酷熱，蕭道成體胖，正裸露著身體午睡。劉昱見他肚皮很大，惡作劇地在上面畫了個圓圈，作爲靶心，準備射箭取樂。蕭道成醒來，告罪求饒。左右忙爲之解脫，說：「蕭將軍的大肚皮，確實是個好射靶。可是若一箭將他射死，陛下想再射就沒有射靶了。不如換一支取掉箭頭的雹箭，射了還可以再射，那多有意思！」劉昱以爲有理，改用雹箭，一箭正中蕭道成的肚臍。他樂得哈哈大笑，擲弓於地，得意地說：「朕的箭法如何？一箭中的，不錯吧？」

蕭道成的權勢越來越大。劉昱漸漸控制不住，怕他篡奪皇位，只能詛咒他早死。劉昱製作一個木頭人，酷似蕭道成，天天用箭射他；同時命侍衛比賽箭法，射中木人者重賞。後來，劉昱把所看到的物件，都當作蕭道成，常常自言自語地說：「明日當以利刃刺殺蕭肨子，刺殺蕭肨子！」他的母親陳太妃，大罵兒子不識時務，說：「蕭道成有大功於國，今害之，誰爲汝盡力？」

蕭道成偵察到這些情況，憂懼恐有不測，暗中布置心腹王敬則，結交皇帝侍衛楊玉夫等，待機行事。一天，劉昱又要殺人，楊玉夫趁他熟睡的時候，輕而易舉地砍了他的腦袋，送給王敬則。王敬則報告蕭道成。蕭道成不大相信，嚇得不敢開門。王敬則把皇帝頭顱隔牆扔進去。蕭道成索水洗視，確信那就是劉昱的人頭，這才開門，穿上戎裝，火速率兵進宮。

蕭道成召集群臣，商討繼任皇帝問題。袁粲等人遲疑不語。平時一貫和藹可親、謹慎從事的蕭道成，卻一反常態，「鬚髯盡張，眼光如電」，咄咄逼人。王敬則忽地拔出利刃，躍起嚷道：「天下之事，皆歸蕭公，敢有開一言者，血染我刀！」他請蕭道成立刻坐上皇位，以免枝節。可是，蕭道成還要裝模作樣，仿照先朝慣例，演一演所謂的禪讓把戲。他命把劉昱的弟弟劉準立爲皇帝，就是宋順帝。劉準時年十歲，朝政大權全部掌握在蕭道成手中。他升任驃騎大將軍、開府儀同三司，進位太尉、都督中外諸軍事，再任太傅、相國，封齊王，享有九錫之禮，建天子旗幟，出入乘坐金根車。升明三年（西元四七九年），蕭道成逼迫劉准禪位，自己當了皇帝，改國號爲齊。

蕭道成開國稱帝，躊躇滿志，廢除了劉宋的一些苛政，聲稱：「使我臨天下十年，當使黃金與土同價。」針對劉宋的奢靡之風，他強調儉樸，「身不御精細之物」，「凡異物皆令隨例毀棄」。主衣庫中有件玉器，雕刻精美，異常貴重。他發現後，立命將之擊碎，並規定後宮裝飾，禁止用金銀、珠玉，一律改用鐵。當然，他最在意的還是蕭齊江山，希望兒孫爭氣，能夠保住社稷。建元四年（西元四八二年），蕭道成生了重病，告誡兒孫們說：「我本布衣，從沒想過能當皇帝。那是因爲劉宋骨肉相殘，弄得國破族滅，才爲我大齊所取代。你們要以劉宋爲鑒，兄弟和睦恩愛，切不可……」話沒說完死去，死年五十六歲。葬於泰安陵（今江蘇江陰北），廟號世祖，諡號高皇帝。

歷史有驚人的相似之處。蕭道成從微不足道的小人物，升官專權，到受禪稱帝，可以說是先朝劉裕的翻版。他的兒孫也和劉裕兒孫一樣，爲了爭奪皇位而自相殘殺，完全重蹈先朝的覆轍，演出了內容幾乎完全相同的歷史悲劇。蕭齊存在了二十四年，七任皇帝，四人死於非命。這並不奇怪，說到底是封建地主階級貪婪、殘暴、腐朽本性的必然結果。

南朝梁武帝蕭衍——
菩薩皇帝，活活餓死

南朝第三個王朝叫做梁，乃蕭道成的族弟蕭衍所建，亦稱「蕭梁」。

蕭衍（西元四六四～五四九年），字練兒、叔達，南蘭陵人。父親蕭順之，一直支持蕭道成，官至領軍將軍、丹陽尹。蕭衍年輕時「博學多通，好籌略，有文武才幹」。竟陵王蕭子良創辦文學團體「西邸」，成員有著名詩人沈約、謝眺等人。蕭衍也是其中一員，他與他們合稱「竟陵八友」。齊明帝蕭鸞在位期間，北魏軍隊時時南侵。蕭衍從中書侍郎、黃門侍郎，改任司州刺史、輔國將軍、雍州刺史，鎮守襄陽。這期間，他發展了自己的勢力，爲日後專權稱帝創造了條件。

蕭齊皇族骨肉相殘，天昏地暗。蕭鸞之子蕭寶卷即位後，追求享樂，濫殺無辜，朝政混亂到極點。蕭衍在舅父張弘策的指點下，暗中積蓄鐵騎五千匹、甲士三萬人。永元三年（西元五〇一年），他在江陵擁立蕭鸞另一個兒子蕭寶融爲皇帝（齊和帝），宣布廢黜蕭寶卷；自任尚書左僕射、征東大將軍、都督征討諸軍事，然後率兵沿長江東下，攻進建康，將蕭寶卷殺死。蕭衍控制了整個京城，加任中書監、大司馬、錄尚書、驃騎大將軍、都督、揚州刺史等職，封建安郡公，食邑萬戶；再進位相國，總百揆，封梁公、梁王，享有九錫之禮，距離皇位只有一步之遙。爲了走完這一步，他命人編造「行中水，爲天子」的讖語，教會兒童傳唱。「行中水」，恰是個「衍」字。就是說，按照上天的意志，蕭衍將成爲天子。中興二年（西元五〇二年），蕭衍造足了輿論，假意迎蕭寶融回住建康。蕭寶融到達姑孰（今江蘇蘇州）時，被蕭衍黨羽夏侯詳扣留。夏侯詳逼其禪位。蕭寶融年幼無助，只能同意。於是，蕭衍當了皇帝，改國號爲梁。蕭齊滅亡。

蕭衍建國稱帝，第一件事是殺死蕭寶融及先朝蕭氏宗室成員，以絕其患。他接受亡齊的教訓，開始勤於政事，即使在寒冬臘月，也會在五更起床，批閱公文，雙手凍裂，也不在乎。他的生活非常節儉，「日止一食，膳無鮮腴，惟豆羹糲飯而已」，只穿粗布衣服，一床被子蓋兩年，一頂帽子戴三年，床上懸掛普通的黑帳子，沒有任何裝飾。平時不飲酒，不聽音樂，一切從簡，簡直到了清心寡欲的程度。蕭衍有著很不錯的文化修養，重視儒學，精通音律、書法、詩歌和經史，著有《群經講疏》二百餘卷和《通史》六百卷。因此，蕭梁前期，國內形勢穩定，沒有發生什麼亂子。

蕭衍是以「溺信佛道」而著名的皇帝，由此得到一個雅號：菩薩皇帝。他在位期間，大規模地營建佛寺佛塔，建造佛像，使佛教在南朝的傳播，出現了空前的盛況。僅建康城內外，就有佛寺五百多所，僧尼多達十萬人。大通元年（西元五二七年），他下令在皇宮旁邊新建一座同泰寺，宮牆開門，供他自由來去。忽然有一天，他說看破紅塵，要到同泰寺當和尙。接著，不管大臣怎樣勸阻，硬是脫了龍袍，穿上袈裟，剃了頭髮，住進寺裏，早晚跪拜佛祖，念著經文，敲著木魚，儼然就是一個和尙。

皇帝當了和尙，文武大臣急壞了。他們跪在地上磕頭，懇求皇上回宮處理朝政。直到第四天，他才答應回宮。兩年後，他在同泰寺舉行一次佛教大典，叫做「四部無遮大會」，到會拜佛的有十幾萬人。會後，蕭衍又在寺中住下，當了和尙。文武大臣心急火燎，懇求皇上回宮。蕭衍放出口風，說自己已是同泰寺的和尙，若要回宮，非要出錢「贖身」不可。如何贖身？那就是捐錢給寺裏。於是，朝廷百官紛紛捐錢，共得一億萬錢（當時一億爲十萬），交給寺裏。蕭衍這才「贖」了「身」，回宮繼續當皇帝。「贖身」的把戲先後玩了四次，百官們共計花了四億萬錢。這些錢轉嫁到百姓頭上，致使「肌肉略盡」，「骨髓俱罄」，「人人厭苦，家家思亂」。

蕭衍不但養肥了手撚佛珠、身披袈裟的寺院僧人，而且也養肥了皇家和世族整個統治階級。他的六弟臨川王蕭弘，貪婪成性，百般聚斂，府中有百間倉庫，僅藏錢的倉庫就有三十餘間，貼有紫封，計錢三億萬緡。其他倉庫裝有絲綢、珍玩等貴重器物，不可數計。蕭衍一次到蕭弘府第去，看到弟弟如此奢華，連聲稱讚說：「阿六，你很會生活啊！」

蕭衍忽而在寺裏，忽而在皇宮，既是和尙，又是皇帝。太清二年（西元五四八年）爆發了侯景之亂，蕭梁陷入滅頂之災。

侯景是羯族人，原爲北方東魏大將，叛投梁朝，蕭衍封他爲河南王。侯景野心很大，勾結蕭衍的侄兒臨賀王蕭正德，很快發動叛亂，攻佔了長江以北地區。蕭衍偏偏派了蕭正德，防守長江天險。蕭正德連夜用大船，把侯景的八千名士兵和數百匹戰馬，接過長江，攻佔建康要塞石頭城，進而包圍了皇宮所在地台城。蕭衍緊急召集援軍，共有二三十萬人。其中兩支，分別由皇子邵陵王蕭綸和將軍柳仲禮率領。可是，蕭、柳二人，手握重兵，卻坐觀侯景圍攻台城，按兵不動。原來，他倆均有私心，巴不得侯景攻破台城，替自己掃除奪取皇位的障礙。蕭衍憂心如焚，問計於柳仲禮父親柳津。柳津哭喪著臉說：「陛下有邵陵（王），臣有（柳）仲禮，不忠不孝，怎能破賊呢？」

侯景圍城四個多月，台城陷落。蕭衍被侯景捉住，關了起來。他自知江山不保，半以解嘲半以自慰地說：「自我得之，自我失之，我有何怨？」他節衣縮食一輩子，這時想吃點蜂蜜，可是沒有人理他，菩薩和佛祖也不幫忙。他感到委屈，最後活活餓死。蕭衍在位四十七年，活了八十六歲，是南朝皇帝中在位時間最長、年齡最高的皇帝。死後葬於修陵（今江蘇丹陽東），廟號高祖，謚號武皇帝。

侯景之亂，給予江南人民造成了巨大的災難，千里絕煙，屍骨山積，寺院荒圮，一片瓦礫。蕭梁存在了五十六年，八任皇帝，無一善終，後來被陳朝所取代。

南朝陳武帝陳霸先、南朝陳後主陳叔寶——

開國者尚儉素，亡國者無心肝

侯景攻佔建康，自己做起皇帝來，改國號爲「漢」。此人殘暴無比，殺人如麻，激起江南人民的強烈反抗。部分地方官吏和將領也起兵抗暴，其中包括荊州的王僧辯和嶺南的陳霸先。陳霸先最終取得勝利，滅亡蕭梁，建立陳朝。

陳霸先（西元五〇三～五五九年），字法生、興國，吳興長城（今浙江長興）人。出身寒微，年輕時只是個鄉里小吏。「及長，涉獵史籍，好讀兵書，多武藝，明達果斷」，鎮壓交州農民起義，立有戰功，升任江西督護、高要太守。太清三年（西元549年），陳霸先爲平定侯景之亂，在高要（今廣東肇慶）起兵，從始興（今廣東韶關）出大庾嶺，沿贛水順流而下，沿途人民紛紛從軍獻食，隊伍迅速壯大起來。至湓城（今江西九江），與征東將軍王僧辯的荊州兵馬會合。兩軍同心協力，攻陷建康。侯景兵敗，取道海上逃跑，後被部下殺死。

蕭梁骨肉相殘，頻繁地更換皇帝。梁元帝蕭繹即位於江陵時，侯景之亂告一段落。王僧辯任太尉，鎮守石頭城；陳霸先任揚州刺史，領會稽太守，鎮守京口。王、陳二人過往甚密，情投意洽，相約做了兒女親家。

承聖三年（西元五五四年），蕭繹被北方的西魏俘擄殺害。王僧辯、陳霸先共立蕭繹之子蕭方智為太宰，準備立為皇帝。不想這時發生了變故。王僧辯乃鮮卑族人，姓烏丸氏。北方鮮卑族建立的北齊政權發兵南侵，並派遣使臣通知王僧辯，說：「梁朝正值多事之秋，皇帝應當立長，不宜立幼。蕭淵明年長，立為皇帝，最為合適。梁朝若立蕭淵明為帝，齊國願意回軍，齊、梁永結友好，互不侵犯。」蕭淵明是梁武帝蕭衍的侄兒，八年前兵敗被俘，一直在齊國生活。北齊要送回一個俘虜來做梁朝皇帝，用心顯而易見，就在於控制梁朝，使之成為齊國的附庸。次年，王僧辯不顧陳霸先的堅決反對，竟然把蕭淵明迎回建康，立為皇帝，而把蕭方智立為太子。這樣，陳霸先和王僧辯之間，便產生了尖銳的矛盾。陳霸先認為，王僧辯的做法是偏向鮮卑族人，屬於屈節投降行為。他當機立斷，秘密從京口起兵，偷襲王僧辯，將其擒殺，廢黜蕭淵明，擁立蕭方智為帝，是為梁敬帝。蕭方智感激陳霸先，任命他為侍中、都督中外諸軍事、車騎將軍、揚州和徐州刺史、持節、司空等職。北齊聞訊，大軍南下，進兵至建康城外。王僧辯的殘餘勢力，配合北齊軍隊，紛起作亂。時值連日大雨，平地水深丈餘。陳霸先軍糧不濟，無以為食。江南父老看到這種情況，自發地組織起來，用荷葉裹飯，夾上鴨肉，慰勞士兵。在廣大百姓的支援下，陳霸先的軍隊為了保衛鄉土，奮勇作戰。北齊軍隊潰敗，狼狽逃竄。陳霸先乘勝追擊，大獲全勝，同時徹底肅清了王僧辯的殘餘勢力。

陳霸先成了功臣和英雄，進位丞相、錄尚書事、鎮衛大將軍、揚州牧，又進位太傅、相國，封陳公、陳王，享有九錫之禮，建天子旗幟，出入乘坐金根車。歷史經驗證明，權臣封王之日，便是篡位之時。太平二年（西元五五七年），蕭方智被迫禪位，陳霸先當了皇帝，改國號爲陳。蕭梁滅亡。

陳朝初建，地域狹小，西不過蜀，北失淮（河）淝（水），只偏促在長江中、下游以南地區。蕭梁地方官吏，並不怎麼臣服新朝。陳霸先還得披掛上陣，征服那些反對勢力。史載，陳霸先爲帝期間，「雅尚儉素，常膳不過數品。私饗曲宴，皆瓦器蚌盤，肴核庶羞，裁令充足，不爲虛費」。永定三年（西元五五九年），陳霸先病死，死年五十七歲。葬於萬安陵（今江蘇江寧境），廟號高祖，謚號武皇帝。

陳朝經歷文帝、廢帝、宣帝三朝，疆域擴展至今廣東、廣西一帶。第五任皇帝叫陳叔寶，即歷史上以荒淫著稱的陳後主，存在了三十三的陳朝，就滅亡在他的手裏。

陳叔寶（西元五五三～六〇四年），字黃奴、元秀，陳宣帝陳頊所立的太子，陳霸先的堂孫。太建十四年（西元五八二年）元月，陳頊病死，陳叔寶爲之守靈。他的弟弟陳叔陵，突然發難，手持一把藥刀，刺殺哥哥，爭奪皇位。陳叔寶受傷，昏厥在地，幸賴生母、乳母和四弟陳叔堅拼命保護，方免一死。陳叔陵渡江逃跑，被人殺死。陳叔寶帶傷即位，就是陳後主。

陳叔寶自幼生活在皇宮，屬於典型的紈袴子弟，全然不知時事艱難，民生疾苦。登基後重用東宮舊臣孔范、施文慶等人，排擠和迫害忠良，就連陳叔堅也被趕離朝廷，出任江州刺史。此後，他視國事爲兒戲，一門心思追求物質享受和精神放縱，沉湎酒色，腐朽不堪。

陳叔寶寵幸很多女人，尤其寵幸美豔乖巧的貴妃張麗華。此外還有龔、孔貴嬪，王、季美人，張、薛淑媛，以及袁昭儀、何婕妤、江修容等。爲了和嬪妃盡情享樂，他專門在光明殿前新建起臨春、結綺、望仙三座閣樓，「高數十丈，並數十間。其窗牖（牖，讀作有）、壁帶、懸楣、欄檻之類，皆以沉檀香爲之，又飾以金玉，間以珠翠，外施珠簾，內有寶床寶帳。其服玩之屬，瑰麗近古未有。每微風暫至，香聞數里，朝日初照，光映後庭。其下積石爲山，引水爲池，植以奇樹，雜以花藥……」平時，陳叔寶和嬪妃在閣樓中恣意遊玩，還召進一些文人，推杯換盞，賦詩酬答，號稱「狎客」。花天酒地中炮製出來的詩作，內容都是讚美女人的豔詞麗語，格調低下。陳叔寶取其中特別豔麗的，譜成曲子，挑選千餘名宮女演唱，輕歌曼舞，醉生夢死。陳叔寶自作的靡靡之音《玉樹後庭花》就產生在此時，後世常用作亡國之音的比喻。

張麗華長有一頭烏黑的長髮，光可鑒影。她容色端麗，進止閒華，每瞻視眄睞，光彩溢目，勾人魂魄。清晨，她臨檻梳妝，長髮散開，好像黑色的瀑布，遠處遙望，飄若神仙。張麗華不僅姿容豔美，而且極有心計，善伺人主顏色，把個陳叔寶迷得神魂顛倒，如醉如癡。有時宦官奏事，他不是將張麗華抱在懷中，就是讓張麗華坐在膝上，含含糊糊地決斷。不明白處，張麗華略加指點，無不清晰。因此，陳叔寶寵愛張麗華，視她爲第一紅顏知己，遠勝皇后，冠絕後宮。

后妃得寵必然干政。進而，張麗華與孔貴嬪聯手，勾結和籠絡宦官李善度、蔡臨兒等，逐漸把持了一部分朝政。於是，張、孔之權，薰灼四方，宗族親里，多被引用，大臣宰執，亦從風而靡，以致朝廷上下，賄賂公行，賞罰無常，百官懈怠，人心離散，到處一片亡國景象。大臣韋鼎感歎說：「江東王氣，盡於此矣！」

福盡禍至，樂極生悲。陳叔寶和張麗華等驕奢淫樂，結局可想而知。禎明三年（西元五八九年），北方的隋朝文帝楊堅，命兒子楊廣率兵伐陳。各地警報雪片似地飛向建康。宦官隱匿不報，免得皇帝煩惱。形勢越見嚴重，陳叔寶方召群臣議事，竟說：「王氣在此，齊（北齊）兵三次來，周（北周）兵兩次至，均大敗而去。這次隋兵南侵，只能自取滅亡。」尚書孔范則說：「長江天塹，自古以來隔斷南北，隋軍豈能飛渡？這都是邊防將官想建功勞，故意誇大敵情。臣總嫌官小，這次北兵渡江，正好送臣個太尉公當當。」君臣哄笑一番，照樣飲酒賦詩，歌舞不休。許多警報送上來，陳叔寶一不拆封，二不過問，扔在一邊了事。

隋軍大將韓擒虎、賀若弼突破長江，兵臨建康城下。陳叔寶驚慌失措，尋找地方躲避。尚書僕射袁憲正色說：「陛下穿戴衣冠，端坐正殿，誰敢侵犯？」陳叔寶毫無氣節，一邊跑一邊說：「刀劍之下，說不清楚，朕還是自想辦法吧！」說完，帶著心愛的張麗華和孔貴嬪，藏進一眼枯井中保命。

隋軍攻進皇宮，追查到陳叔寶的下落，呼喚投降。陳叔寶不敢回答。隋軍揚言要向井裏投擲石塊。陳叔寶這才應聲，讓上面用繩子將他吊出枯井。隋軍丟下繩子，吊上來的竟是一男二女三個人，罵道：「皇帝這樣荒唐，國家焉能不亡！」

楊廣命將張麗華和孔貴嬪就地斬首。陳後主則被作爲亡國之君，連同王公大臣，押解至隋都長安，俘虜隊伍長達五百里。隋將王頒乃王僧辯之子，王僧辯當年被陳霸先擒殺，王頒爲了報仇，趁夜間挖掘了陳霸先的萬安陵，焚骨揚灰。陳叔寶喪家亡國，致使先祖陵墓，跟著遭殃。

陳叔寶在長安，只知道飲酒，每天都喝得爛醉，不醒人事。隋文帝楊堅鄙視這樣的亡國皇帝，曾說：「叔寶全無心肝！」他命將陳叔寶囚禁於洛陽。開皇十四年（西元五九四年），楊堅駕幸洛陽，遊覽邙山。陳叔寶侍候飲宴，賦詩一首：「日月光天德，山河壯帝居。太平無以報，願上東封書。」他爲了討好楊堅，上書建議，應當封禪泰山。楊堅認爲那是勞民傷財之舉，予以拒絕。其後，陳叔寶還曾多次侍候楊堅飲宴。一次飲宴結束，楊堅看著陳叔寶遠去的背影，感歎說：「陳氏敗亡不正是由於酒嗎？他有作詩的功夫，爲什麼就不思量如何保持國家的長治久安呢？」仁壽四年（西元六〇四年），陳叔寶病死，葬於洛陽邙山，謚曰「煬」。《謚法解》釋「煬」說：「好內遠禮曰煬，去禮遠眾曰煬。」陳叔寶寵幸嬪妃，不奉禮義，疏遠忠臣，國亡家破，謚個「煬」字，恰如其分。

北魏道武帝拓拔珪、北魏太武帝拓拔燾——

乘勢崛起，統一北方

東晉孝武帝偏安江南期間，北方鮮卑族拓拔部迅速崛起，以其驍勇悍猛的姿態，馳騁於長城內外，建立了魏王朝，史稱北魏，亦稱後魏、拓拔魏或元魏。

北魏的創建者爲拓拔珪。拓拔珪（西元三七一～四〇九年），字涉圭，出身於鮮卑貴族。他的祖父拓拔什翼犍，曾經建立代國，歷時三十九年。前秦建元十二年（西元三七六年），苻堅攻滅代國，準備殺死代國王族全體成員。代國大臣燕鳳巧設計謀，騙過苻堅，保住了拓拔珪的性命。拓拔珪流居於獨孤、賀蘭等部落，在艱難的環境中磨練了意志，增長了才幹。淝水之戰後，前秦衰弱。拓拔珪趁機召集舊部，復興代國。東晉孝武帝太元十一年（西元三八六年），他在牛川（今內蒙古呼和浩特東）即位，稱代王，旋即稱魏王。其後十年裏，他鎭壓了叔父拓拔窟咄的叛亂，鞏固了王位；征服和兼併了周圍部族，擴展了實力；兩次打敗後燕，勢力範圍延伸至中原地區。天興元年（西元三九八年），拓拔珪稱帝，定國號爲魏，遷都平陽（今山西大同），國勢日盛，逐漸成爲北方最強大的地方政權。

拓拔珪在位期間最大的成就是，實行「分土定居」政策，強制解散以血緣關係爲基礎的部族組織，改以居住地區進行編制，使之成爲國家的編戶農民；國家授給他們田地，發給或貸給耕牛、農具、種子，定期收取租賦。這是政治、經濟方面的一項重大改革，使古老的鮮卑族從原始社會，大步跨進封建時代。拓拔珪還重視吸收漢族文化，任用漢族文人，鼓勵發展農業生產，大大加速了北魏封建化的進程。

拓拔珪跟所有皇帝一樣，奢望長生不老，長期服用朱砂、石英等有毒物質製成的方藥寒食散，親近女色毫無節制，嚴重損害了健康，身體虛弱。加之又遇自然災害，民眾造反等，使他整日煩躁不安，心神恍惚。久而久之，精神失常，近乎瘋癲。或數日不食，或通宵不眠，歸咎群下，喜怒乖常。有時獨自說話，就像鬼神附體，沒完沒了。朝臣奏事，他會突然想起對方昔日的過錯，立命推出去斬首。左右近侍，表情略有變化，喘氣不夠均勻，走路的姿勢或說話的聲音有所異樣，他都會疑神疑鬼，莫名其妙地將他們處死。他殺了人不讓埋葬，屍體堆積於朝殿的一側，任其腐爛生蛆，污穢不堪。這樣一來，弄得人人畏懼，百官懈怠，盜賊猖獗，處處恐怖。天賜六年（西元四〇九年），拓拔珪的兒子拓拔紹出面，結束了這種可怕的局面。

拓拔紹的生母賀氏，是拓拔珪母親賀太后的妹妹，也就是拓拔珪的姨母。賀氏已經嫁人，人到中年，卻依然娉娉婷婷，風韻迷人。拓拔珪鬼使神差，十分喜愛這個早已嫁人的姨母。他請母親賀太后促成好事。賀太后說：「不行！你的姨母姿色太美，女人過於漂亮，是禍不是福。況且，她已嫁人，你拿你的姨父怎麼辦？」拓拔珪不聽母親的勸說，指派親信殺了姨父，硬將賀氏抬進宮中，佔爲己有。賀氏生子拓拔紹。拓拔紹長大後，性格兇狠暴戾，經常劫剝行人，殺害牛、羊、豬等牲畜，以爲笑樂。一次，他見一孕婦，竟殘忍地剖其腹，以觀察腹中胎兒的情狀。拓拔珪得知其事，火冒三丈，多次懲罰拓拔紹。因此，拓拔紹對於父皇沒有感情，有的只是仇視和怨恨。一天，拓拔珪又無緣無故地懲罰賀氏，把她關了起來，揚言要將其處死。賀氏嚇得心驚肉跳，趕緊買通侍女，通知兒子尋求對策。拓拔紹本來就恨拓拔珪，這時爲救母親，也是爲了自己能當皇帝，連夜採取行動，召集心腹宦官，逾宮犯禁，直撲父皇寢殿，一陣亂刀，就將拓拔珪殺死。拓拔珪死時只有三十九歲，葬於金陵（今內蒙古和林格爾西北，一說今山西大同附近），廟號太祖，諡號宣武皇帝，後來改諡道武皇帝。

拓拔珪死後，其子拓拔嗣搶先登基即位，將賀氏和拓拔紹捕獲賜死。拓拔嗣在位十五年，繼續執行拓拔珪的政策，北魏國力進一步增強。泰常八年（西元四二三年），拓拔嗣病死，拓拔燾繼位，是爲太武帝。

拓拔燾（西元四〇八～四五二年），字狒狸，拓拔珪之長孫，拓拔嗣之長子，曾封太平王，登基時年僅十六歲。次年，塞北的游牧政權柔然（蠕蠕），便以六萬鐵騎，大舉入侵雲中（今內蒙古托克托東北），燒殺搶掠，使北魏邊境受到很大損失。拓拔燾毅然率兵，親往雲中，迎戰入侵之敵，迫使柔然兵敗潰退。其後，北魏和柔然之間，進行過多次戰爭。規模最大的一次是神䴥（䴥，讀作加）二年（西元四二九年），拓拔燾兵分兩路，主動出擊柔然。他捨去輜重，率領輕騎，深入大漠，突襲柔然主力。柔然防備不足，應戰大敗，「蠕蠕震怖，焚廬舍，絕跡西走」。拓拔燾在方圓數千里的範圍內，分兵追剿柔然殘部，取得巨大的勝利，共掠得民戶三十多萬戶，牲畜五六十萬頭，受降高車部二十餘萬人。拓拔燾把掠得的和受降的柔然人，遷徙至漠南居住，派兵監視他們從事農牧業生產，向朝廷繳納賦稅。數年後，北魏的各類皮貨堆積如山，馬牛羊的價格因此而大大跌落。

拓拔燾在戰爭中勇猛鎮定。史籍記載說：「臨敵，常與士伍同在矢石間，左右死傷者相繼，而帝神色自若，是以人思效命，所向無前。命將出師，指授節度，從命者無不制勝，違爽者率多敗失。性又知人，拔士於卒伍之中，惟其才效所長，不論本末。」

拓拔燾解除了北方強敵柔然的威脅，繼續縱橫馳騁，對十六國中殘存的大夏、西秦，北燕、北涼等小國用兵。太延二年（西元四三六年）滅北燕，太延五年（西元四三九年）滅北涼，從而結束了十六國割據紛爭的局面，統一了中國的北方。太延五年也就成了北朝的開端。

從統一北方的意義上說，拓拔燾是一位雄才大略、卓有貢獻的皇帝。更可貴的是他懂得怎樣鞏固統一和發展統一，那就是必須接受漢族的統治思想和理論，取得漢族人民的廣泛支持。爲此，他實行漢化政策，下令創辦學校，開館授經，努力提高鮮卑官員的漢文化水準。尤其是創辦了太學，規定王公大臣和貴族子弟，必須進太學學習漢族經史，違者「師身死，主人門誅」。統一初期，鮮卑貴族世家普遍缺乏法制觀念，魚肉百姓、貪污勒索的現象相當嚴重。拓拔燾認爲：「法者，朕與天下共之，何敢輕也？」因此，把修訂律法、整頓吏制，作爲漢化的標誌和維護統治的關鍵，經過多年探索，修訂出律法三百九十一條，頒布全國施行。他「兼甚嚴斷，明於刑法，功者賞不遺賤，罪者刑不避親，雖寵愛之，終不虧法。故大臣犯法，無所寬假。」同時以政績爲依據，考察和監督各級官吏，動員年老的功臣退休養老，享受優厚的待遇；提拔年輕俊傑，出任軍政要職。這一具有戰略眼光的措施，使一批受過漢文化教育的青年貴族，代替了思想守舊的老邁勳臣，使北魏朝廷充滿生氣，顯示出奮發有爲，積極向上的活力。拓拔燾個人生活，「情儉率素，服御飲膳，取給而已，不好珍麗，食不二味，所幸昭儀、貴人，衣無兼彩。」有人建議在京城修建豪華的宮殿。拓拔燾認爲，財者乃軍國之本，不能輕費，所以斷然拒絕，說：「古人有言，治理國家，在德不在險。今天下未平，方須人力，土工之事，朕所不爲。」

拓拔燾事業有成，恰有一位道士叫寇謙，自我吹噓太上老君（老子）親封他爲「天師」，命他出世輔佐太平眞君，治理天下。拓拔燾認爲自己就是太平眞君，極度寵信寇謙，接受道教，還把太平眞君用爲年號。道教和佛教是互相排斥的。太平眞君七年（西元四四六年），拓拔燾出於政治鬥爭的需要，頒發禁佛令，宣布搗毀佛寺，焚燒佛經，殺死僧尼，永絕佛教流傳。這是中國歷史上第一次滅佛事件，可是效果並不理想，六年後，新皇帝即取消了禁佛令，使佛教得到更加迅猛的發展。

拓拔燾既然是太平眞君，就是接受天命，君臨天下的「天子」。太平眞君十一年（西元四五〇年），拓拔燾自不量力，率領百萬大軍，進攻江南的宋朝，嚮往做普天下的皇帝。魏軍前鋒到達長江北岸，但是在小城盱眙（今江蘇盱眙），卻遭到宋軍的頑強抵抗。當時，拓拔燾進攻盱眙，用兵十萬人。而盱眙太守沈璞，加上臨時增援的守將臧質，手下只有士兵七百多人。拓拔燾不屑一顧，派人給臧質送去一信，命他送出上等好酒，前來慰勞魏軍，否則攻破城池，屠戮百姓，一個不留。臧質看完信，冷笑說：「給了他酒，他還會要糧；給了他糧，他還會要人。鮮卑人嘛，沒有滿足的時候。」他想了想，命人裝了一瓶尿，密封送給拓拔燾。

拓拔燾氣得暴跳如雷，下令攻城，而且切斷了城內的水源。盱眙形勢危急。拓拔燾又給臧質一信，說：「我已攻城，你若不投降，就殺我的士兵吧。他們反正不是鮮卑人，而是丁零人、匈奴人、氐人和羌人。你殺了丁零人，我的常山一帶作亂的人就少了；你殺了匈奴人，我的並州一帶作亂的人就少了；你殺了氐人和羌人，我的關中一帶作亂的人就少了。一句話，不管你殺了那些人，對我只有好處，沒有壞處。」臧質立刻回信，說：「你的壞心眼，我早就看透了。你自來送死，還想活著回去嗎？這次決戰，你被亂兵殺死，算是萬幸。不然，我捉住你，讓你騎著毛驢到建康去。至於我，沒有什麼可怕的，萬一落到你手裏，死也值得。你就放手攻城吧，有膽量就別逃跑！」臧質還寫一封長信，散發給魏軍將士，信上寫明拓拔燾借刀殺人的話，特別說：「你們都是各族的百姓，為何要替別人賣命呢？為何不想想怎樣轉禍為福呢？誰要是殺了狒狸，我就封誰為侯，再賞給一萬匹布、一萬匹絹。」

拓拔燾火冒三丈，命人做了一架鐵床，床上放一張鐵犁，說：「等我捉住臧質，就讓其坐在鐵犁上犁死！」他調來攻城器具鉤車，鉤住城牆垛口，命令士兵上爬。宋軍又射箭又扔石頭，魏軍無法爬上城頭。夜間，宋軍用繩索，把所有的鉤車，都吊進城裏。拓拔燾又調來衝車，猛烈撞擊城牆，企圖撞開缺口。怎奈城牆非常堅固，衝車不起作用。拓拔燾氣急敗壞，命令士兵脫去上衣，光著脊樑，輪番攻城。誰敢怠慢和退後，格殺勿論。臧質和沈璞帶領全城軍民，作殊死抵抗。魏軍損失慘重，屍體堆積，幾乎和城牆一樣高，眞是太慘了！就這樣，一方攻城，一方守城，整整一個多月，盱眙依然屹立，安全無恙。這時，魏軍中傳染開了疾病，幾天內死了上千人。丁零人、匈奴人、氐人和羌人，受臧質長信的影響，普遍消極怠戰。拓拔燾無可奈何，歎氣認輸，率兵退去。這是拓拔燾一生中少有的敗仗，表明憑北魏的實力，難以攻滅南朝，他也不可能成爲普天下的皇帝。

拓拔燾在位的後期，頗多昏昧和失誤之處，重用宦官宗愛，聽信讒言，果於殺戮。他所立的太子叫拓拔晃，聰明幹練。宗愛與拓拔晃有隙，故而無事生非，誣陷太子意欲謀反。拓拔燾偏聽偏信，把太子手下的十幾名官員全部處斬。拓拔晃受到驚嚇，一命嗚呼。事後查明，根本不存在所謂謀反的問題。拓拔燾深感痛心和後悔，命立拓拔晃之子拓拔濬爲皇太孫。正平二年（西元四五二年），宗愛害怕誣陷之罪暴露，糾集黨羽，趁拓拔燾喝醉酒時，將其殺害。拓拔燾死後葬於金陵，廟號世祖，諡號太武皇帝。

北魏孝文帝元宏——

遷都洛陽，全面漢化

北魏漢化的進程，其實質是封建化的進程。這一進程遇到相當大的阻力，直到第六任皇帝拓拔宏時，才大大加快，民族融合出現了前所未有的興盛局面。

拓拔宏（西元四六七～四九九年），文成帝拓拔濬之孫，獻文帝拓拔弘之子。三歲時被立爲皇太子，四歲時曾爲父親吮瘡。五歲時，拓拔弘十八歲，因爲受生母馮太后制約，心灰意冷，決定禪位給太子，自己做了太上皇。於是，拓拔宏即位，尊祖母馮太后爲太皇太后，由她臨朝聽政，掌控了軍政大權。馮太后年輕寡居，風流淫蕩，擔心太上皇兒子捲土重來，以一杯鴆酒，將其毒殺；她還擔心孫子皇帝對己不利，很想廢黜他。一次，她把小皇帝關在空屋裏，三天不給飯吃。又一次，她聽信讒言，竟對小皇帝處以杖刑。不過，馮太后頗有才幹，算得上一位女政治家。她聽政期間，推行政治改革，以皇帝名義，頒行了俸祿制、三長制和均田令。三項改革，革除了傳統弊政，有利於社會安定和經濟發展，具有進步意義。

太和十四年（西元四九〇年），馮太后病死，諡號文明太皇太后。拓拔宏二十四歲，「綽然有人君之表」，得以親政。他親政後，深知要國富民強，必須繼續實行改革，尤其要拋棄民族偏見，接受漢族的先進文化。爲此，他準備遷都洛陽，以圖長治久安。遷都問題，以前提過多次，但遭到達官權貴的堅決反對，每次均以擱置而告結束。這次遷都，拓拔宏決定變換手法，秘而不宣，召集群臣，聲稱要自統精銳，進攻南齊。此話一出，群臣譁然，以任城王拓拔澄爲首，無不反對。拓拔宏故意發怒，說：「國家是朕的國家，任城王難道想阻撓朕用兵嗎？」拓拔澄說：「國家固然是陛下的國家，但我等是國家大臣，明知用兵危險，焉能沉默不語？」

朝會之後，拓拔宏單獨召見這位叔父，向他交底說：「我們鮮卑人，起自漠南，徙居平城。平城是個輸軍馬，出戰士，宜於用兵的地方，可不宜作爲文治的中心。我們欲與江南相對峙，爭正朔，就不能不借助中原，遷都洛陽。朕這次是以用兵南征之名，行移眾於洛陽之策，卿意如何？」拓拔澄一經提醒，恍然大悟，轉變態度，支持侄兒皇帝遷都大計。

太和十七年（西元四九三年）秋天，拓拔宏統領步、騎三十萬大軍，渡過黃河，進駐洛陽。這時，正值秋雨連綿，文武百官的心情，猶如秋雨一樣，慘澹而沉重。他們想，皇帝有必要南征嗎？南征會是什麼結果呢？尤其想到當年的盱眙之戰，更是心有餘悸，惶恐不安。九月的一天，拓拔宏全副戎裝，統領三軍，擺出一副出征的架勢。文武百官齊刷刷地跪在馬前，叩頭勸諫，反對南征。拓拔宏滿面怒容，說：「朕要統一天下，卿等屢屢阻撓，該當何罪？」一個名叫做拓拔休的貴族，一把鼻涕一把眼淚，陳說利害，哀求皇帝放棄南征。拓拔宏頓時變換臉色，改用緩和的語氣，說：「卿等不同意南征，也行，那麼必須遷都。遷都，你們贊成嗎？贊成的可站在左邊，不贊成的可站在右邊。」

或遷都，或南征，二者必須選其一。文武百官這時只能避重就輕，傾向前者，不約而同地都站到左邊了。這齣戲演得相當成功。拓拔宏命令大軍住於洛陽，遷都成了定局。

遷都期間，朝廷內部的守舊勢力，仍然負隅頑抗。貴族穆泰、陸睿等，勾結太子拓拔恂，發動叛亂，企圖在平城另立朝廷，同洛陽分庭抗禮。拓拔宏堅決予以鎮壓，拓拔恂被廢黜，進而被賜死。

這次遷都，從平城遷至洛陽的人口，約有一百萬人。接著，拓拔宏下達一系列改革的詔令，主要是：所有遷至洛陽的鮮卑人，改爲洛陽戶籍，統稱洛陽人；禁止穿鮮卑服，一律改穿漢服；禁止說鮮卑語，一律改說漢語。太和二十年（西元四九六年），更進一步，把鮮卑姓統統改爲漢姓，其中包括皇室拓拔，改姓元。拓拔宏以身作則，改稱元宏。而且提倡鮮卑貴族與漢族世家通婚，元宏帶頭，娶了崔、盧、鄭、王四姓的女子爲嬪妃。他的五個弟弟，分別娶了漢族的女子爲王妃。皇家公主，則嫁給漢族大姓子弟爲妻子。一次，元宏在大街上見一乘車女子，仍作鮮卑打扮。他在朝會上責備任城王元澄（拓拔澄），說他執行聖旨不力，督察不嚴。元澄辯解說，那只是個別現象。元宏尖銳地批評說：「難道全部那樣打扮，才去督察嗎？你這話，簡直是一言喪邦！」他轉而命令史官說：「應當把這件事記載下來，引以爲戒！」

元宏實行漢化政策，是認眞、全面而徹底的。他尊孔重儒，尊謚孔子爲「世聖尼父」，命在中書省懸掛孔子畫像。創辦國子學，按照漢族的教育模式，建立起完備的教育體制。還專門設置皇子學，規定皇家和王公子弟，必須入學，系統地學習儒家經典。這些措施，使北魏的封建化不斷深入，其統治地位更加鞏固。元宏本人具有深厚的漢文化修養，史籍記載說：「雅好讀書，手不釋卷。《五經》之義，覽之便講。學不師受，探其精奧，史傳百家，無不該涉。」而且「才華富贍，好爲文章，詩賦銘頌，在興而作。有大文筆，馬上口授，及其成也，不改一字。」元宏還是一位以崇奉佛教而著稱的皇帝。舉世聞名的龍門石窟，就是他遷都洛陽後開始開鑿的，中經東魏和西魏、北齊和北周，以及隋、唐諸朝，連續大規模營造達四百多年，共開鑿石窟一千三百多個，佛龕七百五十多個，造像約十萬餘尊，造像題記和碑碣三千餘塊，佛塔四十餘座，從而成爲世所罕見的佛教藝術寶庫。

元宏漢化取得巨大的成就，進而滋生野心，也想統一中國，做普天下的皇帝。他在一首詩中說：「白日光天無不曜，江左一隅獨未明。」這裏的「江左」，就是指南方的齊朝。爲了讓「未明」的江左，也能普照北魏的「光曜」，他於太和二十一年（西元四九七年），統領二十萬大軍南征，連克新野、南陽、彭城等地。南齊明帝蕭鸞受到驚嚇，於次年病死。這時北魏後方的高車部發動叛亂，元宏遂以「禮不伐喪」爲由，回師平定高車。太和二十三年（西元四九九年），南齊反攻北魏，企圖收復部分失地。元宏帶病親征，打敗齊軍，回師途中病死，死年三十三歲。葬於長陵（今河南洛陽附近），廟號高祖，謚號孝文皇帝。

鮮卑拓拔部與漢族的融合，在孝文帝元宏時達到高潮。它給人以深刻的啓示：強悍的征服者，總是被所征服民族較高的文化所征服。正因爲如此，北魏才會進入全盛時期。可惜好景不長，自元宏之後，北魏的政治漸趨腐敗，最終導致分裂，出現了東魏和西魏兩個對立的政權。

東魏孝敬帝元善見、西魏文帝元寶炬——

「狗腳朕」和「配角帝」

北魏在中國歷史上存在了一百四十九年，經歷十五任皇帝。這個王朝風光過顯赫過，但內部傾軋和鬥爭從未斷過，多數皇帝被毒殺、沉殺和絞殺。後期的大權落到權臣高歡手裏。永末帝孝武帝元修，不堪忍受高歡的虐待，逃出洛陽，西奔長安，投靠另一個權臣宇文泰。永熙三年（西元五三四年），宇文泰見元修沒有什麼用處，將其毒殺，北魏滅亡。洛陽的高歡趁機立了元善見爲帝，遷都鄴城，仍以「魏」爲國號；次年，宇文泰立元寶炬爲帝，定都長安，也以「魏」爲國號。爲示區別，史家通常稱鄴城之魏爲東魏，長安之魏爲西魏。兩魏之間唱起了對臺戲。

元善見（西元五二五～五五二年），北魏皇室清河王元亶之子，即位時只有十一歲。高歡立他當皇帝，並非他有什麼能耐，只因爲他年幼，容易駕馭和控制。高歡自任相國，假黃鉞，劍履上殿，入朝不趨，兒子高澄、高洋等，均居要職。高氏父子把持了所有權力，元善見只是個傀儡而已。當時有民謠說：「可憐青雀子，飛來鄴城裏，羽翮垂欲成，化作鸚鵡子。」「青雀子」指元善見，「鸚鵡子」指高歡。

高歡專權，屢屢兵伐西魏。天平四年（西元五三七年）在沙苑（今陝西大荔南），高歡打了敗仗，「棄器甲十有八萬」。元象元年（西元五三八年）在河陰（今河南孟津東北），高歡打了勝仗，「俘獲數萬」。武定五年（西元五四七年），高歡病死，其子高澄任大丞相、大將軍、持節、都督中外諸軍事、錄尚書事、大行台，封渤海王。高澄專權，比起高歡來，有過之而無不及，根本不把皇帝放在眼裏。他派人嚴密監視元善見的舉動，發現異常情況，必須立刻報告。一次，元善見想騎馬外出散心。負責監視的宦官呵斥說：「天子不能騎馬，大將軍會發怒的！」又一次，高澄陪元善見飲酒，說：「臣勸陛下……」元善見心中有氣，說：「自古無不亡之國，朕不想這樣活法。」高澄聽皇帝在自己跟前稱「朕」，勃然大怒，罵道：「朕，朕，狗腳朕！」說完，命親信黃門侍郎崔季舒，狠狠揍了皇帝三拳。元善見不敢還手，事後還得賜給崔季舒一百束絹。

元善見飽受羞辱，氣恨難平，遂與心腹荀濟、王大器、元瑾等密謀，企圖挖一地道，逃出京城。地道挖至城門一帶，有人聽到地下有響聲，慌忙報告高澄。高澄率兵進宮，斥責元善見說：「陛下何意反耶？臣父子功存社稷，何負陛下耶！」他認爲這是後宮嬪妃出的主意，下令捕殺嬪妃。元善見恰也來了勇氣，正色說：「自古以來，只有大臣謀反，哪有皇帝謀反的？我死不足惜身，何況嬪妃，要殺要剮，悉聽尊便！」高澄假裝叩頭謝罪，一轉身，便命將皇帝軟禁起來，荀濟、王大器、元瑾等人，則烹殺於市。

武定七年（西元五四九年），高澄意外地被自家廚師藍京殺死。元善見喜形於色，說：

「這是天意，看來大權要重新歸我了。」誰知，高澄的弟弟高洋，率領甲兵二百人，怒沖沖地入宮，說：「臣有家事，須回晉陽一趟。」不待皇帝答話，他就轉身離去。元善見見此情狀，不由歎息說：「這個人容不得我，我不知死於何日了。」

武定八年（西元五五〇年），高洋率兵返回鄴城，逼迫元善見禪位。元善見只能照辦，乘坐牛車出宮，東魏滅亡。高洋稱帝，改國號為齊，封元善見為太原公，兩年後將其毒死。元善見死後葬於漳河以北，陵無名，諡號孝靜皇帝。

元寶炬（西元五〇七～五五一年），北魏皇室京兆王元愉之子。自幼多災多難，兩歲時父親在宮廷鬥爭中遭到殺害，他和兄弟們皆被囚禁於宗正寺。十歲時，得以平反昭雪，重見天日。成人後得到孝明帝元詡的賞識，任直閣將軍。當時，元詡生母胡太后臨朝聽政，荒淫殘暴，嬖愛面首，污穢宮闈。元詡暗中與元寶炬謀劃，企圖誅殺太后，奪回權力。機密敗露，元寶炬被免官。後來，胡太后毒殺親生兒子元詡，立了個來路不明的小皇帝。權臣爾朱榮率兵進洛陽，把胡太后和小皇帝丟進黃河淹死，扶立元子攸登基，是為孝莊帝。其後四年中更換了四任皇帝，孝武帝元修登基，大權落到權臣高歡手裏。元寶炬進封南陽王，拜太尉、侍中、太保、開府儀同三司、尚書令。高歡苛刻地制約皇帝。元修遂由元寶炬等陪同，逃往長安，投奔宇文泰。永熙三年（西元五三四年），宇文泰毒殺元修，次年擁立元寶炬為帝，西魏就此開張。

元寶炬為帝後，宇文泰任丞相、柱國；其侄宇文護，其子宇文覺、宇文毓、宇文邕等，均任要職，宇文氏完全掌握了軍政大權。宇文泰算得上一位政治家，輔佐元寶炬，抓緊治理內政，發展經濟，壯大國家實力。他發現了漢族英才蘇綽，蘇綽提出一篇施政綱要，主要內容是要求當政者：處理政務嚴於律己，以身作則；宣揚教化，移風易俗；注重耕桑，不違農時；選賢任能，不拘一格；斷獄務明，賞罰務當；均平賦稅，不可捨豪強而徵貧弱。宇文泰非常重視這篇施政綱要，不僅置於自己座右，而且命令各級官吏學習，並以詔令形式頒布，全國執行，史稱「六條詔書」。此外，宇文泰還下令改革財政，裁減冗員，普查人口，推行均田制等。這樣做的結果，使西魏國內比較安定，實力大大增強，在與東魏的抗衡中，先處下風，後佔上風。大統十六年（西元五五〇年），宇文泰又改革軍事體制，建立府兵制，使軍隊的戰鬥力有所增強。然而，軍權不在皇帝手中，恰恰成了宇文泰父子專權並最終取代西魏的一大砝碼。

元寶炬在位十七年，屬於「配角皇帝」，政績歸於宇文泰。四十五歲時病死，葬於永陵（今陝西富平境），謚號文皇帝。他的兩個兒子相繼爲帝，歷時六年，均被毒死。其中恭帝元廓受宇文泰制約，竟又改姓拓拔，開了歷史的倒車。宇文泰之子宇文覺建立北周，西魏滅亡。

北齊文宣帝高洋、北周武帝宇文邕——

漢人鮮卑化和鮮卑人漢化

東魏只有孝敬帝元善見一任皇帝，歷時十七年，於武定八年（西元五五〇年）禪位於高歡之子高洋。高洋改國號爲齊，史稱北齊或高齊。

高洋（西元五二九～五五九年），字子進，漢族人，祖籍渤海蓨（今河北景縣；蓨，讀作條），徙居懷朔（今內蒙古包頭東北）。高洋自小長相醜陋，多被哥哥高澄等人譏笑。高澄曾這樣說：「高洋若能得到富貴，那麼相面術就一錢不值。」高洋雖然其貌不揚，但聰明果決，很有主見。一次，他的父親高歡，取來一堆亂麻，讓諸子整理，以測試他們的智力。高澄等一根一根地梳理著，而高洋則抽出佩刀，一刀將亂麻斬斷，說：「亂者須斬！」高歡欣賞高洋的做法，稱讚說：「此兒必有大作爲！」

高歡是個鮮卑化了的漢人，專斷東魏朝政，使高澄、高洋牢牢地控制了軍權。高歡死後，高澄專權，高洋任尚書令、中書監、京畿大都督。武定七年（西元五四九年），高澄在晉陽準備篡位的過程中，意外橫死，內外驚駭，亂作一團。高洋時年二十歲，一面穩住皇帝元善見，一面趕赴晉陽，捕殺了兇手。元善見一直畏懼高氏父子，這時只能任命高洋爲持節、丞相、都督中外諸軍事、錄尙書事、大行台，封齊王，食邑高達十萬戶。高洋大權在握，野心勃勃，謊稱做了一個夢，夢見有人用筆，在他額上點了一點。賓客王曇哲爲之圓夢，說：「大王已是齊王，『王』上加一點爲『主』字。顯然，大王當爲人主。」此說正中高洋下懷。次年，他率大軍回鄴城，自任相國，總百揆，享有九錫之禮，接著就威逼元善見禪位。元善見可憐兮兮，只能照辦。於是，高洋成爲皇帝，建立了北齊。

高洋建國稱帝，被西魏權臣宇文泰視爲強敵。宇文泰自統大軍進攻北齊，試試高洋是不是像高歡一樣驍勇善戰。高洋得知宇文泰的意圖，有意組織一次大規模的軍事演習。宇文泰派人察看，見演習調度有方，軍容雄壯，不由感歎說：「高歡並沒有死啊！」他忙下令撤軍，自此不敢輕易東向。天保六年（西元五五五年），高洋發現南方的梁朝內亂不止，忽發奇想，發兵進攻蕭梁。齊軍打過長江，到達建康附近。梁軍奮起還擊，齊軍敗退。這樣一來，高洋也就不敢輕易南向。他的麻煩還在北方，突厥、柔然等游牧政權，時時侵犯邊境。出於防禦的需要，他徵發民工一百八十萬人，構築一道長城，東起幽州（今北京），西至恆州（今山西大同東北），長達九百餘里。

高洋跟父親高歡一樣，也是個鮮卑化了的漢人。他的大臣中，漢族官吏很少，只處於附從地位。一次，他問漢族大夫杜弼說：「治國當用什麼人？」杜弼回答說：「鮮卑人只會騎馬坐車，治國當用漢人。」高洋聽了很不滿意，不久便將杜弼殺了。他的長子高殷深受「漢化」思想薰陶，高洋認爲是得了「漢家性質」，遲遲不願立他爲太子。

北齊西臨西魏，南接蕭梁，北連突厥和柔然，彼此間雖有戰事，但很難一口吃掉對方。高洋滿足於這種狀況，一味地追求享樂，沉湎酒色，肆行暴虐。他有很多怪僻：有時擊鼓吹號，大喊大叫，晝夜不停，鬧得整個皇宮不得安寧；有時光著身子，披著胡服，臉抹粉黛，手持弓刃，到處胡逛；有時挑著貨郎擔子，有時讓侍從背著，走走停停，隨時飲酒吃肉；有時把錢物亂擲亂扔，供人哄搶，看著哄搶的場面，樂得拍手大笑。一天，他遇見一位老婦人，問道：「當今天子怎樣？」老婦人回答說：「瘋瘋癲癲，何成天子？」高洋大怒，拔刀把老婦人殺死。

高洋酗酒，酒後發酒瘋，幹出種種醜事。一天，他喝得醉醺醺的，見一貴婦坐在椅上休息，向前連人帶椅，高高舉起扔在一邊，使那貴婦跌得鼻青臉腫。酒醒後方知，貴婦正是他的母親皇太后。他很懊惱，假意以自焚贖罪。皇太后予以制止，命他自擊五十杖，算是了事。又一天，他酒後闖進岳母崔氏家中，罵道：「我喝醉酒連皇太后都不認，何況你這個老婢！」他用馬鞭抽打岳母，直把崔氏抽打得遍體鱗傷，死去活來。

高洋酷愛殺人，殺人的花樣百出。他憎恨大司農穆子容，命其脫衣伏地，用箭射殺。他討厭丞相楊愔，命其躺在棺材裏，棺蓋釘上卸下，卸下釘上，一嚇二悶，又用利刃剖切其腹。他還在宮中搭一木台，高二十七丈，命被處以死刑的囚犯，插上蘆席做的翅膀，從臺上往下跳，敢跳的免其死罪，膽怯者當場斬首。他寵幸過一個薛嬪，突然懷疑她與人私通，將其刺殺，肢解屍體，取其骨做成琵琶，自彈自唱。事後又後悔起來，流著淚說：「佳人難再得，可惜。」命人隆重安葬薛嬪，自己披頭散髮，跟在靈車後面送喪，痛哭流涕。

高洋已鮮卑化，痛恨在漢化中改姓元的鮮卑人。天保十年（西元五五九年），他莫名其妙地捕殺姓元的鮮卑人和漢人，共數百家三千餘人，殺後將屍體投進彰水。高洋酗酒成癮，殺人如麻，嚴重摧殘了身心健康，隨即病死。葬於武寧陵（今河北臨彰南），廟號高祖，謚號文宣皇帝。

北齊政權日益鮮卑化，高洋的兒孫沿著這條路走下去，統治基礎越來越小，國勢日見衰弱，最後被原比它弱小的北周滅亡。

北周的奠基者是鮮卑人宇文泰。但是，宇文泰並沒有當皇帝，死後由其侄宇文護出面，逼迫西魏恭帝拓拔廓禪位，讓宇文泰第三子宇文覺登上了皇帝寶座，改國號爲周，是爲北周。北周前兩任皇帝宇文覺、宇文毓因反對宇文護，均被毒死。武成二年（西元五六〇年），宇文護改立宇文邕爲帝，是爲北周武帝。

宇文邕（西元五四三～五七八年），字禰羅特，代郡武川（今內蒙古武川西）鮮卑族人，宇文泰第四子。幼年「聰敏有器質」，宇文泰預言說：「成吾志者，此兒也！」長大後「性沉深，有遠識」，歷任大將軍、柱國、大司空等職，參議朝廷大事。他是由堂兄宇文護擁立爲帝的，所以開始非常尊重宇文護，任其都督中外諸軍事，專斷朝政，自己「常自晦跡，人莫測其深淺」。十二年後，他的羽翼豐滿，採取堅決手段，設計誅殺了宇文護及其黨羽，奪回了旁落多年的皇權。

宇文邕親政後，堅定地奉行漢化政策，消除民族偏見，吸收漢文化的精華，遠遠勝過北朝時期的其他皇帝。而且，勤於政事，不尚奢華，史籍是這樣記載的：「始親萬機，克己勵精，聽覽不怠。用法嚴整，多所罪殺，號令懇惻，惟屬意於政，群下畏服，莫不肅然。性既明察，少於恩惠，凡布懷立行，皆欲逾越古人。身衣布袍，寢布被，無金寶之飾。諸宮殿華綺者，皆拆毀之，改爲土階數尺，不施櫨栱。其雕紋刻鏤，錦繡纂組，一皆禁斷。後宮嬪御，不過十餘人。」從實際效果看，宇文邕稱得上是勤勤懇懇、勵精圖治的皇帝，在治國理政方面，頗多建樹，特別值得稱道的有三大政績：

一，釋放奴婢。鮮卑人進入封建時代，但仍保持著許多原始的野蠻習俗，掠人爲奴就是其一。歷次戰爭中所抓的俘虜，統統罰作奴婢，量大面廣，這成了一個嚴重的社會問題。宇文邕對此高度重視，頒發詔令說：「古制規定，父親有罪，不應涉及兒女。現在，某人被罪爲奴婢，則世代爲奴，這有違古制，不合於法。」因此，他先後多次下令，放免所有的奴婢和雜戶（雜戶的地位介於奴婢和平民之間）。這樣做，不僅基本上解決了魏晉以來殘存的奴隸制問題，而且解放了勞動力，使數百萬奴婢和雜戶，成爲納稅服役的農民，促進了社會經濟的發展。

二，廢佛。南北朝時期，戰亂天災，人命不保，導致佛教流行興盛。不論是南方還是北方，寺廟林立，僧尼廣布，形成一個特殊的階層，同政府的財政、兵員產生尖銳的矛盾。宇文邕看到了這一弊端，果斷地頒布廢佛令（包括道教），宣布毀棄寺廟，強迫僧尼、道士還俗。慧僧法師抗聲爭論，威脅皇帝說：「陛下廢佛，死後會下地獄。」宇文邕毅然回答說：「只要百姓得樂，朕甘願下地獄受苦！」結果，北周境內，四萬多座寺廟被充作王公的府第，近三百萬僧尼、道士還俗，國家減輕了負擔，百姓得到了實惠。

三，制訂「刑書要制」。這是以法治國的一個重要檔，本質是爲了加強封建統治，但其中有些條文，是針對豪強和貪官的。如禁止他們掠奪財物，隱瞞土地和戶丁超過一定數量者，要處以死刑等。

宇文邕實行了正確的治國方略，使北周的國力大大增強，各族人民在強大的封建經濟、政治基礎上，相互融合，形成共同的文化。毗鄰的北齊相形見絀，抗衡北周，由優勢轉爲劣勢。建德六年（西元五七七年），宇文邕發兵進攻北齊，佔領鄴城，俘獲幼主高恆，北齊滅亡，北方基本上歸於統一。次年，宇文邕統領五路大軍北上，抗擊入侵的突厥，進軍途中得病，急忙回師，病死於乘輿上，時年三十六歲。葬於孝陵（今址不詳），廟號高祖，諡號武皇帝。

北周第二、三任皇帝是宇文邕的兒子和孫子。他倆都是年幼登基，朝政大權落於外戚楊堅之手。大定元年（西元五八一年），楊堅取代北周，建立隋朝，九年後滅南朝陳，統一了中國。

隋文帝楊堅——

開皇之治，功過參半

北周武帝宇文邕未能完成統一中國的大業，但已爲此奠定了基礎。四年後，漢族人楊堅取代北周，建立隋朝，定都長安，以其雄才大略，使中國重新獲得統一，並出現了「開皇之治」的繁榮景象。

楊堅（西元五四一～六〇四年），小名那羅延，弘農華陰（今陝西華陰）人。出身於名門望族，父親楊忠早在西魏時就爲大將軍，北周時進位柱國大將軍、大司空，封隋國公。楊堅依仗父親的功勳，十四歲進入官場，歷任散騎常侍、車騎大將軍、驃騎大將軍、隋州刺史、柱國大將軍、定州總管、亳州總管等職。楊忠死後，他承襲父爵，封隋國公，女兒爲周武帝之子周宣帝的皇后，因此又拜上柱國、大司馬。大成元年（西元五七九年），周宣帝死，楊堅輔佐八歲的外孫宇文闡繼位，任大丞相，再任相國，封隋王，掌控了軍政大權。期間，他成功地組建起自己的權力中心，剷除了宇文氏宗室的勢力。大定元年（西元五八一年），楊堅廢黜宇文闡，自己稱帝，改國號爲隋，建元開皇，他就是隋文帝。

隋文帝開國後完成的第一件大事是，在長安東南龍首原畔新建一座都城，定名爲大興城。大興城以規模宏大、布局嚴整而聞名，包括宮城、皇城、郭城三大部分，城內面積達八十三平方公里。它，就是日後的唐長安城。

隋文帝是一位兢兢業業、勵精圖治的皇帝。建國後，一改先朝弊政，實行一系列改革措施，穩定形勢，發展生產，使國力逐漸強盛起來。開皇七年（西元五八七年）滅後梁，開皇九年（西元五八九年）滅南朝陳，結束了自西晉末年以來近三百年的大分裂局面，統一了天下。此舉意義如同秦始皇統一中國，推動中國封建社會的車輪，滾滾向前，去攀登又一個新的高峰。

隋文帝治國有方。他首先建立起強大的中央政府機構，首創三省六部制。三省指負責決策的內史（中書）省，首長稱內史（中書）令；負責審議的門下省，首長稱納言；負責執行的尚書省，首長稱尚書令。三省互相獨立，又互相牽制，共同執行秦、漢以來丞相的職權。因此，三省首長同爲宰相。尚書省下設吏、戶、禮、兵、刑、工六部，分別掌管官吏任免、戶口賦稅、禮儀、軍事、刑律、工程建築等方面的事務，爲政府的職能部門。這種制度，後來被歷朝所沿用，直至清朝滅亡。地方上，他把州、郡、縣三級制改爲州、縣兩級制（隋煬帝時改州爲郡，實行郡、縣兩級制），撤去五百多個郡，合併了若干個州。這樣就簡化了地方行政層次，裁汰了大量冗官，提高了辦事效率，節省了財政開支。特別重要的是，隋文帝改革了選吏制度，廢除長期爲世家豪族所把持的九品中正制，設科舉士，使中、小地主階級通過舉薦和考試，有了參政的機會。這一舉措，實爲中國科舉制的創始。他還重視吏治，獎勵賢良，嚴懲貪官。有時派人故意賄賂一些官員，官員一旦接受賄賂，立即處以死刑。

隋文帝又改革府兵制，規定軍人戶籍劃歸地方州、縣，兵歸於農，兵農合一。平時，軍人像農民一樣，分配土地和繳納賦稅，但保留軍職，受軍府管轄；戰時，軍人應召集中，擔負保衛國家的使命。當然，皇家禁軍例外，他們仍是專業軍人，負責保衛皇帝和京城的安全。隋文帝注重法制，按照「以輕代重，以死爲生」的指導思想，制訂了《開皇律》，廢除以前梟首、車裂等酷刑，除謀反罪外，不許使用滅族的刑罰。《開皇律》的頒行，是中國法律史上的一大進步。

經濟方面，隋文帝繼續推行均田制，保證農民得到一定的土地。採取輕徭薄賦、鼓勵農桑的政策，促進發展農業生產。採用「大索閱貌」和「輸籍定樣」的方法，按人嚴格查對戶口，整頓戶籍，一年中就查出一百六十多萬丁男，登記造冊，使之成爲應該納稅服役的稅民。同時新鑄五銖錢，作爲統一流通貨幣；規範度量衡，便利發展工商業。

隋文帝的改革和整頓，不僅強化了中央集權統治，而且促進了社會經濟的發展。國勢日盛，他仍宣導節儉，並且身體力行，率先垂範。他說過：「自古帝王，未有奢侈而長久者。」因此，平日頓飯不過一肉，宮廷用物，殘壞了的經過修補再用。皇后獨孤伽羅不尙麗服豔飾。宮人的衣服，總是穿了再穿，少有新制。一次，隋文帝治病，需用胡粉一兩，尋遍整個皇宮，也沒有尋到。皇帝如此，達官權貴也以節儉樸素爲榮，便服多用布帛，飾物不用金玉。久而久之，形成了隋初崇尙節儉的社會風尙。

開皇年間，隋朝疆域廣大，東起大海，西到新疆，南抵雲廣，北至大漠，東西四千六百多公里，南北七千四百多公里。國家穩定，經濟繁榮，百姓樂業，大安大治。全國民戶有八百九十餘萬戶，人口有四千六百餘萬人，接近了東漢時的水準，即一千萬戶，五千萬人。開皇十二年（西元五九二年），戶部官員呈報說：「府藏皆滿，糧食布帛無處容納，已經堆到走廊和房下了。」隋文帝詔令再造新庫。後來，官員又呈報說：「新庫落成，亦堆積無餘。」隋文帝只好下令說：「告知州縣，寓富於民，不藏於府，免除今歲租賦，賞賜百姓。」史載，當時的糧食布帛，足夠朝廷支用五六十年，及至隋末洛陽被圍時，城內的布帛山積，以致有用布帛當柴燒，用絹代繩汲水的。這一景象被稱作「開皇之治」，足可與西漢初的「文景之治」相媲美。

隋文帝後期同許多皇帝一樣，猜忌心理很重，聽不進反對意見，「其草創元勳，及有功諸將，誅夷獲罪，罕有存者」。他「天性沉猜，素無學術，好爲小數，不達大體」，崇信佛教，不悅詩書，甚至下令關閉州縣的學校。他尤其不善治家，先立長子楊勇爲太子，後來聽信讒言，莫名其妙地將楊勇廢掉，改立次子楊廣爲太子。楊廣善於僞裝，荒淫無恥，隋文帝對之全然不察。獨孤皇后死後，隋文帝廣納嬪妃，特別寵幸宣華夫人陳氏和容華夫人蔡氏。仁壽四年（西元六〇四年）四月，隋文帝駕幸仁壽宮（今陝西麟游境），宣華夫人、容華夫人和楊廣等隨行。七月，隋文帝病倒。楊廣一面通過丞相楊素，加快籌備登基即位事項；一面淫性大發，意欲逼姦庶母宣華夫人。宣華夫人不從，把情況報告隋文帝。隋文帝這時方才看清楊廣的眞實面目，說：「畜牲何堪付大事？」他想到被廢的楊勇，說：「眞是冤枉了我兒啊！」然而，這已無濟於事。兇惡的楊廣指使親信張衡等，殺害皇帝。隨著一聲慘叫，隋文帝命歸西天，「血濺屛風，冤痛之聲聞於外」。死年六十四歲，葬於泰陵（今陝西武功西南），廟號高祖，謚號文皇帝。

隋文帝是個功過參半的複雜人物。一方面，他是個英明之主，平一四海，勤於政事，造成「人庶殷繁，帑藏充實」的氣象；另一方面，他又「持法嚴峻，喜怒失常，果於殺戮」，「滅父子之道，開昆弟之隙，縱其尋斧，翦伐本根」。尤其是他立楊廣爲太子，不僅使自己慘死，而且使隋王朝形勢逆轉，步上滅亡之路。故而，《隋書》評論說：「跡其衰怠之源，稽其亂亡之兆，起自高祖，成於煬帝，所由來遠矣，非一朝一夕。」

隋煬帝楊廣——

荒淫暴君，獨夫民賊

隋文帝選擇楊廣爲太子，是一生中最大的失誤。這個楊廣，靠弒父、殺兄、淫母而當上皇帝，很快把隋王朝推向罪惡的深淵。他，因此成爲中國歷史上屈指可數的荒淫暴君、獨夫民賊之一。

楊廣（西元五六九～六一八年），一名英，隋文帝次子。開皇元年（西元五八一年），楊廣十三歲，就封晉王，任柱國大將軍、并州總管，不久又任武衛大將軍，進位上柱國大將軍、河北道行台尚書令。他的哥哥楊勇已被立爲太子。這使他無法接受，「每矯情飾行，以釣虛名，陰有奪宗之計」。爲此，他僞裝孝順，僞裝節儉，僞裝寬仁，千方百計騙取父皇的信任。開皇九年（西元五八九年），楊廣作爲名義上的統帥，統兵滅了江南的陳朝。這爲他撈取了足夠的政治資本。此後，他通過母親獨孤皇后和丞相楊素，惡意詆毀和中傷楊勇。開皇二十年（西元六〇〇年），隋文帝糊里糊塗，竟然廢黜楊勇，改立楊廣爲太子。楊廣的「奪宗之計」，獲得成功。

楊廣成爲太子，迫不及待地要當皇帝。仁壽四年（西元六〇四年）七月，隋文帝臥病於仁壽宮，發現了楊廣謀通權臣楊素和企圖逼姦庶母的醜事，急召大臣柳述、元岩起草詔書，準備廢黜楊廣，重立楊勇爲太子。楊廣狗急跳牆，經與楊素密商，矯詔發兵包圍仁壽宮，逮捕柳述、元岩，殘忍地殺死父皇，並炮製一份隋文帝遺詔，說：「皇太子廣，地居上嗣，仁孝著聞，以其行業，堪成朕志。但念內外群官，同心戮力，以此共安天下。朕雖瞑目，何復所恨？」楊廣心裏一直牽掛著沒有得手的宣華夫人，特意送去一枚金製的同心結，當夜便將庶母姦污。楊廣在仁壽宮即位，就是隋煬帝。然後回京師，以一紙詔書，將哥哥楊勇賜死。

隋煬帝喪盡天良，靠極不光彩的手段，登上皇帝寶座，立刻暴露出荒淫奢侈、腐朽殘虐的本性。他即位的頭一年，即大業元年（西元六〇五年），就決定營建東都洛陽，每月徵發民工約二百萬人，限定三個月完工。爲了建造宮殿，不惜到江南的深山老林採伐木材，一根大木，往往動用兩千人運送，許多人活活累死。新建的洛陽城，外城周長五十多里，城內宮殿林立，金碧輝煌。城西有一座西苑，佔地二百多畝，苑內有海，海上有島，島上有亭臺樓閣，奇花異木，曲徑通幽，無數美女居住其間，成爲隋煬帝遊覽、夜飲的天堂。

營建洛陽之始，隋煬帝又徵發百萬民工，開鑿大運河。歷時六年，工程竣工，以洛陽爲中心，北達涿郡（今河北涿縣），南抵餘杭（今浙江杭州），連接海河、黃河、淮河、長江、錢塘江五大水系，全長約兩千公里。運河兩岸，開闢大道，遍植榆樹和柳樹；廣置驛站和行宮，僅洛陽至江都（今江蘇揚州），就有行宮四十多座。隋煬帝開鑿大運河，主要是爲了鞏固皇權統治和享樂的需要。但在客觀上，大運河有利於南北交通和經濟文化交流，對於促進經濟發展和國家統一，起到了重要的作用。

以營建洛陽和開鑿大運河爲開端，隋煬帝年復一年地將繁重的徭役負擔，強加於百姓頭上，死人無數，成爲一大災難。爲了逃避徭役，許多人寧願砍下手足，這樣才能避免役死他鄉，故而被稱做「福手福足」。

隋煬帝好動，遊玩出巡是他生活的重要內容之一。他曾三次通過大運河南遊江都，乘坐的龍舟長二十丈，寬五丈，高四丈五尺，上下四層，載滿美女，隨行船隻有數千艘，舳艫相接二百餘里，拉船的縴夫多達八萬人。隋煬帝和美女們一邊欣賞美景，一邊飲酒作樂，鼓樂喧天。兩岸騎兵護衛，旌旗蔽日。所過州縣，五百里內官員負責貢獻食品，全部是水陸珍奇，美味佳餚。官員趁機盤剝百姓，不知有多少平民傾家蕩產。

隋煬帝南游江都，猶未盡興，而且揚威邊陲，誇富海內。大業三年（西元六〇七年），他率領甲士五十萬人，戰馬十萬匹，出塞北巡。出巡中，命人建造了可以裝配和拆卸的觀風行宮和六合城。觀風行宮下置軸輪，活動自如，其大可容納數百人。六合城則周長八里，以板作骨，以布作飾，繪以丹青，上插旌旗，士兵可荷戟負戈，立于城頭警衛。草原上一夜之間，突兀出現一座城池和華美宮殿，突厥可汗以爲是神助天成，異常敬畏，不敢騎馬，匍匐前來敬獻牛馬。隋煬帝虛榮心得到滿足，回贈大量金帛和絲綢。大業五年（西元六〇九年），隋煬帝又西巡張掖（今甘肅張掖），詔令西域十七國的使臣前來晉見。爲了炫耀中原的富庶，他命張掖一帶的男女老少，統統穿上最華麗的服飾，駕上最漂亮的馬車，列隊歡迎，隊伍長達數十里。次年，西域使團和客商雲集洛陽，通好經商。隋煬帝命在洛陽大街上搭起戲樓，戲場長約八公里，出動樂師、藝人一萬八千人，演出百戲。燈火輝煌，通宵達旦，整整演了半個月方才收場。交易期間，整個洛陽城裝扮一新，商販奉命穿上錦衣麗服，就連賣蔬菜的也用精美的龍鬚席鋪地。西域商人走到那裏，吃喝到那裏，不交分文。他們感到奇怪，指著樹木上纏飾的彩絹責問說：「貴國也有窮人，衣不蔽體。這些彩絹，爲何不給他們做衣服，卻用來纏樹呢？」洛陽市民哭笑不得，無法回答這個問題。

隋煬帝役使中原，威加四域，還要窮兵黷武，征服鄰國。從大業七年（西元六一一年）到大業十年（西元六一四年），他曾調集全國軍隊，三次征伐高麗。其中第一次規模最大，遠征軍分爲水陸兩路，各領十二軍，共計一百一十多萬人，號稱二百萬。遠征軍依次出發，兩軍相間四十里，日發一軍，僅發兵時間就用了四十天。全軍首尾相繼，逶迤千里，看去非常壯觀和熱鬧，然而卻根本沒有戰鬥力。先鋒部隊三十萬人，遭到高麗人民的頑強抗擊，先小勝後大敗，死裏逃生歸來的只有兩千七百人。第二、三次征伐高麗，也均以失敗而告終。

隋煬帝實行暴政，無止境的徭役、賦稅、戰爭和殺戮，把廣大勞動人民推向絕境，無法生存。大業七年（西元六一一年），王薄在長白山（今山東鄒平南）首舉反隋大旗，拉開了農民大起義的序幕。隋煬帝發兵鎭壓，鎭壓越凶，反抗越烈，農民大起義就像燎原烈火，越燒越旺，遍及全國各地。起義軍幾起幾落，適應鬥爭的需要，由分散走向集中，逐漸匯合成三支強大的勢力：翟讓、李密領導的瓦崗寨起義軍，竇建德領導的河北起義軍，杜伏威、輔公祏領導的江淮起義軍。面對雪片一樣的告急警報，隋煬帝猶如驚弓之鳥，惶惶不可終日。他變得神經質，兇狠暴戾，動輒殺人，就連開國勳臣高熲（熲，讀作炯）、賀若弼等，也死於他的屠刀之下。地方官吏和將帥自身難保，紛紛割據，稱霸一方。偌大的隋王朝土崩瓦解。隋煬帝無計可施，留下皇子皇孫鎭守洛陽和長安，自己跑到江都避難。他在江都，依然花天酒地，醉生夢死。行宮中建造一百多座殿房，藏有美女一千多人，號稱「迷宮」。他輪流到各殿房尋歡作樂，整日沉醉不醒。史載當時的情況是：「東西行幸，靡有定居。所至，惟於後宮流連沉湎，惟日不足。招迎老嫗，朝夕共肆醜言；又引少年，令與宮人穢亂。不軌不遜，以爲娛樂。」皇家禁軍多是北方人，怨恨皇帝自顧享樂，荒淫無度，迅速滋生起叛離情緒。隋煬帝感覺到成了孤家寡人，一天引鏡自照，嘿然而笑，說：「好頭顱，誰當砍之？」蕭皇后流淚歎息。然而，他猶抱幻想，希求苟全性命，所以又說：「嘿！還是痛痛快快地飮酒吧！不管怎樣，朕不失爲長城公，卿亦不失爲沈后。」「長城公」，是南朝陳後主陳叔寶亡國後的封號；「沈后」，指陳叔寶的皇后沈婺華。

大業十三年（西元六一七年），太原留守李淵起兵反隋，攻佔大興城，臨時擁立隋煬帝的孫子楊侑爲帝，遙尊隋煬帝爲太上皇。次年三月，以右屯衛將軍宇文化及爲首的皇家禁軍發動兵變。丙辰日，宇文化及指揮叛軍，一面縱火，一面衝進行宮。隋煬帝化妝藏匿，還是被叛軍抓獲。叛軍將領歷數了他的種種罪惡，用一條綢巾，將其勒死。隋煬帝死時五十歲，葬於江都西北的雷塘，謚號煬皇帝。五月，李淵威逼楊侑退位，建立唐朝，隋朝滅亡。隋煬帝作爲亡國之君，臭名昭著，誠如史家所評論的那樣：「負其富強之資，思逞無厭之欲」，「誅鋤骨肉，屠剿忠良」，「驕怒之兵屢動，土木之功不息」，「猾吏侵漁，人弗堪命」，「土崩魚爛，貫盈惡稔」，「宇宙崩離，生靈塗炭，喪身滅國，未有若斯之甚也。」

唐高祖李淵——志向不大，本質平庸

唐朝是中國歷史上一個輝煌的王朝，開國皇帝姓李名淵。李淵爲人，缺少遠大志向，本質平庸，之所以能夠開國建唐，根本原因在於隋朝過於腐朽，民心喪盡；農民大起義消滅了隋軍大部分主力，造成關中空虛；兒子李建成、李世民具有戰略眼光，英勇善戰。這才使他奪得了天下。

李淵（西元五六六～六三五年），字叔德，隴西成紀（今甘肅秦安西北）人。出身於貴族世家。祖父李虎，西魏時曾被賜姓大野氏，官至太尉，爲八柱國之一，封唐國公。父親李昞，北周時襲封唐國公，任安州總管、柱國大將軍。隋文帝皇后獨孤伽羅是李淵的從母。因此，李淵與隋文帝的關係親密，恢復李姓。隋文帝時，李淵步入官場，歷任岐州刺史、滎陽和樓煩二郡太守，再任殿內少監、衛尉少卿。隋煬帝時，楊素之子楊玄感發動叛亂。李淵任弘化留守，節制關隴諸軍，任務是防禦楊玄感進攻京城。其時，隋煬帝荒淫暴虐，天下大亂，許多大臣遭到猜忌和殺戮。李淵也在被猜忌之列，聽從妻子竇氏的勸告，不斷向隋煬帝進獻駿馬和鷹狗等，表示忠誠，因而平安無恙。大業十一年（西元六一五年），李淵任山西、河東慰撫大使，鎮壓毋端兒領導的農民起義軍，收降其眾數萬人。大業十三年（西元六一七年），李淵任太原留守，再鎮壓甄翟兒領導的農民起義軍，招納流民，大大擴展了實力。隋煬帝南遊江都，農民起義軍形成燎原之勢。李淵看到隋朝風雨飄搖，岌岌可危，暗暗產生反隋思想，但是不敢貿然行事。晉陽令劉文靜和晉陽宮副監裴寂，以及長子李建成、次子李世民，積極鼓動李淵起兵反隋。李淵畏懼，猶豫不決。遠在江都的隋煬帝，很不放心李淵，派遣使者召李淵前往江都。李世民說：「事急矣，可舉事！」李淵迫不得已，這才把反隋思想付諸行動。恰好，馬邑（今山西朔縣）人劉武周起兵，殺死太守王仁恭，自稱天子。李淵遂以討伐馬武周為名，殺了隋煬帝的使者王威、高君雅，並與突厥結盟，公開打出了反隋的旗號。

李淵自稱大將軍，傳檄州縣，號稱「義兵」，共三萬多人。以四子李元吉守太原，由李建成、李世民分統左、右軍，進兵隋軍力量空虛的關中，攻取京師大興城。途中，遇到隋將宋老生和屈突通的阻擊。李淵又猶豫起來，打算還師太原。李建成和李世民堅決反對，促使父親有進無退。李氏兄弟打敗宋老生後，然後兵分兩路：李建成一路，正面對付屈突通，進軍潼關；李世民一路，西渡黃河，直取大興城。兩路都很順利，會師關中，受到關中人民的擁護，部隊迅速擴大至二十餘萬人。十一月，攻克大興城，約法十二條，禁止士兵殺害和搶掠百姓。李淵考慮隋煬帝還在，並未急於稱帝，而是臨時立了隋煬帝的孫子楊侑為皇帝，遙尊隋煬帝為太上皇，以爭取民心。李淵獨攬大權，任假黃鉞、使持節、大都督內外諸軍事、大丞相、錄尚書事，封唐王。大業十四年（西元六一八年）三月，隋煬帝被宇文化及縊殺。五月，李淵一腳踢開楊侑，自己即皇帝位，改國號爲唐，改大興城爲長安作爲國都，他就是唐高祖。

唐高祖開創唐朝基業，並不怎麼壯懷激烈，相比之下，倒是統一全國的戰爭，進行得非常艱苦。這要歸功於李世民，是他，率兵東征西討，陸續消滅了各地的割據勢力。

唐朝初建時，存在著眾多的地主武裝，如薛舉據金城（今甘肅蘭州），李軌據武威（今甘肅武威），劉武周據馬邑，梁師都據朔方（今內蒙古杭錦旗北），王世充據洛陽，蕭銑據巴陵（今湖南岳陽），沈法興據吳興（今浙江吳興），均獨霸一方，稱王稱帝。此外，還有一些農民起義軍建立的政權。唐高祖這時表現出了一定的謀略，任命李世民爲元帥，統兵首先征討薛舉、李軌、劉武周，並把他們消滅，取得隴西、河西、河東等大片土地，從而鞏固了關中根據地。接著，用全力經略中原和江南地區，李世民東伐，攻滅王世充、竇建德、劉黑闥、徐園朗、高開道等政權；大將李孝恭、李靖南征，攻滅蕭銑、沈法興、林士弘、輔公祏等政權。這些征伐戰爭都取得了勝利，使黃河流域、長江流域及嶺南地區進入唐朝的統治範圍，基本上統一了全國。

唐高祖一面進行統一戰爭，一面加強政權建設。政治、軍事制度大體上沿用隋制，僅僅作了一些微調，以緩和尖銳的階級矛盾。經濟上，實行均田制和租庸調製，適當減輕農民負擔，鼓勵發展農業生產。同時制訂《武德律》，強化封建統治。

唐高祖坐穩了皇位，平庸的本質立刻顯露出來，追求享樂，迷戀酒色，信用奸佞，猜忌功臣，特別是在重大原則問題上，稀里糊塗，是非不分。劉文靜和裴寂是最早支持唐高祖起兵太原的兩個人。後來，劉文靜跟隨李世民，四處征戰，建立許多軍功。唐高祖因此產生疑忌心理，以莫須有的罪名將其殺害。裴寂的才幹和功勞，遠不及劉文靜，但他善於逢迎，送給唐高祖五百名宮女和大量錢物，並整日陪伴飲酒和賭博，因而官至尙書右僕射，封魏國公，「貴震當世」。至於在處理幾個兒子的關係方面，唐高祖則表現了相當程度的昏庸。

唐高祖共有二十二個兒子。其中，李建成、李世民、李元吉均爲竇氏所生，屬於嫡胞兄弟。按照嫡長子繼承制，唐高祖立李建成爲太子，李世民、李元吉分別封秦王和齊王。李建成成爲太子後，「不治常儉，荒色嗜酒，畋獵無度，所從者皆賭徒大俠」，是個典型的花花公子和酒色之徒。李世民精明強幹，文武雙全，常年征戰，功蓋天下，而且帳下人才濟濟，均非等閒之輩。李建成擔心李世民威脅自己的太子地位，遂勾結有勇無謀的齊王李元吉，並賄賂和討好唐高祖寵愛的張婕妤和尹德妃，合力詆毀李世民，誣陷他有謀反之心。唐高祖居然相信，一天訓斥李世民說：「天子是上天指定的，並非你耍點手腕就能當上的。我還沒有死，你要篡位，何必這樣著急呢？」

唐高祖的態度，助長了李建成的氣焰。李建成夥同李元吉，幾次設謀，或行刺，或投毒，企圖殺害李世民，但都沒有成功。朝廷中形成了「太子黨」和「秦王黨」，鬥爭異常激烈。唐高祖息事寧人，打算讓李世民駐守洛陽，遠離京師。李建成意在長安除掉李世民，說服唐高祖，使之改變了主意。突厥鐵騎入侵中原。唐高祖聽了膽小鬼的建議，竟想燒毀京城長安，逃往秦嶺，另外建都。李建成、李元吉贊成這個愚蠢的遷都方案。李世民竭力勸阻，並率領大軍，親冒弓矢，挫敗了突厥的侵犯。李世民功勳卓著，人心傾歸。這使李建成更加忌恨。武德九年（西元六二六年）六月，李建成和李元吉又定下計謀，準備在一次宴會上下手，置李世民於死地。李世民得到密報，忙與心腹長孫無忌、尉遲敬德、房玄齡、杜如晦等商量對策。眾人認爲，形勢危急，迫在眉睫，只有先發制人，才能化險爲夷。於是便爆發了著名的「玄武門之變」，李世民射殺李建成和李元吉，全殲了「太子黨」。當政變發生的時候，唐高祖正在皇宮海池泛舟遊覽。尉遲敬德一身戎裝，前來報告情況，並請皇上下令，諸軍由秦王節制。唐高祖目瞪口呆，經人勸說，同意把權力交給李世民，三天後立李世民爲太子。八月，唐高祖被迫退位。李世民當了皇帝，尊父親爲太上皇。貞觀三年（西元六三五年），唐高祖病死，葬於獻陵（今陝西三原東北），廟號高祖，謚號太武皇帝。唐高宗和唐玄宗時，謚號改爲神堯皇帝、神堯大聖皇帝、神堯大聖大光孝皇帝。

唐太宗李世民——
文韜武略，功德兼隆

唐朝第二任皇帝爲太宗李世民。此人文韜武略，英明睿智，懷有勵精圖治的宏大抱負，他的上臺，標誌著唐朝勃興局面的開始。

李世民（西元五九九～六四九年），唐高祖次子，青年時代「聰明英武，有大智，而能屈節下士。時天下大亂，盜賊起，知隋必亡，乃推財養士，結納豪傑」。他最早鼓動父親起兵反隋，並統兵征戰，在唐朝建立和統一的過程中，發揮了關鍵的作用。因此有人說，唐高祖開國是有其名而無其實，嚴格地說，李世民才是唐王朝的實際創建者。

唐朝初建，李世民官任尚書令、右翊衛大將軍，封秦王，入爲宰相，出爲元帥，功勳卓著，人心傾歸。隨著統一戰爭大功告成，統治集團內部矛盾大大激化。太子李建成和齊王李元吉相勾結，千方百計詆毀李世民，並欲加以殺害，根除禍患。李世民冷靜應對，聽從心腹的建議，於武德九年（西元六二六年）六月，先發制人，發動政變，射殺太子和齊王，全殲「太子黨」。——這就是著名的「玄武門之變」。政變後，李世民先爲太子，再爲皇帝，是爲唐太宗。

唐太宗剛剛登上皇位，便面臨一場巨大而嚴峻的考驗。突厥頡利可汗趁唐朝皇帝更迭的機會，率領大軍，大舉南侵，前鋒部隊到達渭北，距離長安只有十餘里。長安官民大為恐慌，以為一場戰爭在所難免。唐太宗一面布置軍事防禦，一面考慮戰爭以外的選擇，毅然帶領房玄齡、高士廉等六人，前往渭河南岸，約會頡利可汗，隔河對話，責備對方背約的行徑，曉以利害關係。頡利可汗懾於唐太宗的威儀和膽量，請求和解。唐太宗表示同意，於是雙方在便橋上簽訂盟約，頡利可汗引兵退去，避免了一場箭在弦上的戰爭。

次年改元貞觀。唐太宗親身經歷了隋朝覆亡的過程，認識到帝王的所作所為，往往決定國家的治亂和興亡。他說：「可愛非君，可畏非民。天子者，有道則人推為主，無道則人棄而不用。誠可畏也。」鑒於此，他比較注重個人修養，特別注意擺正自己和群臣和百姓的關係，廣開言路，虛懷納諫；廣開才路，任用賢能；體察民情，輕徭薄賦。他根據「勘亂以武，治世以文」的指導思想，實行正確的治國方略，從而造成一種開明政治，有利於社會向安定、繁榮的方向發展。

唐太宗虛懷納諫，歷來為人推崇。皇帝有此作風，剛正的諫臣應運而生，其中最著名者數魏徵。魏徵原是李建成的親信，李建成死後，唐太宗不計前嫌，繼續予以重用，任為諫議大夫、尚書右丞、秘書監、侍中等職。貞觀二年（西元六二八年），唐太宗向魏徵詢問明君與暗君的區別。魏徵意味深長地說：「兼聽則明，偏信則暗。」唐太宗深以為然，從此把「兼聽」作為決策的前提，虛心聽取各方面的意見。魏徵則以唐太宗為知己之主，「思竭其用，知無不言」，大膽直言皇帝政治上和生活中的過失，有時言詞相當激烈。唐太宗寬宏大度，一般都能接受。貞觀五年（西元六三一年），唐太宗因爲「中國幸安，四夷俱服」而喜形於色。魏徵說：「內外治安，臣不以爲喜，惟喜陛下居安思危耳。」貞觀十一年（西元六三七年），魏徵上了著名的《十思疏》，列舉唐太宗十條「漸不克終」的缺點，用水可以載舟也可以覆舟的形象比喻，說明人民的力量，既能擁護明君，也能推翻昏君。唐太宗重視《十思疏》，特地書於屏風上，早晚閱讀，引爲鑒戒。

唐太宗對魏徵既有敬重的一面，也有懼恨的一面。一次，唐太宗獲一鷂鷹，架在臂上玩賞。魏徵忽然進殿奏事。唐太宗來不及迴避，忙把鷂鷹藏於懷中。魏徵奏事，故意拖延時間。唐太宗危坐傾聽，不敢動彈。魏徵離去，唐太宗再看鷂鷹，早已悶死。又一次，魏徵反對唐太宗嫁女的妝奩過於鋪張。唐太宗回到後宮，怒容滿面，憤憤地說：「會須殺此田舍翁（莊稼佬）！」長孫皇后說：「誰忤逆陛下了？」唐太宗說：「還有誰？就是魏徵老兒，每每廷爭辱我！」長孫皇后立刻穿了禮服，鄭重地向唐太宗表示祝賀。唐太宗驚問其故。長孫皇后說：「妾聞主明臣直，今魏徵直，由陛下明故也，妾敢不賀？」唐太宗馬上轉怒爲喜，再不說「殺田舍翁」之類的氣話了。

魏徵作爲諫臣，先後進諫二百餘事，大多切中要害，剛直不阿，忠貞不屈。因此有了唐太宗的「三鏡」之說：「以銅爲鏡，可正衣冠；以古爲鏡，可知興替；以人爲鏡，可明得失。」貞觀十七年（西元六四三年），魏徵病死。唐太宗非常悲痛，登樓「望哭盡哀」，「自製碑文，並爲書石」，說：「魏徵歿，朕失一鏡矣！」

唐太宗有句名言：「爲政之要，務在得人。」早在武德四年（西元六二一年），他就開設文學館，廣招英傑才俊，延請學士十八人，文有房玄齡、杜如晦、長孫無忌，武有尉遲敬德、李靖、李勣等，組成秦王府的智囊團，號稱「十八學士」。正是十八學士的輔佐，他才建立了功業，登上了皇位。唐太宗封賞功臣，以房玄齡、杜如晦、長孫無忌等五人爲一等功臣，晉官賜爵。他的叔父淮安王李神通心中不服，認爲房玄齡、杜如晦等，只會舞文弄墨，自己位居其下，很不公平。唐太宗毫不客氣地說：「房、杜等運籌帷幄，坐安社稷，論功行賞，固宜居叔父之先。叔父，國之至親，朕誠無所愛，但不可以私恩濫與勳臣同賞耳。」舊秦王府的一些將士，沒有升官，也口發怨言，說：「我們出生入死，多少年了？而今授官，反落在李建成、李元吉手下人的後面。」唐太宗說：「王者至公無私，故能服天下之心。朕與卿等日所衣食，皆取諸民者也。故設官分職，以爲民也，當擇賢才而用之，豈以新舊爲先後哉！必也新而賢，舊而不肖，安可捨新而取舊乎？今不論其賢不肖而直言嗟怨，豈爲政之體乎？」

貞觀元年（西元六二七年），唐太宗命大臣封德彝舉賢。封德彝久無所舉，還說：「非不經心，但於今未有奇才也。」唐太宗老大不快，批評說：「君子用人如器，各取所長。古之致治者，豈借才於異代乎？正患己不能知，豈可誣一世之人？」「用人如器，各取所長」，這是唐太宗的用人原則。根據這個原則，不僅重用舊秦王府的官員，而且廣開才路，不避親仇，即使是原先敵人營壘的人，也都委以重任，以德報怨，化敵爲友。因此，貞觀朝臣中，有隋煬帝的重臣，有農民起義軍的領袖，有地主武裝的將領，有李建成、李元吉的謀士。他們彙聚在唐太宗的麾下，文武才能得到充分發揮，成爲貞觀政治的一大特色。唐太宗求賢若渴，往往能從點滴小事中發現人才。貞觀三年（西元六二九年），他命群臣上書，議論國是。中郎將何常提出二十條建議，別有見地。何常乃一介武夫，不可能寫出這樣高水準的奏書。經詢問，方知是由馬周代筆。馬周是個落魄文人，出身低微。唐太宗接連派人四次相請，會見馬周，及與交談，發現其人學識淵博，滿腹經綸。他不由大喜，破格提拔馬周爲檢察御史，再擢爲中書令。馬周參與管理朝政，確實表現出了才幹。唐太宗滿懷感情地說：「朕要是幾天不見馬周，就很想念他啊！」

唐太宗爲了廣泛網羅人才，非常重視科舉，這爲中、小地主階級參加國家政治管理，開闢了一條途徑。一天，他在宮城城樓上看到許多新考取的進士魚貫而出，欣喜地說：「天下英雄盡入吾彀中矣！」意思是說，天下有才能的人，都爲我所用了。

唐太宗體察民情，也是很突出的。他說過：「君依於國，國依於民。刻民以奉君，猶割肉以充腹，腹飽而身斃，君富而國亡。故人君之患，不自外來，常由身出。夫欲盛則費廣，費廣則賦重，賦重則民怨，民怨則國危，國危則君喪矣。朕常以此思之，故不敢縱欲也。」基於這樣的認識，他注意寬刑減法，輕徭薄賦，推行均田制、租庸調制和府兵制，減輕農民一些負擔。對待邊疆少數民族，唐太宗採用民族和睦政策，文成公主嫁給吐蕃松贊干布，開創了漢、藏兄弟民族之間的友好歷史。對待周邊國家，唐太宗注意友好相處，不肯輕易用兵。因此，唐朝和西域各國以及東鄰日本國等，均保持了友好的關係。

唐太宗的治國方略，取得明顯成效。貞觀之世，風尚純樸，社會安定，經濟發展，國力強盛，史稱「貞觀之治」。此外，唐太宗還酷愛書法繪畫、音樂歌舞、詩歌創作等，文治武功兩個方面，都稱得上是封建皇帝中的佼佼者。

晚年的唐太宗，應了魏徵的預言：人多慎始，鮮有克終。他變得驕傲起來，納諫成了形式，用人頗多失誤，很少關心人民疾苦，熱衷於興築宮室、巡行四方、追求享樂。特別是不聽大臣勸阻，執意征伐高麗，造成社會騷動。貞觀二十三年（西元六四九年），他因追求長生不老，服用金石丹藥，以致斷送了性命，終年五十三歲。葬於昭陵（今陝西禮泉東北），廟號太宗，謚號文皇帝。唐高宗和唐玄宗時，謚號改爲文武聖皇帝、文武大聖皇帝、文武大聖大廣孝皇帝。歷代史學家均給予唐太宗以很高的評價，說：「自古功德兼隆，自漢以來未之有也」。

武周聖神皇帝武則天——
赫赫女皇，顛倒乾坤

唐太宗之後的唐高宗李治是個守成的皇帝，遵守貞觀規制，社會比較安定，經濟平穩發展。他在位期間，鬼使神差地愛上了庶母武則天，立為皇后，由此引出唐朝歷史的一段曲折。武則天畢生追逐權力，巾幗不讓鬚眉，以一女流，顛倒乾坤，堂而皇之地登上了皇帝的寶座，改國號為周。她因此成為中國歷史上唯一的女皇帝——武周聖神皇帝。

武則天（西元六二四～七〇五年），并州文水（今山西文水）人。其父武士彠（護，讀作月）是個富商，當年資助過唐高祖李淵，因功封應國公。貞觀十一年（西元六三七年），武則天十四歲，唐太宗聞其姿色美貌，選入宮中為才人，賜號武媚，人稱媚娘。媚娘姿色媚麗，性格卻很剛強。一次，唐太宗得一烈馬，名曰獅子驄，桀驁難馴。媚娘自請馴馬。唐太宗頗為驚詫，說：「你如此纖弱，如何馴得烈馬？」媚娘說：「臣妾只需三物：一硬鞭，二鐵杖，三匕首。它不馴，先用硬鞭抽打它的身體；鞭而不馴，就用鐵杖猛擊它的頭顱；杖而不馴，就用匕首割斷它的咽喉。」唐太宗見媚娘性格勝過烈馬，驚歎說：「好！氣概可嘉！」

貞觀二十三年（西元六四九年），唐太宗駕崩。太子李治繼位，是為唐高宗。按照定制，武則天出居感業寺，削髮當了尼姑。李治比武則天年輕四歲，同樣看中武則天的美貌，居然兒納庶母，把她召入宮中，封爲昭儀。武則天工於心計，詭變無窮，利用王皇后和蕭淑妃爭寵的機會，先站在王皇后一邊，二人合力攻擊和詆毀蕭淑妃，致使蕭淑妃被打進冷宮；接著，她殘忍地掐死剛剛出生的女兒，然後嫁禍於王皇后，致使王皇后也被打進冷宮。唐高宗稀里糊塗，不顧長孫無忌、褚遂良等元老重臣的強烈反對，於永徽六年（西元六五五年）六月，武斷地立了武則天爲皇后。武則天必欲剷除情敵，運用駭人聽聞的手段，將王皇后和蕭淑妃處死。進而，懲治那些反對過她的元老重臣，罷官、貶職、流放，一個也不放過。而對支持她的寒族官員，則大加提拔，委以重任。武則天爲了鞏固自己的地位，進一步抬高身價，命令修改唐太宗制定的《氏族志》，更名爲《姓氏錄》，把「武」姓尊爲天下第一姓。她還親自主持祭祀大典，禱告天地；准予家鄉并州父老晉見皇后，凡八十歲以上的老人，均授予「郡君」的稱號。這些措施，不僅提高了武則天的威信，而且爲她以後的發展奠定了堅實的基礎。

顯慶五年（西元六六〇年），唐高宗患了眼病和風濕病，身體日見衰弱。此後，百官奏事，都由武則天代爲批閱和決斷。史載：「後性明敏，涉獵文史，處事皆稱旨，由是始委以政事，權與人主侔矣。」權力的欲望沒有止境。武則天雖然「權與人主侔矣」，但並不以此爲滿足。因此，她繼續爲權力而拼搏，渴望有朝一日，能夠當上名副其實的「人主」。

武則天的野心日益膨脹，引起了唐高宗的警覺。麟德元年（西元六六四年），武則天爲了獨攬大權，竟將道士郭行眞召入宮中，命作「巫蠱」，詛咒皇帝。宦官王伏勝告發了這件事。唐高宗無比憤怒，宣召西台侍郎上官儀，命其草擬詔書，以「專恣，海內失望，不可承宗廟」爲由，準備廢去武則天的皇后名號。武則天立刻得到報告，火速來見唐高宗，滿臉凶相和殺氣。唐高宗嚇得手足無措，把責任統統推給上官儀。武則天橫眉怒目，一把將上官儀草擬的詔書撕得粉碎。接著，以謀反罪，將上官儀和王伏勝斬首。從此以後，武則天加強了對唐高宗的控制，每日朝會，唐高宗坐於前殿，武則天垂簾於後，「政無大小，皆與聞之。天下大權，悉歸中宮。黜徙、殺生，決於其口，天子拱手而已。中外謂之『二聖』。」唐高宗稱「天皇」，武則天則稱「天后」。

武則天由才人而尼姑，由尼姑而昭儀，而皇后，而稱「聖」，而稱天后，堂堂國母，勢如一尊。然而，她意猶未足，還要去后稱帝，做一個堂堂正正的眞天子。唐高宗晚年多病，爲確保李氏皇統，意欲傳位給兒子。武則天實際上已經執掌皇權，豈肯輕易放棄？因而，圍繞皇位問題，武則天又和自己的丈夫、兒子展開了角逐，宮廷鬥爭趨於白熱化。

唐高宗共有八個兒子，其中武則天親生的四人：李弘、李顯、李賢、李旦。李弘自小喜愛讀書，心地仁慈，顯慶元年（西元六五六年）被立爲太子。唐高宗多次誇獎李弘「仁孝，賓禮大臣，未嘗有過」，有心禪位於他。武則天存心想當女皇，容不得太子羽翼豐滿，於上元二年（西元六七五年），以一杯毒酒鴆殺了李弘。

李弘死，李賢成爲太子。李賢容止端嚴，性格夙敏，官至雍州牧、涼州大都督。他成爲太子後，監國處事，斷決明審，百官稱讚。他還兼富文史才能，召集儒生共注《漢書》，聲譽日隆。當時，宮中傳言，李賢並非武則天親生，而是唐高宗和武則天姐姐韓國夫人偷情的產物。李賢對此將信將疑。這使武則天極度惱火，於是於調露二年（西元六八〇年），隨便找了個藉口，將李賢廢為庶人，流放巴州（今四川巴中）。後來，李賢有感而發，寫了一篇《黃台瓜詞》，詞中有「瓜熟子離離」等諷喻之語。武則天大怒，逼令李賢自盡。

李賢廢，李顯成為太子。李顯的兒子叫李重照，破例被立為皇太孫。唐高宗這樣做，目的就是要保持李家王朝的連續性，防止外姓人篡權。說白了，就是為了防止武則天篡權。

弘道元年（西元六八三年），在位三十四年的唐高宗駕崩。太子李顯繼位，是為唐中宗。武則天成為太后，掌握了所有的朝政大權。李顯在位僅僅五十五天，就被武則天廢為盧陵王，放逐房州（今湖北房縣）。隨後，武則天立最小的兒子李旦為皇帝，是為唐睿宗。武則天規定，李旦名為皇帝，但只能居於深宮，不准過問朝政。從此，政無大小，統由武則天裁決，史稱「武后稱制」。這時，她距離垂涎和嚮往的女皇寶座僅有一步之遙了。為了這一步，武則天又拼搏了六年。載初元年（西元六九〇年），她終於廢了李旦，自己稱帝。九月九日，她以六十七歲高齡，頭戴金冠，身穿龍袍，高傲地登上東都洛陽的則天樓，告示天下：改國號為周，自己為武周聖神皇帝，建元天授，以李旦為皇嗣，賜姓武，洛陽改稱神都。

武則天從皇后到皇帝，整整拼搏了三十六年。期間，她和元老重臣抗爭，和丈夫兒子抗爭，和傳統勢力抗爭，剛強果敢，堅忍不拔。為了達到目的，不知殺害了多少人。實踐證明，她是強者，是勝者，憑藉劍與火，踏著血與淚，攀上了權力的頂峰。武則天稱帝，史稱「武后革命」。她的成功，不是偶然的。當時，庶族地主正在上升，士族地主接近滅亡。武則天正是借助於庶族官僚的力量，壓下士族官僚的反抗，才建立了武周政權的。

武則天稱帝後，採取一系列的改革措施，維護和鞏固至高無上的皇權統治。她新造了十二個文字，第一個字爲「曌」（曌，讀作照），寓意日月當空照，用作自己的名字。她尊崇武姓，重用侄兒武承嗣、武三思等，或擢爲宰相，或拔爲將軍，把持各要害部分。臣屬凡有功者，均賜姓武。天下凡姓武者，免去所有租賦。就連她的家鄉文水，也改稱武興縣。她用鐵的手腕，嚴厲鎮壓李氏諸王的反抗，打擊舊的門閥勢力，絕不手軟。她重用酷吏，鼓勵告密，努力剷除各種潛在的威脅。酷吏周興、來俊臣、索元禮等，狠毒無比，殺人如麻，以慘絕人寰的刑罰，誅殺李唐宗室和大臣各數千家。當這些酷吏完成了特定的任務之後，武則天就又翻手委罪於鷹犬，借用他們的頭顱，來緩解日趨緊張的新的矛盾。

武則天堅決地剷除舊朝廷的勢力，同時注意培植新朝廷的骨幹力量。爲此，她不拘一格，廣延人才，「籠四方豪傑自爲助，雖妄男子，言有所合，輒不次官之，至不稱職，尋亦廢誅不少縱，務取實才眞賢」。她特別重視科舉，親自主持殿試，選拔的「實才眞賢」，文如李昭德、魏元忠、杜景儉、狄仁傑、姚崇、宋璟、張柬之，武如唐休景、婁師德、郭元振等，或爲宰相，或爲邊將，爲新建的武周免於內憂外患，做出了重大的貢獻。

關於選用人才問題，武則天和狄仁傑之間有過一次對話。武曰：「安得一奇士用之？」

狄曰：「陛下求文章資歷，今宰相李嶠、蘇味道足矣。豈文士齷齪，不足與成天下務哉。」武曰：「然。」狄曰：「荊州長史張柬之雖老，宰相才也。用之必盡節於國。」武則天於是起用張柬之爲洛州司馬。一天，武則天又讓狄仁傑薦舉人才。狄曰：「臣嘗諫張柬之，未用也。」武曰：「遷之矣。」狄曰：「臣諫宰相而爲司馬，非用也。」武則天微微點頭，似有所悟。隨後，武則天連連提拔張柬之，直至宰相。張柬之爲相後，果有建樹。這件事情，最能體現武則天的政治方略，量才爲用，務求眞賢。

武則天在稱制和稱帝期間，另一方面的追求，就是縱情聲色，恣意享樂。她最早寵愛一個體格健壯的男人叫馮小寶，爲使馮小寶能夠自由出入宮禁，她命他削髮爲僧，出任白馬寺主持，並讓女兒太平公主駙馬薛紹認他爲義父，馮小寶因此改姓改名，稱薛懷義。薛懷義本質上屬於無賴之徒，依仗武則天的寵幸，炙手可熱，橫行不法，就連武承嗣、武三思也要讓他三分。他繼任輔國大將軍，封鄂國公，越發驕恣張狂，居然縱火燒毀了富麗堂皇的萬象神宮和明堂。武則天迫於群臣的壓力，只好指派太平公主將他杖殺。

武則天還長期和御醫沈南璆（璆，讀作求）私通。後來又有張昌宗、張易之兄弟，成爲她的男寵。張氏兄弟身材偉岸，儀表堂堂，而且溜鬚拍馬，極善逢迎。武則天視二人爲心肝寶貝，養在深宮，百般恩寵，從中尋求最大的刺激和樂趣。

武則天政治上尊崇，生活上奢靡，都達到了女人的極致程度。然而，晚年的她也有苦悶和困惑。她辛辛苦苦創建了武周政權，自然希望這個政權能夠天長地久。那麼，自己死後，到底該由誰來繼承皇位呢？她可以將皇位傳給武承嗣或武三思，但他倆畢竟只是侄兒，並非親生兒子，況且這兩個侄兒作惡太多，很難使天下人臣服，弄得不好，必然會引發內亂。她的親生兒子倒有兩人還活著，那就是李顯和李旦。自己若將皇位傳給他倆，那就等於恢復了李唐王朝，武周政權也就不復存在。一邊是內侄，一邊是親子，到底該立誰爲太子，傳位於何人？這個問題攪得她心煩意亂，寢食不安，狐疑難定。

關鍵時刻，還是狄仁傑幫助武則天解決了疑難。狄仁傑語重心長地說：「太子，天下本，本一搖，天下危矣。姑侄和母子，孰疏孰親？陛下自然明白。陛下立親子爲太子，則千秋萬歲後常享宗廟；若立侄兒爲太子，宗廟不祔姑母。敬請陛下明察。」

狄仁傑的話，深深地打動了武則天。她終於作出決斷，於聖曆二年（西元六九九年），召回放逐的兒子李顯。皇嗣李旦禮讓兄長。於是，李顯重新被立爲太子。

後來，大臣吉頊拜見武則天，誠懇地提出建議，說：「夫皇子和外戚，有分則兩安。今太子再立，而外家諸王並封，陛下何以和之？貴賤親疏不明，是驅使必爭，臣知兩不安矣！」武則天仔細琢磨吉頊的話，覺得不無道理。可是，讓她在皇子和外戚之間，明顯地分出個親疏貴賤來，卻又很難。作爲權宜之計，她只能採取「和」的辦法：將李氏和武氏子弟召至廟堂，共同祭告天地，宣誓彼此相依，互不殺戮，並立下鐵券，藏於史館。

然而，權力之爭從來都是你死我活的。李氏子弟和武氏子弟絕不會因一紙誓言而相安無事。神龍元年（西元七〇五年）正月，八十二歲的武則天臥病在床。宰相張柬之等率領文武百官，進入皇宮，殺死武則天的男寵張昌宗、張易之等人，擁立李顯即位，恢復了唐的國號和原先的制度，但仍稱武則天爲則天大聖皇帝。

這年十一月，武則天病危。唐中宗李顯前去探視。武則天交代說：「你要保全武氏家族啊！」說著，眼角流出淚來。她停了停，又說：「我已八十有二，別人做不到的事情，我都做到了，還有什麼不滿足的呢？回憶往事，好像做夢一樣。此後，不必稱我爲皇帝，仍然稱我爲皇后，就叫則天大聖皇后吧！我這輩子殺了很多人，當時不殺不行哪！先帝后妃，還有褚遂良等人的家屬，就全赦免了吧！」武則天的女兒太平公主也在跟前，淚流滿面。她叮嚀女兒說：「你是我最喜愛的女兒，像我一樣的聰明。但是你要記住，千萬莫爲聰明所誤。」

這些話，算是武則天的遺囑。壬寅日，武則天駕崩。武則天預料到世俗會對自己褒貶不一，評價迥異。所以死前特別叮囑，在她歸葬的乾陵（今陝西乾縣梁山），建一無字碑，碑上不刻一字，功過是非，留待後人評說，留待歷史評說。

武則天當了十五年皇帝，加上垂簾預政和臨朝稱制二十年，實際統治中國三十五年。這段時間，上承「貞觀之治」，下啓「開元盛世」，是中國歷史上比較興旺發達的時期。今天，我們用歷史唯物主義觀點來衡量，完全有理由說，武則天是一位非凡的女性，傑出的政治家。她當皇帝本身，就是驚天動地之舉，更何況治國有方，馭人有術，採取多種措施，維護了國家統一和社會安定，促進了經濟和文化的發展。她是婦女界的驕傲，她的名字可與秦皇漢武、唐宗宋祖並列，在中國歷史上佔有光輝的一頁。

唐玄宗李隆基——
盛世的輝煌和衰敗

武則天之後，唐中宗李顯、唐睿宗李旦相繼繼位，宮廷鬥爭異常激烈。延和元年（西元七一二年）八月，唐睿宗禪位於太子李隆基。李隆基即位，是爲唐玄宗，一稱唐明皇。次年改元開元，唐王朝的歷史進入一個全盛時期。

唐玄宗（西元六八五～七六二年），武則天之孫，唐睿宗第三子。「性英武，善騎射，通音律、曆象之學」。始封楚王，改封臨淄王。武則天時任衛尉少卿，唐中宗時受韋皇后和武三思排擠，出任潞州別駕。景龍四年（西元七一〇年），韋皇后效法武則天，想當女皇，夥同女兒安樂公主，殘酷地毒殺了唐中宗。李隆基和姑母太平公主聯手，依靠皇家禁軍，全殲韋氏集團。唐睿宗復位，李隆基封平王，進而成爲太子，兩年後繼位爲帝。太平公主和李隆基由盟友變成仇敵，前者命人投毒，殺害後者，沒有成功，索性孤注一擲，鋌而走險，發動兵變，妄圖奪取政權。唐玄宗堅決鎮壓兵變，將太平公主及其黨羽一網打盡，從而控制了政局，鞏固了自己的統治地位。

唐玄宗在位四十四年，大體上分爲前後兩個時期。前期英明睿智，勵精圖治，知人善任，革除時弊，整頓綱紀，抑制權貴，禁絕奢靡之風，注重發展農業生產，取得了非常明顯的效果。他先後任用姚崇、宋璟、張嘉貞、李元紘、杜暹、韓休、張九齡等人爲宰相，政治清平，社會安定，社會經濟和文化藝術事業得到迅猛發展。姚崇文武全才，通達知變，被稱爲「救時宰相」。宋璟不畏權貴，體恤百姓，被譽爲「有腳陽春」。韓休性情耿介，敢於直諫，原則性很強。一次，唐玄宗照著鏡子，默默不樂。侍從宦官討好地說：「自從韓休任相，陛下比以前消瘦多了。」唐玄宗說：「吾貌雖瘦，天下必肥。吾用韓休爲相，全是爲了國家，豈是爲吾一人？」

皇帝明智，宰相幹練，君臣同心合力，治理國家，致使出現了「開元盛世」的興旺景象。突出標誌是全國人口大量增加，達到一千三百多萬戶、六千多萬人，相當於初唐的四倍，創中國封建社會戶數和人口數最高的紀錄。京城長安人口超過百萬，成爲當時世界上最大的城市之一。長安城周長三十六點七公里，城內面積八十四平方公里，包括宮城、皇城、郭城三大部分，最耀眼的是太極宮、大明宮、興慶宮三大宮殿群，雕樑畫棟，金碧輝煌。城內有二十五條縱橫大街，縱向中軸線朱雀大街，長五公里多，寬達一百五十公尺。農業、手工業和商業蓬勃發展。詩人杜甫在《憶昔》詩中追憶開元年間的盛況說：

憶昔開元全盛日，小邑猶藏萬家室。
稻米流脂粟米白，公私倉廩俱豐實。
九州道路無豺虎，遠行不勞吉日出。

齊紈魯縞車班班，男耕女織不相失。

國庫豐盈，家給人足，朝廷儲糧多時達一萬萬石，長安斗米十三錢，貴時不到二十錢，泰山一帶斗米只有三錢或五錢。絲綢、瓷器、金銀器等手工業產品，實行規模生產，技術先進，美輪美奐。商業繁榮，長安的東市和西市，店鋪林立，商賈雲集，貨物堆積如山，琳琅滿目。「絲綢之路」重新開通，唐朝聲威大震，中亞、西亞、南亞、東亞乃至歐洲，紛紛派來使團、商團、留學生、留學僧等，中西方經濟文化交流，達到一個前所未有的水準。

政治的清明，經濟的發達，伴隨而來的必然是科學文化的興盛。這一時期，誕生了一大批傑出的詩人、畫家、書法家、音樂家、舞蹈家、天文學家。如李白、杜甫、王昌齡、王之渙、孟浩然、王維、吳道子、李崇訓、張旭、懷素、李龜年、楊玉環、公孫大娘、僧一行（張遂）等。他們是那個時代的寵兒，也爲那個時代增添了光彩，從而形成了光輝燦爛的唐文化。

「開元盛世」，標誌著中國封建社會發展的頂峰，堪稱「黃金時代」。然而，勝利和成功，使唐玄宗變得驕傲和昏庸起來。他在後期完全喪失了進取精神，重用奸相李林甫、楊國忠和胡將安祿山，恣意追求享樂，迷戀兒媳楊玉環的姿色，封爲貴妃，由此釀成「安史之亂」，使大唐王朝從高高的頂峰上急劇地跌落下來。

李林甫，陰險奸猾，慣於以甜言蜜語諂媚人和謀害人，故有「口蜜腹劍」之稱。開元二十四年（西元七三六年），他升任第一宰相，大權獨攬，堵塞言路，排斥異己，以酷吏爲刀斧，殘害正直朝臣數百家，朝野鉗口，綱紀日壞。他和唐玄宗寵愛的武惠妃沆瀣一氣，使唐玄宗廢黜並殺害了太子和兩個兒子。唐玄宗不識其奸，反以爲能，一次竟對寵信宦官高力士說：「現在四海太平，朕想居安無爲，委國政於林甫，你以爲如何？」高力士大吃一驚，說：「天下權柄，怎能輕易給人？他若養成威勢，一旦有變，誰能制伏？」這樣一個連高力士都懂得的大問題，而唐玄宗卻不懂得，視之如兒戲，足見其糊塗到何種程度了。

唐玄宗是個風流好色的皇帝。他的後宮群雌粥粥，美女如雲，武惠妃死後，居然愛上了體態豐豔、絕世無雙的兒媳楊玉環。開元二十八年（西元七四〇年），五十六歲的唐玄宗，強行把二十二歲的楊玉環佔爲己有，開始了他們之間的浪漫史。公公霸佔兒媳，有悖倫理，實是醜聞。唐玄宗爲掩人耳目，避免落個「爬灰」的名聲，讓楊玉環自請爲道士，賜號太眞。一個老翁，一個少婦，陶醉在愛河情海裏，春日漫漫苦其短，日上三竿戀床第，正像白居易在《長恨歌》裏所寫的那樣：

雲鬢花顏金步搖，芙蓉帳暖度春宵。
春宵苦短日高起，從此君王不早朝。
承歡侍宴無閒暇，春從春遊夜專夜。
後宮佳麗三千人，三千寵愛在一身。

天寶四年（西元七四五年）八月，唐玄宗冊封楊玉環爲貴妃。貴妃在宮中的地位僅次於皇后。但當時沒有皇后，所以楊玉環就是實際上的皇后了。唐明皇視楊貴妃爲「解語之花」和「被底鴛鴦」，猶如心肝寶貝，寵得無以復加。他爲她專門設置了「織造院」和「鑄造院」。前者有織工和繡工七百多人，負責給貴妃織造錦繡，縫製衣服；後者有各類工匠四百多人，負責給貴妃製作首飾，鑄造器皿。楊貴妃喜食荔枝，而長安卻不產這種水果。為此，唐玄宗命從荔枝產地蜀郡（今四川）到長安，每隔二百里設一驛站，驛站配備士兵和快馬，專門負責傳送荔枝，荔枝送達長安，色、味不變。為了保持荔枝的新鮮度，甚至命人將整棵荔枝樹挖起，帶土裝進大缸，用船運至距長安較近的地方，然後採摘，再由驛站傳送。蜀郡到長安，山高路遠，道路崎嶇，傳送荔枝，何等艱難。「一騎紅塵妃子笑，無人知是荔枝來。」唐玄宗為了愛妃，是不惜耗費巨大的人力和財力的，即使她要天上的星星，他也會試一試，看能不能給她摘下來！

一人得道，雞犬升天。楊貴妃的親屬均飛黃騰達。她的三個姐姐分別被封為韓、虢、秦國夫人，從兄楊銛、楊錡、楊釗（楊國忠）俱封高官。他們利用唐玄宗給予的大量賞賜，建造府第，連棟接宇，富麗堂皇，猶如宮禁，一座房屋往往費錢數千萬緡，務以瑰侈相誇詡，土木工程不息，時人謂之「木妖」。

唐玄宗和楊貴妃都喜愛音樂歌舞。他和她共同創作了大型樂舞《霓裳羽衣曲》，組織教坊和梨園上千名藝人演出，場面宏大，情景壯觀。每年十月，唐玄宗都要帶著楊貴妃，到長安東郊的華清宮過冬。楊氏兄妹車騎隨行，每家一隊，衣各一色，逶迤數十里。到了驪山，諸家合歡，往來穿梭，宛若萬花競放，遍地雲錦。唐玄宗在寵楊貴妃的同時，還和別的女人偷情。楊貴妃因為悍妒，醋意太濃，所以曾兩次被遣送出宮。唐玄宗失去貴妃，如丟魂魄，很快又出動禁軍，將她迎回宮中，加倍寵愛。以致當時有民謠說：「生男勿喜女勿悲，君今看女作門楣。」意思是說，女孩子比男孩子強，生個女孩子，照樣可以光耀門戶。

唐玄宗沉醉在溫柔鄉和甜蜜夢裏，朝政全部交給李林甫處理。李林甫為了鞏固相位，建議重用胡將，理由是胡將只會打仗，沒有多少心眼。唐玄宗欣然同意，於是任用一批胡將，其中包括雜種胡人安祿山。安祿山從一個信使起步，升任營州刺史，繼為平盧節度使，掌管一方軍政大權。他積極投靠李林甫，又兼任范陽節度使。這個人生性狡詐，入朝長安，偽裝忠誠和癡傻，無恥地認楊貴妃為義母，以騙取唐玄宗的信任。唐玄宗的心思全在貴妃身上，再讓安祿山兼領河東節度使，另加御史大夫等職，賜予不死鐵券，封為東平郡王。安祿山一身任三鎮節度使，手下悍兵強將，總兵力達二十餘萬人，控制了黃河中、下游以北廣大地區。權勢激起無盡的欲望，更激起狂妄的野心。安祿山不甘居於人下，開始覬覦大唐江山。

安祿山原打算在唐玄宗駕崩以後發動叛亂。天寶十一年（西元七五二年），李林甫病死。楊貴妃的從兄、已經改名楊國忠的楊釗，升任宰相，兼領四十餘職。楊國忠不學無術，憑著一種陰暗心理，認為安祿山招兵買馬，意在謀反。可是，唐玄宗被安祿山的偽裝所蒙蔽，絕對相信其忠誠。楊國忠為了證明自己意見的「正確」，採取一系列過激行動，刺激安祿山造反。天寶十四年（西元七五五年）十一月，準備了足足十年的安祿山，遂與同夥史思明一起，率領十五萬鐵騎，以請誅楊國忠為名，從范陽（今北京西南）起兵，浩浩蕩蕩地殺向長安。「安史之亂」爆發了。

「安史之亂」是皇帝昏庸、奸相專權、貴妃專寵的必然結果。當時，均田制趨於瓦解，府兵制遭到破壞，政治腐敗，武備鬆弛，歌舞昇平的假象，掩蓋了深刻的社會危機。從皇帝到平民，沒有任何思想防範。安史叛軍一路南下，如入無人之境，很快攻下洛陽。天寶十五年（西元七五六年）正月，安祿山在洛陽做起皇帝來，定國號爲「大燕」。

大敵當前，唐玄宗依然昏聵，聽信讒言，殺死大將封常清、高仙芝，起用正在病中的胡將哥舒翰，率領臨時拼湊起來的近二十萬雜牌軍，據守潼關，保衛長安。關鍵時刻，楊國忠和哥舒翰之間又各懷鬼胎，鬧起矛盾。唐玄宗聽從楊國忠的蠱惑，錯誤估計形勢，強令哥舒翰出關作戰，收復洛陽。六月，哥舒翰指揮一幫烏合之眾，出關作戰，結果慘敗，全軍覆沒，哥舒翰本人，也被部下挾持，投降了安祿山。

潼關防線崩潰，長安無險可守。唐玄宗驚慌失措，假意宣示親征，實際上帶領楊貴妃、楊國忠等，由數千名禁軍護衛，連夜逃亡。次日抵達馬嵬驛（今陝西興平西），疲乏至極的禁軍將士，忽然發動兵變，殺死罪大惡極的楊國忠等，進而包圍驛館，請誅禍根楊貴妃，呼號震天，刀兵砉然（砉，讀作花）。這時，唐玄宗極端利己的私心佔了主導地位，爲了自保，只得忍痛割愛，命人縊殺了楊貴妃。

楊貴妃等人的死，換得了唐玄宗的安全。禁軍將士繼續護衛著他逃亡，直到蜀郡成都。這期間，長安陷落，安史叛軍燒殺搶掠，繁華的帝都蒙受了空前的劫難。太子李亨與父皇分道揚鑣，統領部分兵馬到達靈武（今寧夏靈武西南），於七月強行登基即位，是爲唐肅宗。

唐肅宗遙尊父皇爲太上皇，唐玄宗無奈而暗淡地退出了權力的政治舞臺。

至德二年（西元七五七年），安祿山被兒子安慶緒殺死。十月，名將郭子儀、李光弼等人浴血奮戰，收復長安和洛陽。十一月下旬，唐玄宗返回長安，途經馬嵬驛，撫今追昔，黯然神傷。到長安後，唐肅宗及其皇后張氏、宦官李輔國等，擔心唐玄宗會死灰復燃，捲土重來，出動禁軍，將之從美麗的興慶宮，遷居到破敗的太極宮，嚴密監視。唐玄宗成爲一名高級囚犯，就連跟隨他一生的老奴高力士，也被調離，處以流放。他的身邊沒有一個親人或親信，只能面對圖寫的楊貴妃芳容，朝夕思念，獨自垂淚。一次觀看木偶戲，有感而發，隨口吟出一首《木偶》詩來：

> 刻木牽線作老翁，雞皮鶴髮與真同。
> 須臾弄罷寂無聲，還似人生一夢中。

孤寂失落，木然如夢。——這就是唐玄宗晚年的生活和心境，很有幾分淒涼。上元三年（西元七六二年）四月，唐玄宗老病纏綿，悲懷莫訴，形同槁木，心如死灰。甲寅日，靜悄悄地死於太極宮，終年七十八歲。寶應二年（西元七六三年）三月，葬於泰陵（今陝西蒲城東北），廟號玄宗，謚號大聖大明孝皇帝。

唐玄宗還是個多才多藝的皇帝。他是一位詩人、書法家、音樂家、舞蹈家，而且是中國戲曲的始祖。他一手創建了中國封建社會的輝煌，同時又親手斷送了這個輝煌。「安史之亂」以後，唐朝形勢急轉直下，走上衰敗之路，等待它的只能是滅亡末日的來臨。

吐蕃贊普松贊干布——
迎娶文成公主，漢藏友好佳話

正當唐王朝國勢日盛的時候，西藏高原上興起一個強大的吐蕃（蕃，讀做播）王朝。唐太宗貞觀年間，吐蕃出了位傑出的贊普（吐蕃君主稱號）松贊干布（尊稱棄宗弄贊），迎娶唐朝文成公主爲妻，在中國民族關係史上留下了千古傳誦的漢藏友好佳話。

吐蕃是今藏族的祖先，人民勤勞勇敢，崇拜死去的英雄。唐高祖武德三年（西元六二〇年），贊普論贊弄囊（尊稱朗日論贊）征服了西藏高原各部，建立起統一的奴隸制王朝。「贊普」，是吐蕃人對君長的稱謂，意爲雄健的男子。九年後，論贊弄囊被失掉權勢的舊貴族毒死，已被征服的各部相繼叛亂。

松贊干布（西元六一七～六五〇年）是論贊弄囊的兒子，十三歲時繼位爲贊普。他精通騎射、角力和擊劍，武藝出眾，而且熟悉贊普的世系和英雄的傳說，愛好民歌，善於寫詩，深受人民擁戴。他繼位後，依靠新興勢力的支持，運用個人的才智，嚴厲鎭壓舊貴族，平息了叛亂，重新統一吐蕃，定都邏些（今西藏拉薩），制訂官制和法律，吐蕃的歷史揭開了新的一頁。

松贊干布具有開放的思想，認識到要使吐蕃強盛，必須吸收周邊各族人民的先進文化。爲此，他派出第一批使臣訪問唐朝，並派人赴天竺（今印度）留學，創制了文字。他特別羨慕和嚮往唐朝的文化禮樂及典章制度，於貞觀八年（西元六三四年）派遣使臣到長安，彼此間建立了友好的關係。貞觀十四年（西元六四〇年），他再派遣宰相祿東贊爲使臣，攜帶五千兩黃金和數百件珍寶，翻越崇山峻嶺，到長安請求通婚。唐太宗正實行和睦、團結的民族政策，欣然答應將宗室女文成公主嫁給松贊干布，但故意給祿東贊出了五道難題，命其解答。這叫「五難婚使」：一，用絲線穿過九曲明珠；二，辨認五百匹母馬和五百匹幼馬的母子關係；三，一日內喝一百罈酒，吃一百隻羊，鞣好一百張羊皮；四，夜間進入長安皇宮不迷路；五，從一千五百名同樣美豔的宮女中，認出誰是公主。聰明的祿東贊足智多謀，一一解答了五道難題。唐太宗大喜，不但同意松贊干布迎娶文成公主，而且把另一位公主的外孫女嫁給祿東贊爲妻。

貞觀十五年（西元六四一年）正月，唐太宗命江夏王李道宗，率兵護送文成公主去吐蕃。公主帶有乳娘、宮女、樂隊、工匠等。妝奩豐盛，其中包括金銀、珠寶、絲綢、日用器皿、佛經佛像、作物種子、工具，以及經史、工藝、種樹、醫藥、曆法等方面的書籍。松贊干布聞訊，喜不自勝，親率大隊人馬到柏海（今青海中部）迎接。文成公主被迎進邏些，舉行了盛大的婚禮。松贊干布說：「我能娶大唐公主，深感榮幸。我要爲公主築一座新城，以讓後人永記不忘！」他說到做到，完全按照唐朝建築的式樣和風格，修建了城郭宮殿，專供文成公主居住。

文成公主婚後入鄉隨俗，支持松贊干布的事業，關愛吐蕃人民。她指導當地百姓掌握時令，改變刀耕火種習慣，學會種植穀物和蔬菜，傳授給他們耕作、養蠶、釀酒、紡織、刺繡、工藝品製作等技術。這些，對於推動吐蕃社會的發展進程，具有重要意義。

松贊干布在位期間，唐朝和吐蕃的關係密切而友好。貞觀二十二年（西元六四八年），唐朝使臣王玄策出使天竺，返回途中遭到搶劫，避入吐蕃。松贊干布立即調集精兵八千多人，交由王玄策指揮，打敗了搶劫者。貞觀二十三年（西元六四九年），唐太宗駕崩，唐高宗繼位。松贊干布專門致信宰相長孫無忌，說：「天子初即位，臣屬如有不忠者，吾即率兵除之！」同時，他贈送十五種稀有珍寶，請代為供奉於唐太宗的靈前，以為悼念。唐高宗為了答謝，加封松贊干布為賓王。永徽元年（西元六五〇年），松贊干布病死。唐高宗派遣右武衛將軍鮮于匡濟，攜帶詔書，專程前往邏些弔唁。三十年後，文成公主病死。吐蕃人民紛紛到寺廟為之祈福，並用雪域高原特有的歌舞，表達發自內心的愛戴和崇敬之情。

從松贊干布和文成公主時起，中原和邏些之間開闢了一條友好的唐蕃古道。這條古道，後世一直成為漢藏民族和睦、團結的偉大象徵。

後梁太祖朱溫、後唐莊宗李存勖——

叛徒皇帝，伶人政治

大唐王朝經過「安史之亂」，迅速從繁榮的頂峰跌落下來，宦官專權，藩鎮割據，日益衰敗。可是，正如俗話說的那樣：「百足之蟲，死而不僵」。從衰敗到滅亡，它又頑強掙扎了一百多年。一些皇帝、宰相、將帥以其才智，企圖力挽狂瀾，但畢竟大勢已去，積重難返。唐僖宗時爆發的黃巢農民大起義，徹底摧毀了它的根基。西元九〇七年，藩鎮朱溫取代唐哀帝李柷（柷，讀作處），建立後梁，唐王朝壽終正寢。以此為肇端，中國再次出現分裂局面，黃河流域建立了五個朝代，其他地方建立了十個割據政權，歷時半個多世紀。這一時期，史稱「五代十國」。

朱溫（西元八五二～九一二年），宋州碭山（今安徽碭山）人。出身貧寒，青年時隨母親給富人家當傭工，寄人籬下，以「兇悍」而聞名。他不願過這種窩囊生活，遂與哥哥朱存一起，參加了黃巢領導的農民起義軍。他身強力壯，作戰勇敢，逐漸升任將軍。唐僖宗廣明元年（西元八八〇年）十二月，黃巢攻陷長安，建立農民革命政權，國號「大齊」。黃巢信任朱溫，任命他為東南面行營先鋒使、同州防禦使，負責長安東方的戰事。唐朝廷緩過神來，迅速調集兵馬，圍攻起義軍。黃巢命朱溫予以反擊，而朱溫的思想開始發生變化，故意按兵不動，以靜觀變。中和二年（西元八八二年）九月，起義軍陷入困境，黃巢被迫撤離長安。就在這時，朱溫受到利誘，無恥叛變，投降了朝廷。唐僖宗任命他爲左金吾衛大將軍，充河中行營副招討使，並賜名「全忠」。朱溫感激涕零，反過來殘酷鎮壓起義軍，成了朝廷的一條忠實走狗。次年，他被任命爲宣武節度使，控制了汴州（今河南開封）一帶，夥同沙陀貴族李克用等，繼續鎮壓起義軍。起義軍失敗，朱溫升任檢校司徒、同中書門下平章事，最後封梁王。

李克用時爲河東節度使，封晉王。朱溫爲了擴張自己的勢力，曾試圖殺害李克用，雙方由此結下世仇，長期混戰，給中原地區的社會經濟造成了巨大的破壞。朱溫轉而吞併秦宗漢、朱瑄、朱瑾等藩鎮，因而成爲當時最大的藩鎮之一。

唐昭宗李曄時，宦官、藩鎮、朝臣爲爭奪中央政府的控制權，鬥爭趨於白熱化。天復元年（西元九〇一年），朱溫率兵進關中，打敗鳳翔節度使李茂貞，從其手中奪得唐昭宗，殺盡宦官，取得了「挾天子以令諸侯」的地位。天祐元年（西元九〇一年），他挾持唐昭宗遷都洛陽，拆毀長安宮殿等建築，並強迫官員和百姓一起東遷。千年古都長安，「自此遂丘墟矣」。數月後，他派人殺死唐昭宗，虛偽地立其子、十三歲的李柷繼位，即唐朝最後一個皇帝哀帝。唐昭宗的其他兒子及三十多位大臣，全遭殺害，屍體被扔進黃河。天祐四年（西元九〇七年）二月，朱溫逼迫唐哀帝退位，自己當了皇帝，改國號爲梁，定都汴州，是爲後梁。這以後，各割據政權紛然效尤，一下子冒出了許多帝王。

朱溫改名朱晃。他之所以能夠開國稱帝，應當歸功於黃巢農民大起義，加之唐朝過於腐朽，讓他鑽了空子。說到底，朱溫是個叛徒，精於賣主求榮，踩著他人的屍體往上爬，卻不懂得如何治理國家。後梁名義上屬於正統王朝，實際上和其他國家一樣，也是個地方政權。他想革除唐朝末年的一些弊政，無從下手，同時還自不量力，企圖翦滅河東的李克用。李克用死後，其子李存勖自襲晉王。乾化元年（西元九一一年），朱溫派遣大軍征討李存勖。高邑（今河北高邑）一戰，梁軍被晉軍打得落花流水，傷亡慘重。朱溫又親率五十萬大軍，北上與晉軍爭鋒。梁軍畏敵怯戰，草木皆兵，不知是誰高喊了一聲：「晉軍來了！」這一喊猶如驚天霹靂，梁軍潰逃，像是河水決堤，一敗不可收拾。朱溫難以阻擋，又是慘敗而歸。

朱溫事後知道，梁軍所遭遇的晉軍只是一支巡邏隊，不過三四百人。他又羞又惱，回到洛陽後便一病不起，無奈地對近侍們說：「我死後，兒子根本不是李存勖的對手，我們朱氏怕是死無葬身之地了！」

朱溫當了皇帝以後荒淫好色，不顧廉恥，居然霸佔幾個兒媳，穢亂無狀。病重時，他格外疼愛幼子朱友文的妻子王氏，答應立朱友文為太子。次子朱友珪的妻子張氏又妒又恨，把這情況通知朱友珪。朱友珪兇狠暴戾，立刻率領五百牙將，闖進宮中，殺死父親。朱溫死後葬於宣陵（今河南洛陽附近），廟號高祖，謚號神武元聖孝皇帝。後梁存在了十七年，後來果然被李存勖所滅。

李存勖（西元八八五～九二六年），小名亞子，太原沙陀族人，李克用長子。自幼擅長騎馬射箭，膽力過人。十一歲時隨李克用到長安，見過唐昭宗。唐昭宗為討好李克用，誇獎李存勖說：「這孩子與眾不同，日後出息了，可別忘了大唐。」朱溫建立後梁的次年，李克用病死，死前交給李存勖三支箭，叮嚀一要消滅世仇朱溫，二要掃除軍閥劉守光，三要趕走外敵契丹。李存勖承襲父職，自稱晉王，首先捕殺了企圖奪位的叔父李克寧，接著在潞州（今山西上黨）打敗後梁軍隊。朱溫聞訊，大驚失色，說：「生子當如李亞子，吾之子比起他來，豬狗而已！」

李存勖治軍嚴厲，凡違犯軍令者，一律斬首。他平時把李克用留下的三支箭供於家廟中，每次征戰，取來供於陣前，以激勵將士們的士氣。他作戰非常勇敢，經常獨自衝鋒陷陣，不計後果。乾化元年（西元九一一年），他打敗了朱溫的五十萬大軍，並活捉劉守光，大破契丹兵。再經過十餘年的征戰，李存勖佔有了黃河中游的廣大地區。龍德二年（西元九二二年）在魏州（今河北大名西）稱帝。為了表明沒有忘記唐朝，他定國號為「唐」，是為後唐。次年攻陷汴州，夷滅朱氏家族，後梁滅亡。

李存勖遷都洛陽，建元同光。這個皇帝乃一介武夫，騎馬射箭是其特長，而對經國理民，卻是一竅不通。他有一句名言，叫做「吾於十指間得天下」。一個只相信武力和自己的皇帝，斷難治理好國家。好在他有幾個大臣，善於替他搜刮財富，孔謙便是其一。孔謙出任租庸使，即財政大臣，巧立名目，於苛刻的正項賦稅之外，又徵收各種附加稅，其中最特別的是「雀鼠耗」。規定絲棉綢麻每繳納十兩另外加耗半兩，租糧每石另外加耗二斗。「耗」是損傷的意思。雀鼠耗，就是供倉庫中雀和鼠損耗的部分。老鼠俗稱「耗子」，即由此而來。孔謙因爲斂財有功，因此被李存勖賜號稱「豐財贍國功臣」。

李存勖平生有一大愛好：看戲和演戲。他當了皇帝後，特別看重伶人，提高伶人的地位，任用伶人爲親信，建立了伶人政治。伶人景進充當特務頭子，負責刺探百官言行，入殿奏事，所有人都須回避。景進建議充實後宮。李存勖照辦，出動士兵，一月之內，便搶掠三千多名美女進宮，納爲嬪妃。有的伶人，還被任命爲節度使之類的高官。李存勖自己常常面塗粉墨，穿上戲裝，登臺演戲，而且取了個「李天下」的藝名，意爲技壓天下，舉世無雙。一次，他和伶人敬新磨同台演戲，念錯臺詞，叫了兩聲「李天下」。敬新磨毫不客氣地抽了他兩個耳光。看戲的大臣見伶人打了皇帝，嚇出一身冷汗。李存勖也莫名其妙，兀自發愣。敬新磨說：「理（李）天下者只有皇帝一人，而你叫了兩聲，難道還能有兩個皇帝嗎？」李存勖聽後，非但不惱，反而給了敬新磨豐厚的賞賜。敬新磨也有正義的一面。一次，李存勖外出射獵，士兵隨意踐踏莊稼。縣令挺身而出，爲民清命。李存勖大怒，命把縣令斬首。敬新磨忙把縣令拉至皇帝馬前，故意說：「你身爲縣令，難道不知道皇上愛射獵嗎？莊稼地裏怎能種上莊稼呢？你應該讓百姓餓著，空出這片地來，以供皇上射獵取樂呀！你這縣官好不懂事，眞是該死！」這是巧妙的進諫，逗得李存勖哈哈大笑，免了縣令一死。

同光三年（西元九二五年），李存勖發兵攻滅後蜀政權。統帥郭崇韜建立了軍功，卻被無端殺害。伶人趁機進讒，誣衊許多官員屬於郭氏一黨，滿門抄斬。這樣一來，朝政更加紊亂，人人自危。次年，李克用的養子李嗣源在魏州發動兵變，奪取政權。李存勖派兵鎮壓，將士不肯效命。他只好打開府庫，賞賜將士們錢帛。將士們把錢帛扔在地上，憤憤地罵道：「我們的妻子兒女早已餓死，現在還要這些東西何用？」李嗣源進攻洛陽，李存勖眾叛親離，身邊只有直御（親軍）指揮使郭從謙的一隊侍衛。郭從謙也是伶人出身，曾認郭崇韜爲叔父。郭從謙爲給叔父報仇，這時背叛了皇帝，一面縱火，一面反攻李存勖。李存勖被箭射傷，大叫口渴。宦官端來一碗乳酪，李存勖喝下當即斃命。死後屍骨被焚，葬於雍陵（今河南新安境），廟號莊宗。後唐存在了十四年，後來被後晉所滅。

後晉高祖石敬瑭、後漢高祖劉知遠——

出賣國土兒皇帝，亂認祖宗假英雄

五代中後晉的開國皇帝叫石敬瑭，因認契丹可汗作父，自稱「兒皇帝」，出賣國土，臭名昭著；後漢的開國皇帝叫劉知遠，因亂認祖宗，冒充東漢皇族的後裔，也爲人所不齒。這兩人無德無能，品行惡劣，之所以成爲皇帝，乃投機鑽營所致，全然不知羞恥。

石敬瑭（西元八九二～九四二年），太原沙陀族人。青年時代從軍，很有心計，得到後唐李嗣源的賞識，招爲女婿。同光四年（西元九二六年），李嗣源發動兵變，殺死李存勖，自稱皇帝。石敬瑭在其中出了力，因而出任保義軍、宣武軍節度使，轉侍衛親軍馬步軍都指揮使，賜號「耀忠匡定保節功臣」，再拜同中書門下平章事，封駙馬都尉。石敬瑭權勢日重，由此萌生了篡位稱帝的野心。當時，北方的契丹窺視中原，不時南侵。李存勖特命石敬瑭爲河東節度使，鎮守晉陽（今山西太原）。這爲石敬瑭勾結契丹提供了條件。長興四年（西元九三三年），李嗣源死後，第五子李從厚、養子李從珂爭權奪利，兵戎相見，最後李從珂坐上了皇位，是爲後唐末帝。李從珂畏忌石敬瑭的權勢，改以他爲天平軍節度使。石敬瑭拒不從命，一心經營根據地晉陽，著意發展自己的勢力。清泰三年（西元九三六年），李從珂以張敬達爲將軍，發兵討伐石敬瑭，大軍進抵晉陽。石敬瑭難以招架，採納謀士桑維漢的意見，修書給北方的契丹皇帝耶律德光（遼太宗），請求兵援。書信的大意是這樣的：

臣石敬瑭，表奏契丹大國皇帝：

潞王李從珂，廢主自立，臣欲興問罪之師，恐力寡兵單，不足以成大事。願執子禮，父事皇帝，借兵南向，以懲叛逆。報捷之日，割盧龍一道、雁門以北之地以為謝。

是年，石敬瑭四十五歲，而耶律德光只有三十四歲。部將劉知遠以爲不妥，說：「稱臣即可，執子禮恐怕太過。」又說：「求其援兵，多與其金帛就行了，割讓國土，恐爲國之大患！」可是，石敬瑭求兵心切，實際上是當皇帝心切，哪裏聽得進反面意見？於是堅持派使者，攜書去了契丹。

契丹其時定都上京（今內蒙古昭烏達盟巴林左旗附近），耶律德光是其第二任皇帝。耶律德光雄心勃勃，正欲染指中原，收到石敬瑭書信，喜出望外，當即允諾，秋天馳援。九月，耶律德光親率五萬騎兵，浩浩蕩蕩地殺奔晉陽。李從珂慌了手腳，急派北平王趙德鈞、趙延壽父子，率領兩路兵馬阻擊契丹。誰知趙德鈞和石敬瑭一樣，也是個下流無恥的角色，暗派使節攜帶重金，乞求耶律德光立他爲帝，開出的價碼一如石敬瑭。石敬瑭得知消息，大爲恐慌，唯恐當不成兒皇帝，忙派桑維漢去見耶律德光。桑維漢跪於耶律德光帳前，自旦及暮，一把鼻涕一把眼淚，苦苦哀求。耶律德光經過權衡，最終決定，還是扶立石敬瑭。十一月，耶律德光到達晉陽，宣布立石敬瑭爲大晉皇帝，定都汴京（今河南開封），是爲後晉。石敬瑭感激涕零，演出了一幕老跪小、兒拜父的荒唐醜劇，說：「兒願獻燕雲十六州給父皇帝，以表孝忱！」此外，還簽訂了後晉每年向契丹貢帛三十萬匹的協議書。天福三年（西元九三八年），石敬瑭以兒皇帝的身分，捧著燕雲十六州的圖冊，奉送給契丹父皇帝，完成了出賣國土的最後一道手續。十六州是：幽、薊、燕、瀛、莫、涿、檀、順、新、嬀、武、雲、應、寰、朔、蔚州，包括今河北、山西北部，東西長約千里，南北寬約三四百里。這一地區，歷來是中原的屛障，而石敬瑭竟把它出賣了。其後的數百年間，草原鐵騎通過這一地區不時南侵，中原再無寧日，人民深受其害。

石敬瑭依仗契丹兵的支持，立刻神氣起來。張敬達被部將殺害，後唐軍投降。然後，石敬瑭和契丹軍進兵洛陽。李從珂自焚而死，後唐滅亡。石敬瑭心安理得地做起了兒皇帝，年年搜刮百姓，入貢契丹。耶律德光稍不如意，就遣使前來問罪。石敬瑭總是卑顏屈膝，以求寬宥。廣大百姓和將士，無不以此爲奇恥大辱。

天福七年（西元九四二年），石敬瑭一命嗚呼。葬於顯陵（今址不詳），居然得了個崇高的廟號和謚號：廟號高祖，謚號聖文章武明德孝皇帝。他的養子石顯貴繼位，仍然臣奉於契丹，自稱「孫皇帝」。四年後，耶律德光發兵抓走孫皇帝，歷時十一年的後晉滅亡。

當石敬瑭無恥無節，以出賣國土而換取皇位的時候，部將劉知遠曾提出異議。其實，劉知遠也好不到那裏去，後晉的建立，也有他的一份功勞。劉知遠（西元八九五～九四八年），也是沙陀族人。他和石敬瑭，同爲後唐李嗣源手下的將領。石敬瑭因是李嗣源的女婿，步步高升，劉知遠遂成了石敬瑭的部下。石敬瑭稱帝後，劉知遠任侍衛親軍都虞候，保義軍、忠武軍節度使，轉河東節度使。石重貴繼位後，疑忌劉知遠，任命他爲中書令，封太原王，再封北平王，意欲削奪其兵權。劉知遠不爲所動，只在河東招兵買馬，擴展實力。契丹屢屢兵伐後晉。劉知遠持觀望態度，據守本境，坐靜觀變。後晉滅亡的次年，即西元九四七年二月，他在晉陽自稱皇帝，改名暠（暠，讀作高）。同月，耶律德光攻佔汴京，改國號爲遼，表明他已入主中原。然而這位來自北國的皇帝，面對富庶的中原，貪得無厭，以「打穀草」爲名，縱兵四處搶掠，致使汴京、洛陽一帶數百里內，村舍皆空，禾稼全無。異族的入侵和掠奪激起民憤，中原百姓紛起抗遼，擊遼兵，殺遼官，鬥爭風起雲湧，聲勢浩大。劉知遠心懷機詐，派遣部將王峻到汴京，名爲賀喜，實爲觀察形勢。王峻回報說：「契丹貪暴，志在擄掠，中原怨望，其勢必不能長久。」有人勸劉知遠抗遼。劉知遠卻說：「遼勢正熾，不可妄動。」

中原人民的抗遼烈火越燒越旺。耶律德光大爲惶懼，無法在汴京立足，移駕北撤，行至欒城（今河北欒城），忽然病死。中原出現真空局面。劉知遠很會鑽空子，趁機從晉陽發兵，二十一天後進入洛陽，又八天進入汴京，大軍所向，如入無人之境，迅速佔領了原後晉的土地。

劉知遠在傳統戲曲中被美化成草莽英雄。其實不然。他雖是皇帝，卻一直沒有國號；年號也是後晉的舊貨，沿用石敬瑭的「天福」。到了汴京後，方想起應該有新的國號。他是沙陀族人，卻自稱是東漢皇族的後裔，故而定國號爲「漢」，是爲後漢。這種亂認祖宗的行徑，跟石敬瑭認他人作父如出一轍。第二年，劉知遠確定年號爲「乾祐」。新年號確定二十多天，他就病死了。滿打滿算，劉知遠只當了一年皇帝，死後葬於睿陵（今河南登封東南），廟號也稱高祖，謚號睿文聖武昭肅孝皇帝。他的兒子劉承祐繼位僅二年，後漢就被後周所滅。因此，後漢是五代中最短命的王朝。

後周太祖郭威、後周世宗柴榮——

一朝皇帝兩個姓，吹響統一前奏曲

五代中最後一個王朝叫後周，是漢族人郭威建立的。郭威死後，妻侄柴榮繼位。這樣，後周皇帝就出現了郭、柴二姓，這在「家天下」的帝王世系中，恐怕是唯一的例外。郭威和柴榮算是五代皇帝中最有作爲的兩個人，順應時代潮流和人民意願，推進改革，發展經濟，從而吹響了前奏曲，爲宋王朝統一全國打下了堅實的基礎。

郭威（西元九〇四～九五四年），字文仲，邢州堯山（今河北隆堯西）人。少時孤貧，長大後從軍，任馬步軍使，性格粗獷豪勇。他在頸上刺了飛雀紋飾，故得了個諢名：「郭雀兒」。有人取笑說，他可能成爲天子。他說：「自古豈有雕青天子！」一個偶然的機會，他娶了後唐莊宗李存勖遺散的宮妃柴氏爲妻，生活和事業有了新的起色。他追隨過李存勖、李嗣源、石敬瑭、劉知遠諸位皇帝，具有豐富的閱歷。後漢時，任樞密副使。後漢隱帝劉承祐即位，郭威是受詔輔政的大臣之一，升任樞密使，掌握了軍權。魏州（今河北大名）一帶發生叛亂。劉承祐加拜郭威同中書門下平章事，率兵前往鎮壓。而這時，劉承祐卻在京城肆意殺戮功臣，並殺了郭威的兒子，還派人前去殺郭威。乾祐三年（西元九五〇年），郭威遂在魏州起兵反漢，攻進汴京。劉承祐死於亂軍之中。郭威出任「監國」，奏請皇太后，迎立劉知遠的侄兒劉贇（贇，讀作雲）爲帝。忽然傳來邊報，說是契丹南侵。郭威引兵北上，前去抵抗。兵至澶州（今河南濮陽南），將士們鼓噪起來，撕開一面黃旗，披在郭威身上，擁護他做皇帝。郭威於是回師，奪得了後漢天下。那個劉贇本來在徐州，尚未到達汴京，被人殺害於途中。劉贇的父親劉崇（劉旻）隨即割據晉陽稱帝，建立了北漢。

郭威改國號爲周，是爲後周。郭威出身社會底層，了解民間疾苦，登基後注意輕徭薄賦，減輕農民負擔，興修水利，發展生產。他個人生活也比較節儉，反對奢靡之風。他對大臣們說：「我是在窮苦中長大的，因爲機運好才當了皇帝，所以不敢重斂百姓，追求奢華。」還說：「我長期生活在軍隊中，沒有什麼學問，不大懂得治國平天下的道理。你們應當多提建議，只要利國利民的，都可以提出，但文字要簡潔實在，不要虛浮和冗長。」他下令：乘輿服飾，不得過於華麗；宮中器物，力求簡單樸素；各地禁止貢獻珍玩和奇禽異獸之類。而且還命把宮中原有的金銀珠玉裝飾的華貴器皿，集於朝堂，當眾砸碎，告誡群臣說：「聽說後漢隱帝，整天佩金飾玉，和嬖寵遊戲。此事不遠，應當引以爲鑒！」

廣順四年（西元九五四年），郭威生了重病。他已沒有兒子，只能傳位於妻侄柴榮。他吩咐柴榮爲他準備後事，陵墓從簡，陵前不要用石人石獸，紙衣瓦棺裝殮，悄悄下葬，不要驚擾百姓，只要在碑上刻一行文字：「周天子平生好儉約，遺令紙衣瓦棺，嗣天子不敢違也。」作爲皇帝，臨死時還不忘儉樸，這是很難得的。郭威死後葬於嵩陵（今河南新鄭西），廟號高祖，諡號聖神恭肅文武孝皇帝。

柴榮繼位，郭氏天下便姓了柴。柴榮（西元九二一～九五〇年），邢州龍崗（今河北邢臺西南）人。他的姑母柴氏嫁給郭威，他被郭威認爲養子，替郭威管家，不僅管理田莊，而且遠涉江湖，販賣茶葉等，使郭威家境逐漸富裕起來。隨著郭威地位的提高，柴榮開始擔任軍職。郭威反漢進攻汴京，柴榮留守鄴城。後周建立，柴榮歷任澶州刺史、鎮寧軍節度使、檢校太傅、同中書門下平章事，封晉王。柴榮精於騎射，涉獵史書，在當時的統治階級中間，算得上是個文武兼備的人才。

郭威的爲人，給予柴榮深刻的影響。正因爲如此，他登基後決心繼承郭威的事業，全力治理好國家。柴榮剛剛臨位，國喪未舉，朝政待理，北漢劉崇便聯合北方的遼軍，殺向汴京。劉崇仿效石敬瑭，臣服於遼穆宗耶律璟，自稱侄皇帝，取得支持，企圖與後周抗衡。柴榮面對來敵，意欲親征。許多大臣反對。柴榮不聽，率兵北渡黃河，與漢軍相拒於高平（今山西高平）。漢軍數量大大多於周軍。劉崇麾兵大進。周將樊愛能、何徽畏敵怯戰，未戰先潰，千餘步兵棄甲投降。周軍爲之動搖，情勢危急。這時，柴榮身先士卒，親率大將趙匡胤、張永德等，奮勇衝殺，很快扭轉了形勢。漢軍稍卻。周軍兵威大振，吶喊著殺向前去，無不以一當十。劉崇和遼軍潰敗，狼狽逃去。

這場戰爭被稱作高平之戰。它大挫了北漢的銳氣，也阻止了遼軍的南侵，爲柴榮推行改革和隨後的南征北戰，創造了條件。戰後，柴榮執行軍法，把樊愛能、何徽及軍使以上部將七十餘人，斬首示眾。

柴榮在郭威改革積弊的基礎上，進一步整頓吏制，均定田賦，興修水利，獎勵農耕，限制佛教。爲了獎勵農耕，他命人雕刻一對農夫農婦，置於朝堂上，提醒群臣，國以民爲本，民以農爲本，這個道理，任何時候都不能忘記。他著意整頓軍隊，特別注重提高禁軍的戰鬥力，裁汰老弱病殘，招募青年壯士，補充到禁軍隊伍中來。同時擴建京城汴京，使之成爲一個規模宏大、人口眾多、交通便利、商賈雲集的繁華都市。

柴榮的改革迅速取得成效。中原大地恢復生機，後周國力大大增強。這激發了柴榮統一天下的雄心。他希望做三十年皇帝，以十年開拓天下，以十年休養百姓，以十年致太平。顯德二年（西元九五五年），柴榮向朝臣徵求統一天下的方略。王樸進獻《平邊策》，提出「先易後難、先南後北」的原則。柴榮完全贊同這一原則，並有計劃有步驟地加以實施。他先發兵，攻取了後蜀的秦（今甘肅天水）、鳳（今陝西鳳翔）、成（今甘肅成縣）、階（今甘肅武都）四州；接著三次親征南唐，壽州（今安徽壽縣）一戰，殲滅和俘擄唐軍四萬多人，盡得江淮地區十四個州六十個縣。南唐中宗李璟害怕周軍打過長江，慌忙遣使求和，答應稱臣，劃江爲界。這樣，後周的版圖大大擴展了，中原的統一初步顯露出端倪。

統一是時代的要求和人民的願望。顯德六年（西元九五九年），柴榮趁遼國勢力日敗、無所作爲之際，毅然率兵北伐，意在收復燕雲十六州。周軍所指，遼國披靡。廣大百姓，歡迎王師。因此，北伐異常順利，在很短時間內，便收復寧（今河北青縣）、莫（今河北任丘）、瀛（今河北河間）三州和瓦橋、益津、游口三關，共十七個縣。遼穆宗耶律璟大爲驚恐，急急派遣使者，馳赴晉陽，命北漢出兵，以牽制周軍的後方。

人謀不如天算。就在周軍節節勝利的時候，柴榮忽然生病，不得不班師回朝。六月，病情加重，猝然死去，年僅三十九歲。葬於慶陵（今河南新鄭北），廟號世宗，謚號睿武孝文皇帝。柴榮英年早逝，未能完成統一的任務，但已發出了統一的先聲。半年後，禁軍首領趙匡胤取代後周，建立宋朝（北宋），逐漸實現了統一的歷史使命。

南漢後主劉鋹、南唐後主李煜——具有亡國皇帝的典型特徵

五代十國時期的十國是指：吳、南唐、吳越、楚、閩、南漢、前蜀、後蜀、荊南（南平）、北漢。它們均爲地方政權，是唐朝末年藩鎮割據的延續。當趙匡胤取代後周、建立宋朝的時候，四國已經滅亡，剩餘的六國，後來陸續被滅。這裏僅說南漢後主劉鋹（鋹，讀作敞）和南唐後主李煜，因荒淫奢侈而亡國，具有亡國皇帝通有的典型特徵。

南漢是嶺南節度使劉岩於後梁貞明三年（西元九一七年）建立的，定都南海（今廣東廣州），佔有今兩廣地區。此人稱帝後新造個「龑」字作爲名字。「龑」與「岩」同音，意爲君臨天下，猶如「飛龍在天」。劉鋹（西元九四二～九八〇年），初名繼業，劉龑之孫，劉晟之子，曾封衛王，於後周顯德五年（西元九五八年）繼位，成爲南漢第四任皇帝，時年十六歲。他和祖父、父親一樣，性格剛愎，任性暴戾，不相信大臣，只相信宦官，一旦決定任用誰，必先將那人閹割淨身，充作宦官。南漢境內只有居民十七萬戶，人口不足百萬，而宮內宦官就多達七千人！他把國家政務交給宦官龔澄樞、陳延壽全權處理，自己樂得清閒，整天和嬪妃、宮婢等，淫樂嬉戲。陳延壽推薦女巫樊胡，這個女人自稱是玉皇大帝命她下凡輔佐

劉鋹的。劉鋹信以爲眞，特地設了個「玉皇」的座位，請樊胡高高坐在上面，斷決國家大事，自己跪拜，聆聽訓示，唯命是從。樊胡說：「龔澄樞、陳延壽等，都是天上的神仙，即便有罪，也不可追究。」劉鋹磕頭答應，說：「是！是！是！」尙書左丞鍾允章，見宦官和女巫勾結，禍亂朝政，太不像話，反覆進諫，請求整頓綱紀，誅殺首惡。龔澄樞、樊胡等反咬一口，誣告鍾允章企圖謀反。劉鋹不問青紅皀白，殺了鍾允章全家。此外，他還殺了兄弟諸王，剷除了他們可能爭奪皇位的威脅。

劉鋹又納宦官李托的養女爲貴妃，百般寵愛，加封李托爲「內太師」，主管後宮事務。宦官的勢力膨脹到極點，不勞而獲，生活侈靡，盤剝百姓，榨骨吸髓。爲了鎭壓反抗力量，他們設置了許多駭人聽聞的刑罰，如「火床」、「鐵刷」、「刀山」、「劍樹」等，從其名目，可以想見殘酷的程度。爲了取樂，他們常令所謂的罪犯，鬥虎抵象，觀看血腥的人獸格鬥場面。

西元九六〇年，趙匡胤已經建立宋朝，奠都汴京，是爲宋太祖。開寶三年（西元九七〇年），宋太祖命大將潘美領兵南征，討伐南漢，很快攻克賀、桂、昭、連等州。劉鋹聽到消息，反而高興，笑著說：「這些地方本屬湖南，北軍攻取後就滿足了，不會再南下了。」宋軍繼續進兵。劉鋹驟然惶懼起來，派人請求緩師。潘美不准，傳達宋太祖的旨意說：「能戰則戰，不戰則守，不守則降，不降則死，不死則亡。除此五種出路，別無選擇。」這時，「玉皇大帝」派來的龔澄樞、樊胡等人，都成了縮頭烏龜，計無所出。劉鋹只得硬著頭皮，整頓兵馬扼守險要之地，負隅頑抗。潘美一場火攻，南漢十五萬大軍潰敗而逃。宋軍直逼南海。龔澄樞、李托獻一「妙計」，說：「北軍南來，貪圖的是吾國珍寶，不妨一把火燒了它，他們必定不戰自退。」劉鋹同意，放火焚燒了府庫儲藏和宮殿樓閣。但是，宋軍並未退兵。劉鋹慌忙準備十幾隻大船，裝滿金銀珠寶，企圖從海上逃跑。不曾想宦官樂范，竊取了大船，溜之大吉。劉鋹走投無路，乖乖投降。

開寶四年（西元九七一年）五月，潘美班師，在汴京舉行獻俘大典。宋太祖斥責劉鋹遲降之罪。劉鋹卻很有理，說：「我十六歲即位，龔澄樞、李托等都是先皇舊臣。在國內，他們才是皇帝，我只是個聽話的臣子。所有壞事都是他們幹的，與我無關，還請皇上明察。」他說的雖是實情，卻也完全推卸了自己的責任。宋太祖為了顯示恩惠，給尚未掃滅的各國皇帝留個榜樣，沒有殺害劉鋹，封他為左千牛衛大將軍、恩赦侯。劉鋹保住了性命，親手製作一條用珍珠編成的戲龍，獻給宋太祖。戲龍形態優美，精妙絕倫，勝過能工巧匠的傑作。事後，宋太祖深有感觸地說：「劉鋹若能用這樣的心思功夫治理國家，何至於弄得亡國啊！」劉鋹三十九歲時死於汴京，葬於越王山（今廣東曲江境），史稱南越王或後主。

南唐的前身是吳國。吳國由廬州節度使楊行密創建。楊行密大臣徐溫，收有養子徐知誥。後晉天福二年（西元九三七年），吳國發生內亂。時為齊王的徐知誥，廢黜吳帝楊溥，自己稱帝，改國號為齊，定都金陵（今江蘇南京）。不久，徐知誥自稱是唐朝皇室的後裔，改姓李，改名昪（昪，讀作便），改國號為唐，是為南唐。後周時，李昪的兒子元宗李璟，向柴榮稱臣，劃江爲界，去帝號，稱國主。宋太祖趙匡胤開國的次年，即建隆二年（西元九六一年），李璟病死，唯一活著的第五子李煜繼位，又稱起了皇帝。他就是李後主。

李煜（西元九三七～九七八年），初名從嘉，字重光，號鐘隱，又稱鐘仁隱士、鐘峰隱者、鐘峰白蓮居士、蓮峰居士。從其名號，可見一種文人騷客儒雅清逸的習性。可是，歷史偏偏惡作劇，竟把這樣的人推上皇位，從而導致了他的不幸。

李煜面臨的是一個破爛攤子，財政枯竭，兵力衰弱，北有強國宋朝，內無賢臣良將。他很自量，懾於宋朝的威勢，以致不敢有自己的年號，只用宋太祖的年號。

李煜酷愛文史書畫、音樂歌舞，尤善作詞，詞作的藝術成就很高，達到「神秀」的境界。他具有高超的文學才華而無政治才幹，同時又荒怠政務，縱情聲色。他的奢侈是很出名的。宮中有銷金紅羅帳，鑲飾白金、玳瑁，而且用珍奇寶物裝飾宮殿，題名「錦洞天」。每年七月初七，命人用數百匹紅白羅絹，做成月宮天河，獨出心裁地玩樂享受。他寵愛周皇后，其人通書史，善音律，彈得一手好琵琶。周皇后死後，李煜又變愛其妹，作了「衩襪步香階，手提金縷鞋」的豔詞，予以讚美。他立她爲皇后，人稱小周后。婚禮場面隆重鋪張，盛況空前，全城百姓爭看熱鬧，竟有人從房上跌落下來摔死的。李煜爲小周后在萬花叢中築台建閣，覆以綺羅錦繡，飾以象牙玳瑁，彼此日夜尋歡作樂。李煜還寵愛宮女窅娘（窅，讀作咬）。這個窅娘，體態輕盈，面若桃花，能歌善舞，絹帛纏裹的小足，纖巧彎曲，形如新月，在六尺高的金蓮花上翩翩起舞，宛若凌波仙子。時人寫詩讚美說：「蓮中花更好，雲裏月長新。」南唐婦女爭相仿效，以纏足爲美。這便是後世婦女纏足，並謂之「金蓮」的由來。

李煜秉承南朝皇帝的傳統，好佛佞佛，在金陵以及皇宮內院，大造寺院佛塔，僧尼數以萬計。他和后妃淫樂以後，就頭戴僧帽，身穿袈裟，去寺院誦經禮拜，供奉上香，額頭上磕出了包，以顯示敬佛的虔誠。

李煜燈紅酒綠，醉生夢死。宋太祖雄心勃勃，先後削平荊南、後蜀、南漢等割據政權，並和吳越結成同盟，開始把矛頭指向南唐。而李煜，不圖自強，只想委曲求存，保住自己的一方樂土。他向宋太祖稱臣，自請削去帝號，改稱江南國主，同時搜刮民財，貢獻無數金銀絹帛，以示恭順臣服。此外，他還貶損制度，改中書省、門下省爲左、右內史府，尚書省爲司會府，御史台爲司憲台，翰林爲文館，諸王降爲公爵，就連殿堂屋脊上的裝飾鴟吻，也統統去掉。以此表明，自己甘願爲藩王做附庸。但是有一條他不敢答應，就是應召前往汴京。在他看來，前往汴京，等於自投羅網，肯定有去無回。所以每次總是以「病」爲藉口，推託拒絕。

開寶七年（西元九七四年），宋太祖決定攻滅南唐。爲了師出有名，宋太祖先召李煜入朝。李煜還是稱「病」，拒不奉詔。於是，宋太祖命大將曹彬，統兵十萬，戰船千艘，進攻南唐。李煜慌了手腳，一面命其弟李從鎰，以厚禮進貢；一面命築城聚糧，打算堅守。十一月，曹彬攻克池州（今安徽貴池），進抵採石磯（今安徽馬鞍山長江北岸），準備建浮橋渡江。消息傳來，李煜正和群臣飲酒塡詞。有人說：「長江天塹，自古以來沒有人能搭浮橋過江的，宋軍也不例外。」李煜深以爲然，說：「我早說過，宋軍不過是孩子玩遊戲罷了。」誰知宋軍十分了得，輕而易舉地就渡過長江天塹，擊潰南唐兵馬，進兵至金陵城下。李煜這才感到事態嚴重，接受大臣陳喬的意見，堅壁清野，抗擊宋軍，取消使用「開寶」年號，表示不再臣服於宋朝。他下令招募民眾爲兵，組成所謂的「義師」、「新擬軍」、「拔山軍」、「凌波軍」、「排門軍」等。這是一幫烏合之眾，不堪一擊。李煜嚇懵了，趕忙又改變態度，派大臣徐鉉去汴京，請求緩師。徐鉉面見宋太祖，說：「李煜無罪，陛下師出無名。」還說：「李煜以小國敬奉大國，如同兒子侍奉父親，沒有過失，爲什麼征伐他呢？」宋太祖反問說：「你說父親和兒子能分成兩家嗎？」徐鉉苦苦哀求緩師。宋太祖正言厲色地說：「天下一家，國無二主。臥榻之側，豈容他人鼾睡！」

開寶八年（西元九七五）十一月，曹彬大軍攻破金陵。李煜焚燒了大量古書圖籍，並想自焚，臨時卻又沒了勇氣，率領群臣投降。他的《破陣子》詞，就是記述肉袒出降時的情景的：

四十年來家國，三千里地山河。鳳閣龍樓連霄漢，玉樹瓊枝作煙蘿，幾曾識干戈？

一旦歸為臣虜，沈腰潘鬢消磨。最是倉皇辭廟日，教坊猶奏別離歌，垂淚對宮娥！

李煜被押解汴京。宋太祖跟對待劉鋹一樣，封他爲光祿大夫、檢校太傅、右千牛衛上將軍、違命侯。李煜當了亡國奴和階下囚，撫今追昔，滿懷滄桑和酸楚，詞作內容達到一個新的水準。最著名的是那首《虞美人》：

春花秋月何時了，往事知多少！小樓昨夜又東風，故國不堪回首明月中。雕欄玉砌應猶在，只是朱顏改。問君能有幾多愁，恰似一江春水向東流！

這首詞寫得生動洗練，充滿哀惋淒絕的懷戀和愁怨之情。宋太宗登基後，發現李煜以詩詞懷舊，大爲惱怒，於太平興國三年（西元九七八年），賜藥酒將他毒死。李煜死後葬於洛陽附近的邙山，史稱後主。

劉鋹和李煜同爲亡國皇帝。他倆既有共同之處，又有區別。李煜不像劉鋹那樣暴虐，說到底是個文雅的弱者，無能的敗者，怨艾的悲者，使人歎其命，責其過，歎、責之餘，略略有些同情。

宋太祖趙匡胤——

兵變開國，權術高手

「秦皇漢武，略輸文采。唐宗宋祖，稍遜風騷。」這裏提到四位皇帝，均以文治武功馳名。其中「宋祖」指宋太祖趙匡胤，他是一位權術高手，開國和治國方式，有別於其他皇帝。

趙匡胤（西元九二七～九七六年），涿州（今河北涿縣）人。父親趙弘殷爲後唐、後晉、後漢軍官，遷居洛陽。趙匡胤實是在洛陽出生，少時聰穎，長大後熱愛武藝，從軍，很受郭威的賞識，升任將軍。郭威引兵北擊契丹，部將忽然把黃旗披在他的身上，擁護他爲皇帝。郭威於是取代後漢，建立了後周。這件事，趙匡胤印象深刻，銘記在心。郭威死後，養子柴榮繼位，是爲後周世宗。北漢皇帝劉崇聯合遼軍，進攻後周。柴榮毅然率兵反擊，爆發了著名的高平之戰。趙匡胤在戰鬥中果敢勇猛，協助柴榮打敗了敵人。戰後，趙匡胤升任殿前都虞候，領嚴州刺史，並受命整頓禁軍。他利用這一機會，廣泛結交將領，安插好友親信，形成了自己的一股勢力。隨後，他隨柴榮南征北戰，升任殿前都指揮使和定國軍、義成軍節度使，檢校太保等。當時，皇家禁軍首領殿前都點檢由張永德擔任。不知怎麼出來個「點檢作天子」的謠傳。柴榮疑心張永德，遂罷免其職，改由趙匡胤代之，另加檢校太傅銜。柴榮萬沒想到，恰恰是這個趙匡胤，正懷著野心，虎視眈眈地覬覦著皇位呢！

柴榮英年早逝，年僅七歲的兒子柴宗訓繼位。趙匡胤又官檢校太尉，兼宋州歸德軍節度使。顯德七年（西元九六〇年）正月元旦，柴宗訓君臣正在歡渡佳節，忽有邊報，說北漢和遼軍侵犯後周。宰相范質、王溥等命趙匡胤率領禁軍，北上抵禦。大軍出發四十里，駐紮於汴京東北的陳橋驛。當夜發生兵變，趙匡胤被「黃袍加身」。次日，趙匡胤回師京城，逼迫柴宗訓遜位，自己當了皇帝，定國號為宋，史稱北宋。他就是宋太祖。

陳橋兵變是當年郭威奪取後漢政權一幕的重演，唯妙唯肖。這是一次精心策劃的行動，主謀正是宋太祖本人，核心人物有他的弟弟趙匡義、軍師趙普及禁軍將領石守信、高懷德、張令鐸、王審琦、張光翰、趙彥徽等。正因為如此，這些人在兵變成功後，全都加官晉爵，得到厚封，成為朝廷重臣。

宋太祖知道，以兵變手段奪取政權而當皇帝，很不光彩。所以在開國後繼續施行權術，表明自己和他人不同，實是一個開明的值得信賴的兵變者。他除了封賞功臣宿將外，還安撫、優待後周皇室成員和王公大臣，沒有大開殺戒。柴宗訓被封為鄭王，其母被尊為太后，范質、王溥等繼續留任宰相。當然，對於反對新朝、拒絕臣服的舊有官吏，他是不會容忍的。昭義軍節度使李筠、淮南節度使李重進，舉兵反宋。宋太祖堅決予以鎮壓，李筠、李重進相繼兵敗自殺。

宋太祖很快控制了局面，坐穩了江山。但是，他的內心並不安寧。因為初建的宋朝，國土只限於黃河中下游地區，北有北漢和契丹的威脅，南有南唐、吳越、荊南、南漢、後蜀等割據政權。這是外患。然而，更有內憂，這就是他所倚重的驕兵悍將。他們握有兵權，隨時都有可能照方吃藥，也來個兵變什麼的，摘掉他剛剛奪來的黃袍和皇冠。一天，宋太祖懷著忐忑的心情，詢問趙普說：「唐末以來，數十年間，皇帝換了八姓，戰亂不息，原因何在？欲使國家長治久安，當用何法？」趙普回答說：「戰亂不息，天下不安，其因在於將權重而君權輕。欲長治久安，亦無它奇巧，只須奪其權，收其兵，控其錢穀，……」宋太祖心領神會，立刻說：「朕明白了！」

宋太祖迅速採取措施。他邀請參加陳橋兵變的高級將領石守信等一起飲酒，酒酣以後略顯醉意，忽然說：「沒有卿等出力，朕不能當上皇帝。可是當這皇帝也太艱難，整夜整夜地睡不安穩哪！」石守信等非常詫異，說：「這是爲何？」宋太祖環視眾將，加重語氣說：「皇帝的位置，誰不想要！」石守信等慌了，忙說：「陛下何出此言？如今天命已定，誰敢懷有異心！」宋太祖說：「不！卿等雖無異心，可卿等的部屬能和卿等一樣嗎？他們想要榮華富貴，一旦黃袍加到你們的身上，那時，你們即使不想當皇帝，能行嗎？」

石守信等嚇出一身冷汗，連忙跪地叩頭，說：「臣等愚昧，不曾想到這些，還請陛下明示！」宋太祖笑了笑，放緩語氣說：「人生短促，還是厚自娛樂爲好。卿等可以放棄兵權，多積金帛田宅以遺子孫，廣置歌兒舞女以終天年。這樣，君臣之間無所猜嫌，各自相安，共用榮華，豈不很好？」石守信等謝恩說：「陛下爲臣等著想，所謂生死而肉骨也！」於是，石守信等自動告「病」，請求釋去兵權。宋太祖一一批准，讓他們離開京城，到地方上去做節度使，享受優厚的待遇。

這段史事，稱作「杯酒釋兵權」。宋太祖憑著高超的權術，輕易地解除了將領的威脅。接著，他又採取一系列措施，加強專制主義中央集權。主要是：一，分割宰相權力，增設參知政事一職，作爲副相；設樞密使主管軍事，以分軍權；設三司使主管賦稅等，以分財權。二，加強禁軍實力，禁軍不再設最高統帥，撤銷殿前都點檢、副都點檢等職銜，改由皇帝直接掌管；禁軍將領統率禁軍，但調遣和移防聽命於樞密院，定期換防，將領卻不隨之更動，做到「兵無常帥，帥無常師」，避免成爲新的割據勢力。三，實行文官治軍制度，各地由文官掌管軍事，節度使有名無權；同時派出轉運使，監督各地官吏，掌管地方財政收入。這樣，軍權、政權、財權等，都集中到皇帝一人手裏，中央集權制達到一個前所未有的水準。

宋太祖心計甚深，大權獨攬，由此也造成一個嚴重後果：幹強枝弱。特別是文官治軍，紙上談兵，大大削弱了軍隊的戰鬥力。這就是有宋一朝，不能開疆拓土，而且連本土也難守住，面對強悍外敵，只能屈辱求和的根源之所在。

宋太祖作爲開國皇帝，畢竟是有雄心有魄力的。他看到了人心思治、國家需要統一的大趨勢，因而發動了旨在統一天下的征討戰爭。他有一句名言：「臥榻之側，豈容他人鼾睡！」正是在這一思想指導下，征討戰爭進行得比較順利，適應了時代發展的潮流。在消滅各個割據政權的戰爭中，宋太祖也充分運用權術，顯示了高人一等的才智。如乾德元年（西元九六三年），他命慕容延釗、李處耘進攻荊南（南平），假稱「借道」，大兵壓境，然後由孫光憲出面，說降了荊南皇帝高繼沖，基本上是兵不血刃。乾德二年（西元九六四年）底，他命曹彬、王全斌進攻後蜀。時值隆冬，大雪紛飛，天氣嚴寒。他說：「朕想起出征的將士，如此寒冷，怎麼受得了？」隨即脫下自己身穿的貂裘，派人騎馬送給曹彬、王全斌，傳話說：「朕眞想給你們每人送一件貂裘，可實在做不到啊！」這一舉動給將士以巨大的鼓舞，他們僅用兩個多月，就攻滅了後蜀。開寶四年（西元九七一年），他命潘美進攻南漢，南漢皇帝劉鋹投降。他沒有殺掉劉鋹，而是封其爲侯，並任命爲將軍，爲的是給其他割據者立個榜樣。

宋太祖攻滅南漢後，把目光轉向南唐。爲此，他先和吳越結成同盟，形成南北夾擊之勢。南唐大將林仁肇統兵有方，構成宋軍的一大障礙。宋太祖巧妙地使用反間計，用重金收買間細，弄到林仁肇的畫像，懸掛於一處豪華的館宅裏。南唐使臣李從善出使北宋，宋太祖有意將他安置在館宅裏居住。李從善看到其中有林仁肇的畫像，非常奇怪。經詢問，館宅侍者按照上司授意，編造說，林仁肇已經答應投降大宋，送來畫像以爲憑證，此處館宅正是給林仁肇降宋後預備的。李從善很快把這一「機密」報告南唐後主李煜。李煜頭腦簡單，立刻派人把林仁肇毒死。開寶八年（西元九七五年），宋太祖借李煜之手除去林仁肇後，命曹彬等率領十萬大軍進攻南唐。李煜兵敗城破，只有投降。

無數的史例表明，權術和才智之間，多有內在的聯繫。沒有才智的人是不會耍弄權術的，凡善弄權術者必有一定的才智。宋太祖屬於後者，運用權術和才智，得心應手，爐火純青。按照常規，權術往往又等同於奸詐、虛僞。宋太祖則不然，以權術爲他的集權統治和統一大業服務，所以表現出來的是謀略，是智慧。他本來是個野心家和兵變者，而他的名字和功業，卻能與秦始皇、漢武帝、唐太宗並列，原因就在這裏。

宋太祖器量寬宏，賞罰嚴明，也有值得稱道的地方。陳橋兵變回師時，陳橋守吏忠於職守，拒開城門。他被迫轉道封丘，封丘守吏巴結逢迎，開門放行。事後，他提拔了陳橋守吏，而將封丘守吏免職斬首。一次，宋太祖在後園彈鳥，一位小臣手捧奏書，聲稱有緊急事求見。宋太祖立刻接見，看了奏書，不過是件煩瑣小事。他很生氣，責問小臣，爲何要撒謊？小臣說：「臣以爲再小的事也比彈鳥要緊。」宋太祖大怒，手持斧柄，打落小臣兩顆牙齒。小臣沒有叫痛，俯身拾了牙齒放於懷中。宋太祖更加惱怒，說：「你把牙齒放好，莫非要告朕不成？」小臣不慌不忙地說：「臣不敢告陛下，不過，自有史官會把這事記載下來。」宋太祖一聽，知道小臣一片忠心，趕忙道歉，並給予他數量可觀的賞賜。

開寶九年（西元九七六年）十月，宋太祖生了重病，軍政大權委託給弟弟趙光義（即趙匡義，爲避諱，改「匡」爲「光」）處理。癸丑日駕崩，死年五十歲。關於他的死，另有說法，說是趙光義急於當皇帝，殺害了哥哥。當夜，在宋太祖的寢殿裏，燭光搖曳，而且有斧聲，隨後，宋太祖就死了。所謂「燭影斧聲」，留給後世一樁無人能解的千年疑案。宋太祖死後葬於永昌陵（今河南鞏縣西南），廟號太祖，謚號英武聖文神德皇帝。

宋太宗趙光義、宋眞宗趙恆——

守內虛外，城下之盟

宋太祖駕崩，死因不明，他的弟弟趙光義承襲皇位，就是宋太宗。他當皇帝，實是其母杜太后的安排。杜太后生前曾問宋太祖說：「你知道你是怎麼得的天下嗎？」宋太祖回答說：「兒臣得天下者，全仗祖宗和太后的洪福。」杜太后不滿意這種冠冕堂皇的回答，說：「不然。你得天下，實是由於後周皇帝過於年幼的緣故。後周皇帝若年長有爲，那麼天下豈能歸你所有？所以，你辭世以後，應當將皇位傳給你的弟弟。四海之廣，萬機至眾，能立長君，社稷之福也！」宋太祖點頭同意，表示謹遵母命。杜太后不大放心，唯恐宋太祖日後變卦，所以召來宰相趙普，把當天的談話記錄在案，並命趙普簽上「臣普書」的字樣，然後將案卷藏於金櫃，以作憑證。

趙光義（西元九三九～九九七年），原名匡義，後改名炅（炅，讀作炯）。他是陳橋兵變的策劃者之一，所以在宋太祖開國後，升任殿前都虞候，領睦州防禦使，後加中書令，封晉王。宋太祖開國之初，寵幸嬪妃金城夫人。趙光義多次進諫，希望哥哥勿近女色，當以國事爲重，沒有效果。一天，宋太祖和金城夫人在花園設宴，招待趙光義。宴間，宋太祖勸酒。趙光義指著花叢中的一朵鮮花說：「金城夫人去把那朵花摘來，臣弟就把這酒乾了！」宋太祖命金城夫人前去摘花。就在這時，趙光義取了弓箭，瞄準金城夫人，一箭將她射死，然後跪拜在地，流著淚說：「陛下剛剛得到天下，務要以國事爲重啊！」宋太祖儘管生氣，但考慮弟弟是出以公心，並未怪罪，寵信如初。

宋太宗即位後，繼續執行宋太祖的既定政策，致力於統一大業。太平興國三年（西元九七八年）攻滅吳越，次年攻滅北漢。至此，五代十國的分裂局面基本結束，中原和江南地區歸於統一，社會經濟得到恢復和發展，逐漸呈現出繁盛的景況。

宋太宗是一位非武人皇帝，用兵作戰非其所長。他在攻滅北漢後，曾兩次北攻遼國，試圖收復燕雲十六州。第一次初戰小勝，進軍至幽州城外。誰知在高粱河（今北京西直門外）一帶，宋軍遇到遼軍的反擊，大敗而歸，宋太宗負傷，乘坐驢車逃回。第二次在雍熙三年（西元九八六年），宋太宗再度調集三十萬兵馬，分三路北上攻遼。東路軍以曹彬爲統帥，出瓦橋關（今河北雄縣境），進軍幽州；中路軍以田重進爲統帥，出飛狐口（今河北淶源北），攻打蔚州（今河北蔚縣）；西路軍以潘美爲統帥，楊業爲副，出雁門，進取雲中（今山西大同）。中路西路進軍順利，收復了一些地方。但是東路遭遇遼軍主力，因軍困糧缺，倉皇撤退。退到岐溝關（今河北涿縣西南）時，被遼將耶律休哥的騎兵打得大敗。宋太宗在後方遙控軍隊，急命中、西路軍縮短戰線，退回原防，並命潘美、楊業，護送雲、應、寰、朔四州百姓內遷。由於軍令下達遲緩，各部之間配合不力，楊業成了一支孤軍，仍然英勇奮戰。楊業身受數十處創傷，最後中流矢，墜馬被俘，絕食三日，壯烈犧牲。長子楊延玉等也戰死。其後，楊業第六子楊延昭、孫子楊廣，皆爲名將，鎭守邊陲，建功立業。楊業一門忠烈的事蹟，後來被演繹爲「楊家將」的故事，廣爲傳頌。

攻遼的失敗，使宋太宗放棄了收復燕雲十六州的計畫，轉而採取消極防禦的政策。他的思想也發生了轉變，注重「守內虛外」，說：「國家若無外憂，必有內患。外憂不過邊事，皆可預防；惟奸邪無狀，若爲內患，深可懼也。帝王用心，常須謹此。」淳化四年（西元九九三年），蜀地爆發了王小波、李順領導的農民起義。宋太宗認爲這是「奸邪無狀」的「內患」，殘酷地予以鎭壓，屠殺了數萬人。

宋太宗在武功方面差強人意，而在文治方面卻有建樹。他進一步完善了科舉制度，錄取大量進士；建立崇文館，廣泛收集藏書。而且組織文人編纂了《太平廣記》《太平御覽》《文苑英華》《冊府元龜》等大型書籍。這些書籍體例完備，內容豐富，成爲後人研究中國古代歷史和文學的珍貴資料。

宋太宗爲人刻薄，私心很重，爲了由自己的兒子繼承皇位，將弟弟趙光美、侄兒趙德昭（宋太祖之子）等迫害致死，最後立第三子趙恆爲太子。至道三年（西元九九七年），宋太宗當初受的箭傷復發，駕崩。葬於熙陵（今河南鞏縣西南），廟號太宗，諡號神功聖德文武皇帝。

宋太宗彌留之際，宮廷湧動暗流，宦官王繼恩慫恿皇太后李氏、參知政事李昌齡等，密謀廢黜太子，另立趙恆之兄趙元佐登基。幸虧宰相呂端「大事不糊塗」，主持公道，迅速擁立趙恆繼位，是爲宋眞宗。

趙恆（西元九六八～一〇二二年），初名德昌，後改名元休、元侃、恆，歷封韓王、襄王、壽王。他在位前期，廣開言路，銳意改革，勤政愛民，社會比較安定，經濟文化事業有所發展，出現了所謂「咸平之治」的小康局面。他，因此被稱爲「英晤之主」。但是，宋眞宗一如其父，把「守內虛外」奉爲國策，導致武備鬆懈，邊防空虛。北方遼國、西方西夏時時入侵，燒殺搶掠，中原人民深受其害。景德元年（西元一〇〇四年）秋，遼國蕭太后、遼聖宗耶律隆緒，統領二十萬大軍南下，直逼黃河北岸。宋眞宗聞報色變，問計於群臣。副相王欽若、陳堯叟主張遷都逃跑。新任宰相寇準斷然反對，說：「誰爲陛下出此敗亡之策，罪當斬首！」寇準接著認眞分析形勢，陳說利害，建議皇上御駕親征，以挫來犯之敵。

十月，宋眞宗在以寇準爲首的主戰派的催促下，勉強起駕北征。兵至韋城（今河南滑縣東南），他聽說遼兵勢大，嚇得不敢前進，打算遷都金陵。寇準嚴肅地說：「今寇已近，四方危心，陛下只能進尺，不能退寸。進則士氣百倍，敵人喪膽；退則萬眾瓦解，敵乘我勢，汴京失馭，金陵亦不可得！」宋眞宗無奈，硬著頭皮，渡河進駐澶州（今河南濮陽南）。當地軍民看到皇帝的黃龍大旗，歡聲雷動，高呼萬歲。遼太后雖是女流，卻精通軍事，指揮數千遼軍，進行試探性的進攻。寇準派出精銳迎戰，片刻間便將遼軍殺傷過半，而且射殺了遼軍主將蕭達蘭。各路宋軍根據寇準的命令，陸續向澶州方向集結，宋軍數量遠遠超過遼軍。

這時，蕭太后慌了手腳，馬上改變策略，派遣使臣致書宋眞宗，提出和議。寇準說：「遼欲求和，可以，但必須還我燕雲十六州，否則，兵戎相見，以決雌雄。」可是，宋眞宗生性怯懦，滿口答應，急命大臣曹利用使遼，商談和議的細節問題。曹利用臨行，宋眞宗叮囑說：「遼若索要歲幣，雖百萬亦可。」寇準得知情況，立刻喚住曹利用，嚴厲地說：「聖上雖有敕旨，但你許遼的歲幣，不得超過三十萬，超過，我就砍掉你的腦袋！」

次年正月，和議達成。雙方議定，宋、遼爲兄弟，遼帝稱宋帝爲「兄」，但「哥哥」每年要送給「弟弟」歲幣三十萬，其中包括十萬兩白銀和二十萬匹綢緞。和議盟約是在澶州簽定的，該州爲古澶淵郡，故史稱「澶淵之盟」。

曹利用回奏宋眞宗。宋眞宗正在用膳，未及召見，先派侍者詢問歲幣多少。曹利用不便回答，只用三個手指支著面頰。侍者以爲是三百萬，回報皇帝。宋眞宗一聽，失聲說：「三百萬？太多了！」既而又說：「姑且了卻此事，三百萬，也可，也可！」

「澶淵之盟」是在宋軍打了勝仗、處於優勢的情況下簽定的，宋眞宗以屈辱和妥協，換得了遼軍的撤退。宋眞宗回到京城，王若欽、陳堯叟等在彈冠相慶的同時，反過來誣衊寇準挾持皇帝，與敵國簽定城下之盟，有辱皇上尊嚴。宋眞宗很不地道，開始疏遠寇準。結果，寇準遭到貶斥，最後客死雷州（今廣東海康）。宋眞宗在位的後期，被奸佞包圍著，既無治國之勵志，更無禦敵之決心，朝政腐敗，國勢衰弱。乾興元年（西元一〇二二年）病死。葬於定陵（今河南鞏縣東南），廟號眞宗，謚號應符稽古神功讓德文明武定章聖元孝皇帝。

宋徽宗趙佶、宋欽宗趙桓——
奢侈腐化亡國，客死異域荒漠

北宋一朝，重文輕武，守內虛外，北與遼國開戰，西與西夏爭鋒，敗多勝少，只能以簽定和約、輸送歲幣維持邊境安寧。後來出了個強大的金國，先滅遼國，再滅北宋。宋徽宗趙佶和宋欽宗趙桓成了亡國皇帝，當了俘虜，最後客死在異域荒漠。

趙佶（西元一〇八二～一一三五年），宋神宗趙頊第十一子，宋哲宗趙煦異母弟弟，先封遂寧王，後封端王。青年時代的趙佶風流倜儻，喜愛書法、繪畫、騎射、蹴鞠、鑒賞文物和擺弄花草蟲魚。尤其在書法、繪畫方面，表現出了極高的天賦，也卓有成就。他和駙馬都尉王詵（詵，讀作身）格外親熱，那個臭名昭著的高俅，就是王詵送給他的，後來一直被趙佶倚爲親信，官至殿前都指揮使、開府儀同三司。

元符三年（西元一一〇〇年），宋哲宗病死，無子。十九歲的趙佶，由向太后拍板成爲皇帝，就是宋徽宗。宋徽宗初上臺，擺出一副勵精圖治的樣子，懲辦了先朝的章惇、蔡卞、邢恕等壞人，同時頒發詔書，允許百姓批評朝政，提供建議，以利革除時弊。他還放掉豢養的珍禽異獸，退還百姓進獻的美玉，儼然像個英明君主。然而這只是假象，很快，他就暴露出了荒淫腐朽的眞實面目，重用奸臣，追求享樂，崇奉道教，把人民推進水深火熱之中。

宋徽宗即位的第二年，就把被貶黜的大奸臣蔡京召回，任爲翰林學士承旨，一年後任爲宰相。他們合夥，以「紹述」爲名，把先朝的司馬光、文彥博、蘇軾等百餘人定爲「元祐奸黨」，把王珪、章惇等人定爲「元符黨人」，在各地立碑刻上他們的名字，表示永遠不能赦免；就連他們的兒孫也登記在案，規定不許在京城做官。宋徽宗在位二十六年，蔡京爲相達二十四年。其間，蔡京雖曾三次被罷相，但每次過不了多久，就會又回到皇帝身邊，官復原職。蔡京呼朋引伴，起用奸臣和宦官王黼、童貫、梁師成、李彥、朱勔等，組成官僚班底。這六人沆瀣一氣，把持朝政，無惡不作，後來被人斥之爲「六賊」。六賊之外，又有楊戩、高俅、蔡攸、李邦彥、張邦昌等，均爲奸佞邪惡之徒。

宋徽宗把軍政大權交由蔡京、童貫等人處理，自己奢侈腐化，及時行樂，達到無以復加的程度。他新建一座延福宮，豪華壯麗。爲了裝點宮殿，下令窮盡天下珍奇，建造假山園林。他命童貫在蘇州、杭州設「造作局」，集中工匠數千人，製造各種工藝品，所用原料器材，均搜刮於民間。繼命朱勔在江南設「應奉局」，專門從各地搜羅奇花異石，用船隻由大運河運送汴京，每十船組成一綱，稱「花石綱」。他用這些花石在京城築山，由梁師成主持，歷時六年完工，稱「萬歲山」，廣袤十余里，高九十步，山林泉園，奇巧幽美，氣象萬千。萬歲山又名「艮岳」。宋徽宗專門寫了一篇《艮岳記》，稱頌它是「天造地設，人謀鬼化，非人力所能爲者」。

宋徽宗崇奉道教，勝過以前任何一位皇帝。他寵信過很多道士，給了他們無數的賞賜。相比之下，江湖騙子林靈素最爲走紅。林靈素初名靈噩，字歲昌，家世寒微，出爲道士。一次，宋徽宗做夢，夢見什麼神霄宮。詢問道士徐知常，徐知常道行淺薄，遂推薦林道士進宮圓夢。宋徽宗問林道士說：「卿有何仙術？」林道士吹噓說：「臣上知天宮，中知人間，下知地儲。」宋徽宗說：「朕夢見神霄宮，但不知有何來歷？」林道士信口胡謅說：「神霄宮乃玉帝東華帝君居所。玉帝有兩個兒子，長子叫長生大帝君，次子叫青華大帝君。陛下乃長生大帝君降生人間，爲天下帝王。蔡京和童貫，則是左元、右元仙伯降生，故爲陛下輔弼。陛下做夢，實是應東華帝君所召，作神霄之遊，想甚快樂。」宋徽宗聽了這番荒誕之語，信以爲眞，心中大喜，當即給林道士賜名靈素，號「金門羽客」，一稱「通眞達靈元妙先生」，允許自由出入大內。繼又下令全國各地，廣建道觀，稱「神霄玉青宮」，各設長生大帝君、青華大帝君像，虔誠供奉。他自己則稱「教主道君皇帝」，且頒詔曉諭百官說：

> 朕為上帝元子，為神霄帝君。憫中華被金狄之教，遂懇上帝，願為人主，令天下歸於正道。卿等可上表章，冊朕為教主道君皇帝，止用於教門。

於是，以蔡京、童貫爲首，群臣上表，冊尊皇帝道號，就連天上的玉帝，也被尊爲「太上開天執符御曆含眞體道昊天玉皇大帝」，舉朝上下，烏煙瘴氣。林靈素索性騙上加騙，胡說宋徽宗寵幸的小劉貴妃和崔貴妃，分別是天宮的九華玉眞仙妃、神霄侍案夫人下凡，侍奉皇上。宋徽宗樂不可支，把林靈素當作神仙供養，賜金服，賜府第，凡事都向他請教，言聽計從。他的生日是五月五日。道士認爲不祥。他因此把生日改爲十月十日。他生於壬戌年，生肖爲狗。道士認爲屬相吉利。他因此特別崇狗，下令禁止汴京城內宰狗。

宋徽宗很有才藝，精通詩文、書法和繪畫。他的瘦金體書法，清秀勁逸，自成一家。他的繪畫，尤其是山水花鳥畫，工整細膩，獨具風采，代表作如《池塘秋晚》《蠟梅山禽》《五色鸚鵡圖》《柳鴉圖》《桃鳩圖》等，皆爲畫中瑰寶，顯示出「妙體眾形」的功力。因爲酷愛，他收藏了大量古書畫，並親自裝裱、題簽，蓋上自己的印鑒。他命著名書畫家米芾爲書畫院博士，通過考試選拔書畫人才，開展古書畫研究，編成《宣和書譜》和《宣和畫譜》兩部大書，成爲中國書法、繪畫史上的一大盛事。宋徽宗還收藏古彝器，並進行考證和鑒定，親自編撰了《宣和殿博古圖》，爲後世古彝器研究，保存了珍貴的資料。這些事情，他是運用皇帝的權力來完成的，所以做得盡善盡美，無可挑剔。至於花費的錢財，無法計算。

宋徽宗儘管自稱「教主道君皇帝」，但仍食人間煙火，愛美食，愛歌舞，愛女人，比起隋煬帝、陳後主、李後主來，猶過之而無不及。他的後宮群雌粥粥，美女如雲，卻又愛上了名妓李師師。爲此，他在皇宮開闢秘密通道，經常去與李師師偷情，徹夜不歸。有野史說，他乾脆把李師師納爲妃子，封爲瀛國夫人。

宋徽宗窮奢極欲，把先朝積累的財富揮霍殆盡。蔡京、童貫等爲滿足皇帝的需求，只能濫發紙幣，增加賦稅，盤剝百姓。他們設置了「括田所」，由楊戩、李彥主管其事，把大量民田侵奪爲「公田」。蔡京、朱勔借機撈取油水，又把「公田」置於自家名下，霸佔的土地分別達到五十萬、三十多萬畝。他們還幹出賣官職的勾當，官職各有定價，「三千索，直秘閣；五百貫，擢通判」。官吏數目由此大增，相當於前朝的十倍以上。

統治階級驕奢淫逸，勞動人民備受荼毒。他們切齒痛恨官僚地主，編出民謠唱道：「打破筒（指童貫），潑了菜（指蔡京），便是人間好世界。」宣和二年（西元一一二〇年），江浙地區爆發了方臘領導的農民起義，迅速攻佔六州六十多個縣。山東一帶也爆發了宋江領導的起義，劫富濟貧，「替天行道」。宋徽宗驚恐萬狀，一面「下詔罪己」，宣布撤銷「造作局」、「應奉局」，停運「花石綱」；一面命童貫率領大軍兼程南下，進行鎮壓。童貫是個血腥的劊子手，屠殺義軍七萬多人。方臘被俘，押送汴京斬首。宋江則被招安，繼被害死。

宋徽宗鎮壓了農民起義，立刻又恢復常態，繼續過著花天酒地的糜爛生活。這時，遼河流域已出現一個女眞族建立的金國，皇帝爲太祖完顏阿骨打。先前，宋徽宗曾派馬植出使金國，訂立「海上之盟」，相約夾攻遼國，然後以長城爲界，宋朝收回燕雲十六州。宣和五年（西元一一二三年），宋徽宗爲了表明自己既有「文治」，又有「武功」，命童貫等率十五萬大軍，聯金攻遼。金軍攻遼，大獲全勝。宋軍攻遼，屢攻屢敗。沒奈何，童貫只得請求金軍支援。金軍入關，沒費吹灰之力，便攻佔了燕京（今北京）等地。

金國既得肥肉，嫌棄宋軍攻遼無功，拒不履行前約。宋朝索要燕京等地，金國提出了苛刻的條件：一，燕雲十六州，劃歸宋朝的只能是燕京及薊（今天津薊縣）、景（今河北遵化）、澶（今北京密雲）、順（今北京順義）、涿（今河北涿縣）、易（今河北易縣）六州，其他諸州悉歸金國；二，宋朝每年向金國進貢錢幣四十萬緡，並要輸燕山代稅錢一百萬緡。幾經協商，條件不可變更，宋朝只能答應。於是，童貫進入燕京，辦理接收手續。那裏早被金國洗劫一空，所剩者唯一座空城而已。儘管如此，童貫還沾沾自喜，奏告宋徽宗說：「燕城老幼，歡欣鼓舞，伏道迎謁，焚香稱壽。」遼將郭藥師歸降宋朝。宋徽宗認爲這是重大勝利，又是褒獎，又是重用，命其防守燕山府重地。

這一年，金太祖完顏阿骨打病死，其子完顏晟繼位，是爲金太宗。金太宗看透了宋朝的腐朽，於宣和七年（西元一一二五年）攻滅遼國後，十一月又兵發兩路，大舉南侵。郭藥師獻出燕山府，反過來引導金軍，直搗汴京。關鍵時刻，宋徽宗不想如何抵抗，只想自保性命，情急之下，慌忙把皇位傳給太子趙桓，自稱太上皇，然後帶著蔡京、童貫一夥奸賊，以「燒香」爲名，逃往亳州蒙城（今安徽蒙城）避難，美其名曰「南巡」。

趙桓（西元一一〇〇～一一六一年），原名亶，一名烜（烜，讀作選），宋徽宗長子，封過京兆郡王、定王，宣和五年（西元一一二三年）被立爲太子。趙桓天生懦弱多疑，根本不是當皇帝的材料，無奈坐上皇位，就是宋欽宗。次年改元靖康，取「日靖四方，永康兆民」的意思。可是，金軍壓境，既不能「靖」，更不能「康」。太學生領袖陳東等上書，稱蔡京、童貫等爲「六賊」，揭露其罪惡，請求誅之，以謝天下。宋欽宗不得不予批准，懲辦了幾人。民情爲之振奮，事情似乎有了一線轉機。可是，宋欽宗畏敵如虎，不敢率領軍民抗戰，也想效法其父，一跑了之。大臣李綱積極主戰。宋欽宗迫於壓力，這才放棄逃跑的念頭。李綱組織軍民，展開了轟轟烈烈的京城保衛戰。老將種師道率領河東、河北將士前來增援，宋軍數量頓時超過金軍兩倍。誰知這時候，膽小怕死的宋欽宗，卻派人去金營求和，答應給金軍黃金五百萬兩，白銀五千萬兩，錦緞百萬匹，牛馬一萬頭，割讓太原、中山（今河北定縣）、河間（今河北河間）三鎮土地，而且答應尊金太宗爲伯父皇帝。應金軍要脅，他還罷免了李綱的官職。

投降派的軟弱和無恥，激怒了汴京軍民。陳東率領千餘名太學生，赴闕請願，要求罷免奸臣李邦彥、張邦昌，重用李綱、種師道。一時間，集眾數萬，吼聲震天。宋欽宗怕出事端，被迫起用李綱爲京城防禦使。金軍不敢在中原久留，索要的財物尚未足數，暫且撤退。

靖康元年（西元一一二六年）四月，宋徽宗又大模大樣地回到汴京。他們以爲金軍不會再來，從此可以安享太平，照樣縱情歡樂。九月，李綱等主戰派遭到排擠，離開京城。隨後，金軍又大舉南侵，一路所向披靡，十一月便將汴京重重包圍，北宋的氣數盡了。

宋欽宗焦頭爛額，臨時竟相信一個無賴郭京的鬼話，聲稱能施「法術」，只用七千七百七十七人作爲「神兵」，便可大破金軍。宋欽宗下令撤去城上守軍，交由郭京指揮。結果，「神兵」潰敗，郭京逃之夭夭。金軍乘勢攻進汴京，燒殺搶掠，錦繡繁華的大宋都城，降臨了一場酷烈的浩劫。

十二月，宋欽宗手捧降書，赴金營跪拜稱臣，標誌著北宋的滅亡。金軍統帥接受投降，隨即把他放回，命其下令，宋軍放下武器，滿足金軍的所有要求。次年正月，宋欽宗二赴金營，再也沒能回來。金軍大肆搜刮，一匹絹帛一兩金銀也不放過。《宋史》記載說：「凡法駕、鹵簿，皇后以下車輅、鹵簿、冠服、禮器、法物、大樂、教坊樂器、祭器、八寶、九鼎、圭璧、渾天儀、銅人、刻漏、古器、景靈宮供器、太清樓秘閣三館書、天下州府圖，及官吏、內人，內侍、技藝、工匠、娼優、府庫蓄積，爲之一空。」金軍統帥命宋徽宗出城，予以扣留；再命把皇后、嬪妃、皇子、公主，以及王公、皇族宗室、駙馬、宮女等，統統押送金營。三月，金軍立了張邦昌爲傀儡皇帝，然後攜帶無數財物，押著宋徽宗、宋欽宗二帝和其他人等共三千多人，以勝利者的姿態，揚長北去。

一路艱辛和屈辱，且不必說。宋徽宗和宋欽宗被帶到金都會寧府（今黑龍江阿城南），跪拜金太宗。金太宗鄙視大宋的父子皇帝，封父親爲昏德侯，兒子爲重昏侯。兩個「昏」字，雖是戲辱，恰也貼切。後來，宋朝君臣避諱此事，自欺欺人地稱之爲「二聖北狩」。同樣也諱言北宋亡國，只說是「靖康之難」。

天會八年（西元一一三〇年），宋徽宗、宋欽宗被遷居五國城（今黑龍江伊蘭東），只許六人隨行。宋徽宗在羈留異域荒漠的日子裏，仍不忘書畫愛好，傷時感事，無以排解，陸續寫作詩詞千餘首，充滿悔恨、哀怨和淒涼。其中兩首寫道：

徹夜西風撼破扉，蕭條孤館一燈微。
家山回首三千里，目斷天南無雁飛。

> 茸母初生忍禁煙，無家對景倍淒然。
> 帝京春色誰為主？遙指鄉關涕泗漣。

筆調凝重，心境淒慘。不想，他的詩詞給他帶來了麻煩。沂王趙㮙（㮙，讀作嚣）、駙馬劉文彥告發他想謀反。宋徽宗命在人手，驚慌不已，害怕文字招禍，忙把詩詞作品燒毀，感傷地說：「眾叛親離，反求諸己。」是啊！骨肉至親，同是囚徒亡國奴，淪落中還窩裏鬥，不可思議！

天會十三年（西元一一三五年）四月，宋徽宗孤寂悲涼，病死於五國城。宋欽宗苟且偷生，多活了二十六年。金海陵王完顏亮荒淫暴虐，惡作劇地以宋欽宗爲「騎將」，命他在校場上騎馬狂奔，以爲笑樂。宋欽宗遵命，狂奔一陣，落馬，被踐踏而死。

宋徽宗、宋欽宗死後，金國准許宋人將其遺骸運回埋葬。前者葬於永佑陵（今浙江紹興東南），廟號徽宗；後者葬於永獻陵（今河南鞏縣境），廟號欽宗。後來，他倆還獲得崇高的謚號：宋徽宗稱體神合道駿烈遜功聖文仁德憲慈顯孝皇帝，宋欽宗稱恭文順德仁孝皇帝。兩個亡國昏君，獲此華麗評語，眞是糟蹋了中國文字！

南宋高宗趙構——「直把杭州作汴州」

靖康元年（西元一一二六年）底，北宋滅亡。次年五月，宋徽宗之子趙構在南京（今河南商丘南）稱帝，沿用宋國號，建元建炎。不久，他南逃至杭州，改杭州爲臨安，作爲國都。爲示區別，趙構建立的宋朝叫做南宋，他也就是南宋高宗。

趙構（西元一一〇七～一一八七年），字德基，宋徽宗第九子，封過廣平王和康王。靖康元年，金軍大舉南侵。宋欽宗派弟弟趙構和宰相張邦昌，兩次赴金營求和。第二次，趙構行至磁州（今河北磁縣），知道金軍並無和意，前去等於送死，改而往相州（今河南安陽），聚集兵馬，做起河北兵馬大元帥來。汴京形勢告急，宋欽宗命令各地兵馬勤王。趙構率兵萬人，在汴京週邊轉來轉去，根本不敢正面接觸金軍。汴京陷落，宋欽宗投降。次年三月，「二聖北狩」。趙構遂在南京登基，以李綱爲尙書右僕射，黃潛善爲中書侍郎，汪伯彥爲同知樞密事，南宋朝廷由此開張。

宋高宗生就一副軟骨頭，加之受黃潛善、汪伯彥的蠱惑，只想討好金人，很快罷免李綱，殺陳東，撤去黃河沿岸防務。可是，金軍並不賞臉，開始進攻南京。宋高宗嚇得屁滾尿流，趕忙逃往揚州。金軍窮追不捨。宋高宗再逃過長江，到達杭州。建炎三年（西元一一二九年）三月，宋高宗因寵信宦官康履、藍珪，激起苗傅、劉正彥兵變。苗、劉逼迫宋高宗禪位於皇子趙旉（旉，讀作敷），史稱「明受之變」。一月後，兵變失敗，宋高宗得以復位，改杭州爲臨安府。年底，金軍攻陷臨安。宋高宗逃亡海上過了一段時日。建炎四年（西元一一三〇年），金軍退去，宋高宗才又回到臨安。這時，他看中早就投降金國的大奸臣秦檜，先用爲禮部尚書，再用爲宰相。從此，昏君奸相聯手，投降賣國，迫害忠良，落下千古罵名。

當宋高宗無恥無節一味南逃的時候，中原人民高舉義旗，同仇敵愾，反金鬥爭進行得如火如荼。太行山有「八字軍」，人人臉上刺字：「赤心報國，誓殺金賊」。中條山則有「紅巾軍」，人人頭紮紅巾，到處襲擊金兵。更有名將岳飛統領的「岳家軍」，志在收復中原，重整河山，英勇作戰，屢挫敵鋒。此外還有名將韓世忠、吳玠等，均給予金軍沉重的打擊。然而，宋高宗和秦檜只想偏安，千方百計與金軍議和。岳飛憤然上書，說：「金人不可信，和議不可恃。」因此，宋高宗和秦檜視岳飛爲議和的最大障礙。紹興十年（西元一一四〇年），金軍統帥兀朮，率領大軍再度南侵，遭到各路宋軍的頑強抗擊。其中，岳飛一軍最爲勇猛，尤其是七月在偃城（今河南偃城），大敗金軍主力，乘勝追擊，直至朱仙鎮，距離兀朮在中原的大本營汴京只有四十餘里。岳飛的勝利，震撼了中原大地。父老鄉親攜帶牛酒，頭頂香盆，歡迎和慰勞岳家軍。岳飛興高采烈，上書朝廷，請求各路宋軍發起總攻，殲滅金軍。他高興地對部將們說：「直抵黃龍府（今吉林農安），與諸君痛飲耳！」

不曾想，就在岳飛積極籌畫進軍的時候，卻在一天之內，收到朝廷的十二道金牌，命他班師。原來，宋高宗心中只有一個「和」字，秦檜又百般忌恨岳飛，他們奉妥協投降爲國策，怎能允許岳飛得罪金人呢？岳飛接到金牌，痛心疾首，悲憤淚下，歎息說：「十年之功，廢於一旦！」岳飛被迫班師。兀朮則派密使告訴秦檜說：「必殺（岳）飛，始可和。」因此，岳飛一回到臨安，秦檜就夥同親信莫俟卨（俟卨，讀作其謝）、張俊，共同誣陷，聲稱岳飛企圖「謀反」，把他和兒子岳雲及部將張憲，一起關進監獄。

秦檜根據宋高宗的旨意，一手主和，命令各路宋軍停止作戰。紹興十一年（西元一一四一年）十一月，宋、金簽定「和議」：宋向金奉表稱臣，「世世子孫，謹守臣節」；宋每年向金貢獻白銀二十五萬兩，絹帛二十五萬匹；宋、金疆域，東以淮河中流，西以大散關（今陝西寶雞西南）爲界，宋割唐（今河南唐河）、鄧（今河南鄧縣）二州及商（今陝西商縣）、秦（今甘肅天水）二州之半予金。這，史稱「紹興和議」，記錄了宋高宗和秦檜等投降派無恥的賣國行徑。「和議」達成，秦檜派人審訊岳飛，逼他承認謀反。岳飛猛然解開上衣，背上裸露出四個大字：「盡忠報國」。老將韓世忠當面質問秦檜說：「所謂岳飛謀反，證據何在？」秦檜沒有證據，卻狡猾地說：「其事莫須有。」意思是說，「當須有」。韓世忠十分惱怒，說：「『莫須有』三字，何以服天下！」

然而對秦檜來說，欲加之罪，何患無辭？十二月，他徵得宋高宗的批准，就憑「莫須有」的罪名，硬將岳雲和張憲腰斬於市，將岳飛秘密處死於獄中。岳飛臨刑前，索筆寫下八個大字：「天日昭昭！天日昭昭！」

宋高宗以一紙「和議」和岳飛的性命，換得了偏安江南一隅的局面。其後，他忙於修建宮殿、太廟和明堂，以作長遠之計。客死荒漠的父親宋徽宗，飽受屈辱的哥哥宋欽宗，還有淪陷的大片國土，以及受苦受難、翹首以盼「王師」的芸芸百姓，他統統置於腦後，只顧自己和一幫奸賊佞臣，燈紅酒綠，醉生夢死。南宋詩人林升，寫過一首《題臨安邸》的詩：

山外青山樓外樓，西湖歌舞幾時休？
暖風薰得遊人醉，直把杭州作汴州！

詩寫得尖銳深刻，可以說是以宋高宗爲代表的整個統治階級心態和生活的眞實寫照。歷史上的新建王朝，大多具有某些新鮮氣象。南宋例外，先天不足，後天「營養不良」，淪爲金國的附屬國，沒有什麼創業和進取精神。根源在於宋高宗，他的投降賣國政策，決定了南宋的軟弱和腐朽，以偏安爲滿足，不可能有大作爲。

金國繼遷都燕京和汴京。紹興三十一年（西元一一六一年），金海陵王完顏亮撕毀和議，再次發兵，企圖消滅南宋。宋高宗嚇破膽，又想逃亡海上。宰相陳康伯等竭力勸阻，逃亡未能成行。六月，宋高宗畏懼金軍，以「淡泊爲心、頤神養志」爲藉口，禪位於太子趙昚（昚，讀作愼），自稱太上皇。二十五年後病死，葬於永思陵（今浙江紹興東南）。廟號高宗，謚號受命中興全功至德聖神武文昭仁憲孝皇帝。面對這個謚號，人們不禁要問：宋高宗的「中興」、「全功」、「至德」、「聖神」、「武文」、「昭仁」、「憲孝」，到底在哪裏呢？

遼太祖耶律阿保機、遼太宗耶律德光——

北方草原的豪傑

就在唐朝滅亡、五代開始的那一年，北方契丹也有一人登上可汗寶座，並於十一年後稱帝，建立了契丹國。他就是耶律阿保機，遼朝的創始人。後來，他的兒子耶律德光改國號爲遼，耶律阿保機被尊爲太祖。

契丹是中國北方少數民族之一，屬於鮮卑族的分支，根據地在遼河上游的潢水（今內蒙古西拉木倫河）流域，長期過著游牧和漁獵生活。族名契丹是鑌鐵或刀劍的意思。唐太宗時，契丹歸附唐朝。唐末，中原地區藩鎮割據，戰亂不止，契丹趁亂興起，成爲漠北的強大勢力。契丹原分八部，各有首領稱「大人」。八部大人共推其中一人爲可汗，另推一人負責軍事，稱「夷離堇」（堇，讀作勤）。耶律阿保機（西元八七二～九二六年），小名啜里只，漢名億，出身於契丹貴族，迭剌部人。「既長，身長九尺，豐上銳下，目光射人，開弓三百斤」，顯然是一位勇士。他的祖上一直充當夷離堇，掌握軍權。西元九〇一年，年富力強的耶律阿保機也擔任了這一職務，東征西討，以其出色的軍事才幹，取得一系列勝利，聲望大增。西元九〇七年，朱溫在中原建立後梁，耶律阿保機則在漠北被推舉爲可汗。耶律阿保機派遣使臣，攜帶馬匹、貂皮等，出使後梁，並要求給予冊封，以證明自己的合法地位。晉王李存勖與後梁互相攻伐。耶律阿保機保持中立態度，著力解決契丹內部問題，調整契丹貴族之間的利益關係，努力發展農業、畜牧業和手工業生產。割據幽州（今北京）的藩鎮劉仁恭，多次劫掠契丹部落。其子劉守光一度稱帝，建國大燕。李存勖遵從其父李克用的遺囑，進攻劉守光。劉守光向契丹求援，被耶律阿保機斷然拒絕。因此，李存勖很快攻破幽州，生擒劉守光，從而替耶律阿保機解除了南方的威脅。其後，他用十年間，征服契丹八部，擊敗敵對勢力，同時征服了鄰近的奚、室韋、女真、渤海等族。西元九一六年，他自稱天皇帝，正式定國號爲契丹，建元神冊。兩年後，築西樓城爲國都，即後來的上京（今內蒙古昭烏達盟巴林左旗附近）。

耶律阿保機稱帝後，集中精力創建各項政治制度。他重用漢族人韓延徽等，設置官職，制訂禮儀，改革習俗，特別重要的是創制了文字和法律，使契丹完成了從奴隸制向封建制的轉變。

隨著國力的增強，耶律阿保機開始對外用兵，注目中原。天贊三年（西元九二四年），他率兵南下，攻取了營（今遼寧朝陽）、平（今河北盧龍）等州；進而西征，使黨項、吐谷渾（吐谷渾，讀作突欲雲）等族臣服。天顯元年（西元九二六年），他率兵攻滅東方的渤海國，改稱東丹，以皇太子耶律倍爲東丹王。是年七月，耶律阿保機班師，途經扶餘（今吉林四平），忽然病死，死年五十五歲。葬於祖陵（今遼寧林西木業山），廟號太祖。他的後人先後給他追加兩個謚號：大聖大明天皇帝、大聖大明神烈天皇帝。

耶律阿保機死後，按理應由耶律倍繼承皇位。可是皇后述律平不喜歡耶律倍，臨時攝軍國大事。次年，述律平立次子耶律德光爲帝，繼續耶律阿保機的事業。

耶律德光（西元八九九～九三六年），初名耀屈之，字堯骨、德謹。曾任天下兵馬元帥，攻掠各地，軍功顯赫。史書上說他「貌嚴重而性寬仁」，實際上恐非如此。他即位後，奉行武力征服政策，大大擴展了契丹的疆域：「東至於海，西至金山（今阿爾泰山），北至臚朐河（今蒙古克魯倫河），南至白溝（今河北雄縣北），幅員萬里」。他比耶律阿保機更進一步，覬覦中原，尤爲迫切。正是他，接受石敬瑭的請求，出兵晉陽，演出了一幕「父皇帝」和「兒皇帝」的滑稽鬧劇，從而取得了燕雲十六州，使中原的北方屏障不復存在。爲了適應統治不同地區不同民族的需要，他在中央設置了雙軌統治機構：以南面官按照「漢制」（唐朝制度）統治漢人和渤海人，雜用漢族地主知識份子和渤海貴族；以北面官按照「國制」（遼朝制度）統治契丹人和其他少數民族，一律任用契丹貴族。

石敬瑭死後，其子石重貴繼位。石重貴又低一輩，自稱孫皇帝，臣事於耶律德光。耶律德光急欲向中原發展勢力，於會同九年（西元九四六年），率兵南侵，抓走孫皇帝，滅了後晉。次年正月，耶律德光堂而皇之地在汴京做起了皇帝，改契丹國號爲遼，意在表明，他已成了中原的皇帝。這時候，他一點也不寬仁，以「打穀草」爲名，放縱遼兵，四處搶掠，給廣大百姓造成了深重的災難。中原人民奮起反抗，到處攻擊和襲殺遼官遼兵。耶律德光驚呼

說：「想不到漢人這樣難對付！」他無法在汴京立足，只好率兵北撤，途中患了重病。他總結南侵的經歷，說：「朕此行有三失：縱兵掠芻粟，一也；括民私財，二也；不遽遣諸節度還鎮，三也。」及至欒城（今河北欒城），耶律德光病死，死年四十六歲。葬於懷陵（今遼寧林西境），廟號太宗，後得諡號孝武皇帝、孝武惠文皇帝。

遼太祖耶律阿保機和遼太宗耶律德光堪稱北方草原的豪傑。父子二人「東征西討，折枯拉朽」，「甫定多方，遠近向化」，促進了民族融合，使東北地區的社會經濟有了很大的發展。他們建立了遼朝並奠定了遼朝的規模，其後的遼朝和宋朝（北宋）頻繁交往，既有戰爭，又有和平，在中華民族悲歡離合史上書寫了重要的篇章。

遼朝共有九位帝王，歷時二百一十年，後被金國所滅。

西夏景宗元昊——

揭開黨項族歷史新的一頁

北宋和遼朝對峙，西北地方又崛起一個強大政權——黨項族人元昊稱帝，定國號爲夏，史稱西夏。從此，宋、遼、夏形成三足鼎立的局面，中華民族的同化和融合進入一個新的時期。

黨項族是羌族的一支，早期在今青海、甘肅一帶過著游牧生活。唐朝時內附，其首領被賜姓李，佔有今寧夏南部和陝西北部地區。北宋初，酋長李繼遷降宋，受賜姓名，叫趙保吉，任定難軍節度使。此人時叛時降，又受封於遼，並和遼朝結成犄角之勢，攻佔了宋朝的靈州（今寧夏靈武）。趙保吉死後，其子李（趙）德明同時臣服於宋、遼，宋、遼都封他爲西平王。宋仁宗明道元年（西元一〇三二年），西平王病死，太子元昊繼位，揭開黨項族歷史新的一頁。

元昊（西元一〇〇三～一〇四八年），又名曩霄，小字嵬理。他青年時代，武藝高強，精通漢文，熟讀宋朝律法、兵書以及佛經，而且擅長繪畫和創制器物。他反對祖父和父親受制於宋、遼的模稜政策，主張發揚黨項族尚武好戰的傳統優勢，通過征戰創建霸業，建立自己的國家。正因爲如此，他繼位後首先向西方用兵，攻佔了瓜州（今甘肅安西）、沙州（今甘肅敦煌）、肅州（今甘肅酒泉）等地，使黨項族的領土進一步擴大，「東盡黃河，西界玉門（今甘肅敦煌西），南接蕭關（今寧夏固原西南），北控大漠，地方萬餘里，倚賀蘭山以爲固」。這時的黨項族已完成從奴隸制向封建制的轉化。接著，元昊任用一些漢族文人，仿效宋朝制度，設置中書省、樞密院、三司使司和御史台，分掌行政、軍事、財政和監察；地方設立州郡。繼又命大臣野利仁榮，仿照漢字創造本族文字「蕃書」。他把「蕃書」定爲「國書」，命令用這種文字記事，並大量翻譯漢文經典。他特別注重軍隊建設，尤其是騎兵，相當精銳，人數約在十五萬以上。

宋仁宗寶元元年（西元一〇三八年），元昊擺脫宋、遼的控制，自稱皇帝，正式定國號爲夏，定都興慶府（今寧夏銀川）。他廢去李姓和趙姓，恢復黨項族原先的嵬姓，並派遣使臣，要求宋朝「許以西郊之地，冊爲南面之君」。宋仁宗擺出大國皇帝的派頭，拒絕元昊的稱帝要求，而且削奪了他的官爵，揭榜各地，募人能擒斬元昊者，即封爲定難軍節度使；同時關閉榷場，禁止互市，試圖從經濟上扼殺西夏。這樣，宋、夏關係破裂，只能兵戎相見。

宋朝西北邊境吃緊。宋仁宗趕忙調整軍事部署，緊急任命韓琦、范仲淹爲陝西經略安撫招討副使，協助統帥夏竦，共禦西夏。韓琦和范仲淹的制敵方略不盡相同：韓重進討，以攻爲守；范重招撫，以守爲攻。慶曆元年（西元一〇四一年）二月，元昊率兵十萬，又犯宋境。韓琦不聽范仲淹的勸阻，集結兵馬一萬八千人，交由將軍任福指揮，據險設伏，邀擊敵人。元昊假裝敗退。任福求功心切，全力追擊，沿途荒僻，兵馬三日不得食，一直追至好水川（今寧夏德隆北）。次日，雙方在山谷中展開激戰。宋軍先鋒桑懌，發現路邊有幾個泥製的盒子，甚爲疑惑，不敢開視。任福命令打開，突有百隻家鴿飛出，盤旋空中。家鴿皆佩懸哨，發出清脆的響音。原來這是元昊用於出擊的信號，夏軍按照響音指示的方位，迅速匯集，向宋軍發起猛烈的進攻。忽然，夏軍陣中又豎起一面大旗，長約兩丈。宋軍莫名其妙。但見大旗左擺，左山夏軍衝出；大旗右擺，右山夏軍衝出。兩山伏兵有如懸河決堤，衝殺宋軍。宋軍顧左顧不了右，顧右顧不了左，死傷相枕，滿山遍谷。這一仗，宋軍慘敗，死亡一萬零三百人，任福戰死，幾十名將校只有一人生還。

這便是著名的「好水川戰役」。它是一個標誌，表明北宋重文輕武，守內虛外，根本無力對付西夏。宋仁宗改而實行防禦政策，不得不承認西夏的存在。宋、夏交惡，兩國人民深感不便。尤其是西夏百姓，得不到宋朝的糧食、茶鹽和絹帛，叫苦連天。元昊迫於形勢的壓力，主動向宋請和。宋恐遼、夏結盟，更難對付，表示同意。於是，雙方在慶曆四年（西元一〇四四年）簽訂和約，規定元昊取消帝號，仍由宋朝冊封爲夏國王；宋每年給夏銀七萬二千兩，絹十五萬三千匹，茶三萬斤；開放榷場和互市，恢復貿易往來。此後一段時間，宋、夏保持著友好的關係，各族人民和睦相處，爲西北地方的社會經濟和文化發展，作出了重大貢獻。

元昊崇尚武力，生性荒淫。他有很多妻妾和兒子，多被廢黜或殺死。最後立了野利氏所生的兒子李寧令哥爲太子。李寧令哥將娶豪酋之女沒移氏爲妻子。沒移氏年輕貌美。元昊便來個橫刀奪愛，騙過兒子，把沒移氏霸爲己有，並立爲皇后。李寧令哥因此懷恨，聯絡宰相沒藏訛龐，殺父奪位。一天，元昊醉酒。李寧令哥持劍潛入寢宮，刺殺父親。元昊發覺，閃身躲避，被李寧令哥一劍削去了鼻子。李寧令哥倉皇逃跑。元昊流血過多，次日一命嗚呼。葬於泰陵（今寧夏賀蘭山附近），廟號景宗，謚號武烈皇帝。

西夏共有十位帝王，歷時一百九十年，後被蒙古所滅。

金太祖完顏阿骨打、金太宗完顏晟——

金戈鐵馬，滅遼滅宋

宋徽宗趙佶和遼天祚帝耶律延禧同時在位，同樣荒淫，北宋和遼朝的統治搖搖欲墜。他們怎麼也沒有想到，執行北宋和遼朝「死刑」任務的，竟是新崛起的金國，金太祖完顏阿骨打和金太宗完顏晟兄弟，以女眞族人特有的威猛雄姿，登上歷史舞臺。

女眞是中國北方古老的民族，先秦時稱肅愼，隋唐時稱靺鞨，五代時改稱女眞。活動於按出虎水（一稱金水，今松花江支流阿什河）流域。契丹人建立遼朝，女眞人臣屬於遼。遼朝將其分爲生、熟兩部，分而治之。熟女眞遷入遼境，編入遼籍；生女眞留於故地，不編入遼籍。生女眞處於白山黑水之間，地方千里，人口十萬，過著以漁獵爲主的原始生活。後來，他們和宋、遼密切交往，發展很快，從氏族制跨進奴隸制。這時候，女眞族出了一位傑出的領袖，他就是完顏阿骨打。

完顏阿骨打（西元一〇六八～一一二三年），漢名旻，生女眞完顏部人。祖上世爲部落酋長。他青年時代勇敢剛毅，武藝高強，曾被遼朝任命爲「惕隱」（官職名稱）和節度使。天慶二年（西元一一一二年），耶律延禧爲顯示威風，長途跋涉，從京城來到混同江（今松花江一段）釣魚。千里之內的各部酋長，奉命前來朝拜。阿骨打作爲完顏部代表，亦在其列。適値女眞人一年一度的「頭魚宴」。酒酣，耶律延禧命酋長們依次跳舞，助興盡歡。眾多酋長遵命，唯獨阿骨打辭以不能，昂然挺立。耶律延禧強之再三，阿骨打拒不從命。耶律延禧大怒，很想殺死阿骨打，但怕引起女眞人的仇恨，未敢下手。

事實上，女眞人早就仇恨遼朝了。當是時，遼朝視女眞爲落後民族，每年逼其進貢名產人參、生金、貂皮、馬匹、珍珠、海東青等，貪得無厭，永不滿足。遼朝皇帝還派出所謂的「銀牌天使」，坐鎭女眞，敲詐勒索。這些欽差大臣，隨意污辱婦女，掠奪財物，無惡不作。因此，女眞人滿腔怒火，普遍具有反遼的心理和情緒。

天慶三年（西元一一一三年），阿骨打繼哥哥烏雅束之後，襲位「都勃極烈」（酋長），順應民心，立刻高舉起反遼的旗幟。次年，他召集女眞各部將士二千五百人，歷數遼朝罪狀，號召同心合力，反遼自強。他手持大梃，宣誓說：「有軍功者，奴婢、部曲可爲平民；平民可以做官；原有官職的，按功勞大小晉升。違反誓言者，身死梃下，家屬亦不得赦免。」接著，各首領傳梃，一一宣誓，意志堅定，士氣高昂。

阿骨打精通用兵方略，趁遼軍尚未到來之時，先發制人，首先攻佔了寧江州（今吉林扶餘東），控制了遼之東北門戶。兩月後，又以不足萬人的兵力，在出河店（今黑龍江肇源西），打敗了遼將蕭嗣先、蕭撻不也的十萬大軍。他把投降的遼軍武裝起來，兵力和聲威大振。

天成五年（西元一一一五年）元旦，阿骨打正式稱帝，定國號爲金，以皇帝寨（後改稱會寧府，今黑龍江阿城南）爲國都，建元收國，盡有遼河以東的山川土地。

阿骨打從執梃誓師到建立金國，僅有一百多天。主要原因在於遼朝過於腐朽，民族壓迫不得人心；而女眞人長期生活在惡劣的環境下，具有吃苦耐勞、堅毅頑強、善於騎射的精神和作風，加之爲生存和自強而戰，奮不顧身，一往無前。阿骨打審時度勢，巧妙地利用有利條件，且能講究軍事民主，身先士卒，賞罰分明，因而取得了「用兵如神」的效果，勝利勢在必然。

阿骨打開國的當月，就率二萬兵馬攻遼，一舉攻克黃龍府（今吉林農安）。耶律延禧容不得後院出現另一個政權，調集兵馬七十萬，御駕親征，妄圖消滅金國。阿骨打召集將士，用刀劃破前額，採取激將法，說：「非人死戰，莫能當也。不若殺我一族，汝等迎降，轉禍爲福。」將士誰也不是孬種，慷慨激昂，說：「事已至此，惟命是從！」於是，阿骨打率領二萬將士，死戰遼軍，直殺得敵人屍橫遍野，血流成河。耶律延禧嚇得猶如驚弓之鳥，倉皇後退，一晝夜間跑了五百里。不久，阿骨打乘勢又攻佔了遼之東京遼陽府（今遼寧遼陽）。

阿骨打對遼作戰，基本上殲滅了遼軍的主力。而後，他著力整頓內部，統一女眞各部，推行「猛安謀克」制度。這是一種兵民合一的制度，既是軍事組織，又是地方行政組織，進一步提高了軍隊的戰鬥力。他注意學習漢族的先進文化，重用漢族文人楊樸等，規劃國事。特別重要的是，他命族人完顏希夷，仿照漢字，結合女眞語言，創制了文字。這種文字稱

「女眞大字」，頒行後，有力地推動了金國社會的發展。。

金國的建立和強大，使北宋羨慕不已。宋徽宗受蔡京、童貫等唆使，忽發奇想，於宣和二年（西元一一二〇年）派遣馬植出使金國，簽訂「海上之盟」，雙方約定以長城爲界，聯合滅遼：金攻遼之中京大定府（今內蒙古寧城西），宋攻遼之南京析津府（即燕京，今北京）；滅遼後，宋收回燕雲十六州，宋每年給遼的歲幣，如數轉獻給金。當年，阿骨打率兵攻取遼之上京臨潢府（今內蒙古巴林左旗南）。他對隨行的宋、遼兩國使臣說：「請看我用兵，然後你們各自決定去就！」阿骨打一聲令下，金軍奮勇爭先，不消半日，城破敵降。宋、遼使臣看得目瞪口呆，連稱阿骨打是「神人」。兩年後，阿骨打按照「海上之盟」的約定，輕而易舉地攻克了遼之中京大定府，同時攻克了遼之西京大同府（今山西大同）。

北宋因鎭壓方臘、宋江領導的農民起義，耽誤了攻遼的時日。宣和五年（西元一一二三年），宋徽宗才命童貫等率十五萬大軍進攻燕京。遼軍在金軍面前不堪一擊，卻兩次把宋軍打得潰不成軍。童貫無奈，只得請求金軍支援。阿骨打於是入關，沒費吹灰之力，便攻佔了燕京。戰後，宋朝索要燕雲十六州。阿骨打提出苛刻條件，只給宋朝燕京及薊、景、灃、順、涿、易六州，並索要大量歲幣，隨後把燕京洗劫一空，北去。八月，阿骨打回師途中，突然患病，死於部堵濼（今黑龍江克東）。最終葬於睿陵（今北京房山西），廟號太祖，謚號應乾興運昭德定功睿神莊孝仁明大聖武元皇帝。

阿骨打之弟完顏晟繼位，是爲金太宗。完顏晟（西元一〇七五～一一三五年），原名吳乞買，漢名晟。他是阿骨打事業的堅定支持者。因此，阿骨打開國後，任命他爲「諳班勃極烈」（大宰相），留守國都，主持大事。阿骨打器重弟弟的才幹，賜詔說：「汝惟朕之母弟，義均一體，是用汝貳我國政。」「貳我國政」，就是皇位繼承人的意思。完顏晟繼位後，以勳臣斜也、宗幹知國政，宗翰、宗望總戎事，崇文尚武，發展經濟，從而使國力大增。這時，金國攻遼的戰爭已接近尾聲。完顏晟趁熱打鐵，不給遼天祚帝耶律延禧任何喘息的機會。逃亡在夾山（今內蒙古土默特左旗北）的耶律延禧自不量力，率領殘部至武州（今山西神池），企圖收復遼的失地。天會五年（西元一一二五年）二月，完顏晟派兵追剿，擒獲耶律延禧，遼朝滅亡。

完顏晟在滅遼的過程中，看透了宋朝的腐朽，九個月後便兵發兩路，大舉南侵，直搗汴京。宋徽宗慌忙把皇位傳給太子宋欽宗。大臣李綱組織軍民，展開京城保衛戰。宋欽宗卻派人去金營求和，簽訂了割讓土地、進貢歲幣的喪權辱國和約。金軍暫且撤退，秋天又捲土重來，包圍並攻破汴京。靖康元年（西元一一二六年）十二月，宋欽宗焦頭爛額，乖乖投降，北宋滅亡。

完顏晟自度無力吞下宋朝這個腐朽然而卻龐大的帝國，乾脆來個瘋狂的掠奪和洗劫。第二年三月，金軍盡取宋朝府庫一百六十餘年的積藏，搜刮了無數的金銀絹帛，以及圖籍、珍玩、儀仗等，連同宋徽宗、宋欽宗二帝和皇族三千人，席捲而去。其後，完顏晟把俘擄的宋朝父子皇帝分別封爲昏德侯和重昏侯，使之受盡磨難和屈辱。

完顏晟先滅遼朝，再滅北宋，成了一位叱吒風雲、煊赫一時的皇帝。他逐步採用漢制，改革舊俗，制訂各項典章制度，奠定了金國的規模，疆域東至大海，西至河西（今甘肅），南至淮河和秦嶺，北至外興安嶺和鄂霍次克海。他進而貪圖江南的河山和財富，多次發兵，進攻新建立的南宋，遭到南宋軍民的堅決抵抗，損失慘重。天會十三年（西元一一三五）正月，完顏晟病死。最終葬於恭陵（今北京房山境），廟號太宗，諡號體元應運世德昭功哲惠仁聖文烈皇帝。

完顏阿骨打和完顏晟，是女眞族向奴隸制、封建制轉化這個特定歷史時期的英雄人物，身上帶有明顯的落後和野蠻氣質，通過戰爭進行掠奪和破壞，給中原文明造成了巨大的災難，給漢族人民製造了血與火的痛苦。當然，這只是中華民族悲歡離合史上的一段插曲，隨著時間的推移，恩仇泯滅，各民族之間，照樣是親親熱熱的一家人。金國共有十位帝王，歷時一百二十年，後被蒙古所滅。

元太祖孛爾只斤鐵木眞——

一代天驕，彎弓大鵰

南宋偏安江南，金國問鼎中原，彼此鷸蚌相爭，歷時將近百年，弄得兩敗俱傷。蒙古貴族孛兒只斤鐵木眞，趁機在北方的蒙古高原統一了各游牧部落，並於宋寧宗開禧二年（西元一二〇六年），在斡難河（今蒙古鄂嫩河）畔舉行各部族大會，被推舉爲成吉思汗。「成吉思」爲強者、天子、海洋、天賜，即至高無上、吉祥如意的意思；「汗」爲蒙古語，乃君長的稱謂。一個強大的蒙古國由此誕生，一度在中國和世界歷史上充當了主要角色。

蒙古是個古老民族。秦漢時族屬東胡，東胡被匈奴打敗，其中一部逃入大興安嶺。唐朝時，這部分東胡人的後裔稱「蒙兀室韋」，後西遷至大漠南北，形成一個韃靼聯盟。契丹人建立遼朝，征服韃靼各部，契丹聯盟瓦解，分成眾多部落，主要有尼倫部、塔塔兒部、克烈部、乃蠻部、蔑兒乞部等。其中，尼倫部發展最快，形成蒙古部集團。金國征服蒙古各部，惟恐其強盛難以駕馭，採取分化政策，挑動各部互相仇殺。鐵木眞的先人俺巴孩，就是在仇殺中被送給金國皇帝，釘在木驢上處死的。

鐵木眞（西元一一六二～一二二七年），出生於蒙古部孛兒只斤氏貴族家庭。他的曾祖父合不勒、祖父忽圖剌均爲部落酋長，父親也速該把禿兒因遭塔塔兒部謀害而早死，家道中衰。鐵木眞幼年時期，受到本部族內泰赤烏氏的歧視和排擠，隨母外出逃難，經歷了顚沛無依的遭遇。貧困的生活和惡劣的環境，使他養成了堅毅的性格，吃苦耐勞，百折不回，立志於恢復自己家族的地位和榮譽。鐵木眞長大後，「深沉有大略」，崇尚武力，善於結交盟友，打擊主要敵人。他首先投靠克烈部首領王罕和箚答蘭部首領箚木合，利用他們的力量，打敗塔塔兒部，報了父仇。隨後，他消滅泰赤烏氏，打敗蔑兒乞部，發展了自己的勢力，再與王罕合兵，擊敗箚木合。接著反過手來，擊敗王罕和乃蠻部首領塔陽罕，最終統一了蒙古各部。

「蒙古」一詞，原先是指蒙古草原中的一個部落。自鐵木眞統一各部後，大漠南北概稱爲蒙古地區，所轄各部的居民統稱蒙古人。其後的「蒙古」，開始成爲各部的共同名稱，同時也是鐵木眞所建國家的名稱。

鐵木眞在統一蒙古各部的過程中，一直尊奉金國皇帝，被封爲「箚兀惕忽里」（百戶長）。鐵木眞稱汗後的第三年，金章宗完顏璟病死，其叔父完顏永濟繼位。越年，完顏永濟派遣使臣送來詔書。按照舊例，鐵木眞需要跪拜，聽宣詔書。而現在，他已是成吉思汗，不可能再屈從他人了。他問金使說：「金朝新君爲誰？」金使回答說：「衛王也。」完顏永濟曾封衛紹王，簡稱「衛王」，以「柔弱鮮智能」而聞名。成吉思汗聽後，忙向南方吐了一口唾沫，輕蔑地說：「呸！我以爲中原皇帝是天上人做的，像衛王這等懦夫也能做，何以拜爲？」說著，跨馬揚鞭，疾馳而去。金使回報完顏永濟。完顏永濟大怒，打算在成吉思汗入貢時，當場殺之。成吉思汗可不上當，不僅不再入貢，而且嚴兵爲備，決意消滅金國了。

成吉思汗厲兵秣馬，著手建立一套完整的政治、軍事制度。整個國家是一個軍事行政的聯合體，牧民實行軍事編制，在此基礎上建立領戶分封制，特別建立一支由一萬名「那可兒」（親兵）組成的「怯薛」（大汗侍衛），由自己直接統領和指揮。此外，還制訂了法律，委任宗教領袖爲國家高級專職人員。尤其是他命畏兀人塔塔統阿，用粟特體突厥文字母，記錄蒙古語，稱畏兀體蒙古文。成吉思汗的法令和訓言，就是用這種文字記錄下來的。文化的發展和傳播，有力地促進了蒙古的統一事業。

當時的蒙古國是一個奴隸制向封建制轉化的政權，政權鞏固以後，就向四鄰攻掠，進軍的主要對象首先是金國、西夏和南宋。爲了攻金，先三次用兵西夏，第三次長驅直入西夏的中興府（今寧夏銀川），迫使西夏簽訂城下之盟，使之力量大大削弱，失去了支援金國的能力。西元一二一一年，成吉思汗率領千軍萬馬，誓師伐金。他登上一座高山，祈禱說：「長生的上天啊！金國皇帝殺死了我的先人，侮辱了我的民族。假如你允許我去復仇，就助我一臂之力。願神與先人在天之靈保佑我吧！」他以民族復仇相號召，激起了蒙古將士的仇恨，從而拉開了伐金戰爭的大幕。

成吉思汗以大將哲別爲先鋒，首先攻取撫州（今河北張北）、宣德（今河北宣化），接著佔領居庸關，進圍金之中都（今北京）。他知道中都一時難以攻克，派出奇兵，襲取了金之東京（今遼寧遼陽），然後從涿州（今河北涿縣）分兵三路，進攻河北、山西、山東諸州縣，「所至郡邑，皆一鼓而下」，三年裏，「凡破九十餘郡」。西元一二一四年，成吉思汗屯兵中都城下。金宣宗完顏珣遣使求和，隨後遷都南京（今河南開封）。成吉思汗藉口金國缺乏誠意，再進攻中都，於次年攻克中都，前鋒進至南京西面十餘里的杏花營。他考慮短期內還不能徹底征服金國，所以任命木華黎爲國王，負責管理新佔領的金國土地，轉而從事西征。這樣，金國在遷都南京後，又得以苟延殘喘二十年。

西征是成吉思汗所進行的大事之一。此前，成吉思汗召集四個兒子術赤、察合台、窩闊台、拖雷，商量汗位繼承事宜。長子術赤和次子察合台，都想當大汗，當著父親的面爭執起來。成吉思汗笑著說：「世界廣大，江河眾多，你們可以放手進攻外國，各自分配，還怕沒有廣闊的牧地嗎？」正是在這種「征服有理」、「掠奪爲榮」的思想指導下，成吉思汗及其兒孫，開始了三次有名的西征，整個世界爲之震驚。第一次西征是在西元一二一九年至一二二五年間，由成吉思汗親自統帥進行的。他率領蒙古鐵騎，首先攻滅花剌子謨國（今阿姆河下游），佔領了整個中亞地區。同時派遣別哲、速不台，率領大軍，北越太和嶺（今高加索嶺），進入東歐斡羅思（俄羅斯舊譯）境內，在迦勒迦河（今烏克蘭喀爾科河）殲滅南俄聯軍八萬人。這支大軍班師時，途中還收降了裏海、鹹海之間的康里國。

成吉思汗把佔領地區作爲「兀露絲」（汗國的領地），分封給三個兒子，各自經營：一，術赤封於欽察、花剌子謨及康里國故地，今鹹海以西、裏海以北之地屬之。術赤比成吉思汗早死，這一封地歸於其子拔都。二，察合台封於西遼及畏兀故地，東起阿爾泰山，西至阿姆河，包括今新疆南北地區。三，窩闊台封於乃蠻故地，地域在今鄂畢河上游以西，及巴爾喀什湖以東一帶。按照蒙古慣例，成吉思汗佔有以和林（今蒙古哈爾和林）爲中心的蒙古本部地方，主要在今斡那河及客魯連河流域。這一地區後來歸於成吉思汗的幼子拖雷。

成吉思汗通過西征，建立了一個龐大的蒙古帝國。接著騰出手來，繼續進行攻滅西夏和金國的戰爭。西元一二二六年，他率兵攻克西夏的甘州（今甘肅張掖）、涼州（今甘肅武威）、肅州（今甘肅酒泉），進而進軍靈州（今寧夏靈武）。靈州之役，西夏主力消耗殆盡，中興府已成囊中之物。西元一二二七年六月，西夏末帝願意投降，但請求寬限一個月獻城。成吉思汗表示同意。七月，成吉思汗突然患病，死於六盤山南麓的清水行宮（今甘肅清水境）。軍中遵其遺囑，秘不發喪。西夏末帝獻城投降，被殺害，西夏滅亡。

成吉思汗的一生，都是在戎馬征戰中度過的。史書上說他「用兵如神」，表明他既是一位傑出的政治家，又是一位傑出的軍事家。他已定下攻滅金國和南宋的目標，但生前沒能實現。病危之際，鄭重留下聯宋滅金的用兵方略，說：「金精兵在潼關，南據連山，北限大河，難以遽破。若假（借）道於宋，宋、金世仇，必能許我，則下兵唐（今河南唐河）、鄧（今河南鄧縣），直搗大梁（今河南開封）。金急，必徵兵潼關。然以數萬之眾，千里赴援，人馬疲弊，雖至弗能戰，破之必矣。」七年之後，蒙古與南宋聯合，最終攻滅金國。

成吉思汗是一位歷史巨人，就像沙漠旋風，橫掃東西南北，創建了世人難以想像的特殊功業。但是因受時代的、民族的、階級的局限，他的功業是構築在刀與劍、血與火的基礎上的，視征服爲英雄，以掠奪爲榮耀。蒙古帝國的大廈，不僅是用他國人民的屍骨，而且是用蒙古人民的頭顱和著血淚奠基而建成的。說到底，成吉思汗屬於草莽英雄一類人物。「一代天驕，成吉思汗，只識彎弓射大鵰。」這是對他的恰當評價。

成吉思汗死後，他的兒孫們繼續進行兩次掠奪性的西征，兵鋒抵達西歐，逼近埃及，橫跨歐亞大陸，建立了欽察、察合台、窩闊台、伊兒四大汗國。後來，欽察汗國和伊兒汗國走上了獨立發展的道路，窩闊台汗國和察合台汗國則是中國歷史的一個組成部分。

成吉思汗死後葬於起輦谷，其確切位置無法知曉，象徵性的陵墓在今內蒙古伊金霍洛旗附近。他的孫子忽必烈（元世祖）即位後，改蒙古國號爲元，尊其廟號爲太祖，謚號爲聖武皇帝。元武宗時改尊謚號爲法天啓運聖武皇帝。

元世祖孛爾只斤忽必烈——奠定了中國現今疆域的基礎

成吉思汗死後，幼子拖雷（元睿宗）監國。隨後的大汗有窩闊台（元太宗）、貴由（元定宗）、蒙哥（元憲宗）三人。其間，窩闊台皇后乃馬眞、貴由皇后海迷失，曾經分別稱制。西元一二六〇年，忽必烈在激烈的宮廷鬥爭中奪得汗位。至元八年（西元一二七一年），忽必烈改國號爲元，他就是元世祖。

忽必烈（西元一二一五～一二九四年），成吉思汗之孫，拖雷之子，蒙哥之弟。蒙哥在位期間，忽必烈受封於京兆府（今陝西西安），主管漠南漢地。蒙哥採取迂迴包抄的戰略，志在攻滅南宋。爲此，西元一二五三年，忽必烈奉命，從寧夏經甘肅入四川，然後兵分三路，先滅位於今雲南境的大理國，並使安南（今越南北部）降服，使南宋完全處於蒙古軍的包圍之中。西元一二五七年，蒙哥親率大軍攻四川，命忽必烈攻鄂州（今湖北武昌）。西元一二五九年，蒙哥在攻打合州（今四川合川）時被炮石擊中，死於軍中。南宋宰相賈似道率兵增援鄂州，懾於蒙古軍的威力，私下派人乞和，願意稱臣納幣，劃江爲界。忽必烈爲了回國爭奪汗位，答應議和條件，撤兵北歸，回到自己的大本營開平（今內蒙古多倫西北）。他在開平，一反傳統的選汗方式，於西元一二六〇年三月自行宣布即大汗位，仿照宋、遼、金紀年方法，始建年號中統。四月，忽必烈之弟阿里不哥利用留守和林的有利條件，通過會議，也宣布為大汗。這樣，蒙古就同時有了兩位大汗兩個政權。忽必烈以開平為中心，任命漢族官僚士大夫擔任軍政要職，爭取漢族地主階級和部分蒙古貴族的支援，發兵進攻和林。中統五年（西元一二六四年），忽必烈打敗阿里不哥，坐穩了汗位。為了慶祝勝利，他改當年為至元元年，建都燕京（今北京）。至元八年（西元一二七一年），採納漢人劉秉忠的建議，按《易經》「大哉乾元」之義，改蒙古國號為元。次年擴建燕京城，建設宮殿衙署，正式命名首都為大都。此後，元朝的政治中心就完全移到中原來了。

元世祖忽必烈繼續進行攻滅南宋的戰爭。至元十三年（西元一二七六年），元軍攻至臨安城下，宋恭帝趙㬎（㬎，讀作顯）投降，標誌著南宋事實上的滅亡。宋臣文天祥、張世傑、陸秀夫等擁立趙昰（昰，讀作夏）、趙昺（昺，讀作丙），形成流亡的小朝廷。至元十六年（西元一二七九年）經崖山（今廣東新會南海中）之戰，陸秀夫背負趙昺，投海而死，南宋小朝廷不復存在。至此，元世祖統一了中國，在中國歷史上建立了第一個由少數民族皇帝統治全國的封建王朝。

元朝規模空前，奠定了中國現今疆域的基礎。《元史．地理志》記載說：「自封建變為郡縣，有天下者，漢、隋、唐。宋為盛，然幅員之廣，咸不逮（及）元。漢梗於北狄，隋不能服東夷，唐患在西戎，宋患常在西北。若元，則起朔漠，並西域，平西夏，滅女真，臣高麗，定南詔，遂下江南，而天下爲一。故其地北逾陰山，西極流沙（今新疆境），東盡遼（河）左，南越海表。」「元東南所至不下漢、唐，而西北則過之。」元世祖時，西藏已正式成爲中國中央政府直接管理的一個地方行政區域。大陸與臺灣的政治關係有了新的發展。元人汪大淵《島夷志略》載：「澎湖隸泉州晉江縣，至元年間立巡檢司。」澎湖巡檢司負責管轄澎湖與臺灣，這是中國政府在臺灣地區正式建立的行政權力機構。

自唐朝滅亡以後，沙陀、契丹、黨項、女眞、蒙古與漢人等民族政權並存，彼此間有著說不完的紛爭和解不清的矛盾。元朝的統一，結束了五百多年來民族攻殺的戰火，使中國又恢復了漢、唐氣魄，多民族和平相處，在比較安定的環境下共建家園。因此，元世祖建立元朝，其意義可與秦始皇建立秦朝相比美。事實上，元朝比秦朝在地理範圍上更加廣大，形成了一個民族大融合、文化大交流的統一的國家。元世祖開國後，崇尙儒學，堅定地採用「漢法」，包括一整套先進的生產方式和與之相適應的全部上層建築。他重用漢族和其他各族的優秀人才，廢除諸侯世襲，實行軍民分治，在中央設置中書省總理行政事務，樞密院掌管軍事，御史台負責監察，三權分立；在地方設立行中書省（簡稱「行省」），當時全國共有十個行省，另有「腹里」（中央特區），由中書省直轄。行省制的確立，從政治上鞏固了國家的統一，使中央集權在行政體制上得到了保證。這是中國政治制度史上的一項重大變革，不僅爲明、清所繼承，且爲現今的行省制打下了基礎。

元世祖還發行在全國流通的紙幣，統一驛道，開鑿運河，創立文字。驛道始建於成吉思汗時期，元世祖使之更加完備，在歐亞大陸之間開闢了一條寬廣的交通大道。史家形容說：「適千里者，如在戶庭；之萬里者，如出鄰家。」通過驛道，中國的創造發明，如火藥、印刷術、紙幣等傳到西方，促進了歐洲文明的發展；而西方的傳教士和旅行家，也源源來到中國，帶來了醫學、天文、曆法及科技成果，又促進了中華文明的發展。當時的大都，成爲一座舉世聞名的國際都市。城內到處可見面貌各異、語言不同的外國人，而異域的奇貨特產更是山積雲屯。這裏，特別需要說及兩位著名的大旅行家。一位是馬可．波羅，來自義大利，因博學多才，被元世祖尊稱爲「馬可．波羅閣下」。他在元朝廷任職十餘年，多次代表朝廷巡察地方和出使異國。後來返回故鄉，口述著成《東方見聞錄》，即《馬可．波羅遊記》。書中盛讚中國與東方的富庶，文物之昌明，轟動了當時的歐洲。一位是伊本．拔圖塔，來自非洲，遍遊中國各地，極口稱讚中國的瓷器、絲綢、煤炭和藝術，說：「中國物產之豐，世界各國無與倫比。」成吉思汗時，蒙古始有畏兀體蒙古文，但還不是眞正的蒙古文字。元世祖尊西藏喇嘛八思巴爲國師，命他創制蒙古文字。八思巴在畏兀文基礎上，融合蒙、藏、維吾爾文化，正式研製出蒙古文字，稱八思巴字。元世祖專門設立國子學，挑選蒙古貴族子弟，學習這種文字，同時學習以儒學爲主要內容的漢文化，造就了本民族一大批卓有成就的學者和文學家、藝術家。

元世祖和成吉思汗一樣，也受時代的、民族的、階級的局限，實行民族歧視和民族壓迫政策，非常偏激和殘酷。他把全國人分爲四等：第一等是蒙古人；第二等是色目人，指西北地方各族及中亞、歐洲來到中國的人；第三等是漢人，指原來金國統治下的漢族和女眞、契丹、渤海、高麗等族，以及宋、金對峙時四川地區的漢族人；第四等是南人，指南宋滅亡後的漢族和其他民族人。這四種人，在法律上的地位，政治上的待遇和經濟上的負擔，皆有不同的規定。蒙古人享有各種特權，色目人次之，漢人和南人處於社會的最低層。這種政策帶有明顯的反動性和落後性，遭到包括蒙古人在內的各族人民的激烈反抗。這也就是元朝民族矛盾和階級矛盾特別尖銳的原因。

元世祖在位期間，先後發生過李璮、海都、乃顏的叛亂，均被鎭壓。後期，他起用桑哥，任爲平章政事，改爲尙書右丞相兼總知院使。桑哥利用職權，賣官鬻爵，增加賦稅，引起天下騷動。至元二十八年（西元一二九一年），大臣徹里告發桑哥的罪行。元世祖不信，認爲這是誣陷，命侍衛用錘子敲打徹里面頰，使其口鼻流血，僕倒在地。徹里爲人正直，堅持說：「臣與桑哥並無私仇，只是爲了國家，才斗膽進言，希望能除去奸賊。陛下先殺桑哥，然後殺臣，臣死而無怨！」元世祖被徹里的精神所感動，命令調查桑哥，果然罪行屬實，於是將其革職處死。事後，他批評大臣們說：「桑哥瞞著朕作惡多年，爾等爲何不能像徹里那樣，大膽地揭發他呢？」

元世祖跟許多皇帝一樣，疑忌心理很重，不僅疑忌大臣，而且疑忌兒子。他共有十個兒子，次子眞金被立爲皇太子。眞金年過四十，很有人望，「中外歸心」。江南行台監察御史考慮皇帝年事已高，奏請及早禪位於太子。一些人居心叵測，趁機進讒，說太子陰謀奪位。

元世祖大怒，疏遠和冷淡了眞金。眞金憂懼萬分，以致一命嗚呼。實踐證明，眞金是冤枉的。這使元世祖身心受到一次巨大打擊，此後再未立太子，而是把眞金之子立爲皇太孫。至元三十一年（西元一二九四年），八十歲高齡的元世祖病死，葬於起輦谷，廟號世祖，謚號聖德神功文武皇帝。《元史》給予他很高的評價：「度量弘廣，知人善任使，信用儒術，用能以夏鑾夷，立經陳紀，所以爲一代之制者，規模宏遠矣！」

明太祖朱元璋——
從牧童、和尚到皇帝

元朝統治中國，若從成吉思汗算起，應是一百六十多年；若從元世祖算起，則不滿一百年。元朝中期以後，各種社會矛盾愈演愈烈，到了最後一個皇帝元惠宗（順帝）時，蒙古貴族驕橫淫逸，奸佞當權，法濫刑重，官盜一體，社會黑暗到了極點。勞動人民忍無可忍，因而爆發了以紅巾軍為主體的農民大起義。這場起義經歷了十七年，風雲際會，群雄逐鹿，最後由開始並不顯眼的朱元璋奪得天下，當了皇帝，建立明朝，他就是明太祖。

朱元璋（西元一三二八～一三九八年），字國瑞，祖籍沛邑（今江蘇沛縣），遷居句容（今江蘇句容）、泗州（今江蘇泗洪）。父親朱士珍再遷居濠州鐘離（今安徽鳳陽東），因此他算是鐘離人。朱元璋出身貧寒，小時給地主放過牛。十七歲時父兄等親人死於災荒和瘟疫，孤苦無依，入皇覺寺做了和尚。寺裏也鬧糧荒，眾僧均被遣散，朱元璋只得手捧缽盂，外出化緣，實際上是乞討度日。這段生活使他終生受益，既了解了民間的疾苦與呼聲，也熟悉了江淮一帶的山川地理形勢。

元惠宗至正十一年（西元一三五一年），韓山童、劉福通領導的紅巾軍起義爆發，各地饑民紛起回應。其中，郭子興領導的一支義軍，攻佔了濠州，招兵買馬。朱元璋無牽無掛，毅然脫下僧袍，投到郭子興帳下，造反當兵。他念過私塾，認得一些字，而且閱歷豐富，見多識廣，很快當了九夫長。郭子興見他「姿貌雄傑，志意廓然」，認定是個人才，特把養女馬秀英嫁他爲妻。朱元璋的地位一下子提高了，加之作戰英勇，性格豪爽，身邊聚集起徐達、湯和等一幫鐵哥們。他升任鎮撫總管，率領一支七百人的部隊，南下定遠（今安徽定遠）、滁州（今安徽滁縣），擴展地盤。這次南下，他收服並改編了「義兵元帥」繆大亨的地主武裝二萬多人，聲威大振，四方歸附。更重要的是在南下中，他得到了地主知識份子馮國用和李善長。馮國用告訴他說：「金陵（今江蘇南京）龍蟠虎踞，帝王之都，先拔之以爲根本。然後四出征戰，倡仁義，收人心，勿貪子女玉帛，天下不足定也。」李善長則說：「秦亂，漢高祖起布衣，豁達大度，知人善任，不嗜殺人，五載成帝業。今元綱既紊，天下土崩瓦解，公濠（州）產，距沛（邑）不遠，山川王氣，公當受之。法其所爲，天下不足定也。」朱元璋從他們的建言中，受到很大啓發，逐漸樹立了宏大抱負，決心效法漢高祖，轟轟烈烈地幹一番大事業；同時意識到，文人儒士是一筆寶貴財富，只有依靠他們出謀劃策，自己才能有所作爲。

至正十五年（西元一三五五年），韓山童死後，劉福通立其子韓林兒爲「小明王」，定國號爲「宋」，郭子興受其節制。同年，郭子興死，韓林兒授其子郭天敘爲元帥，其妻弟張天灶爲右副元帥，朱元璋爲左副元帥。不久，郭天敘、張天灶戰死，朱元璋升任元帥，郭子興原有的部隊盡歸其所有。

朱元璋手中有了資本，信心大增，果斷地南渡長江，攻取了太平路（今安徽當塗）一帶大片地區。次年，他又率水陸大軍，一舉攻克集慶路（今江蘇南京），改名應天府，建立江南行省。韓林兒任命他為江南行省平章，再為丞相，封吳國公。隨後，朱元璋以應天府為根據地，東略鎮江等地，發展實力，成為當時起義軍中的一支勁旅。這時，朱元璋又得到地主知識份子朱升和劉基。朱升進獻三大策略：「高築牆，廣積糧，緩稱王。」就是說，朱元璋在當時情況下，應當注重擴充兵力，鞏固後方；發展生產，儲備糧食；不圖虛名，暫不稱王，以避免成為元朝和其他力量攻擊的目標。朱元璋切實遵行，並把它作為奪取天下的行動綱領。

朱元璋在應天府站穩腳根，從實際情況出發，採取「固守東、西，出擊東南」的戰略，先定皖南各縣，然後由徽州路（今安徽歙縣）進取建德路（今浙江建德），包圍婺州（今浙江金華）。至正十八年（西元一三五八年），他自統十萬大軍進攻婺州，元朝守將投降，那裏成了朱元璋控制下的浙東行省。行省門前樹一黃旗，上面寫了兩行大字：「山河奄有中華地，日月重開大宋天。」「大宋」，指韓林兒政權。朱元璋此時還是宋之丞相，而他的東北鄰張士誠、西鄰陳友諒、東南鄰方國珍、南鄰陳有定等，已經或者即將稱王了。四鄰中，張士誠最富，陳友諒最強，方國珍和陳有定也都割據一方。朱元璋為了生存和發展，不得不與這些割據勢力進行長期和艱苦的鬥爭。

關於進兵方略，劉基建議說：「（張）士誠自守虜，不足慮，（陳）友諒劫主脅下，名號不正，地據上游，其心無日忘我，宜先圖之。陳氏滅，張氏勢孤，一舉可定。然後北向中原，王業可成也。」朱元璋採納這一建議，以主要力量對付陳友諒。至正二十三年（西元一三六三年）爆發了著名的鄱陽湖之戰，朱元璋以二十萬兵馬，打敗了陳友諒六十萬水軍，陳友諒中流矢喪命。至正二十四年（西元一三六四年），朱元璋認爲時機成熟，自稱吳王，建立了一整套封建統治機構。這時的朱元璋已不再是農民起義的領袖，而是正式成爲封建地主階級的代理人了。至正二十六年（西元一三六六年），他假稱接韓林兒到應天府，半路上將其沉江溺死。越年，朱元璋擒殺張士誠，迫降方國珍。同時命大將徐達、常遇春，率領二十五萬大軍北伐。他讓宋濂起草北伐檄文，文中提出了「驅逐胡虜，恢復中華，立綱陳紀，救濟斯民」的口號。他還以一位傑出軍事家的眼光，確定了北伐的步驟，說：「元建國百年，守備必固，懸軍深入，饋餉不前，援兵四集，危道也。吾欲先取山東，撤彼屏障，移兵兩河，破其藩籬，拔潼關而守之，扼其門檻，天下形勢入我掌握，然後進兵。元都勢孤援絕，不戰自克，鼓行而西，雲中、九原、關隴可席捲也。」徐達、常遇春完全按照這一步驟開展軍事行動，節節勝利。十二月，朱元璋正式即皇帝位。次年即西元一三六八年正月，定國號爲明，以應天府爲國都，改元洪武。中國歷史上又一個新王朝誕生。八月，徐達攻佔大都。元惠宗逃往漠北，標誌著元朝的滅亡。

朱元璋從貧苦牧童、討飯和尚到農民起義軍領袖，再到開國皇帝，經歷了不平凡的人生里程。他之所以成功，除了他具有同時起義的其他領袖所沒有的遠見卓識和堅忍不拔精神外，最重要的是，他能夠和善於用人，特別是能夠和善於發揮地主知識份子的才幹和作用。在這一點上，他與漢高祖劉邦可有一比。正是李善長、朱升、劉基、宋濂等人運籌帷幄，忠心輔佐，他才能夠成就帝業，最終登上至高無上的皇帝寶座。

明太祖稱帝後，繼續進行南征和北伐，掃除各地的割據勢力和元朝的殘餘勢力，歷時多年，這才完成了國家的統一。由於戰爭和災荒，初建的明朝面臨著嚴峻的形勢，田地荒蕪，人口減少，到處一片廢墟。他向宋濂詢問治國之道。宋濂說：「得天下以人心爲本，人心不固，雖金帛充牣（牣，讀作刃，滿），將焉用之？」明太祖深以爲然。一天，他拿了一本《琵琶記》，對大臣們說：「四書五經，布帛菽粟也，家家皆有；《琵琶記》如山珍海錯，富貴家不可無。」他爲什麼這樣說呢？因爲《琵琶記》是流行的南戲劇本，它眞實地寫出了元末社會的動亂和黑暗，寫出了勞動人民所受的苦難，他希望自己的官吏不要重蹈元朝的覆轍。他猶恐大臣們不明其意，告誡說：「步急則躓（躓，讀作質，摔倒），弦急則絕，民急則亂。居上之道，正當用寬。」還說：「民富則親，民貧則離，民之貧富，國家休戚繫焉。」「天下初定，百姓財力俱困，比猶初飛之鳥，不可拔其羽，新植之木，不可搖其根，要在安養生息之。」爲了鞏固新生政權，他採取一系列的措施，普查戶口，釋放奴婢，丈量土地，獎勵農耕，移民屯田，興修水利，特別注意減輕賦稅和徭役，「三十稅一」，以豐滿「小鳥」的「羽毛」。這些措施很快收得成效，苦難的農民得到喘息的機會，社會經濟恢復和發展了，人心也安定了。

明太祖知道並領教過元末地方官吏和土豪惡霸的狠毒，所以對貪官污吏深惡痛絕。他制訂了《大明律》等多種法律，規定凡貪污六十兩銀子的官員，一律殺頭，剝皮塡草示眾。而且執法嚴厲，六親不認。當初，他曾下令軍中嚴禁釀酒。大將胡大海的兒子犯禁。明太祖大怒，命令將其斬首。有人勸說：「胡大海正率大軍遠征，殺他兒子不妥，還是算了吧！」他說：「寧可讓胡大海叛我，也不允許乃子壞我法令！」說罷，親手把胡大海兒子殺死。明太祖當了皇帝後，爲了以茶易馬，規定茶由官府經營，嚴禁私人運茶出境。他的女婿歐陽倫依仗身分特殊，指使奴僕販運茶葉，出境謀取高利。明太祖堅定執法，不顧女兒情面，硬是把女婿正法了。這樣的事例還有很多，史家稱之爲「峻法亦守法」。

明太祖來自社會底層，深知國力民力之艱難，所以力主節儉，不尙虛華。他說：「朕每燕居，思天下之事，未嘗一日自安。蓋治天下猶治絲，一絲不理則眾緒紛亂。故凡遇事必精思而後行，惟恐不當，致生奸弊，以殃吾民。以此不敢頃刻安逸。」他當了皇帝後，沒有大興土木工程，營造宮殿時，砍去了所有的豪華設計，而命人在宮牆上繪製了歷代帝王驕逸亡國的故事，以爲自戒。有人把陳友諒的鏤金床獻給明太祖。他發怒說：「這和孟昶的七寶溺器有何區別？」立刻命人把那張床砸碎。他要求朝臣奏事，必須言簡意賅。一次，刑部主事茹太素上了一篇萬言書，念了六千多字，還沒接觸正題。明太祖很生氣，命人把茹太素痛打一頓。轉日接著念，念了一萬多字後，方有五條建議。其中四條可用，批准施行。他說：

「這篇奏書寫五百字就足夠了，何必那麼冗繁？」事後，他承認痛打茹太素不對，還表揚茹太素是位忠臣。

大凡皇帝，坐穩江山以後必殺功臣，這是一條規律。明太祖開國伊始，就警告文武勳臣「保守晚節，正當留意」，不可效法西漢的韓信、彭越，「事主之心日驕，富貴之志日淫」。他多次頒布詔令，規定了功臣的許可權。洪武十三年（西元一三八〇年），左丞相胡惟庸「謀不軌」伏誅。他借此大興黨獄，大肆株連，延續十年，共殺了三萬多人，其中包括李善長。宋濂也被牽扯進去，逮之論死。馬皇后為之求情，不由發出了「君臣相保難」的慨歎。此後，明太祖廢除了中書、門下、尚書三省制，也廢除了自秦漢以來的宰相制度，設大學士代替宰相的部分職權，把原來由宰相統轄的六部（吏、戶、禮、兵、刑、工）升格，直接聽命於皇帝。兵制方面，廢除了原先的大都督府制，改為分設前、後、左、右、中五個都督府，五都督府只負責管理和訓練事項，無權調動軍隊，調兵權屬於兵部，兵部只聽命於皇帝。而且，兵、將是分置的：出征時，命將調兵；歸來時，兵歸衛所，將回府第，各不相屬。這樣，所有大權全都集中到皇帝一人身上，皇權統治達到了登峰造極的地步。

此外，明太祖還設立了特務情報機構錦衣衛，專門監視文武官員的言行舉止，包括日常生活細節。錢宰一天在家寫了首詩：「四鼓咚咚起著衣，午門朝見尚嫌遲。何時得遂田園樂，睡到人間飯熟時。」第二天，明太祖見到錢宰，劈頭就說：「你昨天的詩寫得不錯，可第二句不好。朕沒有『嫌』你遲啊，把『嫌』字改成『憂』字，怎樣？」錢宰萬沒想到皇帝知道此事，嚇得叩頭請罪。宋濂一天在家飲酒。第二天，明太祖問他請了什麼客，做了什麼菜，飲了什麼酒。宋濂如實回答。明太祖說：「嗯，你沒有騙朕！」隨即拿出一張紙，那上面畫著飲宴的場景，各人的座次，桌上的酒菜，一目了然。宋濂看後，嚇得直冒冷汗，連稱：「死罪死罪！」徐達與明太祖是生死之交，且是兒女親家，明太祖曾稱讚他是「開國功臣第一」。洪武十八年（西元一三八五年），徐達生了疽病，最忌吃蒸鵝。可是，明太祖偏偏賜蒸鵝給他吃，使之病情加重，旋即身亡。洪武二十六年（西元一三九三年），錦衣衛告發涼國公藍玉意欲謀反。明太祖再興黨獄，殺了一萬多人。至此。元勳宿將幾乎被殺光。倖免的朝臣，每天上朝，即與家人訣別，因爲出了家門，就很難說再能不能回來了。

明太祖在位期間，創辦學校，開設科舉，規定所學所考，只能是孔孟之道和程朱理學。考試辦法是：以四書五經的文句命題，解釋必須以南宋朱熹的注爲依據，文章格式必須是八股文。這是一種文化專制制度，禁錮了人們的思想，阻礙了文化科學的發展。明太祖當過和尚，參加過紅巾軍，對「僧」、「賊」二字特別敏感，動生猜疑，屢興文字獄。如林元亮、蔣鎮的奏表和文章中，分別有「作則垂憲」、「睿性生知」的句子，明太祖懷疑「則」音同「賊」、「生」音同「僧」，故意揭他的老底，遂把他們處死。著名學者高啓寫了一篇《上梁文》，文中有「龍蟠虎踞」一語，犯了大忌，竟被腰斬。類似的事例還有很多。有的純屬想當然，荒謬絕倫。一年元宵節，明太祖在街上看到一幅畫，畫的是一個婦人懷抱西瓜坐在馬上，馬腳很大。他立刻懷疑這是譏諷他的馬皇后大腳，因此大開殺戒，殺了京城所謂的「不安分者」，將近萬人。

明太祖殺人太多，太子朱標無法理解。洪武二十五年（西元一三九二年）的一天，明太祖特把一根帶有棘刺的手杖丟在地上，讓朱標去撿。朱標猶豫。明太祖說：「你怕手杖上有棘刺不是？我殺人，等於是把棘刺拔了，再把手杖交給你，豈不是好？」朱標說：「上有堯舜之君，下有堯舜之民。」意思是說，上有仁君，下才有良民。明太祖勃然大怒，抓起一張椅子朝兒子砸去。朱標嚇得逃進內室，驚嚇得病，憂鬱而死。這件事使明太祖很後悔，他隨後立了朱標之子、十六歲的朱允炆爲皇太孫，作爲皇位的繼承人。

洪武三十一年（西元一三九八年），明太祖患了重病。爲使皇太孫朱允炆能夠駕馭群臣，他又殺了僅剩的功臣馮勝、傅友德等人。閏五月，明太祖病危，留下遺詔說自己爲帝三十一年，「憂危積心，日勤不怠」。——這八個字，可以概括他治理國家的辛勞，同時流露出對於王朝未來前途的憂慮。遺詔中命由朱允炆繼承皇位，皇子諸王各守藩國，不必赴京奔喪，以免發生變亂。朱元璋死後葬於孝陵（今江蘇南京），廟號太祖，謚號高皇帝。《明史》給予他很高的評價，說：「太祖以聰明神武之資，抱濟世安民之志，乘時應運，豪傑景從，戡亂摧強，十五載而成帝業。崛起布衣，奄奠海宇，西漢以後所未嘗有也。」他成就帝業以後，完成國家統一，加強中央集權，推動社會前進，「子孫承業二百餘年」。按照傳統標準衡量，他算得上是一位好皇帝。

明成祖朱棣——奪侄兒皇位，創文武業績

明太祖朱元璋把拔去了「棘刺」的「手杖」，交給皇太孫朱允炆，朱允炆即位，是爲明惠帝。明惠帝在位僅四年，皇位就被叔父朱棣奪了去。朱棣登基，就是明成祖，其年號叫永樂，故也稱永樂皇帝。

朱棣（西元一三六〇～一四二四年），朱元璋第四子，十歲時就被封爲燕王。朱元璋爲了鞏固封建統治，實行分封制，把二十多個兒子封爲藩王，分駐全國各地，以「愼固邊防，翼衛王室」。每王食糧萬石，轄軍三護衛，有兵一萬六千人。朱棣爲燕王，二十歲時到了封國北平（今北京）。鎮守北平的名將徐達，恰是朱棣的岳父，朱棣從岳父身上，學到了許多眞正的本領。元朝滅亡以後，元惠宗的後裔在漠北建有一個北元政權。北平地處北方前線，所以朱棣手下，擁有軍隊十萬人。朱棣「貌奇偉，美髭髯，智勇有大略，能推誠任人」。他與北元打過幾仗，均獲勝利。因此，在朱元璋的心目中，朱棣是個精明強幹的皇子。朱元璋立了朱允炆爲皇太孫，對其學識和能力不大放心。一天，他讓小孫子對句，出了上句說：「風吹馬尾千條線。」朱允炆對道：「雨打羊毛一片氈。」老皇帝聽後，大煞風景，滿臉不

快。朱棣恰好在場，對道：「日照龍鱗萬點金。」這一對句，氣勢不凡。朱元璋脫口稱讚說：「對得好！」從此，他很器重朱棣，並有心改置皇儲。但礙於封建禮法，群臣勸阻，未能如願。

朱元璋把江山傳給孫子，卻沒有給他留下安邦經國的人才。弱君在朝，強藩在外，顯然潛伏著危機。朱允炆只能用迂腐的齊泰、黃子澄等爲輔臣，維持局面。齊、黃不識時務，在條件並不具備的情況下，力主削藩，即削奪藩王的權勢，以鞏固中央集權。朱棣的幾位兄弟相繼被削去王爵，或廢爲庶人，或處以幽禁，有的甚至遭迫害致死。朱棣開始非常害怕，不得不裝瘋作癲，避免侄兒皇帝的猜忌。偏偏有人告發，說燕王瘋癲是僞裝的。朱允炆於是命北平都指揮張信逮捕朱棣。張信權衡利害，暗中向朱棣通風報信。朱棣遂於建文元年（西元一三九九年）起兵南下，藉口是朝中有難，奸臣當權，他要「清君側」，除奸平逆。美其名曰「靖難」，他的軍隊也就叫做「靖難軍」。

朱允炆聞變，先派耿炳文率三十萬大軍，再派李景隆率五十萬大軍，前往討伐。然而，他在詔令中卻說：「古人云：『一門之內，自極兵威，不祥之甚。』今爾將士與燕王對壘，務體此意，勿使朕有殺叔之名。」這道詔令束縛了官軍的手腳，誰還敢英勇作戰呢？因此，耿炳文也好，李景隆也好，每遇靖難軍，總是敗退，有時連箭也不敢發，唯恐傷著燕王。

靖難之役進行了四年之久。建文四年（西元一四〇二年）六月，靖難軍渡過長江，進抵應天城下。朱允炆提出和議，遭到拒絕。李景隆等打開城門迎降，應天城破。宮中起了大火，烈焰張天。朱棣下令清宮三日，幾乎殺了所有的宮女和宦官。唯獨皇帝朱允炆活不見人，死不見屍。有人說，皇帝已投火自焚。朱棣隨便扒出一具燒焦的屍體，故意流著淚說：「癡兒癡兒，何以至此！」也有人說，朱允炆已逃跑出宮，後來當了和尚，或說出了國的。總之，這是一件懸案，無人解得。

朱棣大肆殺戮朱允炆的輔臣，其中齊泰、黃子澄被磔死（分屍），兵部尚書鐵鉉被割去耳鼻，繼被肢解。朱棣準備登基稱帝，召來名儒方孝孺，命其起草登位詔書。方孝孺身穿麻布重孝，哭拜朱允炆，拒不從命。朱棣強付紙筆。方孝孺大書數字，擲之於地，書曰：「燕賊篡位」。朱棣大怒，威脅說：「難道你不怕死嗎？」方孝孺說：「頭可斷，血可流，絕不為賊人草詔！」朱棣說：「你不怕死，難道就不顧九族嗎？」方孝孺冷笑說：「何說九族，誅我十族也不怕！」朱棣惱怒至極，持刀挑其口，割裂至兩耳，又命搜捕其家族。古制，九族指父族四輩、母族三輩、妻族兩輩以內的親屬，並無十族之說。朱棣再命逮捕方孝孺的朋友和門生，充為十族。每殺一人，必先牽給方孝孺過目。方孝孺視而不顧，至死不屈，最後被裂屍而死。

方孝孺一案，共誅殺了八百七十三人。另外，還有一些類似案件，株連甚廣，殺人很多，史稱「瓜蔓抄」。

明成祖在血腥的殺戮中登上皇位，繼續推行明太祖休養生息的政策，移民屯田，獎勵農桑，輕徭薄賦，農業、手工業和商業的發展，均有新的氣象和進步。特別是冶煉業、制瓷業、造船業和對外貿易，達到了一個前所未有的水準。永樂年間，實是明朝最興盛的時期。業績可觀。

明成祖在鞏固了自己的統治地位以後，興文治，建武功，很有作爲，至少在三個方面，

一是編纂《永樂大典》，弘揚歷史文化。明成祖登基不久，就飭令著名學者解縉主編一部類書，以供學人使用。解縉組織一百四十九人，一年後編成《文獻大成》。明成祖嫌其簡略，不足以彰顯文治，再飭令解縉和姚廣孝重新編纂。解、姚奉命，組織二千一百六十九人，歷時三年編成，明成祖御定爲《永樂大典》。其書按照《洪武正韻》的韻目，依韻檢索，輯入明以前各種書籍七八千種，內容包括經、史、子、集、戲劇、平話、天文、地理、醫卜、農工技術，以及道教、佛教等各方面的著作。全書共二萬二千九百三十七卷，約三億七千萬字，裝成一萬一千零九十五冊。它是中國最早最大的一部類書，保存了很多佚文秘典，價值無法估量。當時未及刻版印刷，先有繕寫正本，後又有繕寫副本。正本毀於明亡，副本散於清末。副本原藏於北京文淵閣。鴉片戰爭以後，帝國主義列強侵略中國，部分被燒毀，部分被盜運出國。至今世界上僅存三百餘冊，國記憶體二百餘冊。

二是派遣鄭和出使西洋，促進中外經濟文化交流。明成祖登基的當年和次年，就派使臣出訪東南亞國家，對日本等國放寬貿易禁令，意在揚威四海，「宣德化而柔遠人」，樹立「天朝大國」的形象。永樂三年（西元一四〇五年），他又以「三寶太監」鄭和爲欽差總兵太監、正使太監，率領一支龐大船隊出使西洋。當時的「西洋」，指蘇門答臘（今印尼蘇門答

臘）西北部以西的洋面。後來，有人把汶萊（今汶萊）定爲東洋和西洋的分界線，那麼中南半島、馬來半島、蘇門答臘島、爪哇島等，以及印度洋，也都納入了「西洋」的範圍。鄭和先後共七次出使西洋，其中前六次都是在永樂年間完成的。遠航船隊通常由一二百艘船隻組成，最大的「寶船」相當於「旗艦」，長四十四丈四尺，寬十八丈，排水量約爲三千一百噸，載重量約爲二千五百噸。各船上都裝備有先進的航海儀器，尤其是用於端正航向的磁性羅盤針十分精確，分作二十四個方位，不論白天黑夜，還是颳風下雨，它都能準確地指示方向。各類人員最多時達二萬七千餘人。這樣的航海規模和航海技術，在世界航海史上，首屈一指。鄭和所到的國家和地區，《明史》開列了一長串名單，「凡三十餘國」，涉及到今天的越南、柬埔寨、泰國、馬來西亞、菲律賓、印尼、汶萊、印度、斯里蘭卡、孟加拉、伊朗、葉門民主共和國、沙烏地阿拉伯聯合酋長國，以及非洲東岸的索馬里等，覆蓋了東南亞、南亞、西南亞、阿拉伯和非洲東岸的廣大地區。

鄭和作爲明朝的政治使節和商務代表，每到一國，都要向該國國王或酋長贈送珍貴的禮品，宣讀明成祖的敕書，並在雙方的協定下，進行互利貿易，因而有力地促進了明朝和這些國家的友好關係與經貿往來。鄭和船隊輸出的物品有：銷金紵絲、湖絲、刺繡、綢緞、雨傘、瓷器、陶器、漆器、銅器、金銀器、鐵器、麝香、燒珠、樟腦、書籍、紙墨、筆硯、桔、米、穀、豆、琉璃瓦等；輸入的物品有：明珠、金珀、象牙、珊瑚樹、瑪瑙珠、水晶等珍寶，麒麟、駝雞、獅子、金錢豹、馬哈獸等動物，犀角、羚羊角、阿魏、沒藥、丁香、盧薈、乳香、血竭等藥物，龍涎香、降眞香、紫檀香等香料，糖霜、胡椒、香鹽等食品，西洋布、華布、白華布、薑黃布等紡織品，香木、沉香木、紫檀木、五穀樹、婆羅樹等珍貴木料。貿易交往大多是以物易物，有的也用金銀或銅錢，講究誠信，互惠互利。

鄭和出使西洋，從海洋上打開一扇視窗，讓中國了解了海外世界，也讓海外世界了解了中國，從而促進和密切了中外經濟、文化交流。如果說，西漢張騫出使西域，開闢了一條陸上「絲綢之路」；那麼，明朝鄭和出使西洋，則是開闢了一條海上「絲綢之路」。二者都屬於「鑿空」的事業，爲世界文明的發展作出了不朽的貢獻。

三是親征漠北，遷都北京。北元滅亡以後，居於漠北的蒙古族分化成兀良哈、韃靼、瓦剌三部分，經常興兵南侵，威脅明朝的邊境安全。永樂七年（西元一四〇九年），明成祖命邱福爲大將軍，率兵十萬，北征韃靼部，結果全軍覆沒，邱福也丟了性命。永樂八年（西元一四一〇年），明成祖統領五十萬大軍親征，打敗韃靼可汗本雅失里，韃靼勢力大大衰弱。永樂十二年（西元一四一四年），明成祖又親征瓦剌部，同樣取得了巨大的勝利。

永樂十八年（西元一四二〇年），明成祖爲了加強對北方和東北的控制，決定把國都從應天府遷至北平，應天府改名爲南京，北平改名爲北京。這是北京最早的命名。改建後的北京，以紫金城內皇宮（今故宮）爲中心，外是皇城，城垣周長九公里；再外是郭城，城垣周長二十二點五公里。皇宮佔地約三十萬平方公尺，內有數百座巍峨壯觀的建築，核心是雕樑畫棟、金碧輝煌的三大殿——奉天殿（今太和殿）、華蓋殿（今重和殿）、謹身殿（今保和殿）。皇城正門為承天門（今天安門），門外矗立漢白玉華表，華表柱身雕刻蟠龍，頂端有承露盤，還蹲有傳說神獸「望天犼」（犼，讀作吼），無不精美絕倫。

蒙古韃靼部經過十年生聚，勢力復熾。明成祖又接連兩次親征。永樂二十二年（西元一四二四年），最後一次親征班師時，病死於榆木川（今內蒙古多倫西北）。他的親征，並未達到「永清沙漠」的目的，但給予蒙古族沉重的打擊，維護了國家主權，保證了邊境的安寧。明成祖死後葬於長陵（今北京昌平十三陵），廟號太宗，謚號體天弘道高明廣運聖武神功純仁至孝文皇帝。明世宗時，廟號改為成祖，謚號改為啓天弘道高明肇運聖武神功純仁至孝文皇帝。

明思宗朱由檢——

生不逢時，吊死煤山

明朝開國後的前七十年，很有些天朝大國的氣象。儘管如此，農民起義從未間斷過。中期和晚期，天災、人禍、邊患，階級矛盾和社會矛盾尖銳而激烈，農民起義更加頻繁。最後一位皇帝明思宗朱由檢，在風雨飄搖中登基，面對千瘡百孔的爛攤子，苦苦支撐了十七年，最後在煤山（今北京景山）一棵老槐樹上吊死，標誌著明朝的滅亡。

朱由檢（西元一六一一～一六四四年），明神宗朱翊鈞之孫，明光宗朱常洛第五子，明熹宗朱由校之弟。十二歲時封信王。從朱常洛被立爲太子到朱由校爲帝，權臣和宦官把持朝政，挑起宮廷鬥爭，連續發生「梃擊案」、「紅丸案」、「移宮案」三大疑案。朱常洛在位僅一個多月就暴死。朱由校在位七年，大權掌握在乳母客氏和宦官魏忠賢（號稱「九千歲」）手裏，形成中國歷史上空前的宦官專政局面。天啓七年（西元一六二七年）八月，朱由校因荒淫奢靡而斃命。朱由校沒有兒子，臨終遺命由皇弟信王繼位。朱由檢意外當了皇帝，是爲明思宗。因其年號爲崇禎，故也稱崇禎皇帝。

崇禎帝即位，深知魏忠賢閹黨兇殘險惡，罪不容赦。恰好有人上書，彈劾魏忠賢十大罪行。崇禎帝抓住時機，先除去魏忠賢的爪牙，再把魏忠賢處以流放，把客氏遷居宮外。魏忠賢在流放途中自縊，客氏則被人打死，其黨羽或斬首，或充軍，或罷官，定為逆案，受到了應有的懲罰。接著平反「東林黨」冤獄，使一批東林黨人重新得到啓用。崇禎帝登位伊始，勤奮刻苦，親自理政，夜以繼日，頻頻召見大臣，討論國事，還發布一系列詔令，節省皇家開支，停止不急之役，禁止宦官干政，裁撤多餘宮女，減免災區賦稅，保證邊防軍餉等，勵精圖治，很想再造一個太平盛世。然而當是時，前朝遺留下來的弊端堆積如山，饑民遍地，「盜賊」蜂起；塞外崛起的女眞後金政權，時時南侵，烽火連天。更要命的是，陝北大饑，爆發了高迎祥、李自成、張獻忠等領導的農民大起義。江河日下，勢如狂瀾，豈能挽回？

崇禎二年（西元一六二九年），崇禎帝倚重名將袁崇煥，任為兵部尚書，鎭守關外重鎭寧遠（今遼寧興城）。後金第二任可汗皇太極（清太宗），避開寧遠，長途奔襲北京。袁崇煥聞訊，提兵千里馳援，在北京城外打敗後金軍隊。這時，皇太極施行反間計。崇禎帝稀里糊塗，聽信讒言，居然把袁崇煥凌遲處死。從此，遼東邊防再也沒有良將，後金大軍可以縱橫馳騁了。崇禎六年（西元一六三三年），皇太極攻佔遼東半島。崇禎九年（西元一六三六年），皇太極在瀋陽自稱皇帝，改國號為清，改女眞族名為滿洲，取得了與崇禎帝平起平坐的地位。同年，皇太極命阿濟格等繞過北京，直插保定以南，攻克城池十二座，俘掠人畜十八萬。兩年後，皇太極又命多爾袞等越過長城，擾河北，下濟南，俘擄德王朱由樞，攻克城池五十八座，擄獲人口四十六萬。中原一帶，處於異族鐵騎之下，再無寧日。

崇禎帝且把異族入侵放在一邊，先集中力量鎮壓如火如荼的農民大起義。他先後用洪承疇、陳奇瑜、盧象升、楊嗣昌、熊文燦等爲將帥，或剿或撫，可是收效甚微。崇禎八年（西元一六三五年），各路起義軍召開了著名的滎陽會議，李自成在會上提出「聯合行動，分兵定向，四面迎擊」的方針。此後，農民起義出現高潮，高迎祥、張獻忠聯兵東進，攻陷朱元璋老家鳳陽城，焚燒了皇陵。崇禎帝聽說，驚惶不已，聲淚俱下，只能把鳳陽巡撫斬首出氣。次年，高迎祥被俘就義，李自成被擁戴爲「闖王」。其後，李自成與張獻忠一起，成爲兩位叱咤風雲的起義軍領袖。

崇禎十一年（西元一六三八年），在朝廷重兵圍剿下，起義軍遭到嚴重挫折。張獻忠暫時接受招降。李自成僅以七騎逃入商山隱伏。崇禎帝和朝臣們還未來得及慶祝勝利，清兵又大舉入關，直逼北京城下。崇禎帝飛檄河南、陝西，調兵入援京師，以解燃眉之急。這樣，起義軍獲得了喘息的機會，得以乘虛再起。崇禎十二年（西元一六三九年），張獻忠在湖北重新舉起反明旗幟。轉年，李自成也從山中殺出，經湖北，入河南。那幾年，河南因鬧災荒，赤地千里，斗米萬錢。饑民們歡欣鼓舞，奔相走告：「闖王又打回來了！」一月之內，李自成手下就聚集了數萬人。同時，文士李岩、牛金星、宋獻策等，也相投而來，使李自成有了一個可以爲之出謀劃策的智囊團。李自成依靠他們的幫助，提出「均田免賦」的鬥爭綱領，嚴明軍紀，劫富濟貧。因而，人們編出歌謠稱頌闖王：

吃他娘，著他娘，吃著不夠有闖王。

不當差，不納糧，大家快活過一場。

李自成入河南時僅有騎兵五十人，半年後，便有了百萬大軍。崇禎十四年（西元一六四一年），李自成攻克洛陽，抓獲福王朱常洛，當眾烹殺，並將其藏米數萬石、金銀數十萬兩，分給貧苦饑民。與此同時，張獻忠也攻陷襄陽，抓獲襄王朱翊銘，殺之。此後的兩年間，起義軍轉戰各地，所向披靡，銳不可擋。

崇禎帝焦頭爛額，只能不停地撤換文臣武將。無奈之下，又重用宦官，或派爲監軍，或用爲鎮守。有人對此提出異議。他說：「諸臣若實心用事，朕亦何須此輩！」群臣聽後，面紅耳赤，啞口無言。打仗需要錢財，財政枯竭。崇禎帝一改當初減輕賦稅的做法，下令強徵暴斂，於正常的賦稅之外，加征剿餉、練餉、遼餉等名目。這使百姓雪上加霜，更加擁護起義軍。崇禎帝憂愁煩躁，多此下詔罪己，還減膳撤樂，經常痛罵群臣庸碌無能。楊嗣昌剿滅張獻忠失敗，畏罪自殺。崇禎帝歎息說：「朕再無督師平賊的人了！」他的性格變得乖僻多疑，動輒殺人，許多大臣慘遭橫禍，死於非命。

李自成攻克洛陽後，又攻克南陽，殺死唐王朱聿鏌。東北，皇太極進攻錦州（今遼寧錦州）。崇禎帝盲目地催促薊遼總督洪承疇，率兵迎戰，結果兵敗松山（今遼寧錦縣西南），洪承疇被俘降清，錦州守將祖大壽也獻出了城池，關外大片地區歸清所有。越年，李自成圍攻開封。崇禎帝顧此失彼，再用孫傳庭爲兵部侍郎，督領京城的軍隊，援救開封。這時，他謀求攘外必先安內的戰略，暗派大臣陳新甲，秘密與清軍議和，以便騰出手來，全力鎮壓起義軍。不想消息洩露，朝野譁然。崇禎帝只好殺了替罪羊陳新甲，以平息國人的憤怒。清軍分道入塞，北京戒嚴。李自成打敗孫傳庭，破開封，陷襄陽，稱新順王，創建了農民政權。崇禎十六年（西元一六四三年），李自成、張獻忠攻州掠府，無往不勝。張獻忠也稱大西王，建立了大西政權。清軍南下，連破四十八座城池，掠走近四十萬平民，牛馬五十餘萬頭，金銀珍寶無數。崇禎帝手中，要兵沒兵，要將沒將，內外交困，已經到了山窮水盡的地步。他唯一感到欣慰的是，清太宗皇太極於八月病死，由幼子福臨繼位。這或許能給明朝減輕一些壓力。

然而事實並非這樣。崇禎十七年（西元一六四四年）正月，李自成在西安建國，國號大順，年號永昌。二月，李自成大軍以排山倒海之勢進兵北京，一路勢如破竹，直入河北。朝廷亂成一團，有人主張遷都南京。崇禎帝六神無主，說：「國君死社稷，朕將何往！」他身心憔悴，寢食不安，連日裏只吃素食和蔬菜。周皇后備下酒肉，勸清皇帝食用。恰逢瀛國夫人奏稱：「臣妾夜間夢見太后，她說皇帝不要過於辛苦自己。」崇禎帝和周皇后聽了這話，無心用膳，相對哭泣，淚盈桌案。

崇禎帝臨時封唐通、吳三桂等為伯爵，緊急徵調各地兵馬，馳援北京。任命唐通和宦官杜之秩防守居庸關，宦官王承恩提督京城守衛。唐、杜二人懾於李自成的威勢，乾脆獻關投降。三月初，李自成大軍攻陷昌平，包圍了北京，連營紮寨，綿延數百里。崇禎帝還要掙扎，只得命文武勳戚分守京城。有兵無餉，沒人出力。他讓皇親國戚捐資助餉。周皇后之父周奎家藏現銀五十多萬兩，卻故意哭窮，只捐一萬兩。崇禎帝希望他帶頭，捐二萬兩。周奎去向女兒求情。周皇后資助五千兩，而他只再捐出三千兩，反倒賺了二千兩。負責徵餉的宦官失望地歎息說：「皇親國戚如此，國事去矣，多金何用！」

三月十七日，京營守軍潰散。崇禎帝宣召群臣議事，百官哭泣，束手無策。崇禎帝仰天而歎，說：「朕非亡國之君，爾等盡是亡國之臣。」歎罷，拂袖退朝。十八日午後，宦官曹化淳打開彰義門投降。李自成大軍進入北京郭城。黃昏時分，崇禎帝流著淚對周皇后說：「大事去矣！」周皇后說：「臣妾侍奉陛下十八年，陛下始終不聽我一言，以至今日。」周皇后抱著太子和兩個幼王痛哭不已，並叫宦官把他們送到外戚家去躲藏。夜間，周皇后在坤寧宮自縊。崇禎帝催促袁貴妃自盡。誰知上吊的絹繩斷了，袁貴妃墜落地上。崇禎帝舉劍把她殺死。他的精神已經崩潰，發瘋似的，又殺了幾位臨幸過的嬪妃，提劍進入壽寧宮。長女長平公主年方十六歲，原打算近期出嫁，手拉父皇，失聲痛哭。崇禎帝歎氣說：「唉！汝何生在朕家！」他揮劍朝女兒砍去。長平公主以袖遮擋，被砍去左臂，昏厥倒地，鮮血淋漓。崇禎帝再去昭仁殿，殺死另一個女兒昭仁公主。他這樣做，完全是皇帝自私、陰暗的心理在起作用，后妃和女兒必須先自己而死，免遭他人「凌辱」。

三月十九日，是明王朝日曆上的最後一頁。李自成大軍浩浩蕩蕩，從各個方向向皇宮推進。凌晨，崇禎帝依然鳴鐘召集百官。可是，再無一人上朝。他眾叛親離，眞正變成了孤家寡人。他由宦官王承恩陪同，登上皇城北面的煤山，選擇壽皇亭畔一棵老槐樹，自縊絕命。

死時，衣襟上寫有一份遺詔，其中說：「朕死無面目見祖宗於地下，去朕冠冕，以髮覆面。任賊分裂朕屍，勿傷百姓一人。」崇禎帝臨死也不忘罵農民起義軍為「賊」，並「憐憫」著百姓，眞是滑稽！王承恩忠於主子，吊死在另一棵樹上。不久，起義軍發現一座密封了二百多年的皇庫，內藏白銀三千七百萬錠，總重十八億五千萬兩。當時，明朝人口約有五千一百萬，依此平均，每五口之家，可得銀一百五十多兩。崇禎帝若早把皇庫打開，用銀賑荒濟貧，又何以落得國亡身死的結局呢？

崇禎帝曾經有過抱負，很想有所作爲，爲政治國也算殫心竭慮，廢寢忘食；不愛奢華，不近聲色，生活比較清苦。但是，他生不逢時，命運多舛，正如《明史》所評述的那樣：「大勢已傾，積習難挽，在廷則門戶糾紛，疆埸則將驕兵惰，兵荒四告，流寇（指農民起義軍）蔓延，遂至潰爛而莫可救，可謂不幸也。」加之，他急功好利，決事用人頗多失誤之處，到頭來還是成了個亡國皇帝。以致有人說：「若論歷代帝王心最勞、勢最困、命最苦者，則非崇禎帝朱由檢莫屬了。」

崇禎帝死後，農民起義軍將之埋葬。清軍進入北京後，以皇帝之禮，移葬於思陵（今北京昌平十三陵），廟號懷宗，謚號莊烈湣皇帝。後來，南明政權追謚爲思宗或毅宗。

清太祖愛新覺羅努爾哈赤、清太宗愛新覺羅皇太極——

中國最後一個封建王朝的奠基人

西元一二三四年，蒙古與南宋聯合，攻滅女眞族建立的金國。女眞族消沉了三百多年後，明朝晚期又出了兩位英雄人物，一叫愛新覺羅努爾哈赤，一叫愛新覺羅皇太極。他倆是父子，前者重新統一女眞各部，建立後金政權；後者改國號爲大清，殲滅明軍主力。二者都是一代雄主，文韜武略，規模宏遠，成爲中國最後一個封建王朝——清朝的奠基人。

努爾哈赤（西元一五五九～一六二六年），姓愛新覺羅（意爲女眞金國的遺族），出身於女眞貴族家庭，先祖猛哥帖木爾，明朝初年曾爲酋長，並任建州左衛指揮使。當時，女眞族分爲四大部分：建州女眞，生活在牡丹江和圖門江流域；海西女眞，居住在松花江流域；東海女眞，活動在烏蘇里江及其以東的濱海地區；黑龍江女眞，聚居在黑龍江流域。其中，建州女眞又包括「建州五部」和「長白山三部」，與漢族經濟文化交流頻繁，社會發展較快。

努爾哈赤早年喪母，以挖過人參，採過松子。長大後，「儀表雄偉，志意闊大，沉幾內蘊，發聲若鐘，睹記不忘，延攬大度」；愛讀《三國演義》和《水滸》，經常到撫順（今遼寧撫順）貿易，接觸很多漢人，深受漢族文化影響。明神宗萬曆十一年（西元一五八三年），明遼東總兵李成梁，在女眞蘇克蘇護河部酋長尼堪外蘭的導引下，進攻阿台部，努爾哈赤的祖父叫場和父親塔失，同時在戰鬥中喪生。這激起了努爾哈赤的滿腔仇恨。當年，努爾哈赤以祖父和父親遺留的十三副鎧甲起兵，討伐尼堪外蘭，開始了戎馬生涯。萬曆十四年（西元一五八六年），努爾哈赤擒殺尼堪外蘭，壯大了自己的勢力；接著以強悍的鐵騎，征服建州五部和長白山三部。萬曆二十一年（西元一五九三年），他基本統一了建州女眞。期間，努爾哈赤因「忠於大明」和「保塞有功」，所以明朝廷先後封他爲指揮使、都督僉事和龍虎將軍。萬曆四十四年（西元一六一六年），努爾哈赤在赫圖阿拉城（今遼寧新賓）稱汗，建立奴隸主階級政權，國號大金，建元天命。這個大金政權，史稱後金。

努爾哈赤在統一女眞各部的過程中，創立了八旗制度。八旗制度源於女眞氏族公社末期的狩獵組織，每十人爲一單位，叫做「牛錄」。努爾哈赤根據需要，把每一牛錄擴大至三百人，分別以黃、白、紅、藍四色旗爲標誌，先有四旗。後來，隨著兵丁增加，在牛錄之上，又設置「甲喇」、「固山」兩級組織，每五牛錄爲一甲喇，每五甲喇爲一固山，其頭領均稱「額眞」。另外再增加鑲黃、鑲白、鑲紅、鑲藍四旗。這樣就有了八旗，每旗七千五百人，八旗共六萬人。它既是行政單位，又是軍事單位，軍政合一，努爾哈赤是最高的行政和軍事領袖。八旗各有旗主，由努爾哈赤的子、侄擔任。八旗兵丁平時生產，戰時出征，兵丁一體，既有利於提高軍事戰鬥力，也有利於促進社會經濟的發展。

努爾哈赤在統一女眞各部的過程中，還創立了女眞文字（滿文）。它是參照蒙古文而形成的拼音文字，有六個母音字母，二十二個輔音字母，另有十個字母是專爲拼寫漢語借詞用的。字母不分大、小寫，但在構成音節，出現在詞首、詞中、詞尾時，都有不同形式。書寫方式自上而下，自左而右。女眞文字的使用，對於女眞族的社會進步，發揮了巨大的作用。

努爾哈赤開國後，掠奪和擴張的野心大大增強，並把進攻的矛頭直接指向明朝中央政府。天命三年（西元一六一八年），他宣布與明朝有「七大恨」，誓師反明。「七大恨」是：「一恨無端殺我父祖；二恨撕毀盟約，出兵援助葉赫部；三恨連年入境掠奪；四恨將許嫁我的葉赫女改嫁蒙古；五恨驅逐我所統的三地民眾；六恨辱罵我征服葉赫部；七恨逼迫我退還捉到的俘虜。」「七大恨」中的第一恨，屬於努爾哈赤的私人怨恨，其餘六恨也算不上什麼大恨。努爾哈赤據此大做文章，只是藉口罷了，這也叫「欲加之罪，何患無辭」！

後金與明朝戰爭的大幕由此拉開。努爾哈赤首先攻佔了撫順等地，擄掠人畜三十萬，聲威大振。明朝急派楊鎬爲遼東經略，在全國加派「遼餉」，調集各地官兵八萬八千多人，由杜松、劉鋌、馬林、李如柏四將統領，分爲四路，進攻赫圖阿拉。天命四年（西元一六一九年），爆發了著名的薩爾滸（今遼寧撫順東）之戰。努爾哈赤兵將雖少，卻很勇敢，採用運動戰的戰術，以迅雷不及掩耳之勢，殲滅明軍主力杜松部四萬餘人，杜松陣亡。努爾哈赤旋又集中兵力，殲滅劉鋌、馬林兩路明軍，劉鋌戰死，馬林敗走。李如柏一路明軍料知不是努爾哈赤的對手，未經交戰，落荒而逃。從此，努爾哈赤在遼東戰場上完全掌握了主動權，攻無不克，戰無不勝。天命六年（西元一六二一年），他遷都遼陽，天命十年（西元一六二五年）又遷都瀋陽，控制了整個遼河流域。

努爾哈赤注重發展經濟，推行「計丁授田」和「按丁編莊」的制度，把荒廢的土地分給兵丁耕種，並把俘擄的漢人編入田莊，使莊田變爲官田。他還注重發展手工業生產，建立了能夠煉鐵、採礦並製作精良兵器的作坊。同時與漢族地區開展貿易，以取得後金緊缺的物資。這些措施，加快了女眞族從奴隸制向封建制轉變的步伐。

當努爾哈赤縱橫於東北的時候，明朝正由大宦官魏忠賢把持著朝政，政治腐敗到極點。薩爾滸之戰後，明軍只能龜縮於山海關，毫無作爲。一代名將袁崇煥視挽救國家危亡爲己任，自請鎮守關外的寧遠（今遼寧興城），修築城牆，訓練士兵，抗擊後金南侵。可是，魏忠賢從中作梗，硬讓心腹高第取代支持袁崇煥的孫承宗，出任軍事統帥。高第膽小如鼠，命將關外的明軍，全部撤回關內。袁崇煥據理力爭，拒不撤退。天命十一年（西元一六二六年）正月，努爾哈赤探知明軍統帥易人，親率十三萬兵馬，西渡遼河，佔領錦州，進攻寧遠。寧遠守軍只有一萬多人，守衛孤城，士氣低落。袁崇煥爲了激勵將士鬥志，召開誓師大會，當眾咬破手指，寫下血書，表示誓與寧遠共存亡。將士們受到感染，萬眾一心，決心跟隨主帥，堅守城池，血戰到底。努爾哈赤並沒有把袁崇煥放在眼裏，下令攻城。袁崇煥登城指揮，先用弓箭和石頭對付敵人。努爾哈赤見自己部下傷亡慘重，改命盾牌手出擊，進至城下，挖掘地道，企圖通過地道攻進城內。袁崇煥這時運出紅夷炮來，命炮手羅立開火，轟擊敵人密集的地方。隨著轟隆隆的巨響，炮彈開花，後金軍隊被炸得人仰馬翻，血肉橫飛。城外是一馬平川的開闊地，無處躲藏，後金軍隊全在火炮的轟擊範圍之內，潰不成軍，死傷無數。努爾哈赤從未見過這樣厲害的火器，忙命退兵。次日，努爾哈赤重整旗鼓，兵分四路，進攻寧遠的四個城門。袁崇煥早有安排，四面城牆上均置有紅夷炮。所有火炮同時發射，山搖地動，八面開花。後金四員大將當場斃命，努爾哈赤也受了重傷。努爾哈赤眼看形勢不妙，慌忙下令退兵。袁崇煥率領輕騎殺出，乘勢追擊三十餘里。這一仗，後金軍隊共損失一萬多人，是努爾哈赤征戰以來最慘重的一次失敗。

努爾哈赤兵敗返回瀋陽，很不服氣地對臣屬們說：「朕用兵以來，未有抗顏行者。袁崇煥何人，乃能爾耶？」努爾哈赤氣恨交加，八月傷、病併發，死於靉雞堡（今遼寧瀋陽南；靉，讀作愛）。葬於福陵（今遼寧瀋陽東北）。後金改國號爲清後，追贈努爾哈赤廟號爲太祖，諡號爲武皇帝，改諡高皇帝，累諡承天廣運聖德神功肇紀立極仁孝睿武端毅欽安弘文定業高皇帝。

努爾哈赤第八子皇太極繼承汗位。皇太極（西元一五九二～一六四三年），《清史稿》稱譽他「儀表奇偉，聰睿絕倫，顏如渥丹，嚴寒不慄。長亦神勇，善騎射，性耽典籍，諮覽弗倦，仁孝寬惠，廓然有大度」。努爾哈赤開國後，偏愛這個兒子，封四大貝勒（親王），皇太極爲其中之一，參與議決國事，表現出了出色的才幹。正因爲如此，他得以成爲新的大汗，次年改元天聰。

皇太極即位初始，面臨著一系列棘手問題，主要是統治地位不穩，民族關係緊張，後金與明朝的戰爭一時難決勝負等。皇太極權衡輕重，暫時與明朝議和，首先著手解決內部問題。一是頒布法令，廢除民族歧視政策，宣布漢人和女眞人享有同等的政治、經濟權利；改革奴隸制田莊，規定每個田莊，只允許蓄養八名奴隸，其他人一律解放爲平民；後來還下令，奴隸逃跑，不予追究罪責，進而解放全部農奴，從而爲後金的農業生產增加了大量的勞動力，漢族與女眞族的關係因此而有所緩和。二是加強汗權，削弱和限制八旗旗主與貝勒的權力，把軍政大權都集中到自己手中；三是征服黑龍江流域的女眞部族，以及從屬於明朝的朝鮮和蒙古，既鞏固了後金的「後院」，又翦除了明朝的羽翼，同時獲得了更多的土地和人口，擴大了兵源和財源。

皇太極雄才大略，勤於政事，基本上統一了東北地區，轉而把目光移向南方，決心奪取明朝的江山。他發兵進攻寧遠，遭到袁崇煥的頑強抵抗，沒有佔到便宜。他所倚重的漢族謀士范文程極有計謀，建議繞開寧遠，取道蒙古，從喜峰口（今河北遷西北）越過長城，直攻北京。天聰三年（西元一六二九年）十月，皇太極採納其計，率兵數十萬，以蒙古軍爲嚮導，長途奔襲，從喜峰口突破長城，攻取遵化（今河北遵化）。未及一個月，後金軍隊連克遵化、薊州（今河北薊縣）、順義（今北京順義）、通州（今北京通縣）等地，北京告急。遠在山海關外的袁崇煥，奉命星夜馳援北京。十一月在廣渠門外，打敗了後金的軍隊。范文程再給皇太極獻策，施行反間計，詭稱袁崇煥與後金已經簽定了密約。他們還把捉到的兩名宦官放回，指使二人如此這般，散布流言。宦官見到崇禎帝，一口咬定說，袁崇煥已經叛國投降。崇禎帝不辨眞僞，便將袁崇煥逮捕下獄，並於次年八月處以肢解的酷刑。皇太極的部下主張繼續進攻北京。但是，皇太極考慮，北京一時難以攻克，回師進攻遼東半島。明將孔有德、耿忠明、尙可喜相繼投降。天聰八年（西元一六三四年），皇太極把國都瀋陽改名盛京。天聰九年（西元一六三五年），把女眞族改名滿洲（辛亥革命後通稱滿族）。天聰十一年（西元一六三六年）四月，皇太極在盛京稱帝，改國號爲清，改元崇德。此舉意義非凡，標誌著清王朝就此誕生，清朝皇帝與明朝皇帝平起平坐，處於同等的地位。

皇太極稱帝前後，對其政權組織進行了許多改革。仿照明朝建制，設置吏、戶、禮、兵、刑、工六部，並設置內三院（內國史院、內秘書院、內宏文院），及都察院（負責監察諸王貝勒和百官）、理藩院（負責監察蒙古事務）。軍事方面，除原有滿洲八旗外，又添置漢軍八旗和蒙古八旗，合爲二十四旗。爲了加強皇權，皇太極把正黃、鑲黃、正藍三旗收歸自己統轄，開創了清朝皇帝直接控制「上三旗」的制度。此外，皇太極還改進了原先的女眞文字，新文字中爲區別字音加點加圈，稱新滿文或圈點滿文。他特別注意籠絡和重用漢族知識份子，用高官厚祿，換取他們效力於大清政權的忠誠。

皇太極稱帝後，加強了對明朝的戰爭攻勢。明思宗崇禎皇帝正忙於鎭壓李自成、張獻忠領導的農民大起義，對於清軍的入侵，窮於應付，只有招架之功，毫無還手之力，內外交困，焦頭爛額。當時，錦州一帶，還被明軍扼守著，成爲清軍通往山海關道路上的最大障礙。爲此，皇太極從崇德四年（西元一六三九年）起，就進行軍事部署，採用騷擾戰術，決心奪取錦州。明崇禎帝意識到其地的重要，特任命鎮壓農民起義軍的劊子手洪承疇爲薊遼總督，統領八位總兵，十三萬軍隊，四萬匹戰馬，鎮守錦州。錦州周圍，另有松山、杏山、塔山諸城，彼此形成拱衛之勢。洪承疇到任，意高氣滿，自認爲錦州固若金湯，萬無一失。

皇太極幾次到錦州前線，考察地理形勢和明軍虛實。他針對洪承疇戰線拉得很長，後勤供應相對困難的特點，派出許多傑出的將領，輪流攻掠錦州週邊和寧遠地區，攪得明軍高度緊張，片刻不得安寧。他還在錦州的北面，修築了義州城（今遼寧義縣），駐軍屯田，作爲進攻錦州的前哨陣地。隨後，陸續調兵遣將，把錦州重重包圍起來。崇德六年（西元一六四一年）八月，皇太極再次親臨前線，命令切斷明軍的糧餉供應，逐漸收縮包圍圈。明軍將士大爲恐慌，出擊清軍，一敗再敗，整個軍心爲之動搖。八位總兵紛紛請求突圍，退守寧遠。洪承疇這時方覺得自己成了困獸，如不突圍，只有死路一條，於是下達了突圍的命令。皇太極胸有成竹，說：「今夕明師其遁！」他也下達命令，從陸地到海上，把所有的通道封死，不准放過一人。結果，突圍的明軍，遭到清軍的封堵截殺，死者不可勝計。洪承疇和遼東巡撫邱民仰等，率領殘兵敗將，退居松山。只有總兵吳三桂和王樸等，突圍而出，逃至寧遠。這次戰役，明軍死了五萬多人，還有大批將士潰逃，洪承疇手下，只剩總兵曹變蛟、王廷臣等一萬多人，而且被圍困在松山，動彈不得。錦州守將祖大壽也遭圍困，無法與洪承疇取得

聯繫。

皇太極命洪承疇、祖大壽投降。洪、祖還算硬氣，表示要以身殉國。九月，皇太極返回盛京，留下其弟多鐸、其子豪格等，繼續包圍松山和錦州。洪承疇仍然企圖突圍，均被清軍擊敗。年底，洪承疇軍中糧食耗盡，很多士兵投降了清軍。崇德七年（西元一六四二年）二月，松山副將夏成德堅持不住，開城降清。清軍乘勢發動攻擊，遂克其城。洪承疇、邱民仰、曹變蛟、王廷臣及三千多士兵，均成了俘虜。皇太極發來詔令，把邱、曹、王斬首，唯獨把洪承疇押解盛京。

皇太極感到洪承疇很有利用價值，特讓范文程前去勸降。洪承疇一開始嘴硬，寧死不降。皇太極再派美貌的莊妃博爾濟吉特氏（小名大玉兒，即後來的孝莊文皇后），以美色相勾引，洪承疇的態度發生了變化。接著，皇太極親自接見，並脫下自穿的貂裘長袍，披到洪承疇身上。洪承疇受寵若驚，慌忙跪地磕頭，說：「眞命世之主也！」洪承疇投降，影響了祖大壽。祖大壽亦降，獻出了錦州城。從此，明軍主力喪失殆盡，山海關外的土地皆歸清政權所有。

皇太極盛情禮待洪承疇，引起了文臣武將的不快。他們說：「陛下待洪承疇爲何這樣禮重？」皇太極說：「吾曹櫛風沐雨數十年，將欲何爲？」眾人回答說：「欲得中原耳。」皇太極大笑說：「很對！比如行道，吾等皆是瞎子，今獲一導者，吾安得不樂？」原來，皇太極是把洪承疇當作一條導盲犬，他要用來引路，奪取中原天下。後來的實踐證明，皇太極的做法是正確的，洪承疇的確起到了導盲犬的作用。

皇太極躊躇滿志，精心做著入關滅明的準備。可是，天不假年，因爲操勞過度，竟於崇德八年（西元一六四三年）八月病死，年僅五十二歲。葬於昭陵（今遼寧瀋陽西北），廟號太宗，諡號應天興國弘德彰武寬溫仁聖睿孝文皇帝，累諡應天興國弘德彰武寬溫仁聖睿孝敬敏昭定隆道顯功文皇帝。

清世祖愛新覺羅福臨——

入關定鼎，孜孜求治

皇太極雄心勃勃，入主中原的夙願未能實現。他的兒子愛新覺羅福臨很有福氣，即位的第二年便入關定鼎，取代明朝，當上了統治全國的皇帝。嚴格地說，福臨才是清朝的開國皇帝。

愛新覺羅福臨（西元一六三八～一六六一年），皇太極第九子，生母便是那位美貌的莊妃。福臨降生的前夜，據莊妃說，她夢見神人抱著一個胖小子送入懷中，叮嚀道：「此統一天下之主也。」皇太極認爲這是貴徵，高興地說：「奇祥也，生子必建大業。」崇德八年（西元一六四三年），皇太極病死，生前沒立太子，皇家成員圍繞新的帝位，展開了激烈的爭奪，主要是在皇太極之子豪格和皇太極之弟多爾袞之間進行。八旗中正黃、鑲黃、正藍是皇太極的嫡系，他的長子豪格爲正藍旗主，這三旗便擁護豪格爲帝；而皇太極之弟多爾袞，功勳卓著，得到了正白、鑲白二旗旗主的擁護。況且，當初努爾哈赤曾遺言由多爾袞繼位，只是由於年幼，皇位才被皇太極奪了去。皇太極一死，他自然要爭這個皇位。豪格和多爾袞均有強大的力量作後盾，劍拔弩張，各不相讓。這時，年輕喪夫的莊妃，表現出了過人的才智。她爲了制止叔侄間的爭鬥，拉攏有權威的滿洲貴族，取得親禮王代善和鄭親王濟爾哈朗的支持，迫使豪格退出競爭。豪格表示，自己可以不當皇帝，但多爾袞也不能當皇帝。這樣，鷸蚌相爭，漁翁得利，作爲矛盾雙方的緩衝，年僅六歲的福臨，意外地被推上政治舞臺，當了皇帝。鑒於皇帝年齡太小，多爾袞和濟爾哈朗共同輔政。多爾袞仍有野心，很快變兩人輔政爲獨自專權，成爲攝政王，掌控了朝政大權。莊妃已是太后，爲了兒子的前程，屈身下嫁多爾袞，意在以情制約，阻止多爾袞恃權篡位。

福臨登基，次年改元爲順治元年（西元一六四四年），故史稱順治皇帝。三月，大順王李自成的起義軍一舉攻克北京，明思宗崇禎帝吊死在煤山，明朝滅亡。多爾袞立刻驅兵入關，搶奪勝利果實。李自成沒有料到多爾袞的行動如此迅速，對於明朝的官吏未及安撫和籠絡。所以，當鎮守山海關的明將吳三桂降清後，他就面臨著清、明聯合進攻的局面。山海關一戰，李自成大敗，匆匆撤離北京。多爾袞統領的清軍，由吳三桂和洪承疇引領，於當年五月浩浩蕩蕩地進了北京。九月，順治帝也被迎到北京，舉行了開國大典，入住紫禁城。應該說，順治帝是歷代帝王中運氣最好的人。他沒費任何力氣就當了皇帝，同樣沒費任何力氣，在明末農民大起義已經摧毀明朝的基礎上，很輕易地從一個地方政權的皇帝，一躍而成爲統治全國的皇帝。接著，多爾袞爲他規劃一切，利用漢族官僚地主和滿洲族驕兵悍將，鎮壓李自成農民起義軍和各地抗清義軍，創建清朝入關後的各項制度，主要是制訂和頒行了《大清律》。期間，發生了一系列重大事件，如李自成和張獻忠敗死，「揚州十日」，南明流亡政權朱由崧被俘，漢人反「薙髮令」和「圈地」鬥爭等。一大批文臣武將替順治帝賣命，他坐享其成，只是受多爾袞擺布，定時舉行朝會和發發詔令而已。不過，順治帝倒是個極有心計的皇帝，他利用這段時間，勤奮學習漢族優秀文化，閱讀了大量書籍，完成了作爲皇帝所應具備的修養和學業。

順治七年（西元一六五〇）十二月，多爾袞猝死，十四歲的順治帝從後臺走向前臺，開始親政。這位少年皇帝，雖然沒有青壯年和老年人的成熟幹練，但是敢想敢做，硬是撐住了危機四伏的大清王朝，而且取得了很不錯的業績。

多爾袞生前，受封叔父攝政王，進爲皇父攝政王，大權獨攬，一手遮天。順治帝對他，心懷不滿，卻是敢怒而不敢言。多爾袞死後，順治帝先是稱讚他「至德豐功，千古無二」，按照帝王禮儀予以安葬，尊其爲「懋德修道廣業定功安民立政誠敬義皇帝」，廟號成宗。兩個月後，順治帝根據大臣蘇克薩哈等人的告發，忽然宣布多爾袞「逆跡皆實」，公布其罪行，削奪所有的尊號，抄沒家產，而且毀墓破棺，斬首暴屍。多爾袞的弟弟及黨羽等，或被貶黜，或被處死。順治帝這樣做，固然是出於一種報復心理，更重用的是殺雞給猴看，警告皇家諸王：你們必須放老實，否則不會有好下場！

順治帝親政後，面臨的形勢相當嚴峻。因爲滿洲人入主中原，漢族人的傳統意識很難接受，再加上滿洲人以其民族習俗強加於漢人，就更引起漢人的厭惡和反感。李自成、張獻忠雖然敗死，但其部下仍然高舉反清大旗，繼續進行著頑強的鬥爭。還有朱氏後裔建立的南明小朝廷，仍具有很強的號召力。西南，農民起義軍餘部李定國、李來亨、郝搖旗等，勢力還很強大；東南，鄭成功堅持抗清，並漂洋過海佔領了臺灣爲根據地。年少的順治帝面對如此局面，恰也心中有數，實行剛柔並濟、遠攻近交的策略，一方面派兵鎮壓各地的反抗，一方面對所統轄的地區採用攻心戰和安撫術。爲此，他首先把漢人尊奉爲聖人的孔夫子搬了出來。

早在順治元年（西元一六四四年），順治帝就封孔子的第六十五代孫孔允植爲衍聖公，並尊孔子爲「大成至聖文宣先師」。順治九年（西元一六五二年），他親自到國子監拜奠孔子，發布諭旨說：「聖人之道，如日中天，上之賴以致治，下之資以事君。學官諸生當共勉之。」他專門派特使到孔廟祭孔，撥出三萬兩白銀整修孔廟。此外，他對民間尊奉的關帝爺，也特別重視，加封爲「忠義神武關聖大帝」。順治帝這樣尊崇漢人崇拜的文武兩位元聖人，目的在於宣揚滿漢一家，消除漢人的反滿情緒。他還注重漢人的孝道，說：「帝王孝治天下，禮莫大乎事親。」實踐證明，順治帝是懂得怎樣對漢人進行統治的，抓住忠、孝二字大做文章，無疑是成功之道。

順治帝對明朝遺老遺少的上層人物，採取籠絡政策。他一反李自成仇視明朝宗室的態度，公然以明室後人的姿態，爲崇禎皇帝及其后妃發喪成禮，爲明各帝陵設置守陵官。他還親自祭奠崇禎帝，稱頌其爲「勵精圖治之王」。就連隨崇禎帝一起吊死的宦官王承恩，也被以禮安葬，並給祭田和建碑。順治帝對於朱氏諸王，仍保留王爵，死難者予以旌表。他特別吹捧明朝的開國皇帝朱元璋。一次，他問大臣陳名夏說：「漢高祖、文帝、光武及唐太宗、宋太祖、明太祖孰優？」陳名夏回答說：「唐太宗似過之。」順治帝說：「不然。明太祖立法可垂永久，歷代之君皆不及也。」從實而論，明太祖的文治武功，很難與唐太宗相比。順治帝這樣說，顯然另有用心。

爲了鞏固一個少數民族在全國的統治地位，順治帝重用一大批漢族官員，如范文程、金之俊、洪承疇、吳三桂等，均任軍政要職，有權有勢。明朝的大學士馮銓罷官居家，順治帝專門把他請了出來，仍以大學士銜，入內閣佐理機務，而且位列范文程等勳舊大臣之前。他對滿漢官員一體看待，允許他們共同議事，互相監察。原先規定，漢官不能掌管官署大印，叫做「當家不能做主」。順治帝打破這一帶有歧視性質的陳規，規定官署中誰的職位居前，誰就掌印。他恢復了科舉制度，使更多的漢族知識份子能夠步入仕途。甚至帶頭實行滿漢通婚，「嘗選漢官女備六宮，妃與焉」。她的嬪妃中有石氏、陳氏、唐氏、楊氏等，都是漢族官宦之女。另外，他還把妹妹和碩公主，嫁給了吳三桂的兒子吳應熊。

多爾袞攝政時，曾發起圈地運動，滿洲貴族把大片土地圈爲己有，使大批失去土地的農民變成奴隸。這是用落後的生產關係取代先進的生產關係，遭到漢人的強烈反抗。順治帝親政後，看到了它的弊端，故而下令把圈佔的土地還給農民。多爾袞還強迫漢人改變習俗，頒「薙髮令」，違者嚴厲處治，時稱「留頭不留髮，留髮不留頭」。一時間，留髮、剃髮成爲民族矛盾的焦點，「頭個斷，髮不可剃」，成爲江南人民開展反清鬥爭的有力口號。順治帝親政後，對這個問題也有所鬆動，允許中原人仍穿明朝的衣冠，可以不剃頭髮。這在一定程度上緩和了異常尖銳的民族矛盾，贏得了相當多的民心。

順治帝並不過分強調本民族的優越感，注重吏治，多次下諭嚴懲貪官污吏。他說：「國家綱紀，首重廉吏。邇來有司貪污成習，百姓失所，殊違朕心。總督巡撫任大責重，全在舉劾得當，使有司知所勸懲。今所舉多冒濫，所劾多微員，大貪大惡乃徇縱之，何補吏治？」還說：「國家設官必公忠自矢，方能裨益生民，共襄盛治。朕親政以來，屢下詔令，嘉與更始。乃部院諸臣因仍前弊，持祿養交，朕親行黜陟，與天下見之。自今以後，其淬礪前非，各盡厥職，若仍上下交欺，法必不貸。」他說到做到，確實嚴懲了一些貪官污吏，或革職，或處死，或流放，震懾了各級官員。順治帝吸取明亡的教訓，革除廠衛特務機構，嚴禁宦官弄權。他說：「中官之設，自古不廢。任使失宜，即貽禍亂。」爲此，他命在十三衙門前樹立鐵牌，上面寫明：「如有竊權納賄，交結官員，越分奏事者，凌遲處死。」

發展經濟乃固國之本。順治帝懂得這個道理，廢除明末的各種雜派，多次減免賦稅，編制《賦稅全書》頒行天下，招撫流亡，勸課農桑，獎勵墾荒，以恢復和發展農業生產。他的一系列做法，很快取得成效，終於使清朝在中原站穩了腳跟。

順治帝還嚴於律己，開放言路，鼓勵大臣暢所欲言，就軍國大事發表意見，包括批評自己的意見。他說：「天下之大，機務之繁，責在一人，而失所輔導。朕有缺失，輔臣陳奏無隱。」又說：「朕一日萬機，豈無未合天意、未順人心之事？諸臣其直言無隱，當者必旌，錯在無罪。」他告誡諸臣說：「政事之暇，亦宜留心學問，佐朕右文之治。」順治十一年（西元一六五四年），他明確宣布說，自己年齡不大，政教未修，「凡奏章文移，不得稱『聖』。」過去的帝王，不論德性如何，總愛稱「聖上」、「聖主」，而順治帝反對這種言過其實的逢迎稱謂，表明他比較謙遜，具有自知之明。

順治帝在位期間，立過兩位皇后，但他並不喜歡她們。他最愛的是嬪妃董鄂氏。董鄂氏原爲順治帝異母弟襄親王博穆博果爾的福晉（夫人），美貌可人。順治帝見後，頓時對她產生了火一樣的戀情，二人時時幽會，難分難舍。順治十三年（西元一六五六年），襄親王發現其中隱情，怒斥董鄂氏恬不知恥。順治帝知道了此事，大爲惱火，立刻召見襄親王，摑了他一記耳光。襄親王對皇帝不敢還手，卻又覺得窩囊，一時想不開，回家後自殺身亡。襄親王一死，順治帝便把弟媳接入宮中，備加寵愛。董鄂氏入宮時十八歲，姿容豔美，聰敏乖巧。順治帝視爲掌上明珠，封爲賢妃，再封爲皇貴妃，爲此還專門大赦天下。越年，董鄂氏生了個兒子。順治帝非常高興。不料，這個兒子降生三個月就死了。董鄂氏悲痛，順治帝更悲痛。儘管這個兒子連個名字都沒有，但順治帝還是追封他爲碩榮親王。董鄂氏寵冠後宮達四年之久，於順治十四年（西元一六六〇年）病死。順治帝眼看心愛的貴妃早逝，十分痛苦，輟朝五日，以寄悲思。他追謚她爲孝獻皇后，並作長達數千言的《行狀》，從各個方面竭力讚美她的言行舉止。

董鄂氏之死，對於順治帝的打擊很大。此後，他意志消沉，精神委靡，篤信佛教，身體日見虛弱。順治十八年（西元一六六一年）正月，染病身亡，年僅二十四歲。死前留下遺囑，總結自己的一生，檢討了十四個方面的罪過。這種自我省察的精神，在歷代帝王中是很少見的。他所檢討的罪過中，有些是正確的，如「因循悠忽，苟且目前」，「國治未臻，民生未遂」，「委用宦寺，與明無異」等；有些則是錯誤的，如「漸習漢俗」，「委任漢官」等，這正是清朝開國能夠立腳的重要原因，而他卻一一否定了。順治帝在遺囑中還決定立第三子玄燁爲皇太子，服喪二十七天後繼承帝位，由內大臣索尼、蘇克薩哈、遏必隆、鼇拜四人輔政。這一決定，保持了皇位更替的穩定性。

順治帝死後，與董鄂氏合葬孝陵（今今河北遵化西北）。廟號世祖，謚號體天隆運英睿欽文大德弘功至仁純孝章皇帝，累謚體天定統建極英睿欽文顯武大德弘功至仁純孝章皇帝。《清史稿》給予順治帝很高的評價，說：「迨帝親總萬機，勤政愛民，孜孜求治。清賦役以革橫徵，定律令以滌冤濫。捐租貸賦，史不絕書。踐阼十有八年，登水火之民於衽席。雖景命不融，而丕基已鞏。至於彌留之際，省躬自責，布告臣民。禹（指夏禹）、湯（指商湯）罪己，不啻過之。《書》云：『亶聰明作元后（帝王），元后爲民父母。』其世祖之謂也。」

關於順治帝，還有兩事需要說及。一說他所寵幸的董鄂氏，就是江南美女董小宛；一說他在董鄂氏死後，厭惡塵世，不打招呼，獨自去五臺山出家爲僧。這只是好事文人的隨意杜撰，並非史實。

清聖祖愛新覺羅玄燁——經文緯武，寰宇一統

清世祖死後，愛新覺羅玄燁繼位，是爲清聖祖。年號康熙，故又稱康熙皇帝。從康熙帝到其孫乾隆帝的大約百年間，是清朝的盛期，史稱「康乾盛世」。康熙帝作爲這一盛世的開創者，在中國歷史上佔有崇高的地位。

愛新覺羅玄燁（西元一六五四～一七二二年），順治帝第三個兒子。「天表英俊，岳立聲洪」。他六歲的時候，順治帝詢問諸子志向。皇二子福全回答說：「願爲賢王。」玄燁回答說：「願效法父皇。」順治帝由此看出皇三子不同凡響。據說，順治帝是出天花死的。當時，天花是絕症，染者多是九死一生。玄燁已出過天花，臉上留有幾顆麻子，而他的兄弟都還沒有出天花。因此，順治帝死時，特確定由玄燁繼位，意在保持皇位的穩定。

康熙帝登基時年僅八歲，索尼、蘇克薩哈、遏必隆、鼇拜四大臣受命輔政。索尼年老多病，遏必隆糊塗懦弱，蘇克薩哈資歷較淺，唯鼇拜野心勃勃，善於玩弄權術，逐漸獨自掌握大權。鼇拜勇力過人，武藝出眾，號稱八旗「第一勇士」；專權後結黨營私，專橫跋扈，根本不把康熙帝放在眼裏，甚至揮臂怒吼，逼迫康熙帝把蘇克薩哈處死。康熙帝雖然年少，卻

有心計，一方面重封重賞鼇拜，一方面以練武為名，組建起一個侍衛「善撲營」。康熙八年（西元一六六九年），康熙帝作了精心部署，利用善撲營，一舉生擒鼇拜，永遠圈禁，並盡除鼇拜黨羽，開始親政。

康熙帝親征初始，百廢待興。平西王吳三桂在雲南、貴州，平南王尚可喜在廣東，靖南王耿精忠在福建，都擁有強大的武裝力量，各自為政，形成割據之勢，合稱「三藩」。其中，吳三桂兵強馬壯，勢力最大。東南，鄭成功收復了臺灣，而其後裔卻企圖懸海獨立。西北，厄魯特蒙古準噶爾部不甘臣服。東北，沙皇俄國虎視眈眈。此外，還有發展經濟、河務漕運等問題。十六歲的康熙帝雄才大略，躊躇滿志，分別輕重緩急，逐一加以解決。

康熙帝為了維護國家統一，決定首先解決三藩問題。康熙十二年（西元一六七三年），尚可喜因年老，欲回遼東故里，奏請准其子尚之信襲任王位，留鎮廣東。康熙帝詔准尚可喜告老還鄉，卻不准尚之信承襲王位。這一下子，觸動了吳、耿二藩。吳三桂老奸巨滑，假裝上書，奏請撤藩，試探朝廷的態度。康熙帝和朝臣合議其事，發生了激烈的爭論。最後，康熙帝拍板說：「藩鎮久握重兵，勢成尾大，非國家利。」特別是吳三桂，「蓄異志久，撤亦反，不撤亦反。」遂決定撤藩。接著，耿精忠也假裝提出撤藩的請求，康熙帝照准。這，無疑給了三藩當頭一棒。

吳三桂弄巧成拙，暴跳如雷。他原以為自己把中原河山都奉獻給清朝，主子對奴才總該有所回報，沒料想卻適得其反。於是立刻打出「復明討虜」的旗幟，公然在雲南發動了反清的叛亂。他自號「周王天下都招討兵馬大元帥」，號召各地親信反清。耿精忠、尙之信先後回應，四川提督鄭蛟麟、陝甘提督王輔臣等也加入叛亂行列。一時間，聲勢浩大，戰火燃遍半個中國，史稱「三藩之亂」。

康熙帝胸有成竹，從容調度，調集清軍主力，集中討伐吳三桂，而以剿撫兼施的策略，分化耿精忠、尙之信、王輔臣等。耿、尙、王在形勢不利的情況下，復又歸順朝廷。這使吳三桂陷於孤立，戰事連連失利。康熙十七年（西元一六七八年），吳三桂拋棄「復明討虜」的遮羞布，竟在衡陽（今廣西衡陽）稱起皇帝來，定國號爲周，改元昭武，改衡陽爲定天府，廣置百官，大封功臣。這個民族敗類稱帝時已六十七歲，稱帝後病倒，八月竟至一命嗚呼。他的孫子吳世藩繼位，勉強支撐三年，在清軍的凌厲攻勢下，日暮途窮，服毒自殺。尙之信、耿精忠後來分別被賜死和凌遲。「三藩之亂」屬於破壞國家統一性質。康熙帝堅決地予以平定，表現了卓越政治家的勇氣和膽略。

康熙帝接著的目標是統一臺灣。早在康熙元年（西元一六六二年），民族英雄鄭成功，就打敗了竊據臺灣的荷蘭殖民者，使臺灣回到中國的懷抱。鄭成功收復臺灣後不到一年病死，其子鄭經（一名錦）嗣立，自封延平王，表示願意稱臣於清，但要保持獨立狀態。他背離鄭成功的路線，一度改臺灣爲「東寧國」，置天興、萬年二州。「三藩之亂」時，他還支持耿精忠，合兵進攻廣東。康熙二十年（西元一六八一年），鄭經死去，部將馮錫范、劉國軒等，殺其長子，立其次子鄭克塽（塽，讀作爽）爲王，臺灣政局陷入混亂，「人心惶惑無定」。康熙帝審時度勢，決定進取臺灣，制止分裂，維護國家統一。康熙二十年（西元一六八一年），他任命名將施琅為福建水師提督，相機進取臺灣。施琅認眞研究了鄭氏的兵力部署情況，確定了「先取澎湖以扼其吭」的作戰方針。康熙二十二年（西元一六八三年）六月，施琅率戰艦三百，水師二萬，從銅山（今福建東山）出發，進軍澎湖。經過七天激戰，打敗了鄭氏澎湖守將劉國軒，攻佔澎湖列島，劉國軒敗退臺灣。施琅奪得澎湖，臺灣失去屏障。鄭克塽驚恐萬狀，慌忙派人向施琅乞降。八月，施琅大軍通過鹿耳門航道，進駐臺灣。鄭克塽剃髮跪降，交出了「延平王」印。康熙帝接到臺灣平定的捷報，正值中秋佳節，即興賦詩一首，其中兩句說：「海隅久念蒼生困，耕鑿從今九壤同。」欣喜之情，溢於言表。此後，他接受施琅的建議，在臺灣設一府（臺灣府）三縣（臺灣、鳳山、諸羅縣），隸福建省，並在臺灣設巡道一員，總兵官一員，副將二員，駐軍八千；另在澎湖設副將一員，駐軍二千。康熙帝的舉措，維護了國家領土的完整和統一，密切了臺灣與大陸的關係，促進了臺灣的開發。

康熙帝轉而把目光移向東北。外興安嶺以南、黑龍江以北、烏蘇里江以東，原本是中國的領土。明、清交替之際，清軍主力進入關內，沙皇俄國乘虛入侵黑龍江流域，燒殺搶掠。他們先後強佔了中國的尼布楚（今俄羅斯涅爾琴斯克）、雅克薩（今黑龍江漠河東黑龍江北岸），築壘屯兵，作為在黑龍江上、中游侵略中國的據點。清政府多次向沙俄提出抗議，要其軍隊撤出中國領土，沒有結果。康熙二十年（西元一六八一年），康熙帝決定集中力量反擊侵略，首先進攻侵略軍盤踞的巢穴雅克薩，把敵人驅逐出黑龍江流域。經過兩年精心準備，康熙帝任命薩布素爲黑龍江將軍，坐鎮瑷琿（今黑龍江愛琿），負責指揮收復雅克薩的軍事行動。康熙二十四年（西元一六八五年），在和平解決問題沒有希望的情況下，康熙帝別無選擇，下令由都統彭春、副都統郎談、黑龍江將軍薩布素等，統軍三千多人，水陸兩路，進取雅克薩。沙俄侵略軍傷亡慘重，頭領托爾布津率部投降。彭春等以寬大爲懷，允許他們攜帶財物和隨身武器返回尼布楚。托爾布津感激涕零，發誓絕不再到雅克薩騷擾。清軍平毀了雅克薩城，撤住瑷琿。

可是，清軍撤退不久，托爾布津再次率領侵略軍，佔領雅克薩，大肆挑釁。這種背信棄義行爲，激起清政府的極大憤慨。康熙二十五年（西元一六八六年），康熙帝再次下令討伐，清軍兩千多人進抵雅克薩。雙方激戰數月，托爾布津被擊斃，雅克薩的侵略軍成了甕中之鼈。這時，沙俄政府由於軍事侵略不能得逞，不得不接受中國政府提出的通過談判解決中俄邊界問題的建議。爲了表示談判的誠意，清軍主動解除對雅克薩的包圍。

康熙二十八年（西元一六八九年），中俄雙方在尼布楚進行談判。康熙帝指定領侍衛內大臣索額圖爲中國代表團的首席代表。結果，在中國作了某些讓步的情況下，雙方簽訂《中俄尼布楚條約》，從法律上肯定了格爾必齊河和額爾古納河以東，外興安嶺直至鄂霍次克海以南的烏蘇里江和黑龍江流域（包括庫頁島在內）的廣大地區，都是中國的領土。這個條約維持了一百多年，鴉片戰爭後被帝俄所破壞。

康熙帝在關係到國家統一和領土完整問題上，歷來立場堅定，旗幟鮮明。他的又一功績是粉碎了蒙古準噶爾部上層反動分子的叛亂。清初，居住在中國西北的蒙古族分為漠南蒙古、漠北喀爾喀蒙古和漠西厄魯特蒙古三大部。漠南蒙古早就歸附清朝。喀爾喀蒙古和厄魯特蒙古各部，則對清朝保持著臣屬關係。康熙初年，厄魯特蒙古的準噶爾部強大起來，領主噶爾丹自立為汗，不僅統治了厄魯特蒙古，而且佔領了天山南路，勢力達到青海、西藏地區。噶爾丹企圖獨立，割據一方，勾結沙皇俄國，於康熙二十七年（西元一六八八年），突然襲擊喀爾喀蒙古，旋率騎兵南下，前鋒到達距北京僅九百餘里的地方——今內蒙古東、西烏珠穆沁旗。一時間，形勢緊迫，朝廷震動。

噶爾丹的叛亂活動，嚴重威脅著國家的統一，也給西北各族人民帶來災難。康熙帝不能容忍這種行為，分別於康熙二十九年（西元一六九〇年）、三十四年（西元一六九五年）、三十六年（西元一六九七年）三次親征，最終鎮壓了叛亂，噶爾丹染病身亡。後來，噶爾丹之侄策妄阿拉布坦，也走上叛亂的道路，控制天山南北，並派兵進入西藏，使西藏陷於混亂。康熙五十九年（西元一七二〇年），康熙帝調兵遣將，分二路入藏，進入拉薩，驅逐了叛軍，方使西藏的局勢穩定下來。

康熙帝一生，抗沙俄，平內亂，經文緯武，寰宇一統。其時，中國的疆域：西到蔥嶺、塔拉斯河、楚河、巴爾喀什湖；北到唐努烏梁海薩彥嶺；東北抵外興安嶺、鄂霍次克海；東到黃海、東海，包括臺灣及其附近島嶼；西南至雲南、西藏；南有南海諸島。可以說，康熙帝為鞏固和發展多民族的統一的中國，作出了偉大的歷史性的貢獻。

康熙帝雖然是位守成皇帝，但在很多方面做了開創性的工作。經濟上，他兩次下令禁止圈地，實行「更名田」，使部分農民完全處於自耕農的地位。獎勵墾荒，整頓賦稅，試行「攤丁入畝」的賦稅制度，保證了封建統治秩序和稅收的穩定。重視河防和漕運，任用水利專家靳輔等，治理黃河、淮河和運河，取得了明顯的成效。文化上，網羅天下學者，修史編書。著名的集漢字之大成的《康熙字典》——共收錄四萬七千零三十五字，並附古文字一千九百九十五個——就是在康熙年間問世的。開始編纂《古今圖書集成》一萬卷，至雍正帝時完成，內容分曆象、方輿、明倫、博物、理學、經濟六篇，搜集宏富，是繼《永樂大典》之後的又一部大型類書。思想上，康熙帝崇儒重道，親自祭祀孔廟，除正常的科舉外，還開設「博學鴻詞科」，招攬漢族知識份子參政，以緩解他們的反清情緒。不過，他也開了個惡劣的先例，就是「文字獄」，殘酷殺害持有反清思想的知識份子。如莊廷鑨一案，殺了七百多人，另有數百人充軍邊疆。

康熙帝在尊重科學方面，尤值得稱道。他認眞學習中國和由西方傳入的自然科學知識，如代數學、幾何學、天文學、地理學、地震學、醫藥學、農學、氣象學等，並成為某些學科的專家。西方傳教士白晉、費隱、湯若望、南懷仁等，受康熙帝聘請為中國效力，享受著優厚的待遇。

康熙帝親政後善於駕馭群臣，始終把權力掌握在自己手裏；注重吏治，嚴懲了一些貪官污吏，其中包括相當於宰相的索額圖和明珠，而稱清官于成龍等爲「天下廉吏第一」。他爲政勤奮，每天都要批閱大量奏章，還多次到全國各地視察，解決地方上的棘手問題。康熙帝共有三十五個兒子，他們爲爭奪皇儲地位，展開了長期的白熱化的爭鬥。皇太子允礽荒淫無恥，兩立兩廢。這使康熙帝傷透腦筋。康熙五十六年（西元一七一七年），他發布一份詔書，總結爲政之道，坦陳爲帝之難。他說：「帝王之治，必以敬天法祖爲本。合天下之心以爲心，公四海之利以爲利，制治於未亂，保邦於未危，夙夜兢兢，所以圖久遠也。朕……殫竭思慮，耗敝精力，殆非『勞苦』二字所能盡也。古帝王享年不永，書生每致譏評。不知天下事繁，不勝其勞慮也。」他回顧了抗沙俄、平內亂的經歷，又說：「昔人每云帝王當舉大綱，不必兼綜細務。朕不謂然，一事不謹，即貽四海之憂；一念不謹，即貽百年之患。朕從來莅事無論巨細，莫不愼之又愼。」他宣布，「天下大權，當統於一」，立儲大事，自己已有遺詔，各位臣工不必在這上面說三道四。偏有一個叫朱天保的大臣，不識時務，奏請仍立被廢的允礽爲太子。康熙帝大怒，罵他爲「不忠不孝之人」，將其斬首示眾。

康熙六十年（西元一七二一年），康熙帝生日（稱「萬歲節」），部分大臣第五次要給他上尊號，以示慶賀。康熙帝仍然予以拒絕，說了一段很有見地的話：「加上尊號，乃相沿陋習，不過將字面上下轉換，以欺不學之君耳。本朝家法，惟以愛民爲事，不以景星、慶雲、芝草、甘露爲瑞，亦無封禪改元之舉。現今西陲用兵，兵久暴露，民苦轉輸。朕方修省經營之不暇，何賀之有？」康熙六十一年（西元一七二二年），康熙帝六十九歲。春天，他爲了敬老，命將六十五歲以上的滿、漢族在職官員，以及告老和獲罪還鄉的高級官員，召至紫禁城乾清宮，參加一個特殊的宴會。到會的有一千多人，故稱「千叟宴」。是年十一月，在位六十一年的康熙帝病逝。葬於景陵（今河北遵化西），廟號聖祖，謚號合天弘運武睿哲恭儉寬裕孝敬誠信功德大成仁皇帝。

清世宗愛新覺羅胤禎——承前啓後，勤勉國是

「康乾盛世」是以康熙帝和乾隆帝的年號命名的，但切不可忘記，這兩位皇帝之間，還有一位愛新覺羅胤禎，即雍正皇帝。正是雍正帝承前啓後，勤勉國是，以「嚴明」治理天下，方使盛世景象上升到一個新的水準。

愛新覺羅胤禎（西元一六七八～一七三五年），康熙帝第四子，「天表魁偉，舉止端凝」。康熙四十八年（西元（一七〇九年）被封爲雍親王。關於他的繼位，野史有很多說法，最具代表性的的是：康熙帝晚年，鍾愛第十四子胤禵（禵，讀作題），故任命他爲撫遠大將軍，前往青海，鎮壓厄魯特蒙古和碩特部的叛亂，建立軍功，樹立威望，以利繼承皇位。康熙帝駕崩時留有遺詔，關鍵內容是「傳位十四子」。當時，侍奉在康熙帝身邊的只有理藩院尚書兼步軍統領隆科多一人，而隆科多恰是胤禎的舅舅。此人爲使外甥當上皇帝，擅自篡改遺詔，把「十」字改爲「于」字。這樣，「傳位十四子」就成了「傳位于四子」，胤禎這才得以登上皇位。從實而論，這種情況不大可能。因爲康熙帝的遺詔肯定會用滿、漢兩種文字書寫，隆科多即使能改動漢字，也改不了滿文。不過，隆科多掌握著京師的軍權，積

極支持外甥爲帝，那是肯定的。此外，胤禎的十三弟胤祥、心腹年羹堯等，在胤禎繼承帝位上也出了大力。

胤禎登基，改次年爲雍正元年（西元一七二三年），故又稱雍正皇帝。雍正帝親身經歷了兄弟之間爲爭奪皇位而進行的殘酷鬥爭，所以上臺後即以強硬手段，對付他的幾個弟弟，主要是蓄有野心的八弟胤禩（禩，讀作祀）、九弟胤禟、十四弟胤禵等，罷職、削籍、幽禁，使其死於非命。接著，反過手來又嚴厲處治幫他奪得皇位的功臣，隆科多被圈禁，年羹堯被賜死。

雍正帝在康熙帝的基礎上，進一步加強君主專制主義的中央集權制，削弱內閣和議政王大臣會議的權力。首先收回諸王軍權，八旗中除「上三旗」（正黃、鑲黃、正白）原先就歸皇帝直接統率外，又把「下五旗」（正紅、鑲紅、鑲白、正藍、鑲藍）的統率權收歸皇帝所有，使八旗諸王失去了與皇帝抗衡的能力。接著在雍正七年（西元一七二九年）把南書房改稱軍機房，在雍正十年（西元一七六二年）把軍機房改稱軍機處。軍機處成員，由皇帝在滿、漢大學士及各部尚書、侍郎中選定，名稱有「軍機大臣」、「軍機大臣上行走」等。大學士只有充任軍機大臣，才有機會參預國家機務。他用漢族大臣張廷玉實際主持軍機處的工作，制定了各項規制：軍機大臣必須是皇帝的親信，完全聽命於皇帝；皇帝通過軍機處，將機密諭旨直接寄給地方督撫，稱「廷寄」；各地督撫也將重大事項，直接寄給軍機處轉呈皇帝，稱「奏摺」。軍機處在奏摺上擬旨，皇帝朱筆御批後，即下達執行，中間不再經過內閣這道手續。凡是軍國大事，皇帝和軍機大臣一起決斷和處理，無需經過議政王大臣會議。軍機大臣以下設若干輔助人員，稱「章京」，任務是繕寫諭旨，記載檔案，查核奏議。軍機處機構精簡，人員幹練，辦事效率很高。這是清朝國家政治機構的一次重大改革，通過這一改革，雍正帝把各項大權牢牢地掌握在自己手裏。

康熙帝後期，行政過於「寬仁」，導致吏治腐敗，官吏貪污現象嚴重，加之長期用兵，國庫空虛，錢糧短缺。雍正帝爲了富國強兵，採用鐵的手腕整頓吏治，態度非常堅決。他下令，凡拖欠國庫錢糧的王公大臣和各級官員，必須在三年內還清補齊，逾期者一律治罪。這件事引起很大震動，一些王公大臣群起對抗。雍正帝毫不手軟，予以嚴懲，並抄沒其家產，用來賠補虧空。地方官員被革職和抄家的不計其數，有的省多達一半或三分之一。歷時三年，這一問題基本得到解決，拖欠的錢糧被追回，從而使國庫充實起來。爲了了解下情，特別是各地官員治理地方的情況，雍正帝實行「密摺」制度，先賦予少數心腹大臣和省級督撫上密折的權利，進而擴大範圍，允許一批中下級官員也上密摺。密摺直接呈送皇帝，別人無權拆閱。通過密摺，雍正帝對全國上上下下的情況瞭若指掌。這無形中對各級官吏起到了威懾的作用，迫使他們收斂行爲，不敢明目張膽地貪污受賄。

雍正帝還以鐵的手腕，整頓賦稅制度，採取兩大措施，一是「火耗歸公」，一是「攤丁入畝」。「火耗」指徵收賦稅上繳國庫時，需將散碎銀兩熔鑄成銀錠的損耗。原先，地方徵收賦稅，於正稅之外，還要加征火耗，留用貼補官員的俸祿。後來，加徵的火耗越來越重，有的地方甚至一兩加徵四至五錢，大大增加了農民和工商業者的負擔。雍正帝覺察到了這一弊端，規定「火耗歸公」，即所有火耗必須全部上繳國庫，然後從中撥出一部分作為「養廉銀」，分配給地方，或貼補俸祿，或用作官費。這對廉潔官吏來說，無疑是件好事，而對靠火耗巧取豪奪的貪官來說，則是一種制約。「攤丁入畝」的稅制，康熙帝時已在少數地方試行，雍正帝把它推行至全國。其核心是把農業稅和人口稅統一起來，按地畝徵收。土地多的富戶和土地少的農戶，交納的賦稅懸殊很大，無地的貧民，則可流動，從事其他勞務。這一重大舉措，使中國成為世界上最早取消人口稅的國家，也使封建國家對農民的人身束縛有所削弱，有利於資本主義萌芽的發展。

雍正帝注重加強對青海、西藏和西南少數民族的管理。他堅決平定了厄魯特蒙古和碩特部領主羅卜藏丹津的叛亂，改西寧衛為西寧府，設置青海辦事大臣，管理蒙古族和藏族民事。西藏，順治帝和康熙帝已分別法定了達賴喇嘛和班禪額爾德尼的政教地位。雍正帝則設置兩個駐藏大臣，分駐前後藏，監督西藏地方事務。雍正五年（西元一七二七年），阿爾布巴發動叛亂，殺害駐前藏大臣康濟鼐。駐後藏大臣頗羅鼐奉命率兵鎮壓，進駐拉薩，生擒阿爾布巴。雍正帝遂封頗羅鼐為藏王，管理藏事。在少數民族眾多的西南地區，雍正帝實行「改土歸流」的政策，將很多少數民族世襲的土司，改設為「流官」，消除了土司的割據狀態，促進了各民族之間的經濟、文化交往。

雍正帝初即位時說過：「朕立志勤勉國是，以為天下表率。」他確實是這樣做的，為政勤勉，不好聲色，生活也比較簡樸。他每天都要和軍機大臣們議事，更要閱讀大量奏摺，御批公文，簡直到了廢寢忘食的地步。他的御批很有特點，多能抓住要害，一針見血，並因人因事而大發議論，有時文字長達數千字甚至上萬字。這在封建皇帝中，恐怕是絕無僅有的。

雍正帝為了加強思想控制，秉承康熙帝開始的文字獄，更加暴烈。雍正四年（一七二六年），江西考官查嗣庭，出題「維民所止」。有人告發說：「維、止二字，意在去雍、正二字之首，是為大不敬。」雍正帝深以為然，遂把查嗣庭逮捕下獄。查嗣庭死於獄中，仍戮其屍，所有親屬分別被處以斬首和流放。翰林徐駿上書奏事，誤把「陛下」寫成「狴下」，被革職；繼在徐駿詩集中查到「清風不識字，何必亂翻書」兩句詩。雍正帝認為是「誹謗朝廷」，命將徐駿處以死刑。雍正六年（西元一七二八年），浙江文人呂留良死後，所著詩文和日記披露於世，其中有激烈的反清言論。湖南的曾靜、張熙受其思想影響，列舉雍正帝九大罪狀：一害父奪位，二逼母殉死，三陰弒其兄（指允礽），四屠戮二弟（指胤禩、胤禟），五貪財，六好殺，七耽酒，八淫色，九誅忠用奸，鼓動四川、陝西總督岳鍾琪起兵反清。岳鍾琪通過密摺奏報雍正帝。雍正帝大怒，命將呂留良家屬、師徒，以及其他有關人員全部治罪，死者戮屍，活者斬首，造成一大血案。

雍正帝從親身經歷中，認識到皇子們為爭奪皇位而進行鬥爭的殘酷性。因此，他在位期間，實行「皇儲密建法」：皇帝確定皇位繼承人以後，不予公開，而是書寫詔書，密封裝入錦匣，珍藏於乾清宮最高處——「正大光明」匾額的後面；皇帝駕崩後，由顧命大臣當眾取下錦匣，宣讀詔書，這時方知誰是新的皇帝。這種方法，爲減少皇子紛爭，緩和內訌，避免社會動盪，無疑起到了一定的作用，標誌著封建社會皇位更替制度的最終完善。

雍正十三年（西元一七三五年）八月，雍正帝突然患了重病，不治身亡，死年五十八歲。葬於泰陵（今河北易縣西），廟號世宗，謚號敬天昌運建中表正文武英明寬仁信毅睿聖大孝至誠憲皇帝。

關於雍正帝之死，野史也另有說法。據說呂留良的孫女呂四娘，在當年的血案中僥倖逃脫，隱姓埋名，浪跡江湖，學得一身過硬的武藝。她爲報家仇，這天夜間，潛進皇宮，神不知鬼不覺地刺殺了雍正帝，並將其頭顱砍下，攜去祭奠祖父。所以，殮在棺材裏的雍正帝，是沒有頭顱的。這種情況同樣不大可能。野史之所以不厭其煩地編排和糟蹋雍正帝，根本原因在於雍正帝「鐵血冷面」，不講私情，得罪了很多人。君主集權，密摺制度，火耗歸公，攤丁入畝，改土歸流等，使王公大臣、封疆大吏、大官僚、大地主、大商人、少數民族土司的實際利益受到損害，他們非常不滿。而深受「文字獄」之害的漢族文人，不滿更是強烈。他們在權力上無法與皇帝對抗，只能無中生有地編造些離奇的故事來，口誅筆伐，以發洩心中的仇恨。

清高宗愛新覺羅弘曆——「揆文奮武，於斯為盛」

「康乾盛世」經康熙帝創建、雍正帝發展，到清高宗愛新覺羅弘曆乾隆帝時，進入鼎盛狀態。從乾隆帝以後，清朝形勢急轉直下，一年不如一年。因此說，乾隆帝實是清朝由盛而衰轉折時期的皇帝。

愛新覺羅弘曆（西元一七一一～一七九九年），雍正帝第四子，生母爲雍正帝嫡福晉烏喇那拉氏（孝敬憲皇后）。《清史稿》記述弘曆，特意寫明：「生於雍親王府邸」。這句話別有用意。因爲關於弘曆的身世，野史另有兩種說法：一說，雍正帝爲皇子時，曾在熱河避暑山莊（今河北承德）打獵，喝了鹿血，性欲陡脹，闖進一處茱院，姦淫了一個漢族女人。這個女人容貌醜陋，懷孕生下兒子。雍正帝登基後，派人訪得兒子，引進宮中，取名弘曆，使之成爲皇子。再一說，烏喇那拉氏生的是個女孩，浙江海寧在京官員陳閣老夫人同日生一男孩。烏喇那拉氏出於母以子貴的考慮，讓人偷天換日，以自己的女孩換了陳家的男孩，這個男孩便是弘曆。陳閣老不敢聲張，辭官回了海寧老家。後來，弘曆爲帝，得知秘情，六下江南，名義上是巡遊，實際上是到海寧省親。

弘曆自小聰明，學文「過目成誦」，習武「控轡自若」。康熙帝喜愛這個皇孫，說：「是命貴重，福將過我。」雍正帝即位之初，便確定弘曆為皇儲，只是沒有公開而已。雍正十一年（西元一七三三年），弘曆受封寶親王，參加「綜理軍機，諮決大計」，表現出了過人的才幹。雍正十三年（西元一七三五年），雍正帝駕崩，弘曆順利繼位，次年改元乾隆，故又稱乾隆皇帝。

乾隆帝是個坐享其成的皇帝，政治上、經濟上並沒有提出什麼新的措施，只是忠實地執行祖父、父親既定的政策，安定社會秩序，發展社會經濟，增強國家實力。乾隆年間，由於社會穩定，經濟發展，人口增長很快。據《清實錄》記載，全國人丁數，順治十八年（西元一六六一年）為一千九百一十三萬人，康熙五十年（西元一七一一年）為二千四百六十二萬人。乾隆帝時，改變統計方法，不限於人丁，總括所有人口。乾隆六年（西元一七四一年），全國人口總數為一億四千三百多萬人；乾隆二十七年（西元一七六二年），突破二億人；乾隆五十五年（西元一七九〇年），更增至三億一百多萬人。中國是個農業國家，歷代人口規模，總在六千萬左右徘徊。這時突然如此快速增長，表明乾隆帝實行的政策正確，治績可觀。

乾隆帝憑藉強盛的國力，進一步加強對邊疆地區的控制，反對民族分裂。乾隆二十年（西元一七五五年）和二十一年（西元一七五六年），他發兵進攻伊犁（今新疆伊犁哈薩克自治州），堅決鎮壓了蒙古準噶爾部貴族達瓦齊和阿睦爾撒納發動的叛亂，設置伊犁將軍、參贊大臣、領隊大臣、都統等，率兵分駐伊犁等地，鞏固了朝廷對天山北路的統治。乾隆二十三年（西元一七五八年），他又發兵進攻葉爾羌（今新疆莎車），鎮壓了維吾爾族宗教首領大和卓（布敦那）、小和卓（霍集占）發動的叛亂，分設參贊大臣等，統屬于伊犁將軍，率兵駐守，鞏固了朝廷對天山南路的統治。後來，清德宗光緒帝正式設置新疆省，有效地加強了天山南北各民族的團結。

乾隆十五年（西元一七五〇年），藏王頗羅鼐之子朱爾墨特發動叛亂，很快被鎮壓。乾隆帝遂廢止了藏王制，在達賴下面設置噶廈，由四噶布倫分理西藏地方政事。乾隆四十五年（西元一七八〇年），西藏六世班禪到熱河避暑山莊覲見乾隆帝，受到隆重接待和歡迎。乾隆五十六年（西元一七九一年），廓爾喀（尼泊爾）封建主在英國殖民者的挑撥唆使下，大舉入侵西藏，燒殺搶掠。次年，乾隆帝果斷地命大將軍福康安等，率滿、漢、藏、索倫等族軍隊萬餘人入藏，擊退了侵略者，維護了國家主權和領土完整。乾隆五十八年（西元一七九三年），乾隆帝對西藏政治、經濟、軍事等方面進行重大改革，頒布《欽定西藏章程》，明確規定「駐藏大臣督辦藏內事務」，其地位「與達賴喇嘛、班禪額爾德尼平等」。從此，西藏「事權始歸一」，西藏與中央政府的關係更加緊密，西藏的守衛力量大大加強。

乾隆十一年（西元一七四六年）和三十六年（西元一七七一年），地處四川西北部的大金川土司莎羅奔、小金川土司僧桑格發動叛亂。乾隆帝兩次發兵平叛，最終取得勝利，繼在那裏實行「改土歸流」的政策，促進了當地經濟和文化的發展。

乾隆帝不僅注重武功，而且注重文治。他籠絡大批漢族文人，編纂了《續通典》《續通志》《續文獻通考》等典籍。從乾隆三十八年（一七七三年）到四十七年（西元一七八二年），他選派著名學者紀昀等一百六十餘人，編纂了《四庫全書》。全書分經、史、子、集四大類，各類又分許多子目，共收錄書籍三千四百五十七種，七萬九千零七十卷，裝訂成三萬六千餘冊。這是中國最大的一部叢書，保存了許多珍貴的文獻資料。但在編纂過程中，曾大量銷毀和刪改舊書，使中國的文化遺產遭到嚴重破壞。乾隆帝喜愛風雅，幾乎天天作詩，累計有數萬首之多，可惜並無什麼佳作。他在文字獄方面，甚過康熙帝和雍正帝。詩人胡中藻有句詩：「一把心腸論濁清」。乾隆帝讀後竟說：「加『濁』字於國號『清』之上，是何肺腑？」結果，胡中藻因一字被殺，罪及師友。文字獄的興盛，導致朝野恐怖，人人自危，形成了萬馬齊喑的政治局面。這是清朝由盛轉衰的標誌之一。

乾隆帝在位期間，曾六下江南，場面鋪張，豪華奢靡，耗費的錢財無數。他還是一位收藏家，利用特殊的權力，收藏了大量金石書畫，供自己玩賞。乾隆帝風流好色，寵幸過許多女人。他立過兩位皇后，可兩位皇后都死得蹊蹺，事關宮廷機密，其原因外人無從知曉。他的後宮群雌粥粥，可還幹偷雞摸狗的勾當。最典型的例子是愛上了內務府大臣傅恆的妻子，二人時時幽會偷情。爲了安撫傅恆，他擢傅恆爲大學士、軍機大臣，卻又不讓在朝中管事，而是派去邊疆，長期統兵打仗。傅夫人生有一子，乾隆帝賜名福康安。據說，福康安實是乾隆帝的骨血，所以乾隆帝「殊寵」，使其官爵甚過一些皇子。

乾隆帝後期，逐漸怠於政事，貪圖享樂，格外寵信和珅。和珅從小小的三等輕車都尉起步，以火箭般的速度青雲直上，升至大學士、軍機大臣，封一等公，而且和乾隆帝做了兒女親家。這個人是中國歷史上最大的貪污犯，秉政二十餘年，搜刮的家產折合白銀，高達八億兩，相當於當時清朝二十年稅銀的收入。乾隆帝明知和珅恃權弄勢，貪污受賄，卻始終不予處治，反而寵愛有加，爲什麼？野史對此有所詮釋。據說，乾隆帝年輕時放浪形骸，一次見了父皇的愛妃，嬌豔美貌，他情不自禁，趁其洗頭的時候，從後面把她抱住。那個妃子一時驚慌，揮動梳子，打破了乾隆帝的額頭。皇太后發現兒子額頭有傷，盤問原由。乾隆帝支支吾吾，敘說了事情的經過。皇太后大怒，立刻將那妃子賜死。乾隆帝十分懊惱，偷偷地去祭奠，並抓朱砂按在死者的脖上，說：「是我害了你，你若有靈，二十年後可再來相聚。」誰知二十年後，乾隆帝發現了和珅，見其容貌清俊，長相酷似當年的那個妃子。更奇怪的是和珅的脖上，居然有一塊手指印痕般的痣。因此，乾隆帝認定和珅便是那個妃子的托身，不論和珅怎樣爲非作歹，他總是加以庇護，放任自流。這固然是荒誕不經的無稽之說，但乾隆帝那樣寵信和重用和珅，實在讓人匪夷所思。

乾隆帝對自己的一生是頗爲得意的。乾隆五十七年（西元一七九二年），他撰寫了《十全武功記》，建造碑亭，命用滿、漢、蒙、藏四種文字，銘刻在碑上。並自詡爲「十全老人」，屢屢誇耀。

乾隆帝晚年，種種衰敗的跡象已經呈現。乾隆六十年（西元一七九五年），他以在位時間不敢超過康熙帝六十一年爲由，決定傳位給皇太子愛新覺羅顒琰，自稱太上皇。和珅等竭力反對，乾隆帝不爲所動。次年正月初一，舉行傳位大典，顒琰即位，是爲清仁宗嘉慶皇帝。乾隆帝作爲太上皇，「軍國重務仍奏聞，秉訓裁決，大事降旨敕」。就是說，他還掌握著朝廷實權。嘉慶四年（西元一七九九年）正月，乾隆帝病死，享年八十九歲。葬於裕陵（今河北遵化西北），廟號高宗，謚號法天隆運至誠先覺體元立極敷文奮武孝慈神聖純皇帝。《清史稿》給予他的評價是：「運際郅隆，勵精圖治，開疆拓宇，四征不庭，揆文奮武，於斯爲盛。……惟耄期倦勤，蔽於權倖，上累日月之明，爲之歎息焉。」

清德宗愛新覺羅載湉——

一生受制於人，帶有悲劇色彩

當清朝皇帝們陶醉在「天朝大國」夢幻般的「盛世」中的時候，西方資本主義國家經歷了產業革命，迅速強大起來。清宣宗道光二十年（西元一八四〇年）爆發了鴉片戰爭，英國侵略軍用堅艦利炮敲開了中國封建的大門，兩年後迫使清政府簽訂喪權辱國的《南京條約》。從此，中國淪爲半殖民地半封建社會。清文宗咸豐帝時，爆發了太平天國革命和第二次鴉片戰爭，清朝廷搖搖欲墜，中國漫長的封建社會處於崩潰的前夕。清穆宗同治帝和清德宗光緒帝兩朝，權欲女狂人慈禧太后操縱國柄，加速了中國封建社會的覆滅，也使中國人民蒙受了深重的災難。這裏，只說光緒帝的事蹟。說光緒帝，還得先說慈禧太后。

慈禧太后，姓葉赫那拉，滿洲族人。咸豐帝時被選爲秀女，後封貴人、懿嬪。她爲咸豐帝生了唯一的兒子愛新覺羅載淳，因而進封爲懿貴妃。咸豐十年（西元一八六〇年）七月，英法聯軍攻陷天津，進逼北京。咸豐帝把六弟恭親王奕訢留在北京，「辦理撫局」，自己帶領部分大臣和后妃，倉皇逃往熱河避暑山莊。咸豐十一年（西元一八六一年）七月，咸豐帝因縱欲過度，不治身亡，遺詔由六歲的兒子載淳繼位，肅順、載垣、端華、景壽、穆蔭、匡源、杜翰、焦祐瀛八人為顧命大臣，輔佐幼主。載淳即位，是為清穆宗，尊皇后鈕祜祿氏為母后皇太后，生母懿貴妃為聖母皇太后，徽號分別為慈安皇太后和慈禧皇太后。

慈禧太后素來懷有野心，急欲專斷朝政。為此，她和恭親王奕訢結成聯盟，精心策劃，發動政變，殺害和廢黜了八位顧命大臣，進而取得「垂簾聽政」的權力，完全控制了兒子同治帝。同治十三年（西元一八七四年），百無聊賴的同治帝在憂鬱中染病而死，無子。按照清朝祖制，應從皇族近支中選個晚輩繼承皇位。清穆宗是「載」字輩，晚輩當是「溥」。如果「溥」字輩當了皇帝，那麼慈禧就成了太皇太后，很難再干預朝政。這是慈禧堅決不能接受的。經過一場預謀，她與慈安太后決定，立咸豐帝弟弟醇親王奕譞（譞，讀作宣）之子載湉（湉，讀作甜）為帝，他就是清德宗光緒皇帝。

愛新覺羅載湉（西元一八七一～一九〇八年），即位時年僅四歲，其生母恰是慈禧的妹妹。慈禧立他為帝的用心顯而易見，就是要利用太后加姑母的雙重身分，控制小皇帝，繼續專權。兩宮太后再次垂簾聽政，實際上是慈禧一人說了算。光緒七年（西元一八八一年），慈安太后莫名其妙地死去，慈禧獨自垂廉，成了威風顯赫無比的「鐵女人」和「老佛爺」。為了專制和獨裁，她嚴厲約束和管制光緒帝，規定皇帝每天必須進宮向自己請安，如實彙報當天的情況；她見皇帝，總是板著面孔，冷若冰霜，從無笑容，輕則斥責、喝罵，重則罰跪、鞭笞，極力顯示無限的權威和尊嚴。她還派心腹太監李蓮英監視光緒帝，皇帝的所有言行，皆在她的掌控之中。清德宗生活在慈禧的淫威下面，整日提心吊膽，誠惶誠恐，逐漸失去了獨立的思想和人格，成爲一個奴化、馴服、唯命是從的木偶皇帝。他只能全身心地讀書，藉以驅散心頭的陰影。光緒帝有一位很好的老師，他就是正派博學的翁同龢（龢，讀作和）。正是在翁同龢的教誨下，他學到了豐富的知識，懂得了皇帝應該擁有權力、安邦治國的道理。慈禧專政期間，依靠中外反動勢力，殘酷鎮壓了太平天國革命和各地的農民起義，先後與外國列強簽訂了一系列不平等條約，使中國半殖民地半封建化的程度步步加深。光緒帝對此感到恥辱，卻又無可奈何。

光緒十二年（西元一八八六年），按照垂簾之初的約定，慈禧答應次年歸政於皇帝。懿旨剛剛頒布，她又指使奕譞等人，奏請太后繼續訓政數年。經過「不許」、「不從」之類裝模做樣的謙讓，方「許之」、「勉從之」，辦法是：「一切政事，恭候懿旨遵行」。也就是說，光緒帝親政，事事必須由慈禧定奪，他只是「遵行」而已。

光緒十四年（西元一八八八年），慈禧強迫光緒帝立自家兄弟桂祥之女爲皇后（隆裕皇后）。次年，光緒帝十八歲，舉行大婚典禮。這時，慈禧再無任何理由垂簾聽政了，迫不得已，只好宣布「撤簾」，歸政於光緒帝。然而事實上，對於慈禧來說，要她放棄權力是根本不可能的。所以，她的所謂「撤簾」、「歸政」，只是表面文章，而在幕後，一天也沒有放鬆過對光緒帝的操縱。

慈禧操縱光緒帝主要通過三條途徑：一是光緒帝的皇后，她實際上是慈禧安插在皇帝身邊的一個密探；二是世鐸、奕譞、徐桐、孫毓汶等朝臣，他們都是慈禧的心腹，組成「后黨」，嚴密把持著朝政中樞；三是李鴻章等地方實力派，他們的心目中只有慈禧，根本沒有皇帝。

光緒帝就是在這樣的困境中親政的。一方面，他受老師翁同龢的影響，很想幹一番事業，改變國弱民窮的狀況；另一方面，他受「后黨」的箝制，什麼事也幹不成。諸如頒布政令、任免官員等大事，他雖然決定了，但若慈禧不同意，只不過是一紙空文。在後宮，光緒帝對皇后全無感情，一心眷戀美貌的珍妃、瑾妃姐妹。這更招致了慈禧的忌恨。

光緒二十年（西元一八九五年），中日戰爭爆發。光緒帝在一些正直朝臣的支持下，極力主戰，企圖通過戰爭的勝利提高自己的聲望。慈禧也是批准對日宣戰的，但她不願意光緒帝因此得勢，威脅自己的地位，所以處處和皇帝對著幹。她唆使「后黨」成員設置障礙，干擾光緒帝的部署，特別讓負責軍事和外交的李鴻章，按兵不動，不聽皇帝的調度。結果形成了這樣的局面：凡皇帝贊成的，「后黨」堅決反對；凡皇帝急於要辦的，「后黨」故意拖延。戰爭的結局可想而知，清軍慘敗，北洋水師全軍覆沒，以割地賠款的《馬關條約》而告結束。

《馬關條約》的簽訂，舉國激憤，人們紛紛上書，要求處分失職之人。光緒帝明知罪魁禍首是慈禧，但他不敢對她如何，轉而以「調度乖方」的罪名，將李鴻章革職留用。此舉激怒了慈禧，就在處分李鴻章的次日，她頒布懿旨，將光緒帝寵愛的珍妃、瑾妃革去妃號，降爲貴人，並脫衣廷杖，把嬌弱的珍妃打得遍體鱗傷。珍妃和瑾妃之兄志銳，因爲支持光緒帝，所以被處以流放。

中日戰爭爆發的這一年，正逢慈禧的六十歲壽辰。此前，慈禧爲了自己的享受，曾動用海軍軍費，修復圓明園故址清漪園，改名頤和園，其壯美景致，世所罕見。這年，她又別出心裁，要求各省「貢獻」，爲之祝壽。從故宮到頤和園，「蹕路所經，設彩棚經壇，舉行慶典」；還要設置什麼「萬壽點景」，沿路五步一景，窮極奢侈。大敵當前，慈禧置國家危難於不顧，一味追求個人享樂，激起了許多大臣的反對。清德宗也認爲這樣做實在過分，下令停止祝壽，把省下來的錢充作軍費。慈禧萬沒想到皇帝竟敢違背自己的意志，恨得咬牙切齒，隨時等待報復的機會。

朝臣中不乏正直之士，御史安維峻算是一個。他不滿慈禧長期獨攬朝政，專權跋扈，上書說：「皇太后既已歸政皇上，若仍遇事牽制，將何以上對祖宗，下對天下臣民？」慈禧大怒，強迫光緒帝以「妄言無忌，恐開離間之端」的罪名，硬將安維峻革職發配。安維峻獲罪，聲震中外，人多榮之，訪問者集於門，送餞者塞於道，或贈言，或贈物，車馬飲食，爭相供應。人們用這種方法，以表示對慈禧專權的不滿和抗議。

中日戰爭的慘敗，《馬關條約》的簽訂，給予年輕的光緒帝以強烈的震撼和刺激。他痛感喪師失地的恥辱，很想革新政治，振興國家，藉以擺脫慈禧的控制和束縛。爲此，他採納翁同龢的建議，罷免了孫毓汶、徐用儀等「后黨」人物。慈禧見自己的心腹遭到排擠和打擊，以眼還眼，以牙還牙，命將翁同龢逐出毓慶宮，除去了皇帝的得力助手；並任命親信王文詔爲直隸總督，控制京畿地區；任命舊時情人榮祿爲文淵閣大學士，掌握朝政機樞。

光緒帝對於慈禧處處掣肘，事事刁難，既很氣憤，又很沮喪。他賭氣地要慶親王奕劻（劻，讀作匡）轉告慈禧，說：「我不願做亡國之君。太后如果不給我皇帝的權力，我不如遜位。」慈禧聽了轉告，氣得破口大罵，說：「這個不孝的畜牲，他不願坐此位，我還早就不願讓他坐了呢！」經過奕劻的勸說和斡旋，慈禧口頭允諾：凡事由皇帝去辦。

光緒帝得此允諾，遂於光緒二十四年（西元一八九八年）四月頒布《明定國是詔》，任用康有爲、梁啓超、譚嗣同等人，開始了維新變法。從四月到七月，一百多天內，光緒帝先後發布了數十道除舊佈新的詔諭，內容包括廢除科舉取士制度、設立學堂、新法操練軍隊、興辦農學、整頓商務、開採礦產、撤減官署裁汰冗員等，史稱「百日維新」或「戊戌變法」。

戊戌變法儘管是改良性質的，但還是觸犯了頑固腐朽勢力的利益。守舊派群起反對，許多人跪請慈禧繼續訓政。有的人甚至公然說：「寧可亡國，不可變法。」慈禧是一切頑固腐朽勢力的總代表。變法開始時，她感到來勢猛烈，假意對光緒帝說：「苟可致富強者，兒可自爲之，吾不內制也。」而在內心裏，她對變法懷著刻骨仇恨，咒罵說：「小子以天下爲玩弄，老婦無死所矣！」她的策略是，由你去做，等做不出名堂來再說。也就是先讓光緒帝和改良派惹起守舊派、頑固派的反抗，而後由她出面算總賬。

慈禧所謂「吾不內制」是完全騙人的，她沒有也根本不可能不「內制」。就在清德宗

《明定國是詔》頒布後的第五天，她就威逼光緒帝免去翁同龢的職務，遣還原籍，永不起用。同時，威逼光緒帝任命榮祿爲直隸總督兼北洋大臣，統領各軍，控制了北京。接著，又威逼清德宗頒詔，規定二品以上大臣升遷賞賜，都要到她跟前謝恩，以示她才是決定他們命運的主宰，皇帝不過是個傀儡而已。

這年七八月，改良派與頑固派之間爆發了決戰。七月，慈禧密令榮祿、王文韶星夜進京，議定推翻光緒帝的政變計畫，然後一頭鑽進頤和園，遊山玩水，看戲消遣，似乎眞個不管朝政了。

正當光緒帝轟轟烈烈地進行變法的時候，宮中不時傳出謠言，忽而說皇帝身患多種疾病，忽而說皇帝已經病危。光緒帝和改良派知道，這是慈禧故意使人放出的謠言，目的在於爲廢黜、扣押甚至殺害皇帝製造輿論和藉口。

光緒帝得知慈禧的政變陰謀，焦急而又驚慌。他讓改良派成員楊銳帶出一道密詔給康有爲，說：「朕惟世局艱難，非變法不足以救中國，非去守舊衰謬大臣，而用通達英勇之士不能變法。而皇太后不以爲然，朕屢次幾諫，太后更怒。今朕位幾不保，汝康有爲、楊銳、林旭、譚嗣同、劉光第等，可妥速密籌，設法相救。朕十分焦灼，不勝企望之至。」康有爲等都是沒有實力的文弱書生，在危急關頭豈能救得皇帝？他們經過緊急磋商，最後決定爭取榮祿的爪牙、直隸按察使袁世凱，指望他能殺死榮祿，保護皇帝。

於是，光緒帝兩次召見袁世凱，賞以侍郎銜，命他專管練兵事宜。譚嗣同秘密會見袁世凱，要他在天津殺死榮祿，然後以一半兵力包圍頤和園，一半兵力護衛皇宮。譚嗣同對袁世凱說：「你如果不幹，可到頤和園告密請賞，把我譚嗣同殺了。」袁世凱信誓旦旦，慷慨陳詞，一再表白自己不是那種卑鄙小人，還說：「誅榮祿，如殺一狗耳。」可是，袁士凱回到天津權衡利害以後，立即向榮祿告了密。榮祿火速進京，跑到頤和園與慈禧密商對策。慈禧氣得臉色發紫，七竅生煙，罵道：「這個畜牲，竟敢陰謀害我。想不到虎不傷人，人倒有傷虎之意了。」她決定提前發動政變，命令榮祿率兵進宮，囚禁了光緒帝。

光緒二十四年（西元一八九八年）八月，慈禧重新回到皇宮，宣布再度垂簾聽政。接著下令逮捕康有爲、梁啓超等改良派代表人物及支持變法的官員。結果，康有爲逃亡香港，梁啓超逃亡日本，譚嗣同、林旭、楊銳、劉光第、楊深秀、康廣仁被殘酷殺害，史稱「戊戌六君子」。慈禧又下令，將光緒帝囚禁於中南海的瀛台，拆去石橋，不准與外人交往。珍妃被關押在別處，不准與皇帝見面。

慈禧再度垂簾，專制和獨裁更甚於前。光緒二十五年（西元一八九九年）底，她策劃廢黜光緒帝，宣布立端親王載漪之子溥儁爲「大阿哥」（皇太子），並擬於次年正月初一舉行冊立典禮。這一行動，遭到朝臣的強烈反對，即使守舊派官僚也持異議。最讓慈禧頭疼的是英、法、日、德等國，他們考慮在華的既得利益，不同意中國皇帝易人，甚至揚言要出面干涉。光緒二十六年（西元一九九〇年）正月初一，洋人駐華使節拒絕參加立溥儁爲「大阿哥」的朝賀典禮。這給了慈禧一大難堪，也引起了她的仇恨。加之康有爲、梁啓超的外逃，得力於洋人的幫助；她殺害「戊戌六君子」，洋人曾發照會表示不滿。這一切，均使慈禧氣憤，她要尋找機會，報復洋人。恰在這一年，山東、河北等地爆發了以農民爲主體、以反洋教爲特點的義和團反帝愛國運動。義和團打的旗號先是「反清復明」，後改爲「扶清滅洋」。這一改變，爲慈禧利用義和團，並將之引向盲目排外的歧途提供了可能。

慈禧對義和團採取「剿撫兼用」的兩面政策。最初以「剿」爲主，後來看到義和團聲勢浩大，且可用來報復洋人，遂以「撫」爲主，默認了義和團的合法地位。四月，義和團開始進入北京；六月，北京城內義和團隊伍發展到十萬多人，壇廠林立，旗幟飛揚，義和團實際上控制了北京城。

端親王載漪爲使自己的兒子溥儁早日由「大阿哥」變成皇帝，僞造了一份各國要求慈禧歸政於光緒帝的照會。慈禧當時最忌諱的就是「歸政」二字，所以看了照會後，勃然大怒，吼道：「外人竟敢如此干涉我的家事，是可忍，孰不可忍！洋鬼子如此無禮，我此仇不報，誓不爲人！」當天，她發佈懿旨，對各國宣戰，並派人慰撫義和團，鼓勵他們攻殺洋人。

英、美、日、俄、法、德、奧、意八國侵略軍迅速採取行動。他們攻陷了天津，義和團和清軍遭受了慘重的損失。義和團攻打北京東郊民巷的外國使館，八國聯軍火速向北京推進。這時，慈禧慌了手腳，爲了自保，一再向各國列強獻媚，表示願向洋人「道歉，賠款，懲凶」，同時要求洋人幫助鎮壓義和團。她要洋人作出承諾：不進攻北京。

然而，窮兇極惡的列強根本不予理睬，步步逼近北京。八月十四日，八國聯軍侵佔北京諸城門。次日淩晨，慈禧改扮成漢人農婦模樣，挾持光緒帝，帶領親近王公大臣倉皇出逃，經居庸關，過大同、太原，逃往西安。離京前，她不忘將光緒帝寵愛的珍妃殺害。

八國聯軍進入北京，公開宣布：「爲所欲爲三天，愛殺就殺，愛拿就拿。」而慈禧在逃亡途中想到的只是「義匪」，不斷發布命令：務將義和團剿盡殺絕，斬草除根。

慈禧逃到西安，驚魂未定。北京的事，由慶親王奕劻、大學士總督李鴻章作爲全權大臣，與各國議和。慈禧此時所想，乃是千方百計保住自己的統治地位，其他一切均可不顧。八國聯軍在議和中態度蠻橫，提出支持義和團的「禍首」名單，必須嚴懲，但爲顧全中國的「體面」，有意不把慈禧列爲「禍首」。李鴻章如實電告慈禧。慈禧又驚又喜，無恥地宣布說：「量中華之物力，結與國之歡心。」權慾薰心，賣國苟安，多麼醜惡的嘴臉！

帝國主義列強貪婪的正是「中華之物力」，至於誰來掌管大清朝，並不重要。光緒二十七年（西元一九〇一年）七月，中國歷史上最恥辱的《辛丑合約》簽訂，從此清政府徹底成了「洋人的朝廷」。中國人民蒙受的災難超出想像，僅戰爭賠款白銀連本帶息，就達十億兩之巨！

《辛丑合約》簽訂後一個月，慈禧攜帶搜刮的無數金銀財寶，從西安起鑾回京。一路遊山玩水，歷時數月之久，方才回到北京。她仍將光緒帝囚禁於瀛台。爲了籠絡人心，取媚洋人，她居然也改弦更張，宣佈施行她所深惡痛絕的「新政」來。她一面大興土木，重修頤和園；一面加緊修建陵寢，爲死後到陰間繼續享樂作準備。

光緒帝被囚禁在瀛台，除了參加必要的禮儀活動外，不允許露面，基本上與世隔絕，而且受到嚴密的監視。政治上的失意，精神上的折磨，使他情緒低落，意志消沉，逐漸百病纏身。光緒三十四年（西元一九〇八年），慈禧和光緒帝都患了重病。慈禧這時所想的大事有二：一是不能死在光緒帝前面；二是要爲光緒帝找個替身。十月二十日，她在病榻前召見奕劻、載灃、袁世凱等人，宣布懿旨，立光緒帝弟弟載灃之子溥儀爲「大阿哥」。溥儀是光緒帝的侄兒，也是慈禧的侄孫，時年只有三歲。而溥儀之母又是慈禧的親信、「后黨」核心人物榮祿之女。溥儀一旦當了皇帝，她就是太皇太后，照樣可以通超載灃、榮祿等左右朝政。

二十一日，孤苦寂寞的光緒帝死於瀛台。慈禧得到稟報，臉上掠過一絲得意的獰笑，立即傳旨，立溥儀爲皇帝，載灃爲攝政王，改元宣統。她實指望自己作爲太皇太后能夠繼續專政，孰料命運偏同她開了個天大的玩笑。二十三日，她也一命嗚呼，魂歸陰曹地府。

光緒帝到底是怎麼死的？歷來有三種說法：一說是病死的，一說是慈禧害死的，再一說是袁世凱與慶親王奕劻合謀，買通御醫，在光緒帝的藥中下毒，從而使其三十八歲就斷送了性命。

光緒帝是一位帶有悲劇色彩的皇帝。他接受了一定的先進思想，有志於發奮圖強，然而受制於慈禧太后，無法也無力衝破封建勢力的束縛，到頭來只能一事無成，「怫鬱催傷，奄致殂落」。他的死，成爲一個信號：「國運亦由此而傾矣！」光緒帝死後葬於崇陵（今河北易縣西），廟號德宗，諡號同天崇運大中至正經文緯武孝睿智端儉寬勤景皇帝。

清遜帝愛新覺羅溥儀——
經歷曲折，命運多舛

光緒三十四年（西元一九〇七年）十月，光緒帝和慈禧在三天內相繼而死，慈禧指定的愛新覺羅溥儀繼位。他是清朝，也是中國封建社會的最後一個皇帝，因遜位而下臺，稱清遜帝；其年號爲宣統，故也稱宣統皇帝。

愛新覺羅溥儀（西元一九〇六～一九六七年），醇親王奕譞之孫、載灃之子，光緒帝的侄兒。即位時三歲，光緒帝皇后葉赫那拉氏被尊爲皇太后（後上徽號稱隆裕太后），垂簾聽政；載灃稱攝政王，掌握監國大權。宣統帝登基之日，由載灃抱著坐上龍位，但見衣冠楚楚的百官跪在地上，高呼萬歲，嚇得尿了褲子，哭鬧著說：「我不挨這兒，我要回家！」載灃雙手按著兒子，哄著說：「別哭別哭，快完了！」大臣們看到這種情景，竊竊私議，說：「『要回家』，『快完了』，不祥之兆啊！」

宣統帝懵懂無知，完全不明白當皇帝是怎麼回事。隆裕太后和載灃各有所想，均把他當作謀取私利的一杆大旗。民族資產階級的革命黨人，吸取戊戌變法失敗的教訓，放棄溫和革命的手段，進而開展以武力奪取政權的鬥爭。宣統三年（西元一九一一年）爆發了辛亥革命，全國回應，十餘個省先後光復。十月，各省都督在漢口開會，制訂了《中華民國臨時政府組織大綱》。年底，會議移至南京舉行，一致選舉孫中山爲臨時政府大總統。一九一二年一月一日，孫中山在南京宣誓就職，中華民國臨時政府正式成立。當年，即爲中華民國元年。

這時，袁世凱大紅大紫，舉足輕重，成爲清廷和革命黨人全力爭取的對象。袁世凱原任直隸總督兼北洋大臣，升任總理大臣，重用徐世昌、馮國璋、段琪瑞等親信，逐漸把北洋軍變成他的私人武裝。他以軍事實力作後盾，而且得到帝國主義的青睞，能夠左右時局，大玩兩面派手法：一方面表示忠於清室，指揮北洋軍進攻武漢，中途卻擁兵不前，藉以要脅朝廷；一方面又與民國政府聯繫，討價還價，開出了由他當大總統，然後威逼清帝退位的價碼。孫中山出於民主共和大局的考慮，答應了袁世凱的要求。於是，袁世凱授意駐俄公使陸征祥，聯絡各駐外公使致電，要求清帝退位；再指使北洋將領發出通電，威逼清室。二月十二日，隆裕太后焦頭爛額，被迫代宣統帝頒布了《退位詔書》，宣佈清帝退位。四月，孫中山辭職，袁世凱竊取了大總統的職位。

中國最後一個封建王朝滅亡了，二千多年來的封建專制制度結束了。從這個意義上說，辛亥革命是一次劃時代的革命。

六歲的宣統帝溥儀，糊里糊塗地做了三年皇帝，糊里糊塗地退了位。根據民國政府優待清室的八款規定，大清皇帝的尊號仍存不廢，待以君主之禮；民國政府每年撥四百萬元經費，供清室開支；清室暫居紫禁城，原有私產受到特別保護。從此，溥儀居住在紫禁城內，仍然在宮中使用宣統年號，依舊對官吏封賞賜謚，儼然維持著「國中之國」的禮儀和威嚴。在其後的十餘年裏，溥儀在紫禁城裏還是「皇帝」，過著養尊處優的生活。別人見他，還要磕頭叩拜，稱「皇上」、「陛下」或「萬歲」。隨著年齡的增長，他逐漸懂事，朦朧生出收復天下的「雄心」。期間，北京城裏也曾發生過驚天動地的政治事件。一是竊國大盜袁世凱，冒天下之大不韙，圓了八十三天的皇帝夢，在一片面反袁聲中死去。一是號稱「辮帥」的張勳，帶兵進京，宣佈溥儀復辟。數月後，鬧劇收場，溥儀再次宣告退位。然後便是北洋軍閥的混戰，權力更替，民不聊生。

溥儀原先接受的是傳統的封建教育。英國教師莊士敦進宮後，溥儀受其影響，對新鮮事物產生了強烈的好奇心。他剪掉了辮子，穿西服，吃西餐，裝了電話，還學騎自行車。為了騎車方便，乾脆下令，把宮中各大殿的門檻鋸掉。清室遺老們頗為「皇帝」的舉動擔憂。民國十一年（西元一九二二年），他們張羅著，為溥儀大婚，娶了婉容為「皇后」，文繡為「淑妃」，以此來收攏皇帝的心。其時，民國政府優待皇室的條件與當初協商的不符，宮中的經費大為拮据。溥儀恰有辦法，把大量珍貴文物「賞賜」給弟弟溥傑等人，由他們帶出宮去賣錢。看管文物的太監發現這一訣竅，監守自盜。因此，紫禁城裏流失的文物不計其數，使中國的文化遺產蒙受了巨大的損失。

民國十三年（西元一九二四年）爆發了第二次直奉戰爭。馮玉祥發動「北京政變」，決定把溥儀驅逐出紫禁城。十一月五日，馮玉祥部將鹿鐘麟帶兵入宮，提出「修正清室優待條件」：一，大清宣統皇帝即日起永遠廢除皇帝尊號，與中華民國國民在法律上享有同等一切之權利；二，補助清室五十萬元；三，即日移出宮禁，以後得自由選擇住居；四，保護清朝宗廟陵寢；五，一切公產歸民國政府所有。

溥儀無話可說，當即在修正條件上簽字。他既痛心失去的皇帝的一切，又厭惡當皇帝所受的種種束縛，說：「當皇帝並不自由，現在我可得到自由了。」

溥儀搬出紫禁城，然而仍有恢復祖宗基業，重新登上皇位的「雄心」。他移居天津，受到日本人的特別關照。民國二十年（西元一九三一年），日本帝國主義悍然製造了「九一八事變」，迅速佔領中國東北遼寧、黑龍江、吉林三省。日本人為了控制東北地區，於民國二十一年（西元一九三二年）把溥儀接到長春，一手炮製了偽滿洲國政權，扶持溥儀為「執政」，年號「大同」。兩年後，「執政」改稱「皇帝」，年號改為「康得」。偽滿洲國是日本帝國主義卵翼下的漢奸傀儡政權。溥儀就任「皇帝」，不以為恥，反以為榮。特別是民國二十四年（西元一九三五年），日本人安排他「訪問」日本，艦隊護航，天皇迎接，使他的虛榮心得到了極大滿足。回國後，他大談什麼「滿日親善」，胡說：不管滿洲人還是日本人，「如果不忠於滿洲皇帝，就是不忠於日本天皇；不忠於日本天皇，就是不忠於滿洲皇帝。」

溥儀處於日本關東軍的嚴密控制之下，成為日本帝國主義對中國領土實行軍事佔領和殖民統治的工具。「七七事變」以後，日本帝國主義大規模地侵略中國，中國人民開始了波瀾壯闊的抗日戰爭。而溥儀，唯日本人之命是從，簽發大量出賣民族利益的政令、軍令，墮落爲中華民族的罪人。民國三十四年（西元一九四五年）八月，中國人民經過八年浴血奮戰，取得了抗日戰爭的偉大勝利。日本戰敗投降，溥儀企圖逃跑，被蘇聯軍隊俘往蘇聯，作爲戰犯關押。中華人民共和國成立後，一九五〇年，溥儀被押解回國，在撫順戰犯管理所學習改造。其後，溥儀經歷了從皇帝、戰犯到人民中間一員的巨大轉變。這期間，溥儀無奈地放下「皇帝」的架子，從最起碼的小事做起，如自己穿衣、吃飯、整理床鋪、充當值日，打掃衛生等。這些事情對別人來說，不是問題，而對歷來由太監、宮女伺候的溥儀來說，非常困難。漸漸的，他學會了，習慣了，一次竟高興地對人說：「瞧，我已經能自己洗衣服了！」

一九五九年十二月，中華人民共和國實行特赦，溥儀恢復了自由，一九六〇年，溥儀被分配到北京植物園工作。當初，他爲僞滿洲「皇帝」時，「皇后」婉容因不堪忍受寂寞和虐待而發瘋，「淑妃」文繡主動與他離婚，日本人爲溥儀娶的日本妻子，後來也棄他而去。一九六二年，經人安排，他與北京某醫院的護士李淑賢結婚，又過上了美滿的家庭生活。一九六四年，溥儀被調到全國政協文史資料委員會任資料專員，並擔任了人民政協第四屆全國委員會委員。一九六七年，溥儀患尿毒症病倒。治療無效，於一九六七年十月十六日逝世，死年六十二歲。骨灰安放於北京八寶山革命公墓。

歷史的波濤，把幼小的溥儀推上封建等級社會的末路，又是歷史的大潮，埋葬了封建帝制。溥儀儘管經歷曲折，命運多舛，然而終究是幸運的，正如他生前對友人所說：「我這個末代皇帝能夠得到這樣一個好下場，是值得慶賀的。」

中國帝王事略／張雲風著. -- 一版. -- 臺北市：大地, 2007.11
面：　公分. --（History：24）

ISBN 978-986-7480-82-8（平裝）

782.27　　96020385

中國帝王事略

HISTORY 024

作　者	張雲風
創辦人	姚宜瑛
發行人	吳錫清
主　編	陳玟玟
出版者	大地出版社
社　址	114台北市內湖區瑞光路358巷38弄36號4樓之2
劃撥帳號	50031946（戶名　大地出版社有限公司）
電　話	02-26277749
傳　真	02-26270895
E-mail	vastplai@ms45.hinet.net
網　址	www.vasplain.com.tw
美術設計	普林特斯資訊股份有限公司
印刷者	普林特斯資訊股份有限公司
一版一刷	2007年11月

大地

定　價：300元

Printed in Taiwan